Der Tag von Potsdam

Europäisch-jüdische Studien
Beiträge

Für das Moses Mendelssohn Zentrum
für europäisch-jüdische Studien, Potsdam

Herausgegeben von
Miriam Rürup und Werner Treß

Band 8

Der Tag von Potsdam

Der 21. März 1933 und die Errichtung der
nationalsozialistischen Diktatur

Herausgegeben von
Christoph Kopke und Werner Treß

DE GRUYTER

Umschlagabbildung: Reichspräsident von Hindenburg und Reichskanzler Adolf Hitler am Tag von Potsdam (21. März 1933). Bundesarchiv: Bild 183-S38324.

ISBN 978-3-11-119619-0 (Broschur)
ISBN 978-3-11-030549-4 (Gebunden)
e-ISBN 978-3-11-030585-2
ISSN 2195-9602

Library of Congress Cataloging-in-Publication Data
A CIP catalog record for this book has been applied for at the Library of Congress.

Bibliografische Information der Deutschen Nationalbibliothek
Die Deutsche Nationalbibliothek verzeichnet diese Publikation in der Deutschen Nationalbibliografie; detaillierte bibliografische Daten sind im Internet über http://dnb.dnb.de abrufbar.

Dieser Band ist text- und seitenidentisch mit der 2013 erschienenen gebundenen Ausgabe.

© 2023 Walter de Gruyter GmbH, Berlin/Boston
Satz: Dr. Rainer Ostermann, München
Druck und Bindung: CPI books GmbH, Leck

www.degruyter.com

Inhalt

Christoph Kopke, Werner Treß
Einleitung —— 1

Thomas Wernicke
Der Handschlag am „Tag von Potsdam" —— 8

Martin Sabrow
Der „Tag von Potsdam"
Zur doppelten Karriere eines politischen Mythos —— 47

Thomas Brechenmacher
Zwischen Nikolai- und Garnisonkirche
Die Festpredigt des Generalsuperintendenten Otto Dibelius
in der Potsdamer Nikolaikirche —— 87

Jens Flemming
Neue Rechte, autoritärer Staat und „nationale Revolution" —— 100

Reinhard Mehring
Die „Ehre Preußens" in der „legalen Revolution"
Carl Schmitt im Frühjahr 1933 —— 113

Ludwig Elm
Das Verhalten der bürgerlichen Fraktionen des Reichstages und ihrer Abgeordneten —— 134

Ekkehard Klausa
Die Rolle der nationalkonservativen Eliten aus Adel und Bürgertum im Dritten Reich —— 147

Hermann Kaienburg
Die Rolle von SA und SS in der Phase der nationalsozialistischen Machtkonsolidierung im Frühjahr 1933 —— 163

Kurt Schilde
Opfer des NS-Terrors 1933 in Berlin
Biografische Skizzen —— 178

Literatur —— 212

Über die Autoren —— 221

Personenregister —— 224

Christoph Kopke, Werner Treß
Einleitung

Eine der heute bekanntesten Fotografien aus dem Jahr 1933 zeigt den sich verbeugenden Adolf Hitler in ungewohnt zivilem Aufzug beim Handschlag mit dem greisen Reichspräsidenten Paul von Hindenburg in der kaiserlichen Uniform eines Generalfeldmarschalls.

Das Bild entstand bei jener aufwendig inszenierten „Reichstags-Eröffnungsfeier" vom 21. März 1933, die unter der propagandistischen Bezeichnung „Tag von Potsdam" in die Geschichte eingehen sollte. Der symbolisch aufgeladene Staatsakt sollte das Bündnis der alten Eliten aus Militär, Kirche, Adel und Staat mit den neuen, radikalnationalistischen Machthabern symbolisieren, ein Bündnis zwischen altem Preußentum und neuer nationaler Erweckung. In einer zeitgenössischen Dokumentation heißt es:

> Deutschland hat gehandelt. Es hat den undeutschen Knechtsgeist abgeschüttelt, es hat Potsdam, die Kernstadt des alten Preußentums, das Symbol soldatischer Pflichterfüllung, zum Ausgang einer neuen Epoche der Reichsgeschichte gewählt. Deutsche Männer und Frauen sind heilig entschlossen, den Neubau des Reiches, dessen Grundstein heute durch unseren verehrungswürdigen Reichspräsidenten von Hindenburg in der Garnisonkirche gelegt wurde, zu Ende zu führen.[1]

Während das berühmte Bild des Handschlags zwischen Hitler und Hindenburg später nicht nur das kollektive Gedächtnis an den „Tag von Potsdam" bestimmt hat, sondern mehr noch zu einem Sinnbild für die Phase der Machkonsolidierung des frühen NS-Staates wurde, ist weitgehend unbeachtet geblieben, dass die starke Verbreitung des Fotos vor allem ein Produkt der Nachkriegszeit ist. In der zeitgenössischen Berichterstattung über den „Tag von Potsdam" und bis 1945 wurde das Bild kaum oder nur in nachbearbeiteter Form gezeigt, entsprach die in der Verneigung Hitlers vor dem greisen Reichspräsidenten zum Ausdruck gekommene Demutsgeste doch kaum dem Allmachtsanspruch der NS-Bewegung und ihrer Propaganda.

Die Umstände des Moments, in dem das Foto aufgenommen wurde, werden eingangs im Beitrag von *Thomas Wernicke* geschildert. Präzise rekonstruiert der Potsdamer Historiker den Ablauf des Staatsakts vom 21. März 1933 und richtet dabei den Blick auch auf die hinter den Kulissen wirkenden Akteure. Die von Goebbels selbst gestreute und später oft wiederholte Legende, dass der gerade acht Tage zuvor in sein Amt eingesetzte Propagandaminister selbst als Zeremonien-

---

[1] Hans Hupfeld (Hrsg.): Reichstags-Eröffnungsfeier in Potsdam. Das Erlebnis des 21. März in Wort und Bild. Potsdam 1933, S. 3.

meister des „Tages von Potsdam" gewirkt habe, wird von Wernicke entkräftet. Tatsächlich kann er nachweisen, dass Goebbels und sein Stab nur am Rande in die protokollarischen Planungen eingebunden waren und am Ende sogar Schwierigkeiten hatten, an die begehrten Eintrittskarten für die Feierlichkeiten in der Garnisonkirche und für die Tribünenplätze bei der anschließenden Truppenparade zu kommen. Der Beitrag von Wernicke enthält zudem eine ausführliche Dokumentation des „Tages von Potsdam" anhand einer Auswahl der vom 21. März 1933 überlieferten Fotografien und einer Transkription des Festaktprogramms, so wie es in den Akten des Reichsministeriums des Innern überliefert ist.

Im Beitrag von *Martin Sabrow* werden die einzelnen Aspekte des „Tages von Potsdam", insbesondere die Auseinandersetzungen, Kompromisse und Improvisationen im Zuge der Vorbereitung des Staatsaktes noch einmal eingehend analysiert und historisch eingeordnet. Der auch nach 1945 fortgeschriebene Topos, dass es sich beim „Tag von Potsdam" um ein gleichsam exakt vorbereitetes und „glänzend inszeniertes Schauspiel" gehandelt habe, wird von Sabrow hinterfragt und statt dessen festgestellt, dass bereits die Entscheidung, die Potsdamer Garnisonkirche als Ort der Reichtagseröffnungsfeier zu wählen, ein Kompromiss war, der zudem durch den zuständigen Ministerialrat im Reichsministerium des Innern, Georg Kaisenberg, zunächst gegen den Widerstand der Kirche in Person des Generalsuperintendenten Otto Dibelius durchgesetzt werden musste. Der Einwand von Dibelius, dass es der Würde eines Gotteshauses abträglich sei, wenn in ihr parlamentarische Debatten geführt würden und es dabei gegebenenfalls sogar zu Radau-Szenen komme, wurde zunächst auch von Hindenburg geteilt und war nur dadurch zu zerstreuen, dass man den Staatsakt zur Eröffnung des Reichstages von seiner eigentlichen Eröffnung zeitlich und räumlich trennte, wobei die konstituierende Plenarsitzung zunächst in den nahe der Garnisonkirche gelegenen „Langen Stall" und schließlich in die Kroll-Oper nach Berlin verlegt wurde. Indem Sabrow auf diese Weise den Schein der perfekten Inszenierung und somit den „Tag von Potsdam" als Mythos aufdeckt, tritt er zugleich einer zweiten, oft tradieren Legende entgegen, nämlich dem „Entlastungsnarrativ", dass der NS-Staat die Bevölkerung durch seine großangelegten Inszenierungen von Beginn an verführt habe und „die deutsche Gesellschaft" gleichsam unschuldig der „betrügerischen Hinterlist" Hitlers zum Opfer gefallen wäre. Anhand der Ereignisse um den „Tag von Potsdam" kommt Sabrow damit zu einer interessanten Hypothese, die sich in ähnlicher Form auch auf weitere Ereignisse während der NS-Diktatur und ihrer Rezeption nach 1945 anwenden ließe.

Thomas Brechenmacher widmet sich in seinem Beitrag der Rolle der Evangelischen Kirche und vor allem der Festpredigt ihres Generalsuperintendenten Otto Dibelius. Dabei verweist er auf den kontigenten Charakter des Geschehens, der sich in einer „Mischung aus Zufälligkeiten, Improvisationen und geschichtspolitischen Konkurrenzlagen" gezeigt habe. Auch die Wahl der Garnisonkirche als Versammlungsort sei eher zufällig getroffen worden. Brechenmacher widerspricht der Auffassung, die etwa von Heinrich August Winkler prominent vertreten wird, dass die Kirche mit ihrer Beteiligung am Staatsakt das neue Regime quasi gesegnet habe. Vielmehr betont er das Dilemma, in dem sich gerade die Evangelische Kirche mit ihrer traditionellen Nähe zur Obrigkeit im Zeitumbruch des Jahres 1933 befunden habe. Bei aller Sympathie für die (vermeintliche) Restauration der alten Ordnung, drückte die Predigt von Otto Dibelius in der Nikolaikirche auch eine grundsätzliche Distanz zur nationalsozialistischen Ideologie aus. Otto Dibelius hat, wie Brechenmacher herausarbeitet, in seiner Predigt das Wort „Nationalsozialismus" nicht ein einziges Mal verwendet, andererseits deutlich alle völkischen und mythischen Religionsentwürfe verworfen und den weltanschaulichen Grundlagen des Nationalsozialismus eine nur „wenig verklausulierte Absage" erteilt. Auch mahnte Dibelius an, dass nach der Sicherung der staatlichen Ordnung wieder eine Normalität staatlichen Handelns eintreten müsse. Brechenmacher weist darauf hin, dass die NS-Presse Dibelius' Predigt nur gekürzt und zugespitzt wiedergegeben habe. Gleichwohl habe Dibelius grundsätzlich in der Einschätzung des Charakters der NS-Bewegung und ihres Regimes geirrt, deren frühen Opfern er keine Stimme gab. Vielmehr habe er wenig später erkennen müssen, dass das Bekenntnis des neuen Staates zur Kirche nur ein scheinbares und vor allem instrumentelles war.

Dem Verhältnis zwischen der alten und „Neuen Rechten", repräsentiert einerseits durch die DNVP, die aus nationalkonservativen und antisemitischen Parteien und Verbänden der wilhelminischen Zeit hervorgegangen war und andererseits dem sich in den 1920er-Jahren entwickelnden und als revolutionär verstehenden, neuen Nationalismus, widmet sich der Beitrag von *Jens Flemming*. Er verdeutlicht, welchen Brüchen die DNVP ausgesetzt war und wie fragil und heterogen sich diese Sammlungspartei in ihrer inneren Verfasstheit und Struktur erwies, bevor sie schließlich an der Seite der NSDAP die „nationale Revolution" ausrief. Der „neue Nationalismus", wie er in den 1920er-Jahren unter dem Eindruck des und in positiver Bezugnahme auf den italienischen Faschismus entstand, war – vermittelt über „think tanks", wie den Herrenklub und den Berliner Nationalklub – ein wesentlicher Schrittmacher für den sich zunehmend radikalisierenden, republikfeindlichen Anti-Weimar-Kurs der DNVP.

Einer der heute umstrittensten Akteure im Spektrum der politischen Rechten und in der Phase des Übergangs von den so genannten Präsidialkabinetten zunächst zur Koalitionsregierung Hitler/Papen und schließlich zur vollständigen nationalsozialistischen Machtdurchsetzung war der Staatsrechtler Carl Schmitt. *Reinhard Mehring* arbeitet in seinem Beitrag heraus, wie sich Schmitt im Kontext des Tages von Potsdam und des am 23. März 1933 vom Reichstag verabschiedeten Ermächtigungsgesetzes zum „Kronjuristen" des jungen NS-Staates entwickelte. Den jenseits opportunistisch motivierter Karrierepläne kaum verständlichen Grund, warum Schmitt 1932 zunächst versuchte, die Regierungen Franz von Papens, dann Kurt von Schleichers und im Frühjahr 1933 schließlich diejenige Hitlers juristisch zu untermauern, obwohl die politischen Interessen Schleichers einerseits und Hitlers und Papens andererseits durchaus gegenläufig waren, ist nach Mehring neben zahlreichen anderen Motiven vor allem im Vorrang des Legitimitätsbegriffs in der Schmitt'schen Staatsrechtslehre zu sehen. Demnach sah Schmitt im bloßen Vorhandensein einer „politischen Ordnungsmacht" und ihrer Fähigkeit, sich im Staat die nötige Autorität zu verschaffen, die höhere Priorität als in der Frage, ob diese „Ordnungsmacht" mit ihren politischen Maßnahmen den verfassungsmäßigen Rahmen der Legalität überschreitet oder nicht. Angesichts dieses autoritär verfassten und bei Schmitt auch theologisch motivierten „Legitimitätsglaubens" wird deutlich, warum er 1932 zunächst die von Hindenburg und Papen erwirkte rechtswidrige Absetzung der SPD-geführten preußischen Staatsregierung juristisch verteidigte und im Anschluss an das Ermächtigungsgesetz vom 23./24. März 1933 die Gewaltherrschaft der Nationalsozialisten rechtfertigte. Die juristische Schützenhilfe, die Carl Schmitt den Nationalsozialisten gewährte, zeugt zugleich beispielhaft für das Ausmaß, in dem auch Hochschullehrer und Intellektuelle ab 1933 zur Machkonsolidierung der NS-Diktatur beitrugen.

Für die mit dem Ermächtigungsgesetz vollzogene Selbstentmachtung des Parlaments, bildete der „Tag von Potsdam" gewissermaßen das propagandistische Vorspiel. Der Reichstag wurde gleich einem Ablenkungsmanöver in einem aufwendig inszenierten Staatsakt zunächst feierlich eröffnet, um ihn dann zwei Tage später seiner eigentlichen Bestimmung als legislative Gewalt zu berauben. Die Plenarsitzung in der Kroll-Oper billigte in namentlicher Abstimmung mit 441 Stimmen das so genannte Ermächtigungsgesetz und gab damit seine Gesetzgebungskompetenz an die Reichsregierung um Hitler ab. Nur die 94 Abgeordneten der SPD stimmen gegen das Gesetz. Der SPD-Fraktionsvorsitzende Otto Wels begründete die Ablehnung der Sozialdemokraten und bekannte sich zur Weimarer Verfassung, und explizit zu „den Grundsätzen des Rechtsstaates, der Gleichberechtigung, des sozialen Rechtes, die in ihr festgelegt sind", sowie zu „den Grundsätzen der Menschlichkeit und der Gerechtigkeit, der Freiheit und des Sozialismus".[2] Die gewählten kommunistischen Abgeordneten waren gar nicht mehr anwesend, sie waren bereits in Haft oder untergetaucht. Ihre Mandate galten – verfassungswidrig – als entzogen, mit einer Änderung der Geschäftsord-

---

[2] Rede von Otto Wels auf der 2. Sitzung, Donnerstag, 23. März 1933, abgedruckt in: Daniela Münkel/Peter Struck (Hrsg.): Das Ermächtigungsgesetz 1933. Eine Dokumentation zum 75. Jahrestag. Berlin 2008, S. 93–98, Zitat: S. 97.

nung wurde die Zahl der Abgeordneten um 81 Mandate verringert. Dies entsprach genau der Anzahl kommunistischer Mandate.

Das Verhalten der bürgerlichen Fraktionen des Reichstages, die dem Ermächtigungsgesetz zustimmten, und seine Vorgeschichte, untersucht der Beitrag von *Ludwig Elm*. Einen wesentlichen Grund für das Verhalten der bürgerlichen Parteien macht Elm in deren antikommunistischer Grundhaltung aus, ja sie seien „Gefangene ihres antikommunistischen Weltbildes" gewesen, so dass sie vielen Maßnahmen der Nazis zunächst kritik- und tatenlos gegenüberstanden: „Als sie die Tragweite dieser Strategie [der Nazis] hinsichtlich ihrer eigenen Entmachtung und fortschreitenden Entrechtung begriffen, war es für ernsthafte und wirksame Gegenwehr zu spät." Zentrum, Bayerische Volkspartei, Christlich-Sozialer Volksdienst und Deutsche Staatspartei erteilten der Bündnisregierung aus Nationalsozialisten und Deutschnationalen ihre Zustimmung und statteten sie mit weitreichenden Befugnissen aus. Gleichzeitig läuteten sie damit das Ende ihrer eigenen Existenz ein.

So wie die Vertreter der bürgerlich-konservativen Parteien im Reichstag sich am 21. März 1933 als Staffage für den „Tag von Potsdam" zur Verfügung stellten und sich auch zwei Tage später nicht dazu entschließen konnten, der endgültigen Demontage des Rechtstaates ihre Zustimmung zu verweigern, obwohl sie gegen die verfassungsändernde Gesetzesvorlage zusammen mit der SPD-Fraktion noch eine wirksame Sperrminorität hätten bilden können, so waren auch die gesellschaftlichen Schichten ihrer Wähler wenig motiviert, Widerstand gegen die Errichtung der NS-Diktatur zu leisten. Während die katholisch geprägten Wählermilieus der Zentrumspartei und der Bayerischen Volkspartei sich auf kommunaler Ebene noch gelegentlich der nationalsozialistischen Überformung der Gesellschaft widersetzten, stand das protestantisch geprägte Bürgertum dem Nationalsozialismus weitgehend vorbehaltlos gegenüber und bildete die Essenz seiner Anhängerschaft.

Der Frage, ob der deutsche Adel als eine sich traditionell konservativ verstehende Elite hier eine Sonderstellung einnahm, die sich vom sittlichen und politischen Selbstverständnis des bürgerlichen Konservatismus abhob, geht *Ekkehard Klausa* in seinem Beitrag nach. Dass der „adlige Verhaltenkodex" als „Sicherheitsgeländer", von dem noch Marion Gräfin Dönhoff schrieb, sich keineswegs von Anfang an als Beharrungskraft gegen den Nationalsozialismus erwies, wurde schon am „Tag von Potsdam" augenfällig, als der vierte Sohn des letzten Kaisers, Prinz August Wilhelm von Preußen, zu den Feierlichkeiten in SA-Uniform mit Hakenkreuzbinde erschien. Das Ausmaß, in dem sich Angehörige der verschiedenen Adelshäuser in den NS-Staat einbinden ließen, die vielfältigen Karrierechancen insbesondere beim Militär nutzten und noch nicht einmal davor zurückscheuten, die Mitgliedschaft in der zumindest vor 1933 in Adelskreisen als vulgär geltenden NSDAP oder einer ihrer Massenorganisationen anzustreben, wird von Klausa schonungslos aufgezeigt. Demgegenüber zeigt er auch auf, dass die Loyalität des Adels gegenüber Hitler nicht erst ab dem Moment an ihre Grenzen stieß, als sich nach 1943 die militärische Niederlage Deutschlands deutlich abzeichnete, sondern dass auch die Abscheu vor der wachsenden Monstrosität der vom NS-Staat ausgehenden Verbrechen eine Rolle spielte und dass hierbei unter den Angehörigen des Adels die Bereitschaft zum Widerstand zumindest stärker ausgeprägt war, als im nationalkonservativen Bürgertum. Die „Totenliste des 20. Juli 1944", so bilanziert Klausa, zeige einen durchaus „ehrenwerten Abgang des Adels aus der deutschen Geschichte".

Hermann Kaienburg widmet sich in seinem Beitrag der Rolle der paramilitärischen NSDAP-Verbände SA und SS im Frühjahr 1933. Trotz zunächst fehlender formaler Legitimation hatten diese als Hilfsverbände der Polizei eine Schlüsselstellung inne bei der Beseitigung demokratischer Strukturen, bei antisemitischen Gewaltakten und terroristischen Übergriffen gegen die Zivilbevölkerung. Der gängigen These, dass dabei vor allem die SA zunehmend eigenständig und unkontrolliert vorgegangen sei, stellt Kaienburg die Interpretation entgegen, die SA habe auch in ihrer zunehmenden Zügellosigkeit und Aggressivität unter der geschickten Lenkung der NSDAP gestanden. Dass die demokratischen Institutionen trotz des offensichtlichen Terrors ohne nennenswerten Widerstand beseitigt werden konnten, habe vor allem an der politischen Legitimität gelegen, die das Handeln der NSDAP durch ihre Regierungsbeteiligung erhalten hatte. Durch die personelle Neubesetzung der Innenministerien auf Reichsebene und in Preußen habe die Entmachtung der Gegner und Verfolgung von „Feinden" reichsweit perfekt koordiniert und vollzogen werden können. Vor diesem Hintergrund und unter diesen Rahmenbedingungen war die Rolle von SA und SS „für die Nationalsozialisten von großer Bedeutung für die vollständige Eroberung der Macht", so Kaienburg.

Der Terror von SA und SS im Jahre 1933 blieb nicht ohne Opfer. Das Wissen darüber sprach sich in der Bevölkerung herum. Sozialdemokraten und Kommunisten dokumentierten die Übergriffe und Morde und versuchten die Öffentlichkeit im In- und Ausland darüber zu informieren. *Kurt Schilde* ist den Meldungen in Exilpublikationen über Todesopfer in der Reichshauptstadt Berlin nachgegangen und hat die Biografien der Opfer rekonstruiert. Viele Opfer des frühen NS-Terrors im Schatten des „Tages von Potsdam" sind bis heute so gut wie unbekannt geblieben. In der Mehrzahl der Fälle, so das Ergebnis von Schildes Studien, hat es sich um zumeist männliche politische NS-Gegner gehandelt: Hauptsächlich waren es Angehörige der Arbeiterbewegung, Kommunisten, Sozialisten, Sozialdemokraten und Gewerkschafter, daneben auch bürgerliche Kontrahenten der NSDAP. Der frühe Terror hatte darüber hinaus, wie Schilde zeigt, auch schon eine deutliche antijüdische Dimension. Bemerkenswert erscheint, dass auch 80 Jahre nach den Ereignissen die genauen Opferzahlen nicht bekannt sind, offenbar bislang auch nicht im Focus eines besonderen historiografischen Interesses gestanden haben. Auch Schilde hütet sich vor genauen Zahlenangaben; zeitgenössische Angaben, wonach allein bis Ende März 1933 rund 250 Menschen in Berlin dem NS-Terror zum Opfer gefallen sein sollen, hält der Historiker aber für durchaus realistisch.

Der vorliegende Band geht in Teilen auf die Tagung „Preußens Abglanz und Untergang – 75 Jahre nach dem Tag von Potsdam" zurück, die das Moses Mendelssohn Zentrum im März 2008 in Potsdam ausrichtete. Für diesen Band wurden die Beiträge größtenteils aktualisiert beziehungsweise durchgesehen und weitere Texte eingeworben.

Gleichzeitig eröffnen wir mit diesem Sammelband die Rubrik „Geistesgeschichte" innerhalb der Schriftenreihe „Europäisch-jüdische Studien". Die Bände zur „Geistesgeschichte" stehen in der Tradition der von Julius H. Schoeps von 1992–2005 herausgegebenen Reihe „Studien zur Geistesgeschichte" und führt die seit 1999 von der „Gesellschaft für Geistesgeschichte" in Verbindung mit zahlreichen Gelehrten herausgegebenen Reihe „Neue Beiträge zur Geistesgeschichte" fort.

Die Herausgeber danken den Autoren des vorliegenden Bandes für ihre profunden Beiträge. Unser besonderer Dank gilt Frau Sabine Schröder für das akribische Korrektorat und Frau Dr. Julia Brauch, die den Band seitens des Verlages De Gruyter immer engagiert und sachkundig betreut hat.

Potsdam, im Januar 2013

Thomas Wernicke
Der Handschlag am „Tag von Potsdam"

Kein Ereignis des vergangenen 20. Jahrhunderts wird in Potsdam vor allem im Zusammenhang mit dem Wiederaufbau der Garnisonkirche so intensiv und kontrovers diskutiert wie der „Tag von Potsdam" vom 21. März 1933.

In der öffentlichen Auseinandersetzung begegnet man immer wieder folgenden Stereotypen, hier an vier zufälligen Beispielen zitiert: „In der Garnisonkirche reichten der neu gewählte Reichskanzler Adolf Hitler und der Reichspräsident Paul von Hindenburg einander die Hand"[1] oder „Ein Handschlag, nicht zufällig vor genau dieser Kirche, war es, der dann das Schicksal von Millionen Menschen besiegelte. Hindenburg wurde das Volk, das ihm lästig war, endlich los [...]."[2] Eine weitere Leserbriefversion endet mit dem Satz: „In dieser Militär-Kirche wurde der größte Kriegsverbrecher aller Zeiten von Kapital, Militär und Kirche auf den Thron gehoben"[3]. Als jüngste Äußerung war in der Regionalpresse zu lesen: „Die ‚braune Asche' lasse sich nicht von der Kirche abwaschen. [...] Hitler verbeugte sich an der Garnisonkirche vor Hindenburg, ein Foto davon ging um die Welt".[4]

Allen Zitaten und natürlich der Diskussion insgesamt gemeinsam ist die Rückschau aus der Position der Nachgeborenen, die wissen, in welcher Katastrophe die zwölf Jahre Nationalsozialismus endeten. Das macht es uns heute natürlich schwer, das Geschehen in der Zeit und aus der Zeit des Jahres 1933 heraus zu bewerten. Dazu kommt, dass, wie bei wenigen historischen Ereignissen geschehen, der „Tag von Potsdam" sich heute in unserem Bildgedächtnis mit einem einzigen Foto manifestiert hat, dem „Handschlag" zwischen Paul von Hindenburg und Adolf Hitler. Dabei handelt es sich um ein Pressefoto, das die Verabschiedung des Reichspräsidenten vom Reichskanzler am Ende der Feierlichkeiten in Potsdam zeigt, aber zu *dem* Symbolfoto für ein komplexes Geschehen wurde und sich in seiner Interpretation vollkommen verselbstständigt hat.

Die Vielzahl der überlieferten Bilder vom „Tag von Potsdam" zeigen das enorme Medieninteresse an diesem Ereignis. Der Betrachter erkennt, dass sich an

---

1 Regina Scheer: Der Umgang mit den Denkmälern, Eine Recherche in Brandenburg, Brandenburgische Landeszentrale für politische Bildung, Potsdam 2003, S. 12.
2 Leserbrief von Donald G., in: Preußenspiegel, 15. 7. 2011, S. 2.
3 Leserbrief von Horst J., in: Preußenspiegel, 15. 7. 2011, S. 2.
4 Schorlemmer gegen Garnisonkirche, von Henri Kramer, in: Potsdamer Neueste Nachrichten, 11. 4. 2012, S. 7.

Abb. 1: Der Reichspräsident Paul von Hindenburg verabschiedet sich nach den Feierlichkeiten am Tag von Potsdam vom Reichskanzler Adolf Hitler, in der Bildmitte der Kompaniechef der Ehrenkompanie des IR 9, 21. März 1933, Fotografie: Theo Eisenhart, New York Times GmbH Berlin, Bundesarchiv.

jedem erdenklichen Platz Fotografen und Kameraleuten aufhielten, die bei der Pressestelle der Reichsregierung[5] akkreditiert waren.[6]

---

[5] Bereits auf der allerersten Ministerbesprechung des Kabinetts Hitler am 30. Januar 1933 um 17.00 Uhr teilte der Reichskanzler den anwesenden Kabinettsmitgliedern seine ersten Personalentscheidungen mit, darunter die Besetzung des Leiters der Presseabteilung der Reichsregierung mit dem Journalisten, Kontaktmann zur Großindustrie und alten Vertrauten Walther Funk (1890–1960). Die so besetzte Pressestelle fungierte als Platzhalter und Keimzelle eines zukünftigen Propagandaministeriums. Siehe: Daniel Mühlenfeld: Vom Kommissariat zum Ministerium, Zur Gründungsgeschichte des Reichsministeriums für Volksaufklärung und Propaganda, in: Hitlers Kommissare, Sondergewalten in der nationalsozialistischen Diktatur, Beiträge zur Geschichte des Nationalsozialismus 22, hrsg. von Rüdiger Hachtmann und Winfried Süß, Göttingen 2006, S. 75–76.

[6] Brandenburgisches Landeshauptarchiv (BLHA), Pr. Br. Rep. 2A, I Pol., Nr. 627/2, Blatt 31 RS: Kommando der Schutzpolizei Potsdam, Sonderkommandoanordnung Nr. 8, Potsdam, den 19. März 1933. Die Journalisten unterschieden sich in jene, die nur einen Presseausweis für die Straße besaßen, und die anderen, die die Erlaubnis hatten, auch in der Nikolai- bzw. Garnison-

Die Potsdamer Feier im Rahmen der Konstituierung des am 5. März 1933 neu gewählten Reichstags war in ihrer propagandistischen Wirkung eine wichtige Etappe für die Nationalsozialisten auf ihrem Weg an die Macht seit der Ernennung Adolf Hitlers zum Reichskanzler am 30. Januar 1933. Sie machte den Weg frei für das „Ermächtigungsgesetz", mit dem Hitler im „Mantel des Gesetzgebers"[7] nach der unbeschränkten Macht griff. Nicht ohne Grund notierte der ehemalige Reichskanzler Heinrich Brüning, als er im Zug der Abgeordneten zur Garnisonkirche hinüberschritt, „[er werde] zum Richtplatz geführt".[8]

Ein Jahr war es her, dass schon einmal die „Iden des März"[9] gekommen schienen, als zur Reichspräsidentenwahl am 13. März 1932 neben dem damaligen Amtsinhaber auch Adolf Hitler zur Wahl stand. Damals wurde Paul von Hindenburg mit den Stimmen der Sozialdemokratie und des Zentrums wiedergewählt, was den alten und neuen Reichspräsidenten gar nicht behagte. In einer Rechtfertigung vor der Wahl hatte Hindenburg ausgeführt: „Ich bitte [...] zu ersehen, dass die Behauptung, dass ich einer Rechtsregierung widerstrebe, durchaus falsch ist. Nicht ich bin das Hindernis für eine solche Entwicklung, [...], sondern lediglich die Uneinigkeit der Rechten, ihre Unfähigkeit, sich auch nur in den Hauptpunkten zusammenzufinden."[10]

Am 30. Januar 1933 war Hitler das Amt des Reichkanzlers übertragen worden und die Situation eine andere. Der Potsdamer Staatsakt vermochte nun für eine Mehrheit der Deutschen den gefühlten nationalen Aufbruch zu bestätigen, der vorgab, an die große preußisch-deutsche Vergangenheit vor dem verlorenen Weltkrieg anzuknüpfen und in dem die Nationalsozialisten vermeintlich eingebunden waren in eine altkonservative Mehrheit. Der „Tag von Potsdam" bediente diese Sehnsucht nach einer antirepublikanischen und autoritären Obrigkeit und knüpfte, verbunden mit einer Dämonisierung des Versailler Friedensvertrages, an jene fast täglich anzutreffende, geradezu ersatzreligiöse Züge annehmende Verklärung der Frontsoldaten des Ersten Weltkriegs an. Dieser spielte in den Reden und in der Berichterstattung am „Tag von Potsdam" eine zentrale Rolle.

---

kirche zu fotografieren. Alle Kameras waren vorher von der Kriminalinspektion Potsdam geprüft worden und trugen einen entsprechenden Rundstempel.
7 Joachim Fest: Hitler, Eine Biografie, München 2000, S. 587.
8 Fest, Hitler, Eine Biografie, S. 592.
9 So Karl Kautsky in einem Brief an Eduard Bernstein am 6. 3. 1932 zur Reichspräsidentenwahl: „Mich wunderts, daß noch niemand auf diese Bedeutung des 13. März hingewiesen. Sie liegt so nahe. Damit will ich nicht den Cäsar, der ein Kerl war, mit dem elenden Strohkopf Hitler gleichsetzen." In: Erich Matthias: Hindenburg zwischen den Fronten, in: Vierteljahrshefte für Zeitgeschichte (VfZ) 1 (1960), S. 84, Fn. 5.
10 Reichspräsident Hindenburg an Friedrich von Berg am 25. 2. 1932, in: Matthias, Hindenburg zwischen den Fronten, S. 30.

Kaum bekannt sein wird, dass sowohl in der Rundfunkreportage als auch in einer der zeitgenössischen Publikationen[11] über diesen Tag auf ein ganz konkretes Ereignis in der Auseinandersetzung mit dem Versailler Vertrag Bezug genommen wurde, nämlich auf den Besuch des französischen Professors und Menschenrechtlers Victor Basch[12] in Potsdam am 6. Oktober 1924.[13]

Gegen diesen Auftritt Baschs, der von der Deutschen Liga für Menschenrechte im Konzerthaus in der Kaiser-Wilhelm-Straße (Hegelallee) 25/26 geplant worden war, liefen im Jahre 1924 die deutschnationalen Verbände und der Potsdamer Magistrat selbst Sturm. Sie unterstellten Basch, in seinen Reden die alleinige Kriegsschuld am Ersten Weltkrieg Deutschland anzulasten (Artikel 231 des Versailler Vertrags).[14] Diese so genannte „Kriegsschuldlüge" war eines der Hauptargumente der Deutschnationalen wie auch der Nationalsozialisten gegen den Versailler Friedensvertrag. Der Druck war damals so groß, dass der Wirt des Konzerthauses einen Rückzieher machte und die Veranstaltung nur unter dem Schutz des Reichsbanners und der Polizei im Gewerkschaftshaus in der Kaiser-Wilhelm-Straße (Hegelallee) 38 stattfinden konnte.

In der Radioreportage vom 21. März 1933 erinnerte der Reporter Freiherr von Medem[15], damals als Bundesfunktionär des „Stahlhelms" Mitorganisator der deutschnationalen Proteste gegen Basch,[16] mit folgenden Worten an diesen Tag:

> Erinnerungen werden wach. Eine böse Erinnerung. [...] Auch hier war einmal ein aufgeregter Menschenhaufen. Vor Jahren, als ein ausländischer Pazifist in Potsdam das Wort von der Schuldlüge Deutschlands aussprechen wollte, wie er es schon in Berlin im Herrenhause getan hatte, als sich Potsdams Bevölkerung dagegen aufbäumte und als mit Gewalt es durchgesetzt wurde, dass dieser Mann hier sprach, und diese Schande hier sprach. Damals

---

11 Hans Wendt: Die Nationalversammlung von Potsdam, Deutschlands große Tage 21. bis 23. März 1933, Berlin 1933, S. 5.
12 Viktor Basch, 1863 in Budapest geboren, wuchs in Frankreich auf und wurde 1887 französischer Staatsbürger. Von 1887 bis 1906 war er Philosophielehrer in Rennes. Ab 1906 hatte er einen Lehrauftrag für deutsche Sprache und Literatur an der Universität Paris. Als undogmatischer Sozialist setzte Victor Basch sich für Alfred Dreyfus ein. 1898 war er Mitbegründer der Liga zur Verteidigung der Menschen- und Bürgerrechte und wurde 1926 ihr vierter Präsident. Am 10. Januar 1944 wurde er unter der deutschen Besatzungsmacht von Angehörigen der Milice Française verhaftet und ermordet.
13 Franz von Puttkamer: Victor Basch in Potsdam, Flugschriften der Deutschen Liga für Menschenrechte, Nr. 33, Berlin (1924).
14 Puttkamer, Victor Basch in Potsdam, S. 5.
15 Walter Freiherr von Medem (1887–1945), Artillerieoffizier im Ersten Weltkrieg, Freikorpsführer, seit 1924 im Bundesamt des „Stahlhelm" tätig, Journalist, ab 1933 Mitglied der SA, 1942 SA-Oberführer.
16 Puttkamer, Victor Basch in Potsdam, S. 24.

am selben Platze strömten die nationalen Menschen auf und ab diese Straße. Da und wie ist alles anders geworden.[17]

Nach diesem zeitlichen Rückgriff, der zeigen sollte, welche Wirkungsmächtigkeit vom „Tag von Potsdam" ausging und welche Unversöhnlichkeit in der politischen Auseinandersetzung herrschte, kehren wir zurück zur unmittelbaren Vorgeschichte des „Tages von Potsdam".

Die Neuwahl des Reichstags gehörte zu den wichtigsten Forderungen Hitlers im Rahmen der Verhandlungen um eine Machtbeteiligung an der Regierung bzw. bei der Frage nach der Übernahme der Reichskanzlerschaft. Mit diesen Wahlen wollten die Nationalsozialisten ihre Wahlverluste vom November 1932 korrigieren, gleichzeitig nach dem 30. Januar 1933 der Kontrolle durch die rechtskonservativen Reichsminister bzw. durch den Vizekanzler entgehen und mit einer erhofften absoluten Mehrheit unter Zuhilfenahme des deutschnationalen Koalitionspartners den Reichstag mit dem schon erwähnten „Ermächtigungsgesetz" selbst entmachten.

Reichspräsident von Hindenburg löste erwartungsgemäß am 1. Februar 1933 den Reichstag auf. Für den 5. März wurden Reichstags- und Landtagswahlen und für den 12. März Kommunalwahlen angesetzt. Hierzu schreibt Joachim Fest:

> Schon am 4. Februar erging die „Verordnung zum Schutz des deutschen Volkes", die der Regierung das Recht erteilte, die politischen Veranstaltungen sowie die Zeitungen und Druckerzeugnisse der konkurrierenden Parteien mit den unbestimmtesten Begründungen zu verbieten. [...] Zwei Tage später wurde durch eine weitere Notverordnung, in einer Art zweitem Staatsstreich [gegen Preußen, Anm. d. Verf.] die Auflösung des preußischen Landtags verfügt, nachdem ein entsprechender Versuch auf parlamentarischem Weg gescheitert war.[18]

„Vom Oberpräsidenten bis zum Portier"[19] erfolgte im Februar 1933 eine rücksichtslose „Säuberung" der Verwaltung und ihre Besetzung durch Hitlers Gefolgsmänner.

Von entscheidender Bedeutung war die Übertragung des preußischen Innenministeriums an den Reichsminister Hermann Göring. Damit gelangte der größte deutsche Polizeiapparat in die Hände der Nationalsozialisten. Zusammen mit SA und SS konnte so gegen alles, was in ihren Augen politisch links war, rücksichts-

---

17 Deutsches Rundfunkarchiv (DRA) Frankfurt a. M., Archivnummer 2590216, „Tag der Nation" in der Potsdamer Garnisonkirche, Minute 1:05:08 bis 1:06:04, Transkription.
18 Fest, Hitler, Eine Biografie, S. 559f.
19 Zitiert nach: Fest, Hitler, Eine Biografie, S. 560.

los verhaftet, geprügelt und gemordet werden.[20] Göring ließ aus der politischen Abteilung des Berliner Polizeipräsidiums die „Geheime Staatspolizei" entstehen, „deren Apparat schon vier Jahre später einen vierzigfach vergrößerten Etat und allein in Berlin viertausend Beamte besaß"[21].

Mit dem Brand des Reichstags in der Nacht vom 27. zum 28. Februar 1933[22] war der Anlass gegeben, mit einer weiteren Notverordnung des Reichspräsidenten „Zum Schutz von Volk und Staat"[23] sämtliche Grundrechte der Weimarer Reichsverfassung außer Kraft zu setzen und zum offenen Terror überzugehen. An dessen vorläufigem Höhepunkt stand hier in Berlin-Brandenburg die Errichtung des Konzentrationslagers Oranienburg der SA-Standarte 208 am 21. März 1933.[24] Die *Deutsche Allgemeine Zeitung* schrieb bereits am 29. Februar 1933:

„Das ganze rechtlich denkende Volk wird den drakonischen Maßregeln, die Reichsminister Göring gegen die Kommunisten eingeleitet hat, durchaus dankbar zustimmen"[25]. Das war in diesen Tagen nicht nur die Meinung einer rechtsbürgerlichen Zeitung. Bis Mitte März 1933 waren allein in Preußen mehr als zehntausend Personen verhaftet worden.[26]

Mit Hilfe einer Dreimillionenspende der deutschen Industrie, von der drei Viertel an die NSDAP und ein Viertel an die deutsch-nationalen Koalitionspartner gingen,[27] entfachte der Reichspropagandaleiter der NSDAP, Joseph Goebbels, im Februar 1933 einen bis dahin nicht da gewesenen Wahlkampf unter Einsatz des neuen Massenmediums Radio. „In 45 Wahlsendungen, die die Rundfunkstationen übertrugen, kamen ausschließlich Regierungsvertreter zu Wort. Goebbels sprach nicht nur schier pausenlos auf Wahlkundgebungen der Partei, sondern gleichzeitig auch als ‚Reporter' der Live-Übertragungen im Rundfunk, wie er mit Genugtuung in seinem Tagebuch vermerkte."[28]

---

20 Martin Schuster: Die SA in der nationalsozialistischen „Machtergreifung" in Berlin und Brandenburg, Dissertation, Berlin 2005, S. 226ff.
21 Fest, Hitler, Eine Biografie, S. 562f.
22 Zur lang anhaltenden Kontroverse über die Urheberschaft des Reichstagsbrandes siehe u. a.: Hersch Fischler: Zum Zeitablauf der Reichstagsbrandstiftung, Korrekturen der Untersuchung Alfred Berndts, in: Vierteljahrshefte für Zeitgeschichte (VfZ) 4 (2005), S. 617–632.
23 Reichsgesetzblatt, Teil 1, 1933, Nr. 17, Berlin, S. 83.
24 Siehe dazu: Terror, Verfolgung und Vernichtung. Die Konzentrationslager, in: Marksteine. Eine Entdeckungsreise durch Brandenburg-Preußen, Ausstellungskatalog Potsdam 2001, S. 440ff.
25 Norbert Frei/Johannes Schmitz, Journalismus im Dritten Reich, München 1999, S. 16.
26 Fest, Hitler, Eine Biografie, S. 571.
27 Sturz ins Dritte Reich, Historische Miniaturen und Porträts 1933/35, Leipzig[u. a.] 1983, S. 99.
28 Frei/Schmitz, Journalismus im Dritten Reich, S. 15.

Abb. 2: Adolf Hitler bei seiner Wahlkampfrede im Berliner Sportpalast, 10. Februar 1933, Fotografie: Atlantic Photo-Gesellschaft m. b. H., Landesarchiv Berlin.

Am 10. Februar 1933 hielt Hitler im Berliner Sportpalast eine Wahlkampfrede,[29] die durch Lautsprecherübertragung auf zehn Berliner Plätzen[30] und durch Rundfunkübertragung mit angeblich 20 Millionen Zuhörern[31] eine bedeutende Massenwirkung erreichte und in die frühe NS-Geschichtsschreibung über die Zeit der so genannten „Machtergreifung" einfloss.[32] Das neue Medium Radio spielte aber noch eine verhältnismäßig geringe Rolle. Bis wirklich die Mehrzahl der Privathaushalte via Radio überhaupt erreicht werden konnten, dauerte es noch Jahre. Anfang 1933 gab es in Deutschland nur etwas mehr als vier Millionen Rund-

---

29 Wortlaut in: Dokumente der deutschen Politik, hrsg. von Reg.-Rat Paul Meier-Benneckenstein, Band 1, Die nationalsozialistische Revolution 1933, bearb. von Dr. Axel Friedrichs, Berlin 1935, S. 6–12.
30 Ralf Georg Reuth (Hrsg.): Joseph Goebbels Tagebücher 1924–1945, Band 2 1930–1934, München 1992, S. 763.
31 Reuth, Joseph Goebbels Tagebücher, S. 763.
32 Gerd Rühle: Das Dritte Reich, Dokumentarische Darstellung des Aufbaues der Nation, Mit Unterstützung des Deutschen Reichsarchivs, Das erste Jahr 1933, Berlin 1934, S. 40.

Abb. 3: Der Kronprinz, die Kronprinzessin und Prinz Louis Ferdinand (2. v. r.) gehen zur Wahl, 5. März 1933, Fotografie: Atlantic Photo-Gesellschaft m. b. H., Landesarchiv Berlin.

funkteilnehmer bei einer Wohnbevölkerung von gut 62 Millionen Menschen im Reich.[33] Erst 1943 erreichte man mit den künstlich im Anschaffungspreis reduzierten Radiogeräten „Volksempfänger" und „Deutschen Kleinempfänger" die Zahl von mehr als 16 Millionen Hörern.[34]

Die Abschlussveranstaltung des NSDAP-Wahlkampfes im ostpreußischen Königsberg am Abend des 4. März 1933 gilt bis heute als eine Art Generalprobe für den „Tag von Potsdam"[35] mit Goebbels Wahrnehmung eines symbolischen Händereichens zwischen dem Reichspräsidenten und dem Reichskanzler,[36] dem pseudoreligiösen Schlussappell Hitlers,[37] dem Erklingen des Niederländischen Dankgebets und dem einsetzenden Glockengeläut des Königsberger Doms.[38]

Das Wahlergebnis vom 5. März war enttäuschend für die NSDAP. Die von Hitler selbst erhoffte mehr als fünfzigprozentige Mehrheit[39] war mit 43,9 % weit verfehlt. Diese erreichte man jetzt nur mit dem Stimmenanteil der Deutschnationalen, der 8 % betrug. Zweitstärkste Partei wurde die SPD mit 18, 3 %, danach folgten die KPD mit 12,3 % und das Zentrum mit 11,2 %.[40] Für die linken Parteien ein beachtliches Ergebnis angesichts des gegen sie erfolgten Terrors der vorausgegangenen Wochen. Eine die Verfassung ändernde Zweidrittelmehrheit würde nun nur zustande kommen, wenn man mit dem Zentrum und der Bayrischen Volkspartei weitere bürgerliche Bündnispartner findet und indem man zusätzlich mit der Ungültigkeitserklärung der 81 KPD-Mandate von vornherein das Kräfteverhältnis im Reichstag verschiebt. Letzteres geschah am 9. März 1933. Die Diäten der KPD-Abgeordneten wurden einbehalten und zynischerweise zur Finanzierung der SA als Hilfspolizei verwendet.[41]

Wer befasste sich nun mit der eigentlichen Vorbereitung des „Tages von Potsdam"? Nach den überlieferten Akten lag die Federführung bei der Organisation

---

[33] Wohnbevölkerung am 16. Juni 1925, aus: Reichstagshandbuch, VIII. Wahlperiode 1933, hrsg. vom Büro des Reichstag, Das Gesamtergebnis der Wahlen vom 5. März 1933, Berlin 1933, S. 60.
[34] Daniel Mühlenfeld: Joseph Goebbels und die Grundlage der NS-Rundfunkpolitik, in: Zeitschrift für Geschichtswissenschaft (ZfG) 5, (2006), S. 449 und 466–467.
[35] Siehe: Fest, Hitler, Eine Biografie, S. 571.
[36] Reuth, Joseph Goebbels Tagebücher, S. 771.
[37] Wortlaut in: Dokumente der deutschen Politik, hrsg. von Reg.-Rat Paul Meier-Benneckenstein, Band 1, S. 13–15.
[38] Klaus Scheel: Der Tag von Potsdam, Berlin 1996, S. 33. Für die Rundfunkübertragung kam das Geläut von einer Schallplatte aus dem Funkhaus, da die Kirche eine Direktübertragung untersagte.
[39] Akten der Reichskanzlei, Regierung Hitler 1933–1938, hrsg. von Konrad Repgen und Hans Booms: Die Regierung Hitler, Teil I: 1933/34, Band 1, 30. Januar bis 31. August 1933, Dokumente Nr. 1–206, bearbeitet von Karl-Heinz Minuth, Boppard 1983, S. 128.
[40] Scheel, S. 86.
[41] Scheel, S. 19.

der Feierlichkeiten zur Eröffnung des neuen Reichstags bei der Reichsregierung und damit nachgeordnet hauptsächlich beim Reichsinnenministerium. Dort zuständig war der langjährige Spitzenbeamte des Ministeriums, Ministerialrat Dr. Georg Kaisenberg, seines Zeichens Leiter der Unterabteilung (I B) für Verfassung und Verwaltung. Kaisenberg, ausgewiesener Wahlrechtler, war gleichzeitig der „Reichsbeauftragte für das Wahlprüfungsverfahren",[42] eine institutionelle Einrichtung gemäß Artikel 31 der Weimarer Reichsverfassung (WRV).[43] Unterstützt wurde Kaisenberg bei den Vorbereitungen der Reichstagseröffnung von vier Ministerialbeamten, denen bestimmte Arbeitsgebiete zugeordnet waren.[44]

Immer wieder gilt in der Fachliteratur[45] und in vielen Aufsätzen[46] zu diesem Thema Joseph Goebbels als „Cheforganisator" des „Tages von Potsdam". Nahm doch dieser Tag ganz offensichtlich starke Anleihen an die schon genannten Wahlveranstaltungen der NSDAP, mit denen er zwischen dem 18. Februar und 2. März 1933 fast ausschließlich beschäftigt war.[47] Goebbels, Reichspropagandaleiter der NSDAP und Gauleiter von Berlin, wurde aus Rücksicht auf den rechtsbürgerlichen Koalitionspartner und damit zu seiner eigenen Enttäuschung nicht schon am 30. Januar sondern erst am 13. März 1933 zum Minister eines, schon lange geplanten, jetzt nach der Reichstagswahl geschaffenen Reichsministerium

---

42 Cuno Horkenbach: Das Deutsche Reich von 1918 bis heute, Berichtsheft Dezember 1932, Berlin, S. 442.
43 Stephan Meyer: Das justizförmige Wahlprüfungsgericht beim Reichstag der Weimarer Republik, Institution, Verfahren, Leistung, Berlin 2010, S. 53. Der Reichsbeauftragte führte das Verfahren der Wahlprüfung außerhalb der Verhandlungen des Wahlprüfungsgerichts des Reichstags.
44 Bundesarchiv Berlin (BarchB), R/1501/125032, Reichsministerium des Innern, Abt. I, Inhalt: Reichstagstagung in der Garnisonkirche Potsdam, Blatt 82. Der Ministerialamtmann Krüger war zuständig für Allgemeines, Kostendeckung, Zeremoniell und Zeitprogramm, der Ministerialamtmann Borchardt war verantwortlich für die Presse, einschließlich Bildpresse, die Fotografen, den Tonfilm, die Lautsprecheranlagen und die musikalische Umrahmung. Der Ministerialamtmann Evler organisierte die Platzverteilung und bearbeitete die Gesuche um Kartenbestellung. Der Ministerialamtmann Stein schließlich versandte die Einladungen. Zur weiteren Vorgeschichte siehe den Beitrag von Martin Sabrow, Der „Tag von Potsdam". Zur Karriere eines politischen Mythos, in diesem Band.
45 Peter Longerich: Goebbels, Biographie, München 2010, S. 218f: „Seine erste große Aufgabe als Chefpropagandist des Regimes war die Ausgestaltung des 21. März, die feierliche Zeremonie anlässlich der Eröffnung des Reichstags."
46 Jesko von Hoegen: Der „Marschall" und der „Gefreite". Visualisierung und Funktionalisierung des Hindenburg-Mythos im „Dritten Reich", PDF 1/2009, S. 7, unter: www.kunsttexte.de: „Angesichts der akribischen und detaillierten Vorbereitung des ‚Tages von Potsdam' durch Goebbels erscheint es jedoch als unwahrscheinlich [...]."
47 Daniel Mühlenfeld: Vom Kommissariat zum Ministerium, Zur Gründungsgeschichte des Reichsministeriums für Volksaufklärung und Propaganda, S. 77.

für Volksaufklärung und Propaganda ernannt.[48] Noch am 3. Februar meinte er daher: „Man umgibt mich mit eisigem Boykott."[49] In der Begründung für den vorausgegangenen Kabinettsbeschluss am 11. März wies der Reichskanzler in Hinblick auf die plötzliche Eile bei der Ministeriumsgründung darauf hin, dass eine Verzögerung erhebliche Nachteile hätte. Es stände die Reichstagseröffnung vor der Tür und vor dieser müsste eine Aufklärungs- und Propagandaarbeit geleistet werden.[50]

Am 16. März finden wir dann in Goebbels 1934 veröffentlichtem Tagebuch die Eintragung: „Wir haben einen großen Plan für die feierliche Eröffnung des neuen Reichstags in Potsdam entworfen. Dort wird der neue Staat sich zum ersten Male symbolisch präsentieren."[51] Wen Goebbels in diesem Zusammenhang mit „wir" meinte, muss Spekulation bleiben, wie überhaupt die hier zitierten „Kaiserhof"-Tagebuchnotizen, die 1934 unter dem Titel *Vom Kaiserhof zur Reichskanzlei* erschienen, besonders quellenkritisch zu betrachten sind.[52] In der originalen Tagebucheintragung findet sich oben zitierter Satz nicht. Erst unter dem 17. März steht bezüglich des „Tages von Potsdam" die kurze Notiz: „Ministerium: Plan für 21. März besprochen. Wird ganz groß."[53]

Als neues Mitglied der Reichsregierung hatte Goebbels am 15. März erstmalig an einer Ministerbesprechung und der sich anschließenden Kabinettssitzung teilgenommen, in der er laut Protokoll sich zum Kampf gegen illegalen Waffenbesitz und der Eindämmung von aus seiner Sicht illegalem Schrifttum äußerte.[54] In welchem Ausmaß er nun weitere Zuständigkeiten für die Reichstagseröffnung überantwortet bekam, spiegelt sich in den Akten der Reichskanzlei und des

---

48 In dem Erlass vom 13. März 1933 hieß es: „Die einzelnen Aufgaben des Reichsministeriums für Volksaufklärung und Propaganda bestimmt der Reichskanzler." Erst am 30. Juni 1933 trat eine Verordnung über die Aufgaben des Ministeriums in Kraft, in der u. a. festgelegt wurde: „Einführung und Begehung von nationalen Feiertagen und Staatsfeiern unter Beteiligung des Reichsministers des Innern." Reichsgesetzblatt 1933 I, S. 104 und S. 449. Siehe auch: Mühlenfeld, Vom Kommissariat zum Ministerium, S. 78–79.
49 1923–1941. Band 2/III: Oktober 1932–März 1934. Bearbeitet von Angela Hermann. Elke Fröhlich (Hrsg.): Die Tagebücher von Joseph Goebbels. Hrsg. im Auftrag des Instituts für Zeitgeschichte und mit Unterstützung des Staatlichen Archivdienstes Rußlands. Teil I: Aufzeichnungen München 2006, S. 122.
50 Akten der Reichskanzlei, Regierung Hitler 1933-1938, S. 194.
51 Erwin Barth: Joseph Goebbels und die Formierung des Führer-Mythos 1917 bis 1934, Erlangen/Jena 1999 (Erlanger Studien Band 119), S. 183.
52 Mühlenfeld, Vom Kommissariat zum Ministerium, S. 72: „Lange Zeit wurde der Kaiserhof-Schrift nahezu Quellenstatus zugebilligt, doch ist sie kaum mehr als eine ‚Inszenierung für die Nachwelt'."
53 Fröhlich (Hrsg.), Die Tagebücher von Joseph Goebbels, S. 148.
54 Akten der Reichskanzlei, Regierung Hitler 1933–1938, S. 219.

Reichsinnenministeriums nicht wieder.[55] Bekannt ist, dass am 16. März 1933 der Innenminister dem Propagandaminister die Zuständigkeit für die Reichsrundfunkgesellschaft (RRG) übertrug,[56] ein Geschäftsbereich, der von Anfang an als eine in das Propagandaministerium zu überführende Kompetenz galt.[57]

Dass sich Goebbels einen Tag später, am 17. März 1933, intensiv mit dem „Tag von Potsdam" beschäftigte, wird dann auch verständlich, getreu dem am Vortag in seinem ersten Pressegespräch verkündeten Motto: „[...] wir wollen die Menschen solange bearbeiten, bis sie uns verfallen sind [...]."[58] Die dazu entsprechende, immer wieder zitierte „Kaiserhof"-Tagebucheintragung des Propagandaministers lautet: „Die Potsdamer Feier soll zum ersten mal im Stil nationalsozialistischer Formgebung abgehalten werden. Der Rundfunk wird für ganz Deutschland eingeschaltet. Die Nation muß an diesem Tage teilnehmen. Ich arbeite das Projekt bis tief in die Nacht hinein in allen Einzelheiten durch, rufe in einem kurzen Aufruf die Nation zur Teilnahme auf [...]."[59]

Diese Zeilen aber sind Goebbels'sche Nachdichtung für die besagte Veröffentlichung seiner Tagebücher. Im Originaltagebuch steht, rückschauend auf den Vortag, am 18. März: „Abends Arbeit zu Hause. Ganze Potsdamer Feier fertig gemacht. Wird groß und klassisch. Ich schufte daran bis in die Nacht. Mit Krukenberg[60] Rundfunkprogramm fertig gemacht."[61] An diesem Samstag, dem 18. März, veröffentlichen die Tageszeitungen u. a. Goebbels Aufruf, dessen Inhalt sich genau auf das bezog, was er sich selbst zur Aufgabe gestellt hatte, nämlich die Mobilisierung der Massen:

---

55 Es ist anzunehmen, das sich Goebbels und sein stark von der NSDAP geprägtes Ministerium um der Anerkennung und Gleichrangigkeit willen eher um eine reibungslose Zusammenarbeit mit den anderen Ressorts bemühte. Siehe dazu: Mühlenfeld, Vom Kommissariat zum Ministerium, S. 91.
56 Norbert Frei/Johannes Schmitz: Journalismus im Dritten Reich, München 1999, S. 84. Bereits im August 1930 übernahm Goebbels den von der DNVP und vom Stahlhelm gegründeten und seit März 1932 ausschließlich nationalsozialistisch beherrschten „Reichsverband Deutscher Rundfunkteilnehmer für Kultur, Beruf und Volkstum". Dessen so genannte Betriebszellen sollten in den Funkhäusern bei einer nationalsozialistischen Machtübernahme die wichtigsten Funktionen des Sendebetriebs übernehmen. Am 22. März erhielt das RMVP auch das Gebühreneinzugsrecht vom Postministerium zugesprochen. Diese Gebührenfrage beeinflusste als Hauptfinanzierungsquelle des Ministeriums entscheidend seine Rundfunkpolitik. Siehe dazu: Mühlenfeld: Joseph Goebbels und die Grundlage der NS-Rundfunkpolitik, S. 444–465.
57 Mühlenfeld, Vom Kommissariat zum Ministerium, S. 77.
58 Barth, Joseph Goebbels und die Formierung des Führer-Mythos, S. 182.
59 Reuth, Joseph Goebbels Tagebücher, S. 781.
60 Dr. Gustav Krukenberg (1888–1980), Jurist, 1933 Rundfunkkommissar im Propagandaministerium, im Zweiten Weltkrieg SS-Brigadeführer.
61 Fröhlich (Hrsg.), Die Tagebücher von Joseph Goebbels, S. 149.

> Männer und Frauen! Zeigt Eure Freude und innere Ergriffenheit über das große historische Geschehen, das sich in diesen Wochen in Deutschland abspielt, indem Ihr an den nationalen Feiern [...] tätigen Anteil nimmt! Beflaggt eure Häuser und Wohnungen in den stolzen schwarz-weiß-roten und Hakenkreuzfahnen und legt damit Bekenntnis für die Wiedergeburt der deutschen Nation ab! Am Abend des historischen 21. März sollen sich durch alle Städte und Dörfer des Reiches Fackelzüge der nationalen Parteien und Verbände, der Studentenschaft und der Schuljugend bewegen! Auf unseren deutschen Bergen und Höhen sollen die Freiheitsfeuer aufflammen! Selbst diejenigen, die durch Alter oder Gebrechlichkeit verhindert sind, an diesen Feiern teilzunehmen, haben Gelegenheit, ihren Ablauf in Potsdam und Berlin durch den Rundfunk mitzuerleben.[62]

Bewusst erschien der Aufruf am 18. März, dem Jahrestag der Berliner Märzrevolution 1848, und lud nun den „Tag von Potsdam" mit einer weiteren Geschichts-bemächtigung auf.[63] Es veröffentlichten aber auch der Reichswehrminister, der Innenminister und der kommissarische preußische Kultusminister eigene Aufrufe betreffs der Reichswehr, der Beflaggung öffentlicher Gebäude, der Dienstregelung in den Behörden und des Unterrichtsausfalls an den Schulen für den 21. März.[64] Und so hatte es Goebbels auch eigentlich wahrgenommen und im Tagebuch notiert: „Ich schreibe einen großen Aufruf an das Volk zur Potsdamer Feier. Dazu die ganzen Erlasse der Reichsministerien bzgl. schulfrei u. ä."[65]

Bereits am 17. März hatte sich der Potsdamer Oberbürgermeister, Arno Rauscher, mit einem Beflaggungsappell an die Potsdamer gewandt. Daraus erkennt man, dass den Behörden die Einzelheiten des geplanten Staatsaktes bereits bekannt waren, nämlich genau jene, welche am 15. März in der Kaisenbergschen Arbeitsgruppe beschlossen worden waren.[66] Dieser Programmablauf enthielt jedoch die Einschränkung, dass aus Rücksicht auf das Alter des Reichspräsidenten die Beendigung der Gottesdienste noch eine Verschiebung erfahren sollte.[67]

Am 18. März wurde das Programm in den Zeitungen veröffentlicht und für die Teilnehmer gedruckt. Die Reichsminister erhielten jeweils zwei Exemplare, das Reichsministerium für Volksaufklärung und Propaganda u. a. erhielt weitere zehn Stück.[68] In den Zeitungsveröffentlichungen gab des Weiteren der Reichs-

---

62 BarchB, R1501/125032, Blatt 220, Wolff's Telegraphisches Büro, Berlin, Sonnabend 18. März 1933.
63 Martin Sabrow: Der „Tag von Potsdam", Karriere eines politischen Symbols, in: Tag von Potsdam, Bildungsforum und Schülerprojekt, hrsg. vom Landtag Brandenburg in der Reihe „Die Garnisonkirche – Beiträge zu ihrem Wiederaufbau", Heft 2, Potsdam 2003, S. 99.
64 Potsdamer Tageszeitung, 18. 3. 1933, Titelseite.
65 Fröhlich (Hrsg.), Die Tagebücher von Joseph Goebbels, S. 149.
66 Potsdamer Tageszeitung, 17. 3. 1933, Flaggenschmuck am 21. März 1933.
67 BarchB, R1501/125032, Blatt 141.
68 BarchB, R1501/125033, Blatt 114.

rundfunkkommissar bekannt, dass nach der Übertragung der morgendlichen Platzkonzerte auf Anordnung des Ministers für Volksaufklärung und Propaganda alle deutschen Sender ein einheitliches Programm übertragen.[69] Wiederum nach eigener Aussage will Goebbels dann am 19. März in Potsdam gewesen sein, um sich zu orientieren, „ob alle Vorbereitungen getroffen sind".[70] Was Goebbels unterschlägt, ist die Begleitung durch den Polizeipräsidenten, mit dem zusammen er die Garnisonkirche und sonstige Vorbereitungen besichtigte und „alles in bester Ordnung" fand.[71]

Ernst Hanfstaengl[72], ein früher Vertrauter Hitlers, zeitweise auch Auslandspressechef der NSDAP, bestätigte, dass die organisatorische Vorbereitung der Potsdamer Zeremonie nicht allein bei den Nationalsozialisten lag. Dies nahm Goebbels nicht nur übel auf, sondern es gelang ihm, so bezeugt es Hanfstaengl, Hitler zu überreden, nicht an den geplanten Gottesdiensten in Potsdam teilzunehmen, sondern stattdessen die Gräber von bei Straßenkämpfen in Berlin getöteten SA-Männern auf dem Luisenstädtischen Friedhof in der Berliner Bergmannstraße zu besuchen.[73]

In welcher Konfusion das Propagandaministerium sieben Tage nach seiner Gründung offensichtlich noch steckte, zeigte die Tatsache, dass am Morgen des 20. März 1933 Goebbels selbst und sein Staatssekretär Walther Funk noch ohne Eintrittskarten[74] für die Garnisonkirche und die Tribüne für die anschließende Truppenparade dastanden. Dass im Propagandaministerium die Einladungen,

---

69 Potsdamer Tageszeitung, 18. 3. 1933, Festablauf am 21. März.
70 Reuth, Joseph Goebbels Tagebücher, S. 782.
71 Fröhlich (Hrsg.), Die Tagebücher von Joseph Goebbels, S. 151.
72 Ernst Franz („Putzi") Hanfstaengl (1887–1975) war Sohn des Inhabers der bekannten Münchner Kunstanstalt Franz Hanfstaengl. Er studierte Kunst am Harvard College in Cambridge/USA und in Wien, Florenz und Rom. Promotion an der Universität München. Politisch schloss er sich bereits 1922 der NSDAP an, gewährte Hitler nach dem Putsch im Jahre 1923 kurz Unterschlupf und war dann 1932–1934 Auslandspressechef der NSDAP. Nach Konflikten mit Goebbels floh er 1937 nach Großbritannien. Dort und in den USA nach Kriegsausbruch unter dem Decknamen „Dr. Sedwick" im Status eines Internierten als Berater der Alliierten tätig.
73 Günter Wirth: Der andere Geist von Potsdam, Zur Kulturgeschichte einer Stadt 1918–1989, Frankfurt a. M. 2000, S. 43. „Der Angriff", die Gauzeitung der NSDAP Berlin schrieb in ihrer Ausgabe vom 21. März 1933, S. 2: „Heute vormittag kurz nach 10 Uhr begab sich Adolf Hitler in Begleitung von Dr. Goebbels zum Luisenstädtischen Friedhof in der Bergmannstraße, auf dem wir so manchen unserer gefallenen Kameraden begraben mußten. Der Führer besuchte die verschiedenen Gräber und verweilte vor den bekränzten Hügeln in stummen Gedenken. Am Grabe Hermann Thielschs legte Adolf Hitler einen Kranz aus Lorbeer und Tannengrün nieder. Auf der schwarzen Schleife standen die Worte: „Meinen toten Kameraden! Adolf Hitler". Zitiert nach Arndt Beck, Markus Euskirchen, Die beerdigte Nation, „Gefallenen"-Gedenken von 1813 bis heute, Berlin 2009, S. 94
74 Einladungskarte in: BarchB, R1501/125032, Blatt 191.

die das Reichsinnenministerium an alle Teilnehmer, auch an die Kabinettsminister versandt hatte, fehlten, lag wohl am Unwissen der Boten, die zwischen dem Propagandaministerium, dem Prinz-Friedrich-Leopold-Palais am Berliner Wilhelmplatz 8, Sitz der ehemaligen Pressestelle der Reichsregierung und der Berliner Gauleitung der NSDAP in der Voßstraße 11[75] hin und her geschickt wurden. Goebbels hatte sein Ministerbüro offensichtlich immer noch nicht beziehen können. So arbeitete er weiter aus seinem Gauleiterbüro heraus oder von zu Hause.[76] Zwei Tage nach dem „Tag von Potsdam" schrieb er rückblickend in sein Tagebuch: „Mittwoch: meine Zimmer im Ministerium sind fertig. Wunderbar geworden. Sonne, Luft, Licht. Da kann man arbeiten."[77]

Noch etwas sei an dieser Stelle erwähnt: Die Potsdamer Feierlichkeiten sollten einen Bezug zur ersten Reichstagseröffnung vom 21. März 1871 haben. Wie auch immer die Entscheidung am 8. März 1933 beim Lokaltermin in Potsdam fiel, klar war nun, die Potsdamer Feier wollte sich ganz bewusst an diese Eröffnungssitzung von 1871 anlehnen. Damals vollzog sich die Zeremonie im Weißen Saal des Berliner Schlosses, nachdem auch hier ein evangelischer Gottesdienst in der Schlosskapelle und eine katholische Messe in der St.-Hedwigs-Kathedrale vorausgegangen waren. Nach der feierlichen Aufstellung des Hofstaates, des Militärs, der Reichstagsabgeordneten und des Bundesrates zog Kaiser Wilhelm I. unter dem Vorantragen der Reichsinsignien in den Weißen Saal ein und verlas eine Thronrede, die ihm der damals noch als Bundeskanzler bezeichnete Otto von Bismarck reichte. Nach Beendigung der Rede trat Bismarck vor und verkündete die Eröffnung des Reichstags, dem sich ein dreimaliges Hoch auf seine Majestät

---

75 Zur Entlastung seiner Tätigkeit als Gauleiter hatte Goebbels den früheren Gaugeschäftsführer Artur Görlitzer zu seinem Stellvertreter ernannt. Longerich, Goebbels, Biographie, S. 217.
76 BArchB, R1501/125032, Blatt 185. „Zu der Frage des Nichteingangs der Karten für den Herrn Reichsminister Dr. Goebbels und den Herrn Staatssekretär Funk ist folgendes zu bemerken. Ausweislich der hiesigen Bücher und der Meldungen der beteiligten Amtsgehilfen ist festgestellt worden, dass am 19. März morgens in der Voßstraße 11 (Adolf-Hitler-Haus) dem diensthabenden SA Mann ein Brief für den Herrn Reichsminister [...] ausgehändigt worden ist. Dies ist geschehen auf Veranlassung des Pförtners von Wilhelmplatz 8, der erklärt hat, dass sämtliche Sendungen für den Herrn Reichsminister [...] nach Voßstraße 11 zu leiten wären, da das Büro Wilhelmplatz noch nicht eröffnet sei. Ferner ist am 19. März abends 9.40 Uhr gleichfalls Voßstraße 11 ein an den Herrn Reichsminister [...] gerichteter Brief abgegeben worden. Es ist anzunehmen, dass diese beiden Sendungen die Karten für die Feier in der Garnisonkirche enthielten und zwar die am Morgen abgegebene Sendung die Karten für den Staatsakt, die am Abend abgegebene Sendung die Karten für die Tribüne der Reichsregierung für den Vorbeimarsch der Reichswehr usw."
77 Fröhlich (Hrsg.), Die Tagebücher von Joseph Goebbels, S. 153. Als offizielle Arbeitsaufnahme des Ministeriums gilt der 1. April 1933, und selbst danach war man noch stark mit der Selbstorganisation beschäftigt. Siehe: Mühlenfeld, Vom Kommissariat zum Ministerium, 81.

anschloss. Der Kaiser grüßte daraufhin „huldvoll" die Versammlung und verließ dieselbe mit seinem Gefolge.[78]

So war dieser geplante „Tag von Potsdam" mit einer Inbesitznahme von Geschichte verbunden, die aus der Sicht des Jahres 1933 die vergangenen 85 Jahre preußisch-deutscher Historie umfasste. Die erwartete Zeitenwende sollte damit in ihrer Wahrnehmung aufgehoben sein in der Kontinuität der Geschichte.[79]

Wie kam es nun zu dem Phänomen des Handschlags als zentrale mediale Botschaft dieses Tages? Weder war in dem verabschiedeten protokollarischen Ablauf ein zeremonieller Handschlag geplant, noch wurde der dann tatsächlich stattgefundene Händedruck in der offiziellen Schrift des Reichstags mit dem Titel *Zur Erinnerung an die Feierlichkeiten in Potsdam*, erwähnt.[80] Das ist insofern hochinteressant, war es doch am 12. März, also neun Tage vor dem „Tag von Potsdam" bei den Feierlichkeiten zum Volkstrauertag in Berlin zu einem ähnlichen, in diesem Fall Begrüßungs-Handschlag zwischen Hitler und Hindenburg gekommen.[81]

Am Morgen des 21. März 1933 meldete sich auch der Reichspräsident mit einem Aufruf zu Wort. Er beschwor darin wiederum die Opfer des Weltkrieges, dass sie nicht umsonst gestorben seien und das nun in ihrem Namen ab dem „Tag von Potsdam" ein neues starkes Reich entstünde.[82] Die *Berliner Morgenpost* vom 21. März 1933, aus der Hindenburgs Aufruf hier sinngemäß zitiert wurde, veröffentlichte auf ihrer Titelseite unter der Überschrift „Der Tag von Potsdam" neben dem Aufruf des Reichspräsidenten noch einmal den Aufruf Goebbels und den Wortlaut des Ermächtigungsgesetzes. Insgesamt werden sich an diesem Mittag des 21. März 1933 Hitler und Hindenburg dreimal die Hand geben. Zur Begrüßung, Verabschiedung und dazwischen als Dankesgeste des Reichspräsidenten nach der Rede des Reichskanzlers. Diese wurde dann wahrgenommen und stilisiert als mythischer Handschlag und Botschaft des Tages – der Machtübertragung von der „alten Größe" zur „jungen Kraft".

Die Begrüßung Hindenburgs, protokollarisch genau geplant, sollte so verlaufen:

An der Tür der Garnisonkirche Begrüßung des Herr Reichspräsidenten durch Pfarrer Grunwald und Pfarrer Koblank. Der Herr Reichspräsident betritt, geleitet von den beiden Pfar-

---

78 Verhandlungen des deutschen Reichstages, I. Legislaturperiode, Sitzungsperiode 1871, Eröffnungssitzung des deutschen Reichstages im Weißen Saale des königlichen Schlosses in Berlin am Dienstag, den 21. März 1871, S. 1–3, in: http://www.reichstagsprotokolle.de/Blatt3_k1_bsb00018324_00029.html. (8. 8. 2012).
79 Sabrow, Der „Tag von Potsdam", S. 100.
80 BarchB, R1501/125032, Blatt 244–250.
81 Günter Kaufmann: Der Händedruck von Potsdam – die Karriere eines Bildes, in: Geschichte in Wissenschaft und Unterricht, Nr. 5/6, 1997, S. 310.
82 Berliner Morgenpost, 21. 3. 1933, Titelseite.

Thomas Wernicke

Abb. 4: Berliner Morgenpost vom 21. März 1933, Titelseite, Reproduktion.

Abb. 5: Begrüßung des Reichspräsidenten durch Reichskanzler Adolf Hitler (x) und Reichstagspräsident Hermann Göring vor dem Westportal der Garnisonkirche, 21. März 1933, Fotografie: Presse-Photo GmbH Berlin, Moses Mendelssohn Zentrum.

rern und gefolgt von Staatssekretär Dr. Meißner, Oberst von Hindenburg und Rittmeister von der Schulenburg das Innere der Kirche, begrüßt den Herrn Reichskanzler und den Herrn Reichstagspräsidenten und nimmt auf dem für ihn bereitgehaltenen Sessel in dem Altarraum der Kirche Platz.[83]

In Abweichung davon zeigen uns die Bilder und erhaltene Filmsequenzen, dass Hitler und Göring den Reichspräsidenten vor der Kirche erwarteten und begrüßten. Hier war aber die Position der Fotografen sehr schlecht, ein symbolisches Foto konnte hier nicht entstehen.

Der Auslöser für jenen legendär gewordenen Handschlag in der Garnisonkirche war der letzte Teil der Rede des Reichskanzler, in dem Hitler den Lebensweg Hindenburgs verherrlichte, ihn dabei zwar auf das Bild des Generalfeldmarschalls reduzierte, aber gleichzeitig zum Nationalheiligen emporhob:

> Heute, Herr Generalfeldmarschall, lässt Sie die Vorsehung Schirmherr sein über die neue Erhebung unseres Volkes. Dieses Ihr wundersames Leben ist für uns alle ein Symbol der

---

[83] BarchB, R1501/125033, Blatt 114 bis 116.

unzerstörbaren Lebenskraft der deutschen Nation. So dankt Ihnen heute des deutschen Volkes Jugend und wir alle mit, die wir Ihre Zustimmung zum Werk der deutschen Erhebung als Segnung empfinden.[84]

Die nun folgende Szene der Kranzniederlegung und den Handschlag schilderte Hans Rehberg[85] für die „Berliner Funkstunde":

> Die (beiden) Pfarrer erheben sich. Der Herr Reichspräsident erhebt sich. [...] Und der Herr Reichspräsident schreitet auf der rechten Seite des Altars zur königlichen Gruft. Er legt dort an den Särgen Friedrichs des Großen und Friedrich Wilhelms I. einen Kranz nieder. Die Kränze lagen während des Staatsaktes auf den Stufen des Altars. Die beiden Pfarrer stehen jetzt zur Seiten der Grufttür. Nach der Begrüßungsansprache ging der Herr Reichskanzler auf den Herrn Reichspräsidenten zu und der gab tief bewegt die Hand. *(Pause)* Der Herr Reichspräsident kehrt aus der Gruft zurück und die Herren seiner Begleitung schließen sich ihm an.[86]

Danach, und das kann sehr wohl Goebbels ganz eigene Idee gewesen sein, übertrug der Rundfunk eine kurze Ansprache des Kriegsblinden R. Kliesch, die er sicher nicht selbst geschrieben hat, ein Meisterstück der Propaganda. Ob es tatsächlich ein Blinder war, der von einem Manuskript in Blindenschrift abgelesen hat, muss ebenfalls offen bleiben. Sinnbildlich spricht der Kriegsblinde von den 18 Jahren „Finsternis", in der er die Weimarer Republik einschließt, die nun mit dem „Tag von Potsdam" überwunden sind:

> Im Februar des Jahres 1915 verlor ich durch eine russische Granate das Licht beider Augen. In 18 Jahren der Finsternis trug ich Leid und Not des deutschen Vaterlandes mit, aber das persönliche Schicksal hat uns deutsche Kriegsblinde nicht niedergerungen. Ein steter Wille erfüllte und trieb uns auch so an unserem Teil, dem Vaterland zu dienen. Wenn heute die feste Hoffnung einer besseren Zukunft über Deutschland leuchtet, dann dringt dieser helle Schein auch in unser Leben und gibt uns neue Kraft. Dann wird uns dieser Tag eine Erfüllung für unser Opfer. In Deutschland soll wieder Ehrlichkeit, Zucht und Treue herrschen. Dieser Frühlingstag sei ein Symbol dafür, dass auch in Deutschland wieder Frühling werde, es wieder hell und schön werde. Volksgenossen. In diesem Augenblick, da Hindenburg am Sarge Friedrichs des Großen weilt. Da draußen die Geschütze den Tag des Sieges mit donnerndem Salut begrüßen. In diesem Augenblick rufe ich euch als einer von Millionen, die ihr Höchstes gaben, zu:

---

84 Wendt, Die Nationalversammlung von Potsdam, S. 13.
85 Hans Rehberg (1901–1963), Schriftsteller und Dramatiker. Er schrieb Dramen über Persönlichkeiten der Zeitgeschichte, war Mitglied der NSDAP und der SA, geriet 1941 in die ideologische „Schusslinie" der SS, war dann bis zum Kriegsende Kriegsberichterstatter beim Befehlshaber der U-Boote.
86 DRA Frankfurt a. M., Archivnummer 2590216, „Tag der Nation" in der Potsdamer Garnisonkirche, Minute 48:57 bis 52:40, Transkription.

„Seid einig", schließt die Reihen, damit der Tag, der ersehnte Tag der Freiheit herbeikomme. Haltet fest an eurem Gelöbnis. Alles für Deutschland- unser teures Vaterland.[87]

Für die Rundfunkhörer schlossen sich dann neben dem Bericht über die laufende Parade ein Schwall bedeutungsschwerer nationalistischer Phrasen des Reporters an, aus denen schon am Anfang zitiert wurde.

Nach der Truppenparade und dem Vorbeimarsch der paramilitärischen Verbände folgte die Verabschiedung. Das Protokoll legte fest: „Nach Schluß des Vorbeimarsches fährt der Wagen des Herrn Reichspräsidenten an der Tribüne vor, der Herr Reichspräsident steigt ein und fährt nach Berlin zurück. Nach der Abfahrt des Herrn Reichspräsidenten fährt der Wagen des Herrn Reichskanzlers vor."[88] Die Brüstung der Tribüne des Reichspräsidenten hatte extra einen herausnehmbaren Mittelteil, damit Hindenburg direkt in das vorgefahrene Auto einsteigen konnte.

Zwei Fotografen machten ein Foto von der Verabschiedung des Reichspräsidenten vom Reichskanzler, das eine davon wurde weltberühmt, das andere blieb weitgehend unbekannt. Das erste schoss der Fotograf der *New York Times*, Theo Eisenhart,[89] und auf seinem Foto ist auch der andere Fotograf, verdeckt durch Hitler, zu sehen. Es ist Georg Pahl, der in Berlin eine Bildagentur[90] unterhielt. Er fotografierte die gleiche Szene von seinem Standort aus. Ob Hitler hier Georg Pahl wiedererkannte, ist nicht überliefert. War es doch der junge Pahl gewesen, der 1923 die ersten Fotografien des Redners Hitler machte. Dieses Ereignis war Anlass für Hitler gewesen, zukünftig mit einem Leibfotografen zu arbeiten, um sein öffentliches Bild selbst bestimmen zu können.[91]

Für die Frage nach dem Handschlag als mediale Botschaft spielen nicht nur die Fotografen eine wichtige Rolle, sondern auch die Kunst- und Historienmaler. Auf eigenes Ersuchen hatten einige Maler Zulassungskarten für die Teilnahme am Staatsakt in der Garnisonkirche erhalten.[92] Darunter war Wilhelm Beckmann (1852–1942), der im Juli 1933 Georg Kaisenberg erste Skizzen für ein geplantes

---

87 DRA Frankfurt a. M., Archivnummer 2590216, „Tag der Nation" in der Potsdamer Garnisonkirche, Minute 52:40 bis 54:21, Transkription.
88 BarchB, R1501/125033, Blatt 114 bis 116.
89 Kaufmann, Der Händedruck von Potsdam, S. 295
90 A-B-C-Aktuelle-Bilder-Centrale, Georg Pahl. Den Nachlass von gut 11.000 Aufnahmen dieser Berliner Bildagentur bewahrt heute das Bundesarchiv in Koblenz. Georg Pahl (1900–1963) war bei dem Berufsfotografen Heinrich Sanden, dem Begründer der „Atlantic" Photogesellschaft in Berlin in die Lehre gegangen.
91 Claudia Schmölders, Hitlers Gesicht, Eine physiognomische Biographie, München 2000, S. 55–58
92 BarchB, R1501/125033, Blatt 121.

Abb. 6: Paul von Hindenburg verabschiedet sich nach den Feierlichkeiten am Tag von Potsdam von Adolf Hitler, in der Bildmitte Reichswehrminister Werner von Blomberg, 21. März 1933, Fotografie: Georg Pahl, Bundesarchiv.

„Tag von Potsdam"-Bild vorlegte, die Kaisenberg aber wenig befriedigten. Aus seiner Aktennotiz erfahren wir aber interessanterweise, was denn mit den Historienbildern geschehen sollte: „Ich möchte vorschlagen", so Kaisenberg, „die Angelegenheit als Material an den Herrn Präsidenten des Reichstags für die neue Bau- und Ausschmückungskommission des neuen Reichstags zu leiten".[93] Weitere Maler, deren Anwesenheit am 21. März 1933 zu vermuten ist, waren der in Wittstock geborene Historienmaler Georg Marschall (1871–1956), Meisterschüler von Anton von Werner, und Carl Langhorst (1867–1950), dessen Gemälde für seine Heimatgemeinde Rhaden im Kreis Minden als Postkarte eine größere Verbreitung gefunden hatte.[94]

Bleibt die Frage nach der zeitgenössischen Verwendung des Eisenhartschen Bildmotivs. Verwiesen sei da zunächst auf den Aufsatz von Günter Kaufmann aus

---

93 BarchB, R1501/125033, Blatt 121.
94 Kaufmann, Der Händedruck von Potsdam, S. 303.

Abb. 7: Der Historienmaler Georg Marschall vor seinem Gemälde vom „Tag von Potsdam", 1933, Fotografie, SZ Photo.

dem Jahre 1997.[95] Kaufmann benennt den interessanten Fakt, dass das Bild zunächst wenig Verbreitung fand. 1934 wurde es in einem Geschichtsbuch für die Jugend erstmalig auch falsch untertitelt. Für zwei ganz unterschiedliche zeitgenössische Bücher diente das Handschlag-Bild in einer Fotomontage als Buchtitel.

Hans Wendt, veröffentlichte 1933 eine Dokumentation über den „Tag von Potsdam" und die folgenden zwei Tage. Darin stilisierte er die Reichstagseröffnung in Potsdam zur Nationalversammlung. Damit sollte noch einmal die echte Nationalversammlung von Weimar des Jahres 1919 diskreditiert werden. Als Umschlagbild diente die Fotomontage eines O. Niebuhr, bestehend aus dem Bild vom Verabschiedungshandschlag und einem Foto von der Truppenparade mit der Garnisonkirche. Der weit nach oben ragende Kirchturm der Garnisonkirche lässt die Verbeugung Hitlers vor Hindenburg bei weitem nicht so tief erscheinen, wie auf dem Originalbild.[96]

---

[95] Kaufmann, Der Händedruck von Potsdam, S. 300–301.
[96] Wendt, Die Nationalversammlung von Potsdam, Titelbild des Schutzumschlags.

Abb. 8: Schutzumschlag des Buches „Die Nationalversammlung von Potsdam", Entwurf: O. Niebuhr, 1933, Mittler-Verlag Berlin.

Die andere Montage ist Titel eines der frühen Bücher des deutschen Exils – *Hitler der Eroberer*.[97] Der nicht genannte Autor war Rudolf Olden, Jurist und Journalist, Verteidiger von Carl von Ossietzky, Publizist beim *Berliner Tageblatt* und der *Weltbühne*. Als liberaler Demokrat und Pazifist veranstaltete er noch am 19. Februar 1933 in der Kroll-Oper den Kongress „Das Freie Wort" und entkam der drohenden Verhaftung nach dem Reichstagsbrand nur durch seine rechtzeitige Flucht.[98] Mit diesem Buch, in dem sich Olden vor allem mit der Rolle Hindenburgs auseinandersetzte, nahm Wieland Herzfelde die Produktion seines Malik-Verlages in Prag wieder auf. Sein Bruder Helmut, als Fotokünstler arbeitete er unter dem Pseudonym John Heartfield, schuf diese Montage aus den freigestellten Personen Hitler und Hindenburg und der grafischen Titelschrift.

In den zeitgenössischen Veröffentlichungen über den „Tag von Potsdam" dominierte immer das Bild von der Versammlung in der Garnisonkirche, den kol-

---

[97] Hitler der Eroberer, Entlarvung einer Legende, Von einem deutschen Politiker, Malik-Verlag Berlin 1933, Printed in Czechoslovakia, Umschlagentwurf von John Heartfield.
[98] Rudolf Olden: Hitler, Vorwort von Werner Berthold, Frankfurt a. M. 1984, S. VIII.

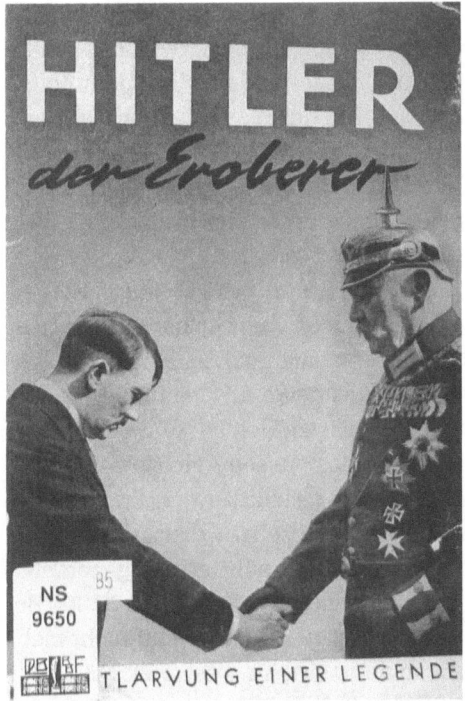

Abb. 9: Schutzumschlag des Buches „Hitler der Eroberer", Entwurf: John Heartfield, 1933, Malik-Verlag, Bibliothek für Bildungsgeschichtliche Forschung Berlin.

lektiven Charakter der Veranstaltung betonend, vereint zum gemeinsamen Aufbruch. Erst die Nachkriegszeit „entdeckte" das Handschlagfoto, denn es gewährte eine gewisse Entlastung für all jene, „die dabei waren und nicht merkten, das die ‚Einheit' des Jahres 1933 mit Verfolgung, Entrechtung und Terror hergestellt worden war", wie Günter Kaufmann schrieb.[99]

In seinem Aufruf vom 18. März hatte Goebbels zu Feiern überall im Reich aufgefordert. So lud auch der Potsdamer Oberbürgermeister Arno Rauscher[100] im Namen des Magistrats zu einem „Vaterländischen Feuerwerk" in das Sportstadion Luftschiffhafen, das auch städtischer Gedenkort für die 1.664 gefallenen Potsdamer im Weltkrieg war. Gleichzeitig rief er zu einem Fackelzug durch Potsdam auf und kündigte sogar den Auftritt Goebbels an.[101] Der kam aber nicht. Rauscher

---

[99] Kaufmann, Der Händedruck von Potsdam, S. 307.
[100] Zum nationalsozialistischen Machtwechsel in Potsdam siehe: Thomas Wernicke: Machtergreifung auf städtischer Ebene und Durchsetzung des Führerprinzips, in: Tag von Potsdam, Bildungsforum und Schülerprojekt, hrsg. vom Landtag Brandenburg in der Reihe „Die Garnisonkirche-Beiträge zu ihrem Wiederaufbau", Heft 2, Potsdam 2003, S. 61–66.
[101] Aufruf an die Potsdamer Bürgerschaft!, in: Potsdamer Tageszeitung, 20. 3. 1933, Erste Beilage, Nachrichten aus Potsdam.

sagte dort im Luftschiffhafen wieder die Worte, die uns Nachgeborene heute so verständnislos zurücklassen: „Wir Potsdamer haben an der Wiege des neuen Deutschland, das wir solange ersehnt haben, Pate gestanden." Und dann folgte erneut die Verklärung des Frontsoldaten: „Nun soll der Festtag seinen Ausklang finden an diesem Platze, auf den wir Potsdamer stolz sind, der aber zugleich für uns geheiligter Boden ist, weil wir ihn dem Andenken unserer gefallenen Helden geweiht haben. Gerade an diesem Tage werden wir dessen inne, dass die Opfer, die sie gebracht haben, nicht umsonst waren."[102]

Welche Bedeutung hatte nun vor dem Hintergrund des hier Ausgeführten der „Tag von Potsdam"? Er war in seiner Äußerlichkeit ganz sicher das Leichenbegängnis für die Weimarer Republik und ihre parlamentarische Ordnung. Die Potsdamer Botschaft war getragen von einem uns heute unverständlichen, aus der Erinnerung an den verlorenen Weltkrieg gespeisten Helden- und Geschichtspathos, symbolisiert in der mythischen Gestalt des greisen Reichspräsidenten; sie stützte sich auf eine breite Verachtungshaltung gegenüber der Weimarer Republik. Die große Mehrheit erwartete eine historische Zeitenwende, die jetzt mit dem „Tag von Potsdam" und den als Machtübertragung an Hitler wahrgenommen „Handschlag" gekommen schien. Wenn man annimmt, dass neben den 20.000 Beteiligten an der Spalierbildung[103] mindestens die gleiche Zahl, wenn nicht mehr zusätzliche Besucher in der Stadt waren, so hatte sich an diesem 21. März 1933 die Bevölkerungszahl Potsdams[104] fast verdoppelt. Politisch gab es nach diesem Tag von Potsdam für viele kein Zurück mehr. Im Begriff der „Märzgefallenen", Bezeichnung für den massenhaften Eintritt in die NSDAP nach dem 21. März 1933, „war mit verächtlichem Tonfall das massenhafte Überläufertum jener Tage gekennzeichnet."[105]

Bereits um 16.00 Uhr an diesem 21. März traf sich die Reichsregierung, zurückgekehrt aus Potsdam, zu einer Ministerbesprechung, in deren Mittelpunkt der Entwurf einer Verordnung über die Bildung von politischen Sondergerichten als weitere Machtabsicherung stand.[106] Um 17.16 Uhr eröffnete der Reichstagspräsident die erste Sitzung des Reichstags in der Berliner Kroll-Oper. Auf die Eröffnung

---

102 Reichtags-Eröffnungsfeier in Potsdam, Das Erlebnis des 21. März in Wort und Bild, hrsg. von Hans Hupfeld, Potsdam 1933, S. 58.
103 BLHA, Pr. Br. Rep. 2A, I Pol., Nr. 627/2, Blatt 1 VS: Kommando der Schutzpolizei Potsdam, Sonderkommandoanordnung Nr. 8, Potsdam, den 19. März 1933. An der Spalierbildung waren Schulen, politische Verbände, Vereine und Parteien der Rechten beteiligt. (Anlage B, Blatt 34-37).
104 Am 1. Januar 1933 hatte Potsdam 72.356 Einwohner, siehe: Adressbuch der Städte Potsdam, Nowawes und Werder 1934, Potsdam 1934, S. 5.
105 Fest, Hitler, Eine Biografie, S. 592.
106 Akten der Reichskanzlei, Regierung Hitler 1933–1938, hrsg. von Konrad Repgen und Hans Booms: Die Regierung Hitler, S. 243–244.

Abb. 10: Historiengemälde vom Tag von Potsdam, unbekannter Künstler, Reproduktion, Landesarchiv Berlin.

durch einen Alterspräsidenten war verzichtet worden. Hermann Göring wurde durch einfaches Erheben von den Plätzen als Parlamentspräsident wiedergewählt. Seine anschließende Rede, mit der auch die erste Sitzung des Reichstags endete, war wiederum eine Abrechnung mit der Weimarer Republik, die Göring als „vierzehn Jahre der Not, vierzehn Jahre der Schande, vierzehn Jahre Ehrlosigkeit" diffamierte und deren Symbol „Schwarz-Rot-Gold" er als „Schwarz-Rot-Gelb" verspottete.[107]

Die zweite Sitzung des Reichstags am Donnerstag, den 23. März 1933, verabschiedete dann in namentlicher Abstimmung das „Ermächtigungsgesetz". Von 538 Abgeordneten (die KPD-Mandate waren ja, wie erwähnt, bereits annulliert)

---

[107] Reichstagsprotokolle, 1. Sitzung. Dienstag, den 21. März 1933. S. 15–17, unter: http://www.reichstagsprotokolle.de/Blatt2_w8_bsb00000141_00019.html. (8. 8. 2012).

Abb. 11: Einmarsch der NSDAP-Fraktion am Nachmittag des 21. März 1933 zur Eröffnungssitzung des Reichstags, Kroll-Oper Berlin, Fotografie: Atlantic Photo-Gesellschaft m. b. H., Landesarchiv Berlin.

stimmten 444 mit Ja und 94 mit Nein.[108] Damit hatte sich das Parlament selbst entmachtet. In den kommenden Monaten scheiterte auch das Konzept der Einrahmung der Nationalsozialisten durch den in seiner Arroganz gefangenen, zaudernden rechtsbürgerlichen Koalitionspartner. Es folgten die Ereignisse bis zum 14. Juli 1933. Von diesem Tag an gab es dann nur noch eine Partei, die NSDAP.

---

108 Reichstagsprotokolle, 2. Sitzung. Donnerstag, den 23. März 1933. S. 42–45, unter: http://www.reichstagsprotokolle.de/Blatt2_w8_bsb00000141_00046.html. (8. 8. 2012).

Abschrift[109]

Berichtigungsabzug 18.3.33. IID
Reichsministerium des Innern IB 1201a/18.3.
Berlin, den 18. März 1933
Handschriftliche Bemerkungen: 1000 Stück bestellt, Druckreif erklärt, [unleserliche Abkürzung in Klammern, unleserliches Kürzel], 18.3.

Verteilung

Büro des Reichspräsidenten	5
Präsident des Reichstags	1
Staatssekretär in der Reichskanzlei	5
Auswärtiges Amt (Chef des Protokolls)	55
Sämtliche Reichsminister	Je 2
Reichsministerium für Volksaufklärung und Propaganda	10
Hauptverwaltung der Deutschen Reichsbahn-Gesellschaft	5
Presseabteilung der Reichsregierung	80
Reichstag (für Abgeordnete)	450
Direktor beim Reichstag	2
Vertretungen der Länder bei der Reichsregierung (handschriftlich eingefügt)	20
Bevollmächtigte zum Reichsrat (handschriftlich eingefügt)	80
Reichsbaudirektion Berlin	1
Reichskommissar für das Land Preußen	2
Kommissare des Reichs für die Preußischen Staatsministerien	Je 1
Regierungspräsident Potsdam	1
Oberbürgermeister Potsdam	2
Polizeipräsident Potsdam	10
Polizeikommando Potsdam	10
Infanterieführer III Potsdam	3
Preußisches Hochbauamt II Potsdam	2
Evangelischer Oberkirchenrat	1
Generalsuperintendent D. Dr. Dibelius	1
Bischöfliches Ordinariat	1
Superintendent Görnandt, Potsdam	1
Pfarrer Grunwald, Potsdam	1
Divisionspfarrer Koblank, Potsdam	1

---

109 BarchB, R 1501/125033; Reichsministerium des Innern, Abt. I, Inhalt: Reichstagstagung in der Garnisonkirche Potsdam (Auf dem kopierten Alt-Aktendeckel Stempel des Reichsarchivs und des Deutschen Zentralarchivs), Blatt 114 bis 116,VS und RS: Gedruckter „Plan für die Feiern in Potsdam aus Anlaß der Eröffnung des Reichstags 21. März 1933".

Katholisches Stadtpfarramt, Potsdam	1
Prof. Hugo Rüdel, Berlin	1
Prof. Otto Becker, Potsdam	1

Gottesdienst in der Nikolaikirche zu Potsdam

10.25 Der Herr Reichspräsident trifft vor der Nikolaikirche ein, Begrüßung durch Generalsuperintendent D. Dr. Dibelius, Superintendent Görnandt und Pfarrer Lahr. Die Tochter des Pfarrers Lahr überreicht einen Blumenstrauß. Der Herr Reichspräsident begibt sich in die Kirche und nimmt auf dem für ihn bereitgehaltenen Sessel vorn im Mittelgang Platz.

10.30 Beginn des Gottesdienstes

Liturgie: Superintendent Görnandt

Predigt: Generalsuperintendent D. Dr. Dibelius

11.10 Ende des Gottesdienstes

Der Herr Reichspräsident verlässt als Erster die Kirche und besteigt seinen Kraftwagen. Anschließend Rundfahrt des Herrn Reichspräsidenten durch Potsdam.

Gottesdienst in der Katholischen Stadtpfarrkirche zu Potsdam

10.30 Beginn des Gottesdienstes. Levitenamt mit Tedeum, zelebriert von dem Geistlichen Rat Warnecke unter Beistand der Kapläne Dr. Bugla und Podolski.

11.20 Ende des Gottesdienstes

Zug der Abgeordneten von den Kirchen zur Garnisonkirche

Die Teilnehmer am Gottesdienst in der Nikolaikirche erwarten vor der Nikolaikirche den von der Katholischen Stadtpfarrkirche kommenden Zug.

Nach Beendigung des katholischen Gottesdienstes ziehen die Teilnehmer dieses Gottesdienstes in geschlossenem Zug zur Nikolaikirche.

Reihenfolge: Vertreter der Reichsregierung

Mitglieder des diplomatischen Korps

die Abgeordneten in Fraktionsgruppen

    NSDAP,

    Zentrum,

    Deutschnationale Volkspartei,

    Bayrische Volkspartei,

    Kleine Parteien,

die übrigen Teilnehmer des Gottesdienstes, soweit sie Karten zur Feier in der Garnisonkirche besitzen.

In der Nikolaikirche gliedern sich die dort wartenden Teilnehmer des evangelischen Gottesdienstes in den entsprechenden Gruppen des von der katholischen Kirche kommenden Zuges ein.

Der Zug bewegt sich durch das Spalier – Schloßstraße, Breitestraße – zur Garnisonkirche.

Die Persönlichkeiten, die nur am Staatsakt in der Garnisonkirche teilnehmen, haben bis spätestens 11.45 ihre Plätze in der Garnisonkirche eingenommen.

Die Spitze des Zuges hat 11.45 die Garnisonkirche erreicht, die Teilnehmer begeben sich auf ihre Plätze in der Garnisonkirche.

Glockengeläut

Die Glocken aller Kirchen von Potsdam beginnen 11.30 zu läuten. Um 11.50 Schluß des gesamten Glockengeläuts.

Rundfahrt des Herr Reichspräsidenten

11.10. Die Wagen nehmen unter Vorausfahrt eines Polizeiwagens (Polizeipräsident von Zitzewitz und Kommandeur der Schutzpolizei Oberstleutnant Sontag) folgenden Weg:

Kaiserstraße, Wilhelmplatz, Bassinplatz, Junkerstraße, Nauener Straße, Kaiser-Wilhelm-Straße, Große Mittelallee des Parks von Sanssouci, links um das Neue Palais über die sogenannte Mopke. Hinter dem Neuen Palais Ausfahrt durch das Nordtor der Mopke, Maulbeerallee, vorbei an der historischen Mühle, Hohenzollernstraße, zurück durch Kaiser-Wilhelm-Straße zum Halt an der Ecke Junkerstraße und Bassinplatz.

Daselbst Öffnung des Wagens des Herrn Reichspräsidenten.

Weiterfahrt durch Kaiserstraße, an der Nikolaikirche vorbei, woselbst der Wagen etwa um 11.50 passiert.

Abfahren des Spaliers und Abschreiten der Ehrenkompanie durch den Herrn Reichspräsidenten

11.50. Weiterfahrt des Herrn Reichspräsidenten von der Nikolaikirche zur Garnisonkirche durch das Spalier der Reichswehr und der Verbände.

I. Wagen: Der Herr Reichspräsident und Oberst von Hindenburg,

II. Wagen: Staatssekretär Dr. Meißner und Rittmeister von der Schulenburg.

(Dem Wagen des Herrn Reichspräsidenten voran fährt der Polizeiwagen mit Polizeipräsident von Zitzewitz und dem Kommandanten der Schutzpolizei Potsdam)

Etwa 100 m vor der Garnisonkirche verlässt der Herr Reichspräsident den Wagen und schreitet unter Begleitung des Reichswehrministers und der unmittelbaren Vorgesetzten die Front der Ehrenkompanie ab sowie anschließend die Front der Ehrenabteilungen der Schupo und der Verbände.

Vor dem Portal der Garnisonkirche begrüßt der Herr Reichspräsident die alten Veteranen von 1864, 1866 und 1870/71.

Staatsakt in der Garnisonkirche

An der Tür der Garnisonkirche Begrüßung des Herrn Reichspräsidenten durch Pfarrer Grunwald und Pfarrer Koblank.

Der Herr Reichspräsident betritt, geleitet von den beiden Pfarrern und gefolgt von Staatssekretär Dr. Meißner, Oberst von Hindenburg und Rittmeister von der Schulenburg das Innere der Kirche, begrüßt den Herrn Reichskanzler und den Herrn Reichstagspräsidenten und nimmt auf dem für ihn bereitgehaltenen Sessel in dem Altarraum der Kirche Platz.

Während des Einzugs der Abgeordneten in die Garnisonkirche von 11.50 an gedämpftes Orgelspiel. Sobald der Herr Reichspräsident in dem Altarraum der Kirche Platz genommen hat, setzt das Orgelspiel aus. Es beginnt der Staatsakt mit dem Choral (vgl. das besondere Programm).

Nach Beendigung des Chorals erhebt sich der Herr Reichspräsident von seinem Platz und verliest die Begrüßungsansprache.

Der Herr Reichspräsident erteilt sodann das Wort dem Herrn Reichskanzler, der an das Pult tritt und dort die Eröffnungsrede für den Reichstag verliest.

Anschließend wird die Motette von Brahms gespielt, die mit einem machtvollen Amen schließt. Nach dem Verklingen der letzten Töne einige Sekunden Pause. Alsdann erheben sich die beiden Pfarrer. Der Herr Reichspräsident erhebt sich ebenfalls, schreitet an der rechten Seite des Altars vorbei zur königlichen Gruft und legt daselbst an den Särgen Friedrich des Großen und Friedrich Wilhelm I. je einen Kranz nieder. Die Kränze liegen während des Staatsaktes auf den Stufen des Altars und werden dem Herrn Reichspräsidenten in der Gruft von seinen Adjutanten zugereicht; die beiden Pfarrer stehen hierbei zu beiden Seiten der Grufttür.

Während dieses Aktes hat sich die Versammlung erhoben, und die Orgel spielt leise die Melodie „Wir treten zum Beten". Eine Salutbatterie gibt 21 Schuss ab.

Der Herr Reichspräsident kehrt von der Gruft aus in die Kirche zurück. Nach dem Betreten des Mittelschiffes, neben dem Altar stehend, verbeugt der Herr Reichspräsident sich nach rechts und nach links und begibt sich unter Vorantritt der beiden Pfarrer und von seiner engeren Begleitung gefolgt in die Taufkapelle.

Nachdem sich der Herr Reichspräsident vor dem Altar nach rechts und nach links verbeugt hat, setzt die Orgel in großen Akkorden ein, um bis zur Leerung der Kirche allmählich auszuklingen.

Die übrigen Teilnehmer verlassen die Kirche und nehmen Aufstellung auf der Tribüne neben der Kirche oder auf dem freigehaltenen Raum vor der Kirche.

Vorbeimarsch der Reichswehr, der Schutzpolizei und der Verbände

Sobald die Teilnehmer der Feier die Plätze vor der Kirche eingenommen haben, wird dem Herr Reichspräsidenten gemeldet, dass mit dem Parademarsch begonnen werden kann. Der Herr Reichspräsident durchschreitet die Kirche und verläßt sie durch die an der Seite der Tribüne liegenden Tür. Er begibt sich auf das für ihn bestimmte Podest, von dem aus er den Vorbeimarsch der Reichswehr, der Schupo und der Ehrenabordnungen der Verbände abnimmt.

Hinter dem Podest des Herrn Reichspräsidenten befindet sich eine Tribüne mit etwa 900 Plätzen, auf der die Reichsregierung, der Reichsrat, das Diplomatische Corps und die Reichstagsabgeordneten sowie die Ehrengäste Platz genommen haben.

An dem Vorbeimarsch nehmen teil:

    3 Bataillone des 9. Preuß. Infanterie-Regiments,

    die in Potsdam stehenden Teile des 4. Preuß. Reiter-Regiments,

    die IV. reitende Abteilung des 3. Preuß. Artillerie-Regiments,

    die Nachrichtenabteilung 3.

Den Vorbeimarsch beschließt die Salutbatterie.

Im Anschluß an den Vorbeimarsch der Reichswehr schließt sich ein Vorbeimarsch der Ehrenabordnungen der Verbände an.

Nach Schluß des Vorbeimarsches fährt der Wagen des Herrn Reichspräsidenten an der Tribüne vor, der Herr Reichspräsident steigt ein und fährt nach Berlin zurück.

Nach der Abfahrt des Herrn Reichspräsidenten fährt der Wagen des Herrn Reichskanzlers vor.

Weitere Reihenfolge der Wagen bei der Abfahrt:

    Präsident des Reichstags,

    Reichsminister,

    Mitglieder des Diplomatischen Korps,

    Reichstagsabgeordnete,

    militärische Befehlshaber,

    übrige Teilnehmer.

Für die Anfahrt der Wagen nach Potsdam und deren Aufstellung auf den Parkplätzen gelten die besonderen Bestimmungen über die Regelung des Kraftwagenverkehrs (Anlage).

Anzug: Gehrock, hoher Hut. – Eine Möglichkeit, in der Garnisonkirche die Garderobe abzugeben, besteht nicht. Die Herren, die Sitze im oder am Altarraum haben, werden gebeten, den Überrock im Kraftwagen zurückzulassen.

Abb. 12: Anmarsch der Reichswehreinheiten über den Alten Markt zum Lustgarten, 21. März 1933, Fotografie: Atlantic Photo-Gesellschaft m. b. H., Landesarchiv Berlin.

Abb. 13: Anmarsch der Reichswehreinheiten über die Breite Straße zum Lustgarten, 21. März 1933, Fotografie: Atlantic Photo-Gesellschaft m. b. H., Landesarchiv Berlin.

Der Handschlag am „Tag von Potsdam" — 41

Abb. 14: Prinz August Wilhelm von Preußen im Kreise von SA- und SS-Führern auf den Stufen der Nikolaikirche, 21. März 1933, Fotografie: Presse-Photo GmbH Berlin, Moses Mendelssohn Zentrum.

Abb. 15: Paul von Hindenburg begibt sich zum evangelischen Gottesdienst in die Nikolaikirche, 21. März 1933, Fotografie: Atlantic Photo Gesellschaft m. b. H., Landesarchiv Berlin.

Abb. 16: Paul von Hindenburg verlässt die Nikolaikirche und begibt sich auf eine Rundfahrt durch Potsdam und den Park von Sanssouci, 21. März 1933, Fotografie: Atlantic Photo-Gesellschaft m. b. H., Landesarchiv Berlin.

Abb. 17: Mitglieder der Reichsregierung und der Reichswehrführung erwarten vor der Nikolaikirche den Zug der katholischen Reichstagsabgeordneten vom Bassinplatz, 21. März 1933, Fotografie: Atlantic Photo-Gesellschaft m. b. H., Landesarchiv Berlin.

Der Handschlag am „Tag von Potsdam" — 43

Abb. 18: Beginn des Zuges der Reichstagsabgeordneten und Mitglieder der Reichsregierung vom Alten Markt zur Garnisonkirche, 21. März 1933, Fotografie: Atlantic Photo-Gesellschaft m. b. H., Landesarchiv Berlin.

Abb. 19: Reichskanzler Adolf Hitler und Vizekanzler Franz von Papen auf dem Weg durch die Schloßstraße zur Garnisonkirche, 21.März 1933, Fotografie: Atlantic Photo-Gesellschaft m. b. H., Landesarchiv Berlin.

Abb. 20: Adolf Hitler bei der Verlesung seiner Rede in der Garnisonkirche, 21. März 1933, Fotografie: Gräuert, Atlantic Photo-Gesellschaft m. b. H., Landesarchiv Berlin.

Abb. 21: Salutbatterie im Potsdamer Lustgarten, 21. März 1933, Fotografie: Atlantic Photo-Gesellschaft m. b. H., Landesarchiv Berlin.

Abb. 22: Blick auf die Tribüne der Reichsregierung während der Truppenparade am Tag von Potsdam, v. l. n. r. Frick, v. Papen, Hitler, Seldte, Göring, 21. März 1933, Fotografie: Georg Pahl, Bundesarchiv.

Abb. 23: Vorbeimarsch der Reichswehr in der Breiten Straße, 21. März 1933, Fotografie: Atlantic Photo-Gesellschaft m. b. H., Landesarchiv Berlin.

Abb. 24: Abnahme der Truppenparade durch Paul von Hindenburg, 21. März 1933, Fotografie: Atlantic Photo-Gesellschaft m. b. H., Landesarchiv Berlin.

Abb. 25: Adolf Hitler verlässt nach der Verabschiedung des Reichspräsidenten die Tribüne, 21. März 1933, Fotografie, SZ-Photo.

Martin Sabrow
Der „Tag von Potsdam"
Zur doppelten Karriere eines politischen Mythos

Wohl kein geschichtspolitischer Bemächtigungsversuch hatte in der NS-Zeit einen größeren Erfolg als der zum „Tag von Potsdam" erhobene Staatsakt vom 21. März 1933, mit dem die nationalsozialistischen Machthaber die Verwandlung ihrer politischen Bewegung in staatliche Autorität symbolkräftig zu beglaubigen suchten. Hunderttausende erlebten über Presse, Funk und Film die in alle Winkel des Landes übertragene Feierstunde in der Potsdamer Garnisonkirche. In ihr nahm die am 30. Januar 1933 installierte und in der Reichstagswahl vom 5. März im Amt bestätigte Regierung Hitlers und von Papens an diesem 21. März gleichsam öffentliche Gestalt an, indem sie die amtierende Parteienkoalition von Nationalsozialisten und Deutschnationalen in die soziale Versöhnung von konservativem Bürgertum und revolutionärer NS-Bewegung übersetzte.[1]

Als symbolpolitisches Ereignis suggerierte der „Tag von Potsdam" den siegreichen Ausgang der „nationalen Revolution" und zugleich den Auftakt zur Verwandlung der legalen in die totale NS-Herrschaft: Mittels der demonstrativen Inkorporierung von SA und SS in ein staatliches Feierzeremoniell bekräftigte er zum einen Hitlers Rundfunkerklärung an seine Gefolgschaft vom 12. März desselben Jahres, dass unser „14jähriger Kampf um die Macht [...] nunmehr seinen sichtbaren symbolischen Abschluss gefunden" habe und die vornehmste Aufgabe der nationalsozialistischen Bewegung nun darin bestehe, „dem ganzen deutschen Volk und vor allem auch unserer Wirtschaft das Gefühl der unbedingten Sicherheit zu geben".[2] In der verfassungswidrigen Ausschließung der frischgewählten kommunistischen Reichstagsabgeordneten – denen das Mandat wenige Tage nach der März-Wahl aberkannt worden war –, gab der „Tag von Potsdam"

---

[1] Der Beitrag führt Überlegungen weiter, die ich zuerst in folgenden Aufsätzen entwickelt habe: Der „Tag von Potsdam" – Zur Geschichte einer fortwährenden Mythenbildung, in: Der „Tag von Potsdam". Bildungsforum und Schülerprojekt, hrsg. v. Landtag Brandenburg, Potsdam 2003, S. 91-104; Hitler war nur Randfigur. Mythos – Zankapfel – Erinnerungsort. Die Potsdamer Garnisonkirche in der deutschen Erinnerungskultur, Teil 2, in: Potsdamer Neueste Nachrichten, 26. 7. 2011.
[2] Völkischer Beobachter, 13. 3. 1933, zit. n. Klaus Scheel: 1933. Der „Tag von Potsdam", Berlin 1996, S. 95f. Die zeitgenössische Rezeption dieser Botschaft veranschaulichen: Hans Hupfeld (Hrsg.): Reichstags-Eröffnungsfeier in Potsdam. Das Erlebnis des 21. März in Wort und Bild, Potsdam 1933; Hans Wendt: Die Nationalversammlung von Potsdam. Deutschlands große Tage 21. bis 23. März 1933, Berlin 1933.

zugleich die Richtung vor, die zwei Tage später mit der Verabschiedung des Ermächtigungsgesetzes zur endgültigen Aufhebung des konstitutionellen Rechtsstaates und seiner Gewaltenteilung führen sollte.

Dementsprechend ist das symbolträchtige Ereignis schon von Zeitgenossen und erst recht von der Nachwelt als Ausdruck einer unerhörten suggestiven Verführungskraft der braunen Machthaber empfunden worden, deren propagandistisches Inszenierungsgeschick auch politisch Fernstehende anerkennen mussten. Diesen Eindruck brachte schon die Berliner *Vossische Zeitung* in ihrem Leitartikel zum 21. März 1933 zum Ausdruck:

> Mit dem Sinn für Feierlichkeit und großartige Repräsentation, den man bei den früheren Regierungen so schmerzlich vermissen musste, wird heute die Eröffnung des Reichstages durch den Staatsakt in der Potsdamer Garnisonkirche zu einem nationalen Festtag ausgestattet. Unter allen festlichen Kundgebungen, die die Arbeit der neuen Reichsregierung bisher begleiteten, ist dies die größte und allgemeinste. Es ist dafür gesorgt, dass ein Abglanz und Mitklang der feierlichen Vorgänge in Potsdam und Berlin bis in das letzte deutsche Dorf, bis in das einsamste Haus gelangen kann. Die moderne Technik gibt den Regierungen heute eine ungeheure Macht über die Geister der Nation, wenn sie von ihren Möglichkeiten Gebrauch zu machen weiß. Und diese Regierung weiß von ihnen Gebrauch zu machen.[3]

Entsprechend bewegt reagierte die Öffentlichkeit auf die über den *Deutschlandsender* übertragene und tags darauf in ihren Höhepunkten nochmals ausgestrahlte Reichstagseröffnung, die von parallelen Feiern in fast allen deutschen Städten begleitet wurde. In Potsdam anwesende Politiker, paradierende Militärs, am Straßenrand stehende Zaungäste, aber auch gänzlich unbeteiligte Zeitgenossen hielten in Memoiren, Tagebuchnotizen und rückblickenden Zeitzeugenberichten fest, wie stark sie von dem Geschehen beeindruckt worden waren und wie sehr sie diesen Tag als historische Zäsur erlebt hatten.[4]

Die historische Forschung hat diesen Eindruck des „gestellte[n] Staatsakt[s]" als „schöne[r] Verbrämung" der „politischen Wirklichkeit"[5] über viele Jahre be-

---

3 Der Staatsakt in Potsdam, in: Vossische Zeitung, 21. 3. 1933, Morgen-Ausgabe, S. 1.
4 Vgl. etwa Moritz von Faber du Faur: Macht und Ohnmacht. Erinnerungen eines alten Offiziers, Stuttgart 1953, S. 146f.; Alexander Stahlberg: Die verdammte Pflicht. Erinnerungen 1932–1945, Berlin/Frankfurt a. M. 1994, S. 43ff. Einzelne unpublizierte Erinnerungen sind zusammengestellt in: Scheel, 1933, S. 116ff. Weitere Beispiele bei Klaus-Jürgen Müller: Der „Tag von Potsdam" und das Verhältnis der preußisch-deutschen Militär-Elite zum Nationalsozialismus, in: Bernhard R. Kroener unter Mitarbeit von Heiger Ostertag (Hrsg.): Potsdam. Staat, Armee, Residenz in der preußisch-deutschen Militärgeschichte, Berlin/Frankfurt a. M. 1993, S. 435–449.
5 So das schulbildende Urteil der bahnbrechenden Forschungsleistung von Karl Dietrich Bracher/Wolfgang Sauer/Gerhard Schulz: Die nationalsozialistische Machtergreifung. Studien zur Errichtung des nationalsozialistischen Herrschaftssystems in Deutschland 1933/34, 2. Aufl. Köln/Opladen 1962, S. 151.

stätigt und erst in den 1990er Jahren vereinzelt kritischer Revision unterzogen.[6] Immer wieder wurde das Potsdamer Großereignis als „eine zentral gelenkte Meinungsmanipulierung durch alle Medien"[7] herausgestellt und als „Großtat politischer Illusionskunst" gewürdigt, „die Millionen Deutsche verführte".[8] Kaum ein anderes Propagandaereignis des „Dritten Reiches" scheint solchermaßen Zeugnis von der perfiden Perfektion abzulegen, mit der das nationalsozialistische Regime hier die Geschichte in seinen Dienst zu stellen vermocht hatte, wie eben der vermeintlich generalstabsmäßig inszenierte „Tag von Potsdam", der als „großes nationales Schauspiel [...] die Vergewaltigung als gemeinsamen Willen zur Vermählung ‚zwischen den Symbolen der alten Größe und der jungen Kraft' erscheinen" lassen sollte[9] und von Hitler womöglich schon ins Auge gefasst worden war, als er noch nicht einmal die Kanzlerschaft errungen hatte.[10] Als Drahtzieher im raffinierten Spiel mit den Emotionen erscheint in diesem Narrativ neben Hitler selbst, der sich „seinem Projekt von Anfang an" mit zielstrebiger Energie widmete,[11] dessen Gehilfe und „diabolischer Geist", Joseph Goebbels,[12] der als nationalsozialistischer Chefpropagandist den Staatsakt in der Garnisonkirche zur „willkommenen

---

[6] Dies gilt namentlich für die Studien von Werner Freitag (Nationale Mythen und kirchliches Heil: Der „Tag von Potsdam", in: Westfälische Forschungen 41 [1991], S. 379–430; Der „Tag von Potsdam" und seine Feier in der Provinz Sachsen und in Anhalt, in: Sachsen und Anhalt. Jahrbuch der Historischen Kommission für Sachsen-Anhalt, Bd. 21 [1998], S.267–285) und Günter Kaufmann (Der Händedruck von Potsdam – die Karriere eines Bildes, in: Geschichte in Wissenschaft und Unterricht 48 [1997], S. 295–315). Vgl. zuletzt auch Hans-Ulrich Thamer: Legitimation durch Inszenierung – Stufen der nationalsozialistischen Machtdurchsetzung und Selbstdarstellung, in: Gerd Althoff/Helene Basu (Hrsg.): Rituale der Amtseinsetzung (im Druck).
[7] Scheel, 1933, S. 19.
[8] Heinz Höhne: Zeit der Illusionen. Hitler und die Anfänge des Dritten Reiches 1933–1936, Düsseldorf [u. a.] 1991, S. 74.
[9] Manfred Messerschmidt: Wiedergeburt und Grabgesang. Manfred Messerschmidt über den „Tag von Potsdam" 1933, in: Preußenstadt Potsdam. 1000 Jahre, Spiegel Spezial 2/1993, S. 64–69, hier S. 64f.
[10] So interpretierte Christoph Raichle in einer detaillierten Studie den „Tag von Potsdam" als Schlüsselereignis eines erfolgreichen Strategiewechsels, mit dem unter dem Eindruck der Wahlniederlage vom November 1932 Hitler beschlossen habe, „seine Maximalziele vorerst zurückzustellen und in bzw. nach einer Phase des Kompromisses die Macht stufenweise zu erringen, indem er durch eine gezielte Symbolpolitik um das Vertrauen seiner konservativen Partner warb, um sie heimlich zu betrügen". Christoph Raichle: Der „Tag von Potsdam" (21. März 1933) – symbolpolitische Etappe der nationalsozialistischen „Machtergreifung" 1933–34, unveröff. Magisterarbeit, Stuttgart 2003, S. 158. Auf derselben Linie argumentiert die Studie von Jesko von Hoegen: „Es ist davon auszugehen, daß Hitler schon vor seiner Ernennung zum Reichskanzler einen groben Plan für einen bedeutenden Staatsakt in Potsdam hatte." Jesko von Hoegen: Der Held von Tannenberg. Genese und Funktion des Tannenberg-Mythos, Köln [u. a.] 2007, S. 383.
[11] Raichle, Der „Tag von Potsdam", S. 158.
[12] So die Charakterisierung Franz von Papens: Der Wahrheit eine Gasse, München 1952, S. 325.

Talentprobe" nutzte und mit ihm das Gesellenstück seiner Illusionskunst ablieferte.¹³ Hitler und Goebbels hätten sich auf den Tag der Verführung mit Präzision und Weitblick vorbereitet, um auf diese Weise „eine bewusste Einflussnahme auf möglichst große Teile der Bevölkerung" und „eine einheitliche Propagandawirkung" in ganz Deutschland zu erzeugen und die Macht des Hindenburg-Mythos auf sich zu übertragen – so lässt sich das bis heute dominierende Bild einer beispiellosen Massenverführung zusammenfassen, die auch ihren staatsrechtlich wichtigsten Akteur, Paul von Hindenburg, nach der Zauberflöte des Magiers Goebbels und seines Meisters Hitler tanzen ließ.¹⁴

Kein Aspekt ist dabei so sehr zu einem immer wiederkehrenden Topos der historischen Literatur geworden wie die „exakte Vorbereitung"¹⁵ des „wohldurchdachten und glänzend inszenierten Schauspiels"¹⁶, das am 21. März 1933 in Potsdam unter Aufbietung der gesamten Staatsführung und im Zusammenspiel mit zahlreichen militärischen und paramilitärischen Formationen vor einem Millionenpublikum abrollte. Diese Sicht bestätigte niemand stärker als Hitlers zeitweiliger Mittelsmann Kurt Lüdecke, der in seinen 1937 im amerikanischen Exil erschienenen Memoiren ein Gespräch mit Hitler wiedergab, das am 12. September 1932 im Berliner „Kaiserhof" stattgefunden haben soll. Hitler habe in dieser Unterhaltung, so Lüdecke, nach der verlorenen Reichspräsidentenwahl vom Frühjahr die Strategie entwickelt, über die listige Aneignung von Hindenburgs Mythos an die Macht zu gelangen:

---

13 Bracher/Sauer/Schulz, Die nationalsozialistische Machtergreifung, S. 150. Exemplarisch ist auch folgendes Urteil: „Zur Feier des Sieges inszenierte Goebbels – welch großartiger Bühnenregisseur ist an ihm verlorengegangen! – eine neue Feier. Am 21. März wurde der Beginn der nationalen Ära in der Potsdamer Garnisonskirche [sic!] eröffnet." Viktor Reimann: Dr. Joseph Goebbels, Wien [u. a.] 1971, S. 183. Ebenso Manfred Schlenke in einem Beitrag zum 1000-jährigen Jubiläum der Stadt Potsdam: „Es war Goebbels Einfall, den am 5. März 1933 neu gewählten Reichstag feierlich mit einem Staatsakt in der Garnisonkirche zu Potsdam, der nationalen Weihestätte des Preußentums, zu eröffnen. [...] Bis in die kleinsten Einzelheiten hinein plante und überwachte Goebbels die Vorbereitungen für die Potsdamer Feier". Manfred Schlenke: Nationalsozialismus und Preußen. Eine historische Bilanz aus Anlaß der 60. Wiederkehr des „Tages von Potsdam" (21. März 1933), in: Peter-Michael Hahn [u. a.] (Hrsg.): Potsdam. Märkische Kleinstadt – europäische Residenz. Reminiszenzen einer eintausendjährigen Geschichte, Berlin 1995, S. 307–326, hier S. 312.
14 Scheel, 1933, S. 33 u. 49. „Hindenburg gab der neuen Regierung seinen Segen. Selbst er schien verzaubert von Goebbels' Regiekunst zu sein und gerührt von Hitlers Lobpreis auf ihn, den großen Feldmarschall, den die Vorsehung in ihrer Weisheit zum Schirmherrn der neuen Volkserhebung erkoren hatte." Reimann, Dr. Joseph Goebbels, S. 183.
15 Die „exakte Vorbereitung" des in seinen einzelnen Rollen sorgsam „geprobten Schauspiels" ist in der Literatur zu einem förmlichen Topos geworden, der sich auch in wissenschaftlichen Darstellungen stereotyp wiederfindet. Vgl. neben den oben genannten Beispielen z. B. Messerschmidt, Wiedergeburt und Grabgesang, S. 64f.; Scheel, 1933, S. 34f.
16 Schlenke, Nationalsozialismus und Preußen, S. 313.

Sehen Sie nicht, dass ich den alten Droschkengaul noch brauche? Sagen Sie, was Sie wollen, sein Prestige ist immer noch unbezahlbar – eine fabelhafte Reputation, die man ausnutzen muss. Darin steckt ein symbolisches Bild, das ich nicht ungenutzt lassen will: Hindenburg als Repräsentant des alten Deutschland und ich als der des neuen; das alte Deutschland, das seine Hand dem neuen entgegenstreckt – der alte Feldmarschall des Weltkrieges und der junge Gefreite aus dem Schützengraben, die am Grab Friedrichs des Großen gemeinsam auf das Hakenkreuz schwören! Ein großartiges Bild mit gewaltigem Potential! Ich werde in Potsdam ein Stück aufführen, wie es die Welt noch nicht gesehen hat![17]

Auch die Tagebuchaufzeichnungen von Joseph Goebbels untermalen das Bild des „Tages von Potsdam" als einer gezielt in Szene gesetzten Propagandaaufführung. Goebbels ging in den Tagen vor dem 21. März mehrfach auf seine Arbeit an dem kommenden Staatsakt ein und zeichnete sich dabei als einen sich seiner Macht bewussten Demagogen, der kaltblütig die verführerische Wirkung seiner propagandistischen Inszenierung zu berechnen versteht: „Wir haben einen großen Plan für die feierliche Eröffnung des neuen Reichstags in Potsdam entworfen. Dort wird der neue Staat sich zum ersten Male symbolisch präsentieren."[18] Goebbels' eigene Darstellung spiegelt denn auch eindrucksvoll die Intensität und Zielgerichtetheit, mit der der Propagandachef des „Dritten Reiches" die Vorbereitungen für die Reichstagseröffnung vorantrieb: „Ich orientiere mich in Potsdam an Ort und Stelle, ob alle Vorbereitungen getroffen sind. Bei solchen großen Staatsfeiern kommt es auf die kleinsten Kleinigkeiten an."[19]

Der solcherart beschriebene Potsdamer Staatsakt brachte dementsprechend zahllose Abbildungen hervor. Den aus ganz Deutschland angereisten Bildreportern waren besondere Standorte zugewiesen und für akkreditierte Filmteams schon Tage zuvor die erforderlichen Kabel bei der zentralen Tribüne an der Gar-

---

[17] In der englischen Originalfassung lautet die Passage: "Don't you see that I need the old cab-horse? Say what you will, his prestige is still priceless – a fabulous reputation that must be exploited. Here's a symbolic picture I don't intend to miss: Hindenburg representing the Old Germany and I the New, the Old Germany reaching out its hand to the New – the old Field-Marshal of the World War and the young Corporal from the trenches pledging themselves to the Swastika at the tomb of Frederick the Great! A marvelous tableau, with tremendous potentialities! I'll stage such an act in Potsdam as the world has never seen!" Kurt G. W. Luedecke, I knew Hitler. The Story of a Nazi Who Escaped the Blood Purge, New York 1937, S. 460.
[18] Elke Fröhlich (Hrsg.): Die Tagebücher von Joseph Goebbels. Sämtliche Fragmente, Teil 1, Aufzeichnungen 1924–1941, Bd. 2, 1. 1. 1931–31. 12. 1936, München [u. a.] 1987, S. 393f. (Eintrag vom 16. März 1933). Analog konturierte von Papen Goebbels als einen *homo novus*, der „auf allen Klavieren zu spielen verstand": „Seinem Intellekt und seiner Polemik war niemand von uns gewachsen." Von Papen, Der Wahrheit eine Gasse, S. 325.
[19] Fröhlich (Hrsg.), Die Tagebücher von Joseph Goebbels, S. 395 (Eintrag vom 19. März 1933). Ebenso schon in einer Aufzeichnung tags zuvor: „Der Potsdamer Tag geht in Ordnung. Er wird von nachhaltiger Wirkung sein." Ebd., S. 394 (Eintrag vom 18. März 1933).

nisonkirche verlegt worden. Gedenkmünzen und Bildpostkarten mit den Porträts von Friedrich II., Hindenburg und Hitler verstärkten die suggestive Verführungskraft des historischen Rückgriffs, der die Reichstagseröffnung als des „neuen Deutschlands großer Weihtag" an „der Stätte deutscher Wiedergeburt" erscheinen ließ.[20] Zum ikonografischen Hauptsymbol der „Potsdamer Rührkomödie"[21] sollte dabei im gesellschaftlichen Gedächtnis eine Momentaufnahme avancieren, die das Geschehen auf die Begegnung der beiden Hauptakteure verdichtet, nämlich die angeblich „auf Goebbels' Initiative seinerzeit weit verbreitete Fotografie, auf der ein befrackter Adolf Hitler einem uniformierten greisen Generalfeldmarschall von Hindenburg ergeben die Hand drückt".[22]

Schon im „Dritten Reich" wurde die sich ehrfurchtsvoll gebende Verneigung des zur Macht gekommenen Parteiführers vor dem zur Dekoration erstarrten Reichspräsidenten als Beglaubigung des Bündnisses von monarchischer Tradition und nationaler Revolution vielfach nachgedruckt und nachgezeichnet. Seit dem Ende der NS-Herrschaft und bis heute scheint sie deutlicher als alle Worte die perfide Täuschungstaktik der Nationalsozialisten zu versinnbildlichen, die am 21. März dem „Geist von Potsdam" ihre Reverenz erwiesen, um nur zwei Tage später mit dem Ermächtigungsgesetz die schrankenlose Macht an sich zu reißen und den Rechtsstaat gänzlich aus den Angeln zu heben. Als Höhepunkt der politischen Maskerade aber gilt in dieser rückschauenden Interpretation der Umstand, dass Hitler selbst an diesem Tag die Verkleidung als Wolf im Schafspelz suchte und zum Potsdamer Staatsakt in demagogischer Berechnung die braune Uniform abgelegt hatte, um sich in ungewohntem Zivil zu präsentieren.[23]

So beglaubigt der „Tag von Potsdam" eben jenes über viele Jahre so populäre Verführungsparadigma, mit dem sich die deutsche Gesellschaft selbst als Opfer von Hitlers betrügerischer Hinterlist zu begreifen erlaubte – und das für den Gesamtkomplex der nationalsozialistischen Machteroberung von der Forschung

---

[20] Des neuen Deutschlands großer Weihtag, in: Illustrierter Beobachter, 31. 3.1933; An der der Stätte der deutschen Wiedergeburt, in: Der Tag, 22. 3.1933.

[21] Von der „Potsdamer Komödie" sprach zuerst in seinen vor dem Nürnberger Prozess verfassten Erinnerungen André François-Poncet (Als Botschafter in Berlin 1931–1938, Mainz 1947, S. 101ff.) und mit ihm Friedrich Meinecke (Die deutsche Katastrophe, Wiesbaden 1946, S. 25).

[22] Jehuda L. Wallach: Der 21. März 1933. Historisch-politische Assoziation zum 1000jährigen Jubiläum von Potsdam, in: Bernhard R. Kroener unter Mitarbeit von Heiger Ostertag (Hrsg.): Potsdam. Staat, Armee, Residenz in der preußisch-deutschen Militärgeschichte, Berlin/Frankfurt a. M 1993, S. 139–143, hier S. 139.

[23] „Die nationalsozialistischen Reichstagsabgeordneten trugen ihre braunen Uniformen, Stiefel und Hakenkreuzarmbinden. Im Gegensatz dazu war Hitler in Frack und Zylinder. Das war auf Hindenburg gezielt." Wallach, Der 21. März 1933, S. 140. Tatsächlich trug Hitler an diesem Vormittag keinen Frack, sondern im Einklang mit der üblichen Kleiderordnung einen Cut.

längst gründlich revidiert worden ist. Dieses Entlastungsnarrativ steht und fällt freilich mit dem Nachweis, dass der „Tag von Potsdam" tatsächlich das Produkt einer raffinierten geschichtspolitischen Regie war. Das aber war er keineswegs, und die Erzählung, die das Geschehen vom 21. März 1933 als perfekt inszenierte Täuschungskomödie der NS-Führung zum Zwecke ihrer Machtfestigung interpretiert, stellt lediglich eine zur Meistererzählung geronnene Legende dar, wie im Folgenden entfaltet werden soll.

Die mühevolle Suche nach einem Versammlungsort

Bei näherer Betrachtung offenbart sich schnell, dass die Durchführung des „Tags von Potsdam" in überraschend starkem Maße von seiner Ursprungsplanung abwich und die Entscheidung über den geschichtspolitischen Charakter des Staatsaktes weit weniger in der Hand des neu ernannten Reichspropagandaministers lag, als es den Anschein hatte – und Goebbels selbst es suggerierte. Für die Geschichte des nationalsozialistischen Machtausbaus nicht untypisch, war nämlich auch im Fall der Reichstagseröffnung der erste Anstoß von außen gekommen, und das politische Geschick der neuen Herrscher zeigte sich abermals weniger in ihrer eigenständigen Handlungsstrategie als in ihrer Fähigkeit, unerwartete Ereignisse in ihrem Sinne zu nutzen. So ging die grundsätzliche Entscheidung, nach 1848 und 1919 auch den dritten Anlauf zu einer revolutionären Parlamentskonstituierung außerhalb Berlins vorzunehmen, in ihrer Entstehung nicht auf den originären Willen der neuen Machthaber zurück, sondern auf die schicksalsträchtige Brandstiftung vom 27. Februar 1933, die den Berliner Reichstag in eine rauchgeschwärzte Ruine verwandelt hatte. Weil Hitler davon ausging, dass die Reichsregierung unter dem Eindruck des den Kommunisten zugeschriebenen Anschlags „nunmehr bei den Wahlen 51 % erobern werde"[24], drängte er in der ersten Ministerbesprechung nach dem Brand am Vormittag des 28. Februars energisch darauf, die kommenden Wahlen ungeachtet des zerstörten Sitzungsortes zum vorgesehenen Zeitpunkt abzuhalten. Nicht die nach dem Zeugnis Lüdeckes schon im Jahr zuvor ausgemalte Symbolgeste am Grab des großen Preußenkönigs, sondern handfeste wahltaktische Überlegungen ließen in Hitler die Idee aufkeimen, die Konstituierung des neu zu wählenden Reichstags analog zur Weimarer Nationalversammlung 1919 außerhalb Berlins vorzunehmen, um das Momentum

---

24 Akten der Reichskanzlei, Die Regierung Hitler, Teil I: 1933/34, Bd. 1, bearb. von Karl-Heinz Minuth, Boppard 1983, Nr. 32, Ministerbesprechung vom 28. Februar 1933, 11 Uhr, S. 128.

einer entschlossenen Machtkonsolidierung nicht zu verspielen: „Das Attentat auf das Reichstagsgebäude dürfe an dem Wahltermin und an dem Zusammentritt des Reichstags nichts ändern. [...] Als Ort für den Zusammentritt des Reichstags schlage er das Stadtschloß in Potsdam vor."[25] Es mag dahinstehen, ob Hitler mit dieser Geste die neue Regierung in Abgrenzung vom „Geist von Weimar" dezidiert unter den „Geist von Potsdam" stellen wollte[26] oder womöglich auch die ihm lästige, aber mit dem Antritt der „nationalen Koalition" wieder aktuell gewordene Frage nach einer Wiederherstellung der Hohenzollernmonarchie durch eine zu nichts verpflichtende Geste zu entschärfen dachte.[27] In jedem Fall spielten die Aura der Garnisonkirche und die Gräber der Preußenkönige zu diesem Zeitpunkt offenbar noch keine Rolle. Gleiches gilt für die Öffentlichkeit und die Tagespresse. Sie wies in den Tagen nach dem Brandanschlag vor allem auf die in unmittelbarer Nachbarschaft des Reichstagsgebäudes befindliche und zudem leerstehende Kroll-Oper im Tiergarten hin, die mit ihrem Theatersaal hinreichend Platz für Plenartagungen bot und daneben über die erforderliche Zahl von Nebenräumen verfügte.[28]

Um demgegenüber Hitlers eindeutiger Festlegung auf Potsdam nachzukommen, wurde der im Reichsinnenministerium zuständige Ministerialrat, Georg

---

[25] Ebd., S. 129. Wie sehr Hitler auch unter dem Eindruck von Görings Warnungen vor einer kommunistischen Mobilmachung die entstandene Lage als Augenblick der Entscheidung bewertete, zeigten bereits seine einleitenden Bemerkungen in der Kabinettsberatung: „Der Reichskanzler führte aus, daß jetzt eine rücksichtslose Auseinandersetzung mit der KPD dringend geboten sei. Der psychologisch richtige Moment für die Auseinandersetzung sei nunmehr gekommen. Es sei zwecklos, noch länger hiermit zu warten. Die KPD sei zum äußersten entschlossen. Der Kampf gegen sie dürfe nicht von juristischen Erwägungen abhängig gemacht werden." Ebd., S. 128.

[26] Zur wachsenden Kontrastierung des „Geistes von Potsdam" gegenüber dem von Weimar, die in den Verhandlungen der Nationalversammlung 1919 vielfach zunächst als zusammengehörig empfunden worden waren, vgl. Rainer Gruhlich: Geschichtspolitik im Zeichen des Zusammenbruchs. Die Deutsche Nationalversammlung 1919/20. Revolution – Reich – Nation, Düsseldorf 2012, S. 174ff.

[27] Erst kurz zuvor, am 22. 2. 1933, hatte Hermine, zweite Frau Wilhelms II. und überzeugte Hitler-Anhängerin, in Berlin nach v. Papen vergeblich auch Hitler zu einer Erklärung für die Wiedereinführung der Monarchie zu bewegen versucht, während Hitler seine ablehnende Haltung gelegentlich ganz unverblümt zu erkennen gab, so etwa im November 1932 gegenüber dem englischen Pressekorrespondenten Sefton Delmer: „Und ich habe bestimmt nicht die Absicht, als Rennpferd für einen kaiserlichen Jockey zu dienen, der ausgerechnet in dem Augenblick, in dem ich die Ziellinie passiere, auf meinen Rücken springen will." Sefton Delmer: Die Deutschen und ich, Hamburg 1965, S. 174.

[28] „Vom Krollhaus ist abgesehen worden, weil offenbar der grundsätzliche Wunsch entschied, den neuen Reichstag – da sein eigenes Haus unbenutzbar geworden ist – in Potsdam tagen zu lassen." Reichstag in Potsdam. Zusammentritt in der Garnisonkirche, in: Vossische Zeitung, 2. 3. 1933, Abend-Ausgabe, S. 1.

Kaisenberg, umgehend bei der dortigen Schlösserverwaltung mit dem Ersuchen vorstellig, einen geeigneten Saal zur Verfügung zu stellen. Dort wurde er jedoch abschlägig beschieden: „Die Schlösserverwaltung hat dies als unmöglich bezeichnet."[29] Mit dieser Auskunft nicht zufrieden, wandte Kaisenberg sich daraufhin an den Potsdamer Obermagistratsrat Friedrich Bestehorn, der allerdings ebenfalls weder unter den Schlössern noch unter den Profanbauten und Gedenkstätten der Stadt einen 600 Abgeordneten Platz bietenden Großraum zu nennen wusste. Stattdessen präsentierte er nach einigem Zögern den zunächst verblüffenden Vorschlag, in ein Potsdamer Sakralgebäude auszuweichen und den Nachteil des augenscheinlichen Missbrauchs eines Kirchenraums für politische Geschäfte durch die Berufung auf den „Geist von Potsdam" nicht nur wettzumachen, sondern sogar in einen Vorteil zu verwandeln: „Es gibt in ganz Preußen-Deutschland nur einen Ort, an dem der erste Reichstag des nationalsozialistischen Staats eröffnet werden kann, nämlich die Garnisonkirche in Potsdam."[30]

In der Tat war die Überlegung, die deutsche Volksvertretung in einem mit der preußischen Geschichte eng verknüpften Gotteshaus zusammenzurufen, angesichts der neuen politischen Verhältnisse weniger befremdlich, als sie auf den ersten Blick scheinen mochte. Die 1732 von dem Architekten Philipp Gerlach errichtete Garnisonkirche hatte ursprünglich der geistlichen Versorgung des in Potsdam garnisonierten Leibbataillons der „Langen Kerls" gedient. Ihre Baugeschichte stellte eine Art Vermächtnis des preußischen Betefürsten Friedrich Wilhelm I. dar, der durch Sparsamkeit, Frömmigkeit und Disziplin die Grundlage für den preußischen Machtstaat geschaffen hatte. Sowohl an dem separat stehenden, viergeschossigen Turm mit seinem berühmten Glockenspiel „Üb' immer Treu und Redlichkeit" wie auch im Innern der Kirche wiesen zahlreiche Details auf die Verbindung von Kirche und Staat hin – so etwa in der soldatischen Behelmung der Pauken- und Trompetengel an der Orgel oder in dem später als anstößig empfundenen Umstand, dass der Kanzelaufgang einträchtig von den zwei allegorischen Figuren aus der antiken Mythologie bewacht wurde, nämlich von der Weisheitsgöttin Minerva und dem Kriegsgott Mars. Als besonderes Wahrzeichen galt das von einer vergoldeten Krone mit Reichsapfel und Kreuz gekrönte Kuppeldach, aus dem eine drehbare Wetterfahne von zehn Metern Länge ragte. Sie trug an ihrer Spitze eine kupferne Sonne und darunter auf einer Querstange einen Adler sowie den vergoldeten Namenszug des Königs, der aus statischen Gründen um eine alte Kanonenkugel ergänzt worden war und so in populärer

---

29 Friedrich Bestehorn: Der „Tag von Potsdam" und seine Vorgeschichte. Das Werden des 21. März 1933, in: Mitteilungen des Vereins für die Geschichte Potsdams, N.F. Bd. 7 (1939), S. 219–222, hier S. 219.
30 Ebd., S. 220 (Hervorhebung im Original).

Sicht die Allegorie des der Sonne nicht weichenden Adlers in die Kampfansage des preußischen *roi sergeant* an den französischen *roi soleil* übersetzte. In der Garnisonkirche wurden Friedrich Wilhelm I. und sein Sohn, Friedrich II., beigesetzt, und ihr Grab hinter dem Altar besuchte 1806 Kaiser Napoleon nach dem französischen Sieg von Jena und Auerstedt, der Preußens Niederlage besiegelte.[31] Nach den Befreiungskriegen und wieder nach den Reichseinigungskriegen nahm die Garnisonkirche die feierlich geweihten Kriegstrophäen auf und entwickelte sich auf diese Weise zu einer Art Walhalla des preußisch-deutschen Aufstiegs zur europäischen Großmacht. Insgesamt fast 200 französische, dänische und österreichische Fahnen und Feldzeichen hingen bis zum Ende des Ersten Weltkrieges in effektvoller Schrägstellung aus Fahnenkörben, die über zwei Etagen hinweg an den Pfeilern angebracht waren. Kleine Medaillons verzeichneten darunter die Namen der Schlachten während der Befreiungs- und der Reichseinigungskriege und gaben so den Rahmen für die großen Festgottesdienste, mit denen die Garnisonkirche 1912 den 200. Geburtstag Friedrichs II., 1913 das 25-jährige Thronjubiläum Wilhelms II. und 1914 den Abschied der hinausziehenden Truppen in den Weltkrieg beging.

An eben diese Tradition des Bündnisses von Thron und Altar knüpfte Bestehorn mit seiner kühnen Eingebung an, die Garnisonkirche zum Schauplatz einer Eröffnungssitzung des höchsten deutschen Parlamentes zu machen, und er versuchte Kaisenberg mit dem Argument zu überzeugen, dass schließlich 1848 auch die deutsche Nationalversammlung in der Frankfurter Paulskirche getagt und die preußische Nationalversammlung nach ihrer Vertreibung aus Berlin in der Domkirche zu Brandenburg Zuflucht gefunden habe. Dennoch war – der Erinnerung Bestehorns zufolge – der Ministerialdirektor am anderen Ende der Telefonleitung einen Moment lang unschlüssig, ob er einen solch riskanten Befreiungsschlag Innenminister Wilhelm Frick zu unterbreiten wagen dürfte. Er willigte schließlich aber ein – wohl nicht zuletzt in Ermangelung anderer Möglichkeiten. Auch Frick selbst reagierte offenbar dilatorischer, als die in der NS-Zeit publizierten Erinnerungen Bestehorns zu erkennen geben wollen, die allerdings für diesen Teil der Vorgeschichte die einzige Quelle bieten.[32] Bevor er am nächsten Vormittag

---

31 Zu Napoleons Besuch in der Gruft der Preußenkönige ausführlicher: Martin Sabrow: Politischer Mythos – anstößiger Überrest – auratischer Erinnerungsort. Die Garnisonkirche in der deutschen Geschichtskultur, in: Michael Epkenhans/Carmen Winkel (Hrsg.): Zwischen Mythos und Erinnerung. Die Garnisonkirche in Potsdam, Stuttgart 2013, S. 121–148.
32 Bestehorns Erinnerungen erschienen zunächst in der Potsdamer Tageszeitung vom 19. 6. 1936 und drei Jahre später unter charakteristischer Auslassung einer Passage über den innerstädtischen Widerstand gegen seinen auf eigene Rechnung gemachten Vorschlag in den „Mitteilungen des Vereins für die Geschichte Potsdams". Vgl. Scheel, 1933, S. 77 (mit falscher Jahresangabe des Nachdrucks).

mit diesem unerwarteten Sondierungsresultat in die Kabinettssitzung trat, wollte er erst die grundsätzliche Tauglichkeit der Kirche für den profanen Zweck parlamentarischer Sitzungen zweifelsfrei festgestellt wissen. Daraufhin übermittelte Kaisenberg wiederum Bestehorn den Auftrag, noch am selben Abend das Einverständnis der Kirchengemeinde einzuholen und herauszufinden, ob der Reichstag überhaupt ohne größere bauliche Eingriffe zumutbare Arbeitsbedingungen in der Garnisonkirche vorfinden werde.

Die so fulminante und nachhaltige Wirkung des dann zum „Tag von Potsdam" gewordenen Propagandacoups hat auch die historische Forschung in erstaunlicher Weise übersehen lassen, dass seine Inszenierung weit mehr von tastender und unsicherer Verlegenheitswahl geprägt war als von zielbewusster Planung.[33] Offenbar war an diesem 1. März allen Beteiligten bewusst, dass die Idee, den Reichstag in einem Gotteshaus zusammentreten zu lassen, erhebliche Risiken barg. Sie konnte auf entschiedene Ablehnung gerade in christlich-konservativen Kreisen stoßen, was womöglich auf die neue Regierung zurückfallen und das erhoffte Fanal zum nationalen Aufbruch in eine politische Blamage mit negativen Folgen für die die Regierungskoalition tragenden Rechtsparteien bei der anstehenden Reichstagswahl verkehren würde. Darum hielt sich Kaisenberg auch weiterhin an den in der Sache gar nicht zuständigen Bestehorn, der als Potsdamer Obermagistratsrat für den Fremdenverkehr in Potsdam verantwortlich war und die Garnisonkirche selbst nur unter Hintanstellung eigener Vorbehalte ins Spiel gebracht hatte.[34]

Bestehorn wiederum vermied es, den regulären Dienstweg einzuschlagen und im nächsten Schritt eine Anfrage an die Evangelische Oberkirchenleitung Berlin-Brandenburg als Eigentümerin der Garnisonkirche zu richten. Vielmehr setzte er sich in geradezu konspirativer Weise zunächst mit einem ihm näherstehenden Stadtverordneten in Verbindung und versicherte sich gleichzeitig der Unterstützung des Gemeindekirchenältesten sowie des Militärpfarrers der Garnisonkirche, die zusammen die in eine Zivil- und eine Militärkörperschaft geteilte Gemeinde

---

33 Eine Ausnahme bildet die Studie von Günter Wirth, der zu Recht hervorhebt, „dass vor dem 21. März, an diesem Tage und danach ein Rauchschleier von Propaganda erzeugt wurde, der vordergründig offenbar erreichte, was er erreichen sollte: die Deutung dieses ‚Tags von Potsdam' im Sinne des Nationalsozialismus (und dies bis in Darstellungen geschichtswissenschaftlicher Natur, die diesen Tag entlarven wollten, hinein)." Günter Wirth: Der andere Geist von Potsdam. Zur Kulturgeschichte einer Stadt 1918–1989, Frankfurt a. M. 2000, S. 22. Ebenso: jetzt auch Thamer, Legitimation durch Inszenierung.

34 „So plötzlich der Gedanke gekommen war, so schnell meldeten sich Gewissensbedenken über die Benutzung einer Kirche und noch dazu einer von der Bedeutung der Garnisonkirche mit der heiligen Gruft der beiden großen Preußenkönige als Schauplatz einer Reichstagssitzung." Bestehorn, Der „Tag von Potsdam" und seine Vorgeschichte, S. 220.

repräsentierten. Tatsächlich gelang es ihm, ein förmliches Verschwörer-Trio zu bilden, das sich vorbehaltlos hinter seine Absicht stellte: „Alle drei gingen mit einer inneren Begeisterung ans Werk." Erst daraufhin weihte Bestehorn den deutschnationalen Potsdamer Oberbürgermeister Arno Rauscher und den Rauscher später ablösenden NSDAP-Kreisleiter General Hans Friedrichs ein, „die beide meinen Plan guthießen". Solcherart gedeckt, machte sich Bestehorn dann daran zu klären, ob die Kirche überhaupt eine sechshundertköpfige Parlamentskörperschaft aufnehmen könne, ohne dass beispielsweise die Bestuhlung ausgetauscht und der Altarraum umgebaut werden müssten. „Abends um 10 Uhr konnte ich dem Reichsinnenminister fernmündlich die Meldung erstatten, daß das Einverständnis beider Kirchengemeinden vorläge und daß auch die baulichen Fragen zur Zufriedenheit gelöst werden könnten."[35]

Frick muss die Erfolgsmeldung des Potsdamer Vertrauensmanns mit Erleichterung entgegengenommen haben. Ohne sie hätte er am nächsten Vormittag dem Kabinett lediglich die Undurchführbarkeit des Regierungsentscheids für Potsdam mitteilen können, was angesichts der drängenden Zeit zu einem farblosen Umzug in die Kroll-Oper und zum Verzicht auf eine symbolpolitische Betonung des vom Wahlausgang erhofften Neuanfangs gezwungen hätte. Immer noch aber war er sich offenbar unsicher, ob der in seinem Haus kursierende Vorschlag mehrheitsfähig war und ob er bei vorzeitigem Bekanntwerden nicht sogar beträchtlichen Schaden anrichten könnte, denn Bestehorn wurde anschließend ein strenges Schweigegebot auferlegt.

Die Sorgen erwiesen sich als unbegründet. Auf der für den 2. März um 12 Uhr angesetzten letzten Kabinettssitzung vor der Reichstagswahl fand Fricks Vorschlag einhellige Zustimmung. Unmittelbar nach Ende der Sitzung verbreitete der Deutschlandsender folgende Pressemeldung: „Das Reichskabinett hat heute beschlossen, den Reichstag, der aus den Wahlen vom 5. März hervorgehen wird, in der Potsdamer Garnisonskirche [sic!] tagen zu lassen."[36] Zur Begründung wurde zusätzlich ein „Geleitwort des Kanzlers" veröffentlicht: „Es gibt kein höheres Symbol, als dass nach dem Verbrechen im Reichstage jetzt die nationale Regierung nach Potsdam geht, um an der Bahre des großen, unsterblichen Königs in der Garnisonkirche das neue Werk des deutschen Wiederaufbaues zu beginnen."[37] Doch konnte der werbende Ton der Kanzlerworte nicht darüber hinwegtäuschen, dass eine endgültige Beschlussfassung über die für die Arbeit des Parlaments vitale Frage, ob der Reichstag nur einmalig oder auf längere Zeit Gastrecht in der

---

[35] Ebd., S. 220. Vgl. auch Klaus Scholder: Die Kirchen und das Dritte Reich. Bd. I: Vorgeschichte und Zeit der Illusionen 1918–1934, Berlin (W) 1977, S. 285.
[36] Reichstag in Potsdam, in: Vossische Zeitung, 2. 3. 1933.
[37] Potsdamer Tageszeitung, 3. 3. 1933.

Garnisonkirche beanspruchen würde, vorerst vertagt worden war: „Über die weiteren Sitzungen des Reichstags ist noch keine Entscheidung getroffen, auch nicht über die Frage, inwieweit außerhalb des Reichstagsgebäudes für Sitzungen der Ausschüsse und für Arbeiten der Abgeordneten besondere Räume zur Verfügung gestellt werden sollen."[38]

Entsprechend verhalten und unsicher reagierten die Tageszeitungen auf die Regierungsentscheidung,[39] wobei vor allem nationalsozialistische und deutschnationale Organe die getroffene Ausweichentscheidung als Chance zu „glücklichem Abschluss der Weimarer Periode"[40] priesen, „wie sie ein Jahrhundert nur einmal bietet"[41], während etwa die katholische *Germania* demselben Ereignis auf ihrer Titelseite nur eine dürre Meldung von drei Textzeilen widmete.[42] Bemerkenswerterweise wurden zugleich – quer durch die Parteienlandschaft und ungeachtet der bereits stark eingeschränkten Bewegungsfreiheit der deutschen Presse – verhaltene Reserven gegen die Umsetzbarkeit des Regierungsbeschlusses erkennbar. Schon die monarchistische *Kreuz-Zeitung* machte bei aller Zustimmung ihren Lesern deutlich, dass es sich bei der Wahl des Tagungsortes lediglich um „einen Ausweg" aus den „Schwierigkeiten" handele, „die sich aus der Zerstörung des Reichstages ergeben" hätten, dass man in Potsdam „über diese Nachricht völlig überrascht" gewesen sei und dass die Umwidmung der Kirche auch erhebliche logistische Probleme mit sich brächte.[43] Das *Berliner Tageblatt* und die *Vossische Zeitung* verwiesen darauf, dass das mehr in der Höhe als in der Breite geräumige Gebäude „zweifellos einige Schwierigkeiten" bereiten werde, „die

---

38 Pressemeldung zur Sitzung des Reichskabinetts am 2. März 1933, zit. n. Scheel, 1933, S. 77f.
39 Während die Vossische Zeitung davon ausging, dass die Plenarsitzungen nun vermutlich bis zur Restaurierung des Berliner Reichstagsgebäudes in der Garnisonkirche stattfinden würden (Reichstag in Potsdam. Zusammentritt in der Garnisonkirche, in: Vossische Zeitung, 2. 3. 1933, Abend-Ausgabe), und die Kreuz-Zeitung bereits die Frage einer Bannmeile „für die Dauer der Reichstagssitzungen" erörterte (Beginn der Vorbereitungen in Potsdam, in: Neue Preußische und Kreuz-Zeitung, 3. 3. 1933) verhielt sich die Potsdamer Lokalpresse bei aller Genugtuung abwartend: „Es läßt sich natürlich noch nicht sagen, ob es sich bei dieser Benutzung der Garnisonkirche um eine einmalige Angelegenheit oder um einen Zustand von einiger Dauer, etwa für ein Jahr, handeln wird." Reichstagskommission in der Garnisonkirche, in: Potsdamer Tageszeitung, 3. 3. 1933.
40 Bekenntnis zum Tag von Potsdam, in: Neue Preußische und Kreuz-Zeitung, 3. 3. 1933.
41 Reichstagskommission in der Garnisonkirche, in: Potsdamer Tageszeitung, 3. 3. 1933.
42 „Die erste Sitzung des neuen Reichstages wird nach einem Beschluß, den das Reichskabinett am Donnerstag faßte, in die Potsdamer Garnisonkirche einberufen werden". Von Weimar nach Potsdam, in: Germania, 4. 3. 1933.
43 Bekenntnis zum Tag von Potsdam, in: Neue Preußische und Kreuz-Zeitung, 3. 3. 1933; Beginn der Vorbereitung in Potsdam, in: Ebd.

zahlreichen Mitglieder eines großen Parlamentes dort unterzubringen".[44] Die deutschnationale *Potsdamer Tageszeitung* verband ihre emphatische Zustimmung zu „dem großen Plan" mit einer Mahnung zu behutsamem Vorgehen: „Die Kirche darf natürlich nicht ‚umgebaut' werden, es kann sich höchstens um eine Verkleidung des Altars handeln."[45] Dass diese beruhigende Feststellung sowohl auf Potsdamer Befindlichkeiten als auch auf die Berliner Regierungspolitik zielte, ließ eine sibyllinische Passage desselben Artikels erkennen, die sich mit möglichen Einwänden befasste: „Es ist kaum zu erwarten, daß kirchliche Kreise sich gegen die Tagung eines würdig auftretenden Parlamentes in der Garnisonkirche sträuben werden. Diese Hoffnung darf man auf den neuen Reichstag, der hoffentlich ein nationales Gesicht erhalten wird, setzen."[46]

Die kirchliche Verweigerung

War die Potsdamer Zeitung vorgewarnt, und wollte sie womöglich einen drohenden Konflikt entschärfen, indem sie Staat und Kirche gleichermaßen dazu aufrief, aufeinander zuzugehen? Dass diese Sorge vollauf berechtigt war, ahnte zu diesem Zeitpunkt auf Seiten der Reichsregierung offenbar kein Verantwortlicher, da Bestehorn sich für die erfolgte Einwilligung der beiden Gemeinden der Garnisonkirche verbürgt hatte. Im Gegenteil schien die Regierung mit ihrer überraschenden Ankündigung das Heft des Handelns in die Hand genommen zu haben, und sie zögerte nicht, diesen Umstand sofort zu nutzen. Noch am selben Abend bezeichneten in Berlin Gauleiter Joseph Goebbels und in Hannover Reichsminister Franz Seldte den Regierungsbeschluss auf den jeweiligen Abschlusskundgebungen zur bevorstehenden Wahl als „Symbol der Zukunft"[47], um für eine politische Wiedergeburt des Reiches im Zeichen der preußischen Machttradition zu werben. Allerdings war diese Rechnung ohne den Wirt gemacht worden, wie sich umgehend zeigen sollte. Bereits am folgenden Tag, dem 3. März, kam es zum Konflikt, als sich eine aus Vertretern des Reichsinnenministeriums, der Reichstags-

---

44 Reichstag in Potsdam, in: Vossische Zeitung, 2. 3. 1933, Abend-Ausgabe. Das Berliner Tageblatt formulierte ebenso zurückhaltend: „Wenn man sich jetzt für die Garnisonkirche entschieden hat, so ist dies vermutlich nicht deshalb geschehen, weil der Bau architektonisch besonders dafür geeignet wäre, – der Raum der Kirche wird für mehrere hundert Abgeordnete eher zu klein sein, – sondern wohl mehr um einer historischen Symbolik willen." Von Weimar nach Potsdam, in: Berliner Tageblatt, 3. 3. 1933.
45 Reichstagskommission in der Garnisonkirche, in: Potsdamer Tageszeitung, 3. 3. 1933.
46 Ebd.
47 Potsdam – Symbol der Zukunft, in: Der Tag, 5. 3. 1933.

verwaltung und der Stadt Potsdam gebildete Kommission in der Garnisonkirche einfand, um die Umsetzung des Regierungsbeschlusses in die Wege zu leiten. „In der Garnisonkirche selbst waren erheblich mehr Persönlichkeiten anwesend, als ursprünglich verabredet", teilte Kaisenberg in einem anschließenden „Sofortbericht" an Frick mit: „Im besonderen war Generalsuperintendent Dibelius anwesend, der sofort seine kirchlichen Bedenken zum Ausdruck brachte."[48]

Mit dieser Einrede stand mit einem Schlage das ganze Unternehmen zur Disposition, denn der Generalsuperintendent der Kurmark, wenngleich nicht Hausherr der Garnisonkirche, artikulierte die Meinung des Evangelischen Oberkirchenrates, über dessen Ablehnung sich die Organisatoren nicht hinwegsetzen konnten, ohne unmittelbar vor der Reichstagswahl das Bündnis mit dem nationalen Konservativismus zu gefährden. Das kirchliche Widerstreben entlarvte Bestehorns Versicherung, dass beide Kirchengemeinden einverstanden seien, als höchst voreilig. Schlimmer noch – es drohte ihn zu einem Ministerialbürokraten zu stempeln, der seinen Minister in eine fatale Falle hatte stolpern lassen und die gesamte Reichsregierung einem herben Gesichtsverlust aussetzen würde. Trotzdem dürfte der kirchliche Widerstand Kaisenberg nicht völlig überrascht haben. Schon unmittelbar nach der Presseverlautbarung am Tag zuvor war der von Bestehorn gezielt übergangene Evangelische Oberkirchenrat aktiv geworden, dessen Präsident und Vizepräsident sich umgehend mit der Bitte um eine sofortige Audienz beim Reichspräsidenten gemeldet hatten. Gleichzeitig hatte der Oberkirchenrat gegenüber den Gemeindevertretern der Garnisonkirche darauf gepocht, „daß die Kirchengemeinde der Zustimmung der kirchlichen Oberbehörde bedürfe, wenn sie die Kirche zu anderen als kirchlichen Zwecken zur Verfügung stellen wolle", worauf auch die unter Druck gesetzten Kirchenvertreter von ihrer anfänglichen Zustimmung wieder abgerückt waren.[49]

Das vermeintliche Sachverständigentreffen, das nach außen und in der Presseberichterstattung als eine rein technische Ortsbesichtigung in Erscheinung trat,[50] erwies sich damit als Austragungsort einer Konfrontation zwischen zwei Lagern, deren Ergebnis nach Lage der Dinge nur die Durchsetzung der einen Position auf Kosten der anderen sein konnte. Kaisenberg war sich darüber im Kla-

---

48 Sofortbericht Dr. Georg Kaisenberg an Dr. Wilhelm Frick, 4. 3. 1933, zit. n. Scheel, 1933, S. 79.
49 Ebd.
50 „Um 1 Uhr besichtigte heute eine Kommission von Sachverständigen die Garnisonkirche im Hinblick auf ihre Eignung als Versammlungsraum für den Deutschen Reichstag. An dieser Besichtigung waren beteiligt: Ministerialrat Dr. Kaisenberg, der Direktor des Reichstages, Galle, die Oberbauräte des Reichstages, der Infanterieführer III, Oberst v. Weichs, Garnisonpfarrer Koblank, der Vorstand des Gemeindekirchenrats, Regierungsbaurat Dr. Berger-Schaefer, Oberbürgermeister Rauscher und Obermagistratsrat Dr. Bestehorn." Reichstagskommission in der Garnisonkirche, in: Potsdamer Tageszeitung, 3. 3. 1933.

ren, dass er zum Erfolg verdammt war, und er hatte in dem folgenden Schlagabtausch immerhin die Reichstagskommission geschlossen hinter sich, während Dibelius auf die zweifelhafte Sekundanz durch zwei Kirchenvertreter in Gestalt des Garnisonpfarrers und des Gemeindekirchenrats angewiesen war, die eben erst durch die Oberkirchenleitung zum Widerruf ihrer vorherigen Einwilligung zur Hergabe der Kirche gezwungen worden waren.[51] Wohl auch im Bewusstsein seiner schwachen Position in dieser Auseinandersetzung argumentierte Dibelius außerordentlich geschickt, indem er es vermied, sich in eine direkte Oppositionshaltung gegenüber dem Verlangen der Reichstagskommission manövrieren zu lassen. Statt der „nationalen Regierung" geradewegs das Gotteshaus zu verbieten, machte er die unverantwortliche Haltung des gemeinsamen politischen Gegners zum eigentlichen Pfeiler seiner Argumentation: „Es sei schwer tragbar für die Kirche, da doch sicherlich mit Radauszenen seitens der Kommunisten, vielleicht auch mit Lärmszenen seitens der in schärfster Opposition stehenden SPD zu rechnen wäre."[52]

Vergebens hielt Kaisenberg dagegen, dass „durch eine entsprechend scharfe und energisch gehandhabte Geschäftsordnung sicherlich für eine Geschäftsführung gesorgt werden würde, die dem Charakter der Kirche, im besonderen dem Charakter des nationalen Heiligtums Rechnung tragen würde".[53] Dibelius ließ sich von solchen Argumenten nicht beeindrucken, so sehr sie sich am 23. März in der von SA-Schlägern überwachten Reichstagsdebatte zum Ermächtigungsgesetz bewahrheiten sollten. Vielmehr blieb er „entschlossen, eine Parlamentseröffnung in der Kirche nicht zuzulassen".[54] Sein festes Auftreten war mindestens ebenso stark von der Sorge um eine Entweihung der Kirche durch die Fraktion der verfolgten Kommunisten wie durch die Propagandaabsichten der nationalsozialistischen Machthaber geleitet.[55] Gerade darum aber war er in seiner Haltung keineswegs so isoliert, wie Kaisenberg in seinem Bericht an Frick glauben

---

[51] Tatsächlich konnte Kaisenberg in seinem Bericht an Frick melden, dass die anwesenden Kirchengemeindemitglieder insgeheim nach wie vor zu ihrer Zusage stünden und „keine Schwierigkeiten machen würden, [...] auch durchblicken [ließen], daß es wohl der Regierung gelingen könnte und müßte, die Bedenken der kirchlichen Oberbehörde zu zerstreuen." Sofortbericht Dr. Georg Kaisenberg an Dr. Wilhelm Frick, 4. 3. 1933, zit. n. Scheel, 1933, S. 79f.
[52] Ebd.
[53] Ebd., S. 80.
[54] Otto Dibelius: Ein Christ ist immer im Dienst. Erlebnisse und Erfahrungen in einer Zeitenwende, Stuttgart 1961, S. 170f.
[55] Noch fast dreißig Jahre später verteidigte Dibelius diese im März 1933 von erheblicher Realitätsfremdheit gekennzeichnete Haltung: „Wir konnten nicht wissen, daß bis zu diesem Tage die kommunistischen Abgeordneten sämtlich hinter Schloß und Riegel sein würden und daß kaum eine Partei es wagen würde, dem neuen Diktator offen entgegenzutreten. Wir mußten mit einem tumultartigen Verlauf der ersten Sitzung rechnen." Ebd., S. 171.

machen wollte. Sein Widerstand wurde gerade in konservativ-christlichen Teilen der Potsdamer Gesellschaft gestützt, für die am selben Tag ein Major a. D. und dezidierter Anhänger des neuen Regimes im selben Sinne wie Dibelius gegen die Entweihung des Gotteshauses und dessen Degradierung zu einem „Tummelplatz politischer Leidenschaften" protestierte.[56] Auch Bestehorn berichtete in einer später unterdrückten Passage seiner Erinnerungen, dass es bei ihm „Anrufe und Vorwürfe [...] von mehreren Dutzenden Ober- und Unterinstanzen [gehagelt habe], die sich durch meinen freimütigen schnellen Vorschlag [...] sämtlich zurückgesetzt fühlten".[57]

Entsprechend verbissen gestaltete sich das Kräftemessen in der Garnisonkirche. Kaisenberg konnte unmöglich mit einem Ablehnungsbescheid nach Berlin zurückfahren, der die Reichsregierung desavouiert hätte. Dibelius hingegen hielt es mit Martin Luther, der seine im Glauben gegründete Unerschrockenheit vierhundert Jahre zuvor ebenfalls vor einem Deutschen Reichstag unter Beweis gestellt hatte: „Es gab einen harten Kampf. Die Nationalsozialisten verstanden nicht, dass man sich einem ausgesprochenen Willen des ‚Führers' widersetzen könne. Der Oberbürgermeister von Potsdam, der seiner Stadt das große Ereignis nicht entgehen lassen wollte, beschwor mich immer aufs neue, ich solle meinen Einspruch fahren lassen."[58] Die Auseinandersetzungen gipfelten darin, dass die Regierungsseite sich schließlich mit dem bündigen Hinweis auf den jedermann bindenden Kabinettsbeschluss durchsetzen wollte, während Dibelius auf der grundsätzlichen Unabhängigkeit der Kirche vom Staat beharrte, die keine Befehle von Regierungsseite entgegennehmen werde. Es blieb Kaisenberg nichts übrig, als schmallippig zu protokollieren: „Herr Dibelius ließ sich aber nicht umstimmen."[59]

---

56 „Glaubt man denn, durch die Wahl am 5. März die sozialistischen Parteien restlos aus dem Parlament zu verbannen? Oder glaubt man, daß ein etwaiges Verbot der Kommunistischen Partei allein einen würdigen Verlauf einer Reichstagstagung in der Garnisonkirche sichert? Gerade wenn, wie es denkbar wäre, hierbei etwa die Auflösung des Reichstages auf lange Zeit verkündet wird, so würden die Sozialdemokraten aller Schattierungen sich sogar besonders darauf freuen, sich in der ehrwürdigen Garnisonkirche einen guten Abgang zu sichern. [...] Möge die Reichsregierung, bevor der Reichstag eröffnet wird, sich Kraft und Segen von oben holen durch einen feierlichen Kirchgang, möge später nach Vollendung des heiligen Rettungswerkes vor der Gruft des großen Königs der Dankchoral von Leuthen erklingen und vom Turm herab das ‚Lobe den Herrn' in allen dankbaren deutschen Herzen hineinläuten und ‚Üb immer Treu und Redlichkeit' wieder die Richtschnur für alle Deutschen werden!" Protestbrief von Otto von Roeder, Major a. D., an den Gemeindekirchenrat der Garnisonkirche in Potsdam und zugleich an den Vizekanzler Franz von Papen vom 4. März 1933 gegen die Nutzung der Kirche durch den Reichstag, 4. 3. 1933, zit. n. Scheel, 1933, S. 82f.
57 Bestehorn, Der „Tag von Potsdam" und seine Vorgeschichte, zit. n. Scheel, 1933, S. 77.
58 Dibelius, Ein Christ ist immer im Dienst, S. 171.
59 Sofortbericht Dr. Georg Kaisenberg an Dr. Wilhelm Frick, 4. 3. 1933, zit. n. Scheel, 1933, S. 80.

Aus der verfahrenen Situation half schließlich ein von Dibelius selbst unterbreiteter Vorschlag, der dem Standpunkt der Kirche entsprach, aber dennoch der Reichstagskommission die Möglichkeit ließ, mit einem positiven Ergebnis nach Berlin zurückzukehren. Sein Kompromiss sah eine Teilung der Reichstagseröffnung in einen zeremoniellen und einen politischen Teil vor, so dass der Staatsakt in der Garnisonkirche auf eine feierliche Eröffnungssitzung beschränkt bliebe, die eigentliche Abhaltung der parlamentarischen Beratung aber außerhalb der Kirche stattfinden würde. Im Ergebnis bedeutete dieser Kompromiss eine Niederlage für die Regierungsvertreter, aber er vermied immerhin einen offenen Eklat zwischen Staat und Kirche, und so sah die Kommission offensichtlich keinen anderen Weg, als dem Angebot von Dibelius zuzustimmen und auf die Durchführung der staatsrechtlichen Konstituierungssitzung in der symbolträchtigen Garnisonkirche zu verzichten.

Jetzt kam es für Kaisenberg darauf an, den gefundenen Ausgleich der gegensätzlichen Standpunkte auch dem Reichskabinett und dann der Öffentlichkeit als vorteilhaftes Verhandlungsergebnis zu vermitteln. Er beeilte sich, in seinem Sofortbericht einer möglichen Kritik an seinem Verhandlungsergebnis mit der Versicherung entgegenzutreten, dass die geforderten Tagungsräumlichkeiten neben dem Gotteshaus bereits gefunden seien:

> Als Verhandlungsraum außerhalb der Garnisonkirche kommt nur der Lange Stall in Betracht, in dem sich ein Plenarsitzungssaal recht gut einbauen lässt. Der Lange Stall liegt unmittelbar vis-à-vis der Garnisonkirche. In den anschließenden Räumen könnten Arbeitsräume und Büros usw. untergebracht werden. Für Fraktionsberatungszimmer, Fraktionsbüros usw. würde das Schinkel-Palais zur Verfügung stehen, das jetzt vom Zivilkasino angemietet ist. Dieses Gebäude ist sehr geräumig, hat zahlreiche Säle usw., liegt auch ganz nahe am Langen Stall.[60]

Kaisenberg unterbreitete seinen Änderungsvorschlag keineswegs ins Blaue hinein, denn die Reichstagskommission hatte sich nach ihrem Ortstermin in der Garnisonkirche geradewegs erst zum „Langen Stall" – einem Exerziergebäude aus dem 18. Jahrhundert, in dem früher Rekrutenvereidigungen stattfanden – und dann zum Schinkel-Palais begeben, um sich von der Eignung der Häuser für eine Parlamentstagung zu überzeugen.[61] Zusätzlich wurde eilends ein bausachverständiges Mitglied der Reichstagskommission mit der Aufgabe betraut, noch in derselben Nacht die grundlegenden Abänderungspläne für beide Gebäude fertigzustellen, damit die Frage nach dem neuen Tagungsort des Reichstags dem Reichskanzler diesmal auf gesicherter Grundlage zur endgültigen Entscheidung

---

[60] Ebd.
[61] Garnisonkirche: Entscheidung Montag, in: Potsdamer Tageszeitung, 4. 3. 1933, Erste Beilage.

vorgelegt werden könnte.⁶² Einen entscheidenden Punkt klammerte Kaisenberg allerdings auch jetzt noch aus seinem Bericht aus, und der betraf den erforderlichen Umbauzeitraum. Gemäß der Verfassung musste der neue Reichstag innerhalb von 30 Tagen nach der Wahl, also spätestens in der ersten Aprilwoche, zu seiner Eröffnungssitzung zusammentreten, und es stellte sich die Frage, ob das von Dibelius angeregte Ausweichen auf den Langen Stall und das Schinkel-Palais sich bautechnisch überhaupt in dieser knappen Frist bewerkstelligen lassen würde. Doch dies war an jenem Nachmittag des 3. März vermutlich nicht die Hauptsorge Kaisenbergs. Diese erwuchs vielmehr aus der Hiobsbotschaft, die der Chef der Präsidialkanzlei, Otto Meißner, für die nach Berlin zurückgekehrte Reichstagskommission bereithielt:

> Nach Rückkehr aus Potsdam unterrichtete mich Herr Staatssekretär Meißner persönlich dahin, daß der Herr Reichspräsident seine Zustimmung zur Hergabe der Garnisonkirche nicht geben würde. Der Herr Reichspräsident steht auf dem Standpunkt, daß am Grabe Friedrichs des Großen unmöglich politische Debatten geführt werden könnten. [...] Der Herr Reichspräsident wäre nur dann einverstanden, wenn der Eröffnungsgottesdienst in der Garnisonkirche gehalten würde.⁶³

Hindenburgs Veto ging erkennbar auf den Protest gegen die Profanierung der Garnisonkirche zurück, den der Präsident des Oberkirchenrates, Hermann Kapler, und sein Stellvertreter Georg Burghart tags zuvor in ihrer Unterredung mit dem Präsidenten eingelegt hatten.⁶⁴ Der präsidiale Einspruch konterkarierte den Kabinettsbeschluss um so nachdrücklicher, als auch Hindenburg mit dem Symbolwert des kirchlichen Erinnerungsortes argumentierte – aber genau in entgegengesetzter Richtung: „Die Garnisonkirche sei ein besonderes nationales Heiligtum nicht nur wegen der Grabstätte des großen Königs, es würden dort auch die alten Fahnen der beiden brandenburgischen Armeekorps aufgestellt sein."⁶⁵

---

62 Ebd. Kaisenberg konnte in seiner Stellungnahme sogar schon die auf 110.000 Reichsmark veranschlagten Umbaukosten mitteilen. Sofortbericht Dr. Georg Kaisenberg an Dr. Wilhelm Frick, 4. 3. 1933, zit. n. Scheel, S. 80.
63 Ebd., S. 80f.
64 Meißner betonte gegenüber Kaisenberg allerdings, dass der Reichspräsident ganz unabhängig von der kirchlichen Demarche zu seiner Einschätzung gekommen sei. Wie glaubwürdig diese vermutlich auch taktisch motivierte Einlassung ist, steht dahin. Ebd.
65 Ebd. Wie empört Hindenburg über die drohende Entweihung der Garnisonkirche war, überlieferte der für den 5. März von Meißner zu Hindenburg zitierte „Stahlhelm"-Führer Theodor Duesterberg, der einen heftig klagenden Reichspräsidenten antraf: „Jetzt will man in der Potsdamer Garnisonkirche so ein politisches Theater veranstalten, aber noch bin ich [...] Oberbefehlshaber der Wehrmacht und die Garnisonkirchen unterstehen mir in dieser Stellung." Theodor Duesterberg: Der Stahlhelm und Hitler, Wolfenbüttel/Hannover 1949, S. 48.

In seiner bedrängten Situation konnte Kaisenberg froh sein, dass er schon in Potsdam auf den Vermittlungsvorschlag von Dibelius mit seiner feinen Unterscheidung zwischen zeremonieller Eröffnung und verfassungsgemäßer Konstituierung eingegangen war. Den Kompromiss von Potsdam modifizierte er nun abermals, indem er aus der erst wenige Stunden zuvor verabredeten Zweiteilung eine Dreiteilung machte und die zum Staatsproblem ausgewachsene Reichstagseröffnung in einer Weise staffelte, die den Wünschen Hindenburgs weit entgegenkam und ihn damit trotz seines ersten harschen Neins vielleicht zum Einlenken bewegen könnte: „Zunächst um 11 Uhr Gottesdienste. Ein evangelischer in der Garnisonkirche, ein katholischer in katholischen Kirche. Um 12 Uhr feierlicher Staatsakt in der Garnisonkirche. Anschließend daran um 1 Uhr Eröffnung des Reichstages im Langen Stall."[66]

Ob dieses Vermittlungsangebot geeignet sein würde, nach dem Widerstand der evangelischen Kirche auch den Einspruch des für seinen Starrsinn bekannten alten Herrn im Reichspräsidentenamt aus dem Weg zu räumen, stand freilich dahin. Eine endgültige Entscheidung, soviel stand fest, würde nun erst nach der bevorstehenden Wahl fallen, nachdem Hindenburg den Kanzler sowie den Reichswehrminister für Dienstag, den 7. März, zu sich einbestellt hatte, um die Angelegenheit zu klären. In der Zwischenzeit wollte Meißner allerdings im Sinne Kaisenbergs auf Hindenburg einzuwirken suchen, um die Klippe zu umschiffen, dass auch der jetzt auf dem Tisch liegende Kompromiss eine parlamentarische Eröffnungszeremonie in der Garnisonkirche vorsah. Denn die würde auch bei noch so großherziger Auslegung und selbst jedes parteipolitischen Streitcharakters entkleidet nicht mehr als religiöse, sondern als politische Handlung begriffen werden müssen. Hier konnte Meißner, der schon Ebert als Staatssekretär so kompetent gedient hatte, wie er jetzt Hindenburg diente und bald Hitler dienen würde, mit einer historischen Erinnerung helfen, die es dem Präsidenten erleichtern müsste seine Bedenken zurückzustellen: „Herr Staatssekretär Meißner hält persönlich meinen Vermittlungsvorschlag für geeignet und will versuchen, hierfür den Herrn Reichspräsidenten zu gewinnen unter Hinweis auf die frühere Übung, wonach im Anschluss an die Gottesdienste die Eröffnung des Reichstags im Weißen Saal durch den Kaiser erfolgte und dann erst im Reichstagsgebäude die geschäftlichen Verhandlungen einsetzten."[67] Kaisenberg wiederum suchte daraufhin am nächsten Tag die Rücksprache mit Dibelius, um sicherzustellen, dass die an der einen Front erreichbar scheinende Vereinbarung nicht an der anderen wieder torpediert würde. Erwartungsgemäß zeigte sich der Superintendent kooperativ, solange sichergestellt war, dass die eigentliche Parlamentstagung

---

66 Sofortbericht Dr. Georg Kaisenberg, zit. n. Scheel, S. 81.
67 Ebd.

aus der Kirche verbannt bliebe. In diesem Sinne stimmte er grundsätzlich einer Lösung zu, die zuerst einen von Hindenburg ausdrücklich gutgeheißenen Gottesdienst und anschließend den formellen Staatsakt in der Garnisonkirche vorsah. Allerdings stimmten Dibelius und Kaisenberg offensichtlich darin überein, dass es aus Gründen der Parität eleganter wäre, den nach Konfessionen getrennten Eröffnungsgottesdienst auch für die protestantischen Abgeordneten nicht in der Garnisonkirche, sondern, wie für die Katholiken, die das Hochamt in der Stadt-Pfarrkirche St. Peter und Paul feiern würden, in einem anderen Gotteshaus abzuhalten und am besten der von Schinkel erbauten Nikolaikirche am Alten Markt.[68]

In dieser Form ging Kaisenbergs mühsam errungenes Verhandlungsergebnis noch am selben Abend an Hitler, dem allerdings nach Lage der Dinge selbst wenig anderes zu tun blieb, als die entscheidende Unterredung beim Reichspräsidenten abzuwarten. In der Zwischenzeit galt es, die Misshelligkeiten möglichst nicht an die Öffentlichkeit dringen zu lassen und eine Informationspolitik zu betreiben, die die partielle Rücknahme des Kabinettsbeschlusses und die über den Wahltag hinaus herrschende Unsicherheit über den Ort der nächsten Reichstagseröffnung zu einer im wesentlichen technischen Angelegenheit ohne politischen Hintergrund herabstufte. Dies gelang nur unvollkommen, weil einzelne Blätter in den Folgetagen den kirchlichen und öffentlichen Widerspruch gegen eine politische Nutzung des Potsdamer Gotteshauses offen beim Namen nannten.[69] Die deutschnationale *Potsdamer Tageszeitung* hingegen berichtete am 4. März ausführlich über den Potsdamer Ortstermin der in Wort und Bild vorgestellten Reichstagskommission, ohne die Anwesenheit des kurmärkischen Generalsuperintendenten auch nur zu erwähnen, und begründete die überraschende Wendung der Dinge mit rein bautechnischen Vorbehalten: „Dabei wird die Garnisonkirche zwar für eine feierliche Eröffnungssitzung für geeignet befunden, als Verhandlungsraum für weitere geschäftliche Sitzungen erschien dagegen das benachbarte alte Exer-

---

68 Dr. Georg Kaisenberg, Aktennotiz über eine Aussprache mit Dr. Dr. Otto Dibelius über die Nutzung der Garnisonkirche, in: Scheel, 1933, S. 83.
69 So die Berliner-Börsen-Zeitung, die in ihrer Ausgabe vom 5. 3. 1933 berichtete, „daß der Oberkirchenrat aus religiösen Erwägungen heraus starke Bedenken dagegen hat, außer der eigentlichen Eröffnungsveranstaltung, gegen die nicht das geringste eingewendet wird, auch regelrechte Reichstagsverhandlungen in dem Gotteshaus zu veranstalten", zit. n. ebd., S. 84. Rückblickend räumte später auch die Potsdamer Tageszeitung ein, dass wohl nichts die Gemüter der Potsdamer so zu leidenschaftlicher Zustimmung wie zu noch leidenschaftlicherer Ablehnung bewegt habe wie die Frage, ob der Reichstag in der Garnisonkirche zusammentreten solle oder nicht, und die kirchlichen Stellen mit einer Fülle von Zuschriften eingedeckt worden seien. Superintendent Görnandt, Garnisonkirche und Reichstag, in: Potsdamer Tageszeitung, 11. 3. 1933, Erste Beilage.

zierhaus, der ‚Lange Stall', nach entsprechender Einrichtung für geeigneter."[70] Zwar fand sich dieselbe Zeitung angesichts des in Potsdam offenbar stadtbekannten Zwistes veranlasst, in diesem Zusammenhang auch den Einspruch des Evangelischen Oberkirchenrats zu erwähnen, wiegelte den Konflikt aber in einer gezielten Vertauschung von Ursache und Folge zu einem bloßen Missverständnis der kirchlichen Seite herab[71] und versuchte im Übrigen die Stimmung in der Stadt mit Hinweis auf die wirtschaftliche Bedeutung eines Reichstagsumzugs nach Potsdam positiv zu beeinflussen.[72]

Da auch die Vertagung einer endgültigen Entscheidung mit der wahlbedingten Abwesenheit des Reichskanzlers plausibel begründet werden konnte,[73] schien die Reichsregierung nach der Kakophonie der ersten Woche nun zu einer klaren Linie gefunden zu haben. Tatsächlich gelang es Hitler und seinen nationalsozialistischen Ministern Göring und Frick in ihrer Vorsprache beim Reichspräsidenten am Morgen des 7. März, etwaige noch bestehende Bedenken Hindenburgs auf Basis des mit Dibelius gefundenen Kompromisses zu zerstreuen: Es wurde endgültig „festgelegt, daß die Eröffnung des Reichstags in Potsdam in Form eines feierlichen Festaktes in der Garnisonkirche" abgehalten werde und zuvor „in der üblichen Weise" konfessionsgetrennte Gottesdienste in der Nikolaikirche bzw. in der katholischen Pfarrkirche stattzufinden hätten. Die eigentliche Reichstagseröffnung aber hatte somit ihren Platz in der Kirche verloren: „Reichsregierung und Abgeordnete begeben sich dann zur Eröffnungssitzung in den ‚Langen Stall'."[74]

---

70 Garnisonkirche: Entscheidung Montag, in: Potsdamer Tageszeitung, 4. 3. 1933, Erste Beilage. Ebenso argumentierte die Kreuz-Zeitung: „Vertreter der Regierung besichtigten gestern die Garnisonkirche in Potsdam und stellten dabei fest, daß die Kirche als Sitzungsraum für ein Parlament nicht geeignet sei. In der Kirche wird sich deshalb nur die feierliche Eröffnung vollziehen. Die Reichstagssitzung wird dann wahrscheinlich im sogenannten ‚Langen Stall' [...] stattfinden." Neue Preußische und Kreuz-Zeitung, 4. 3. 1933.
71 „Dieser Einspruch scheint auf einer irrtümlichen Auffassung zu beruhen, denn die Kommission hat gestern ausdrücklich festgestellt, daß eine Verwendung der Garnisonkirche als Dauer-Sitzungsraum nicht in Betracht kommt." Garnisonkirche: Entscheidung Montag, in: Potsdamer Tageszeitung, 4. 3. 1933, Erste Beilage.
72 „Das wirtschaftliche Interesse Potsdams liegt übrigens völlig im Sinne der von der Kommission gefundenen Lösung." Ebd.
73 „Das Ergebnis der gestrigen Untersuchungen ist noch gestern abend Reichskanzler Hitler unterbreitet worden. Eine Entscheidung konnte noch nicht herbeigeführt werden, weil der Reichskanzler und Innenminister Göring sich vor der Wahl noch einmal auf die Reise begeben haben. Die Entscheidung ist für Montag früh zu erwarten." Ebd.
74 Akten der Reichskanzlei, Hitler, Teil I, Bd. 1, Nr. 43, Vermerk des Staatssekretärs Meissner über eine Besprechung zur Gestaltung der Eröffnungsfeier des Reichstages am 7. März 1933 beim Reichspräsidenten, S. 158.

Hindenburg selbst drang noch darauf, dass der Potsdamer Staatsakt ein starkes symbolpolitisches Signal der Wiederanknüpfung an die 1918 untergegangene Monarchie aussende: „Der Herr Reichspräsident hat in Aussicht genommen, an diesem Tage die preußische Generalfeldmarschalls-Uniform zu tragen. Der Reichswehrminister wird anordnen, daß die vor der Garnisonkirche aufgestellte Ehrenkompanie eine Fahne des I. Garderegiments zu Fuß führt."[75] Nicht eine von Hitler visionär ersonnene Versöhnungsgeste gab also den ersten Anstoß zu dem dann so wirkmächtigen Händedruck von Marschall und Gefreiten am 21. März, sondern im Gegenteil Hindenburgs energisches Bemühen, der knapp verhinderten Politisierung eines sakralen Raumes durch die neue Regierung mit einem demonstrativen Bezug auf die überparteilichen Traditionen von Armee und Königshaus zusätzlich zu begegnen. Wie stark Hindenburg in dieser Entscheidungssituation die Vorrangstellung des Reichspräsidenten gegenüber seinem Kanzler mit einem kaum verhüllten Rückgriff auf das frühere Bündnis von Thron und Altar zu behaupten vermochte und an welch hohen Preis er seine Mitwirkung knüpfte, tritt aus Meißners Aufzeichnung in aller Klarheit zutage:

> Der Herr Reichspräsident soll eine kurze Begrüßungsansprache halten und alsdann dem Herrn Reichskanzler das Wort zur Abgabe der Regierungserklärung geben. Nach der Regierungserklärung soll Kirchenmusik den Festakt abschließen; der Herr Reichspräsident begibt sich anschließend allein zur Gruft, wo er zwischen den Särgen Friedrich Wilhelm I. [sic!] und Friedrichs des Großen einen Lorbeerkranz niederlegt. Im Anschluß daran schreitet der Herr Reichspräsident vor der Kirche die Front der dort aufgestellten Ehrenkompanie ab.[76]

Damit erweist sich die vermeintlich mit so viel strategischem Kalkül inszenierte Versöhnungsmaskerade von Potsdam als Resultat eines permanenten Lavierens zwischen unterschiedlichen Kräften und Kompetenzen, das sich in aus von Tag zu Tag getroffenen Konzessionsentscheidungen heraus entwickelte. Denn kaum schien im Ausgleich mit dem Reichspräsidenten der endgültige Ablauf des Staatsaktes seine abschließende Festlegung gefunden zu haben, zeichnete sich schon weiteres Ungemach ab: Noch am selben Abend verkündete Hitler in der ersten Kabinettssitzung nach der Wahl vom 5. März – die die Koalitionsregierung von NSDAP und DNVP mit absoluter Mehrheit im Amt bestätigt hatte –, dass der neugewählte Reichstag „am besten in der Zeit vom 3. bis 8. April" zusammentreten werde.[77] Zugleich musste er einräumen, dass eine endgültige Entscheidung über den Ort der anschließenden konstituierenden Parlamentssitzung noch gar nicht

---

75 Ebd.
76 Ebd.
77 Ebd., Nr. 44, Ministerbesprechung am 7. März 1933, 16.15 Uhr, S. 159.

getroffen werden konnte: „Die feierliche Eröffnungssitzung solle in der Potsdamer Garnisonkirche stattfinden; wo die weiteren Sitzungen stattfinden würden, sei noch zu überlegen."[78]

Damit ging Hitler nur Stunden nach der Unterredung mit Hindenburg von der dort getroffenen Übereinkunft wieder ab. Die auffällige Vagheit seiner Wortwahl verriet, dass er in seinem Vorhaben abermals auf Widerstand getroffen war, der ihn wiederum seine bisherigen Entschlüsse zu revidieren zwang. Nachdem sich zunächst das Potsdamer Stadtschloss als ungeeignet erwiesen hatte und dann die Garnisonkirche nur für eine zeremonielle Auftaktveranstaltung zur Verfügung stand, die symbolpolitisch eindeutig vom Reichspräsidenten und nicht vom Reichskanzler beherrscht sein würde, stand nun auch der gerade gefundene Kompromiss wieder zur Disposition, die konstituierende Sitzung des neugewählten Reichstags wenigstens in unmittelbarer Nachbarschaft der preußischen Königskirche abzuhalten.

Diesmal allerdings folgte der sich andeutende neuerliche Richtungswechsel nicht einer Einrede von außen, sondern ging auf einen Schwenk Hitlers selbst zurück. Offenbar war ihm die Angelegenheit mittlerweile bedeutsam genug, dass er es für angezeigt hielt, sich am Tag nach der Kabinettssitzung vom 7. März ein persönliches Bild zu machen. Unter Hintansetzung anderer Verpflichtungen stattete er zusammen mit seinen Paladinen Göring und Frick den in Frage kommenden Lokalitäten einen Besuch ab, bei dem er erst in der Potsdamer Garnisonkirche die Einzelheiten des geplanten Staatsaktes durchsprach und anschließend die Frage des eigentlichen parlamentarischen Tagungsortes aufnahm. „Im Anschluß an den Besuch der Garnisonkirche wurde der Lange Stall in Potsdam, dann das Kroll-Theater in Berlin besichtigt, die beide für die Plenarsitzungen des Reichstages in die engere Wahl kamen."[79] Hitler selbst zog das Potsdamer Exerziergebäude dem Berliner Vergnügungspalast vor, wie er während seiner Besichtigungstour wissen ließ;[80] und doch wurde am Ende im Gegenteil beschlossen, dass der Reichstag un-

---

78 Ebd.
79 Plenarsitzung im Kroll-Theater, in: Potsdamer Tageszeitung, 9. 3. 1933.
80 Der für die militärischen Aspekte des „Tages von Potsdam" zuständige Oberst Maximilian von Weichs zeichnete aus dem Abstand von 12 Jahren nach dem Ende des Zweiten Weltkriegs seine Erinnerung an Hitlers Ausführungen am 8. März 1933 im Langen Stall auf: „Hitler erläuterte: Als provisorischer Raum für die Reichstags-Sitzung standen zur Diskussion die Kroll-Oper oder der Lange Stall. Der Reichstag sei ja ein Theater und passe gut in die Oper. Ihm, Hitler, aber liege trotzdem ein Exerzierhaus mehr. Man könne auch einwenden, daß unter den gegebenen Verhältnissen ein Reichstag überhaupt nicht mehr notwendig sei. Er brauche aber ein Gremium, vor dem er seine Ansichten und Absichten öffentlich aussprechen könne. Er fragte mich dann, ob die Garnison bereit sei, den Langen Stall zur Verfügung zu stellen. Ich erwiderte, daß wir, wenn es sein müßte, auf dieses Exerzierhaus verzichten könnten, machte aber darauf aufmerksam,

geachtet aller vorherigen Kabinettserklärungen zu seiner formell konstituierenden Plenarsitzung von Potsdam nach Berlin zurückkehren und eben in dem Haus tagen sollte, auf das ihn die Presse schon gleich nach dem Reichstagsbrand verwiesen hatte: in der Kroll-Oper.[81]

Der Grund lag darin, dass Hitler sich entschlossen hatte, den Termin der Reichstagseröffnung um volle zwei Wochen vorzuverlegen und auf den 21. März festzusetzen: „Der Reichstag wird sich – eine völlige Überraschung nach den Dispositionen der letzten Kabinettsitzung – voraussichtlich bereits am 21. März versammeln"[82], meldete die Presse am 10. März. In dieser verknappten Frist aber war das an die Garnisonkirche angrenzende Exerziergebäude in Potsdam nicht umzubauen, wie die versammelte Führung des neuen Staates bei ihrer Ortsbesichtigung erfuhr: „Die Entscheidung fiel zugunsten des Kroll-Theaters, da der beschleunigte Zusammentritt des Reichstages für dringend geboten angesehen wurde und der Ausbau des Langen Stalls einige Wochen beanspruchen würde und auch mit erheblichen Kosten verbunden wäre."[83] Allem Anschein nach hatte Hitler mit seinem eigenen Einsatz erreichen wollen, die räumliche Symboldimension der geplanten Inszenierung mit ihrer zeitlichen zusammenzuführen – und musste sich der Kraft der Tatsachen unterwerfen. In dieser Abwägungssituation siegte am Ende die Magie des Datums über die Aura des Ortes, wie die *Deutsche Allgemeine Zeitung* ihren Lesern berichtete: „Ein feierlicher Staatsakt als Einleitung der Arbeiten des neuen Parlaments wird in der Potsdamer Garnisonkirche vor sich gehen. Die eigentliche Tagung soll auf Entscheidung des Reichskanzlers und des Reichstagspräsidenten Göring in der Kroll-Oper in Berlin stattfinden."[84]

Der genaue Grund, warum Hitler dem eben erst ins Spiel gekommenen Zeitargument gegenüber dem zuvor dominanten Raumbezug so entschieden den Vorzug gab, muss offen bleiben. Hielt er es womöglich für opportun, einer staatsrechtlichen Erinnerung an die bereits durch den Flaggenerlass vom 12. März 1933

---

daß der Raum nicht heizbar sei. Hitler meinte: ‚Um so besser. Dann wird weniger lang geredet.'" Zit. n. der Transkription von Raichle, Der Tag von Potsdam, S. 192.
81 Vgl. etwa das Berliner Tageblatt, das bereits am 3. März orakelt hatte: „Zunächst scheint daran gedacht worden zu sein, den Theatersaal im Krollhause zu verwenden, da das Reichstagsgebäude durch den Brand für viele Monate unbenutzbar geworden ist. Wenn man sich jetzt für die Garnisonkirche entschieden hat, so ist dies vermutlich nicht deshalb geschehen, weil der Bau architektonisch besonders dafür geeignet wäre [...], sondern wohl mehr um einer historischen Symbolik willen." Von Weimar nach Potsdam, in: Berliner Tageblatt, 3. 3. 1933.
82 Deutsche Allgemeine Zeitung, 10. 3. 1933, zit. n. Scheel, 1933, S. 89.
83 Plenarsitzung im Kroll-Theater, in: Potsdamer Tageszeitung, 9. 3. 1933. Zum sitzungsgerechten Umbau der Kroll-Oper innerhalb von 10 Tagen vgl. Hans J. Reichardt: ... bei Kroll 1844 bis 1957. Etablissement – Ausstellungen – Theater – Konzerte – Oper – Reichstag – Gartenlokal, Berlin (W) 1988, S. 117ff.
84 Deutsche Allgemeine Zeitung, 10. 3. 1933, zit. n. Scheel, 1933, S. 89.

verletzte Weimarer Reichsverfassung formal Rechnung zu tragen? Die schrieb in Artikel 23 den ersten Zusammentritt des Reichstags spätestens am 30. Tag nach der Wahl – also am 4. April – vor, was der gemeinsamen Festlegung mit Hindenburg widersprach. Weit stärker aber fiel mit Sicherheit etwas anderes ins Gewicht, nämlich zum einen das überragende „Interesse einer raschen Entmachtung des Parlaments durch das Ermächtigungsgesetz"[85], und zum anderen die Symbolbedeutung des Datums. Mit dem nun ins Spiel gebrachten Eröffnungstermin ergab sich nämlich eine markante Parallele zur Gründung des „Zweiten Reichs", dessen erster Reichstag im Jahre 1871 ebenfalls am 21. März zu seiner eröffnenden Sitzung zusammengetreten war. Diese historische Referenz lag sowohl im Interesse Hindenburgs, der mit der Überwindung des Weimarer Parteienstaates die Rückkehr zur Tradition der monarchischen Reichsverfassung erhoffte, wie auch in dem Hitlers, der den Aufbruch in ein „Drittes Reich" in den Rang der zweiten Reichsgründung unter Bismarck und Wilhelm I. zu heben hoffte.

Angesichts der nun endgültig getroffenen Festlegung gab Göring in seiner Eigenschaft als amtierender Reichstagspräsident am 11. März 1933 offiziell bekannt, dass der neugewählte Reichstag nach Artikel 23 und 27 der Reichsverfassung am 21. März 1933 um 17 Uhr zu seiner konstituierenden Sitzung zusammentreten werde.[86] Als Tagungsort wurde die Berliner Kroll-Oper angegeben, und der nun beziehungslos gewordene Staatsakt in der Potsdamer Garnisonkirche wurde von dieser Nachricht zunächst in solchem Maße überstrahlt, dass er in den Folgetagen von der Presse im Wesentlichen nur noch als Grund für die ungewöhnliche Uhrzeit der eigentlichen konstituierenden Parlamentssitzung in der Berliner Kroll-Oper und wegen der angekündigten Teilnahme des Reichspräsidenten Erwähnung fand.[87]

Nichts an dem Wirrwarr der sich kreuzenden und beständig ändernden Entscheidungen spricht dafür, dass Hitler mit der letztlich im Kern auch noch gescheiterten Verlegung der Reichstagseröffnung nach Potsdam ein von langer Hand geplantes Vorhaben verfolgt hatte, wie der oben zitierte Kurt Lüdecke aus dessen Mund schon im Spätsommer 1932 erfahren haben wollte. Bei dem Gewährsmann handelt es sich darüber hinaus um einen problematischen Zeugen. Der politische Abenteurer und Geschäftemacher Lüdecke versah in Hitlers Auftrag zeitweilig Spitzeldienste, stieß aber auch in NS-Kreisen auf Misstrauen und wurde wegen Betrugs und Erpressung vor und nach 1933 mehrfach inhaftiert,

---

[85] Bracher/Schulze/Sauer, Die nationalsozialistische Machtergreifung, S. 149.
[86] Der Reichstag zum 21. März einberufen, in: Berliner Börsen-Courier, 11. 3. 1933.
[87] „Die verhältnismäßig späte Nachmittagsstunde dürfte mit Rücksicht darauf gewählt sein, daß am Vormittag des 21. März in Potsdam noch die Gottesdienste für die neuen Reichstagsabgeordneten und im Anschluß daran der feierliche Staatsakt in der Garnisonkirche stattfinden soll, an dem auch der Herr Reichspräsident teilnimmt." Ebd.

bevor er 1934 in die USA entkommen konnte und dort mit seinen Enthüllungsmemoiren vergeblich Fuß zu fassen suchte. Seine Aufzeichnungen mischen Erlebtes und Erdachtes, und sie können ungeachtet ihrer Beschreibungsgenauigkeit in vielen Details nicht über ihren unverstellt teleologischen Grundzug hinwegtäuschen, demzufolge Hitler seinem zeitweiligen Intimus Lüdecke 1932 schon die Ausschaltung der Strasser-Brüder ebenso wie das Bündnis mit Mussolini, die Annexion Österreichs und die hinter Friedensreden getarnte Rüstung zum Krieg um die Weltherrschaft als Ziele seiner künftigen Regierung benennen konnte.[88] Als gänzlich anachronistisch gibt sich vor allem die Verwendung des Motivs „Marschall und Gefreiter" zu erkennen, das Lüdecke Hitler in den Mund legte. Denn ganz anders als es Lüdecke rückwirkend erschien, hatte der Topos des militärischen Hierarchieabstands im Präsidentschaftswahlkampf des Frühjahrs 1932 dem zur Wiederwahl stehenden Reichspräsidenten noch zur unzweideutigen Distanzierung von dem „böhmischen Gefreiten" gedient. Zu seiner eigenen Aufwertung konnte Hitler das suggestive Bild erst nach der Machtergreifung einsetzen, als sein subalterner militärischer Rang in der Öffentlichkeit durch die Rolle des Staatsmanns ausgeglichen war und die betonte Devotheit des Kanzlers vor dem Marschall sich von einer einzufordernden Respektbekundung des Subordinierten in die frei gewählte Bescheidenheitsgeste der Macht verwandelte. Diesen Demutshabitus, den er in seiner Agitation zu den Märzwahlen 1933 effektvoll einsetzte,[89] konnte Hitler im Jahr zuvor noch kaum als ein solch „großartiges Bild mit gewaltigem Potential" verstanden haben, für das er es gegenüber Lüdecke erklärt haben soll. Die nachträgliche Zuschreibung offenbart vielmehr den begrenzten Quellenwert von Lüdeckes Erinnerungen,[90] die insoweit auf derselben Stufe stehen wie die weitgehend erfundenen „Gespräche mit Hitler" Hermann Rauschnings aus dem Jahr 1939.[91]

---

88 Luedecke: I knew Hitler, S. 448–472.
89 Vgl. Goebbels Tagebuchaufzeichnung über Hitlers Wahlkampfrede in Königsberg am 4. 3. 1933: „Der Führer redet mit letzter Glut und Hingabe. Als er am Ende davon spricht, daß der Reichspräsident und er sich die Hände gereicht hätten, der eine, der Ostpreußen als Feldmarschall vom Feinde befreite, während der andere unterdessen als einfacher Grenadier im Westen seine Pflicht tat, da liegt über der ganzen Versammlung eine feierliche Stille, Rührung und tiefste Ergriffenheit." Fröhlich (Hrsg.), Die Tagebücher von Joseph Goebbels, S. 386.
90 Jesko von Hoegen: Der „Marschall" und der „Gefreite". Visualisierung und Funktionalisierung des Hindenburg-Mythos im „Dritten Reich", in: kunsttexte.de, Nr. 1 (2009), http://edoc.hu-berlin.de/kunsttexte/2009-1/von-hoegen-jesko-1/PDF/von-hoegen.pdf (14. 10. 2012).
91 Hitler m'a dit. Confidences du Führer sur son plan de conquête du monde, Paris 1939; dt. Ausgabe Zürich 1940. Zur Diskussion um den Quellenwert der Lüdecke-Erinnerungen vgl. im Übrigen Roland V. Layton jr.: Kurt Ludecke and I knew Hitler: An Evaluation, in: Central European History 12, No. 4 (Dec. 1979), S. 372–386, und Arthur L. Smith: Kurt Lüdecke: The Man Who Knew Hitler. German Studies Association: German Studies Review 26, No. 3 (Oct., 2003), S. 597–606.

Der konservative Pyrrhussieg

Die Überzeugungskraft des mit dem „Tag von Potsdam" bis heute verbundenen Verführungsparadigmas könnte also dem hier vorgetragenen Befund zufolge ohne Umschweife ausgemustert und zum bloßen Trugbild einer exkulpationsbedürftigen deutschen Nachkriegsgesellschaft erklärt werden, wenn es nicht einen ungleich gewichtigeren Fürsprecher als den unsteten Abenteurer Kurt Lüdecke aufzubieten hätte. Dieser andere Gewährsmann ist Joseph Goebbels, der im Zuge der Vorbereitung in einer Tagebuchnotiz festhielt, mit welchem Ehrgeiz er die nationalsozialistische Illusions- und Manipulationsmaschinerie zur Wirkung zu bringen gedenke: „Die Potsdamer Feier soll zum erstenmal im Stil nationalsozialistischer Formgebung abgehalten werden."[92] Allerdings trat Goebbels entgegen der vorherrschenden Forschungsansicht erst zu einem Zeitpunkt auf den Plan, als alle äußeren Festlegungen bereits getroffen waren und er am 13. März zum Minister des neueingerichteten Reichsministeriums für Volksaufklärung und Propaganda avancierte.[93] Zwar hatte Hitler die Aufwertung der Propagandaarbeit zu einem eigenen Ministerium in der Kabinettssitzung vom 11. März 1933 nicht zuletzt damit begründet, dass, „die Reichstagseröffnung bevorstände und vor dieser eine Aufklärungs- und Propagandaarbeit geleistet werden müsse"[94]. Doch Goebbels selbst wurde mit dem Thema nicht vor dem 16. März und damit an dem Tag verantwortlich befasst, an dem er zum ersten Mal in seinem Tagebuch „einen großen Plan für die feierliche Eröffnung des neuen Reichstags in Potsdam" erwähnte.[95] Dem frisch berufenen Minister blieb so nicht mehr als eine knappe Woche, um seine vollmundige Ankündigung wahrzumachen, er „tue alles, um diesen feierlichen Staatsakt unverlöschlich in das Gedächtnis der lebenden Generation einzuprägen".[96]

Doch ebenso wenig wie diese Selbststilisierung zum souveränen Regisseur einer zielgerichtet entworfenen Massenveranstaltung der Konfrontation mit den Fakten standhält,[97] konnte Goebbels seinem Auftrag ganz nachkommen, dass in

---

[92] Fröhlich (Hrsg.), Die Tagebücher von Joseph Goebbels, T. 1, Bd. 2, Eintrag vom 17. März 1933, S. 394.
[93] Wie hartnäckig sich die Auffassung auch in der jüngeren Forschung hält, dass das Potsdamer Projekt von Anfang an in den steuernden Händen von Goebbels gelegen habe, belegt die ansonsten so luzide Studie von Freitag, Nationale Mythen, S. 389.
[94] Akten der Reichskanzlei, Hitler, Teil I, Bd. 1, Nr. 56, Ministerbesprechung vom 11. März 1933, 17 Uhr, S. 194.
[95] Die Tagebücher von Joseph Goebbels, T. 1, Bd. 2, Eintrag vom 16. 3. 1933, S. 393f.
[96] Ebd., Eintrag vom 17. 3. 1933, S. 394.
[97] Diesen Eindruck leistete Goebbels etwa mit einem Eintrag vom 19. 3. 1933 Vorschub: „Ich orientiere mich in Potsdam an Ort und Stelle, ob alle Vorbereitungen getroffen sind. Bei solchen

Potsdam „der neue Staat sich zum ersten Male symbolisch präsentieren" werde.[98] Denn hinter der vermeintlichen Versöhnung von „alter Größe und junger Macht", als welche die nationalsozialistische Propaganda den „Tag von Potsdam" rückblickend feierte und etwa mit der ikonografischen Postkartentrias von Friedrich dem Großen, Hindenburg und Hitler herausstrich, verbarg sich zugleich eine Konkurrenz um die symbolpolitische Vorherrschaft innerhalb des rechten Lagers, aus der an jenem Tage in Potsdam scheinbar der bürgerliche Nationalismus und nicht die NS-Bewegung mit Hitler an der Spitze als Sieger hervorging.

Wie zahlreiche Beobachter übereinstimmend notierten, dominierte am 21. März im Farbenmeer der geflaggten Häuser und Straßen Potsdams nicht das Rot der nationalsozialistischen Hakenkreuzfahne, sondern das kaiserliche Schwarz-Weiß-Rot.[99] Nicht Kleidung und Personal der neuen Staatsführung gaben dem Einzug der Volksvertreter in Potsdam das Gepräge, sondern die Präsenz des im „Geist traditioneller Militärfeiern"[100] auftretenden Reichspräsidenten, verstärkt durch die Anwesenheit des Kronprinzen Wilhelm in der Uniform der Totenkopfhusaren sowie zahlreicher anderer Vertreter von Generalität und Admiralität des wilhelminischen Deutschlands. Die frenetische und von den aufgebotenen Polizeiketten kaum zu bändigende Begeisterung der den Straßenrand säumenden Menschenmengen erreichte ihren Höhepunkt, als der Reichspräsident nach dem Gottesdienst in der Nikolaikirche zu einer Triumphfahrt durch die Stadt aufbrach, die ihn bis hinaus nach Sanssouci führte. Hindenburg nahm sein Bad in der Menge allein; der wenige Wochen später bei einem Autokorso durch Berlin zum 1. Mai schon selbstverständliche Platz neben ihm blieb Hitler an diesem Tag noch versagt.

Dass die von den Umständen erzwungene Entscheidung für die Potsdamer Garnisonkirche eine ganz ungewollte Signalwirkung zu entfalten drohte, bewies zudem die NS-Führung selbst. Vielleicht von der Sorge befallen, dass Ort und Ablauf der geplanten Feier der Welt weniger den Triumph der nationalsozialistischen Bewegung als vielmehr ihre geglückte Einbindung in das konservative Zähmungskonzept unter öffentlichen Beweis stellen würden, torpedierten Hitler und Goebbels selbst das so sorgsam austarierte Programm des Potsdamer Staats-

---

großen Staatsfeiern kommt es auf die kleinsten Kleinigkeiten an." Ebd., Eintrag vom 19. 3. 1933, S. 395.
98 Ebd., Eintrag vom 16. 3. 1933, S. 394.
99 Vgl. exemplarisch die Beobachtung François-Poncets: „Die Deutschnationalen, die Konservativen, die Monarchisten lassen die Fahne des Kaiserreichs flattern, die Nationalsozialisten die rote Hakenkreuzfahne. In Berlin überwiegt diese, in Potsdam ist die andere stärker vertreten." François-Poncet, Als Botschafter in Berlin, S. 107.
100 Wolfram Pyta: Hindenburg. Herrschaft zwischen Hohenzollern und Hitler, München 2007, S. 820.

aktes mit einem Affront, der unter anderen Umständen zu einem veritablen Skandal hätte werden können. Überraschend nämlich blieben beide am Morgen des „Tages von Potsdam" dem auftaktbildenden Gottesdienst in der katholischen Stadtpfarrkirche fern, um stattdessen in trotzig-revolutionärer Kämpferhaltung den Gräbern im Straßenkampf zu Tode gekommener SA-Männer in Berlin einen Besuch abzustatten. Zur Bemäntelung erschien tags darauf eine amtliche Erklärung, aus der hervorging, dass Hitler sich angesichts einer angeblichen Sakramentsverweigerung für nationalsozialistische Parteimitglieder

> zu seinem Leidwesen nicht in der Lage [gesehen habe], am katholischen Gottesdienst in Potsdam teilzunehmen. Der Kanzler hat während der Zeit des offiziellen Gottesdienstes zusammen mit dem Reichsminister für Volksaufklärung und Propaganda, Dr. Goebbels, auf den dasselbe zutrifft, die Gräber seiner ermordeten S.A.-Kameraden auf dem Luisenstädtischen Friedhof in Berlin besucht. Er legte dort einen Kranz nieder mit der Inschrift: Meinen toten Kameraden.[101]

Auch wenn nicht eine Gegendarstellung von kirchlicher Seite die angebliche Sakramentsverweigerung für NSDAP-Anhänger umgehend als „in dieser Allgemeinheit unrichtig" zurückgewiesen und damit als fadenscheinige Schutzbehauptung desavouiert hätte,[102] war der kirchliche Auftakt zum „Tag von Potsdam" dennoch für eine propagandistische Auswertung von nationalsozialistischer Seite unbrauchbar geworden, zumal sich gleichzeitig auch der katholische Bischof von Berlin, Christian Schreiber, aus angeblichen Krankheitsgründen seiner vorgesehenen Teilnahme an dem Gottesdienst entzogen hatte. Vergeblich versuchte Hitler in letzter Stunde noch, den der Inszenierung des Potsdamer Staatsaktes so diametral zuwiderlaufenden Eindruck eines Rückfalls in die „Kampfzeit der Bewegung" durch einen anderen Nachweis seiner Kirchentreue zu überdecken. Am Vorabend des Staatsaktes ließ er bei dem ihm aus Münchner Tagen bekannten Benediktinerabt Alban Schachleiter telefonisch anfragen, ob der „es nicht möglich machen könnte, mit dem Nachtschnellzug nach Berlin zu kommen, um im Reichskanzlerpalais für Hitler einen kleinen Gottesdienst zu halten. Dem offiziellen Hochamt könne er nicht beiwohnen."[103] Der wegen seiner offen bekundeten nationalsozialistischen Gesinnung gerade erst kirchlich suspendierte Schachleiter musste die Aufforderung allerdings zu seinem eigenen Bedauern ablehnen,

---

101 Die Haltung der Bischöfe gegen die N.S.D.A.P. verbot dem Kanzler die Teilnahme am Gottesdienst, in: Völkischer Beobachter, 22. 3. 1933.
102 Bayerischer Kurier, 23. 3. 1933, zit. n. Scheel, 1933, S. 115.
103 Zit. n. Ludwig Volk: Der Bayerische Episkopat und der Nationalsozialismus 1930–1934, Mainz 1965, S. 55.

um sich nicht eine Kirchenstrafe zuzuziehen.[104] Es mag dahingestellt bleiben, ob Hitler mit der ostentativen Ersetzung des Gottesdienstbesuches durch eine SA-Kämpferehrung kirchenpolitisch „sein außerordentliches taktisches Geschick" in der mit Zuckerbrot und Peitsche arbeitenden Ausmanövrierung des katholischen Episkopats vor der Abstimmung über das geplante Ermächtigungsgesetz bewies;[105] für die effektvolle Inszenierung des Schulterschlusses von Altem und Neuem Deutschland war diese Entscheidung jedenfalls alles andere als hilfreich. Folgerichtig hat sich dieser erste Teil der Potsdamer Eröffnungsfeier im zeithistorischen Gedächtnis auch gar nicht tiefer eingeprägt und spielte in den zahllosen autobiografischen Evokationen des „Tages von Potsdam" keine weitere Rolle.

In welchem Maße dagegen Potsdam am 21. März im Zeichen der monarchisch-konservativen Tradition stand, zeigte sich sowohl in der frenetischen Begeisterung, mit der der 85-jährige Reichspräsident vor und nach dem Gottesdienst in der Nikolaikirche ebenso gefeiert wurde wie bei seiner anschließenden Triumphfahrt durch die Stadt. Auch der Staatsakt selbst schien den symbolpolitischen Sieg des monarchischen Restaurationsgedanken über die braune Revolutionsideologie zu unterstreichen. Die unangefochtene Mittelpunktstellung wahrte nicht der Reichskanzler, der an diesem Tag vielmehr als Figur eher blass blieb,[106] sondern der faktisch als „Priester einer nicht anstaltlich gebundenen Religion" amtierende „Ersatzkaiser" Hindenburg.[107] Zu seinen Ehren erhoben sich die geladenen Teilnehmer des Staatsaktes, als er in der preußischen Feldherrenuniform auf den Altar der Hofkirche zuschritt, um vor der leeren Hohenzollernloge den Marschallstab zum Gruß an seinen Kaiserlichen Herrn zu heben, bevor er an der Seite Hitlers und Görings auf dem ihm bestimmten Ehrensessel Platz nahm. Erst nach einer kurzen Eröffnungsansprache Hindenburgs gehörte die Aufmerksamkeit der Zuschauer in der Kirche und der Zuhörer an den Rundfunkempfängern dann ganz dem Reichskanzler. Aber dessen überraschend maßvoll vorgetragene, von antisemitischen Anklängen freie Regierungserklärung ging an keiner Stelle

---

104 Ebd., S. 53ff.
105 So die Interpretation von Klaus Scholder: Die Kirchen und das Dritte Reich, Bd. 1: Vorgeschichte und Zeit der Illusionen 1918–1934, Frankfurt a. M. [u. a.] 1977, S. 317. Gegen sie spricht allerdings, dass mit dem Gottesdienst in der katholischen Stadtpfarrkirche zum ersten Mal das bischöfliche Uniformverbot für katholische Gottesdienste durchbrochen wurde und Hitler also auch mit seiner Anwesenheit den politischen Druck auf den katholischen Episkopat effektvoll hätte erhöhen können. Vgl. Freitag, Nationale Mythen, S. 394 u. Pyta, Hindenburg, S. 820f.
106 „Plötzlich öffnet sich die Kirchentüre. Die Anwesenden erheben sich mit einem Ruck. Marschall Hindenburg tritt ein. [...] An seiner Seite geht Hitler wie ein befangener Neuling, den ein mächtiger Beschützer in eine Gesellschaft einführt, in der er fremd ist." François-Poncet, Als Botschafter in Berlin, S. 108.
107 Freitag, Nationale Mythen, S. 398.

über nationalkonservative Ziele hinaus und bewegte sich mit ihrem Aufruf zur nationalen Einheit ganz prononciert in dem Rahmen, den der Reichspräsident zuvor in seiner Ansprache gesteckt hatte.[108]

Die weitere Zeremonie war wieder ganz von Hindenburg beherrscht. Mit einem bewegten Händedruck dankte er Hitler für eine Rede, die auf sein volles Einverständnis traf und ihn sichtlich von der Bürde seiner im doppelten Sinne überlebten Präsidentschaft entlastete.[109] Alsdann begab er sich nur in Begleitung seines Sohnes und des Pfarrers an die Königsgruft hinter dem Altar, um abseits von dem schweigend verharrenden Auditorium innere Andacht an den Sarkophagen der toten Preußenherrscher zu halten.[110] Der Reichskanzler nahm entsprechend der Festlegung vom 7. März an dieser Zeremonie nicht teil, obgleich sie der nationalsozialistischen Medienmacht eine einzigartige Gelegenheit geboten hätte, eine mystische *translatio imperii* zu inszenieren und den eben gekürten Reichsverweser Hitler im Beisein der verewigten Preußenkönige das Herrscherheil aus der Hand Hindenburgs empfangen zu lassen. So aber blieb der auratische Moment der *unio mystica* mit den toten Preußenkönigen zunächst dem Reichspräsidenten vorbehalten, der die Legitimation, die ihm in der Zwiesprache an der Gruft und in der Begegnung mit der „Realpräsenz" (Werner Freitag) der beiden Preußenherrscher erwachsen war, dann nutzte, um nach seiner Rückkehr aus der Krypta mit dem grüßend erhobenen Marschallstab das Heil des Reiches auf seinen eigenen Kanzler und Nachfolger zu übertragen.[111]

Indem Hitler Hindenburg aus der Kirche geleitete, übernahm er in derselben staatsreligiösen Aufladung, die die Garnisonkirche seit ihrer Erbauung und bis

---

108 Wie sehr Hitler die ihm nicht weniger durch die Umstände als durch eigenes Wollen zugewiesene Rolle des eher nationalen statt nationalsozialistischen Versöhners zu spielen bereit war, lehrt sein Besuch tags zuvor in Schloss Cecilienhof, bei dem er den ehemaligen Kronprinzen Wilhelm mit dem Versprechen zur Teilnahme am Potsdamer Staatsakts bewogen hatte, „in absehbarer Zeit die Hohenzollernmonarchie wiederherzustellen". Manfred Görtemaker: Das Ende Preußens. 1933–1947, in: Julius H. Schoeps (Hrsg.): Preußen. Geschichte eines Mythos, Berlin 2000, S. 198–219, hier S. 200; Raichle, Der Tag von Potsdam, S. 92.
109 Vgl. hierzu Pyta, Hindenburg, S. 824. Einzelne besonders günstig sitzende Teilnehmer wie Heinrich Brüning oder der Hamburger Bürgermeister Carl Vincent Krogmann bemerkten, dass Hindenburg in diesem Moment Tränen in die Augen traten. Ebd. u. Heinrich Brüning: Memoiren. 1918–1934, Stuttgart 1970, S. 657. Wie sehr er nunmehr die „großen Gaben und Fähigkeiten des Herrn Reichskanzlers" unbedingt anerkenne, offenbarte Hindenburg Krogmann nur Tage später selbst. Pyta, Hindenburg, S. 825.
110 Vgl. Thamer, Legitimation durch Inszenierung.
111 So auch schon in der zeitgenössischen Interpretation der Zeitschrift „Der Tag": „Der Repräsentant dieser Zeit grüßt die Großen der Vergangenheit und bringt, aus der Gruft wiederemporschreitend, als ehrfurchtgebietender Mittler dem jungen Geschlecht den Segen vergangener Jahrhunderte zurück." Zit. n. Freitag, Nationale Mythen, S. 400.

in die Details ihrer programmatischen Ausschmückung gekennzeichnet hatte, die Rolle des legitimen Heilsträgers – und sah sich zugleich in ein symbolpolitisches Ritual eingebunden, das nicht ihn, sondern den ihn salbenden Staatspriester Hindenburg ins Zentrum rückte. Denn der Auszug leitete über zum nächsten Akt: der großen Militärparade, für die eine Tribüne neben der Kirche aufgebaut worden war. Auf ihr nahmen mit der Reichsregierung das Diplomatische Corps und zahlreiche weitere Ehrengäste Aufstellung. 21 Schuss Salut, die ein Artillerie-Regiment im Lustgarten des Potsdamer Schlosses abfeuerte und die zeitgleich auch in vielen anderen deutschen Städten abgegeben wurden, rahmten den letzten Auftritt des Reichspräsidenten an diesem Tage, für den vor der Tribüne ein eigenes Holzpodest errichtet worden war. Von hier aus nahm Hindenburg einen von Eliteformationen der Reichswehr im Paradeschritt mit klingendem Spiel angeführten Vorbeimarsch ab, dem sich SA- und Stahlhelm-Formationen, Schutzpolizeieinheiten und zahllose „nationale Verbände" bis hin zur Hitlerjugend und zum Bund Deutscher Mädel anschlossen.

Nichts schien darauf hinzudeuten, dass an diesem Tag die bürgerliche Rechte vor Hitler kapituliert habe, alles aber darauf, dass das von Hindenburg und Papen verfolgte Zähmungskonzept anschlüge. Die bislang so plebejische und gewaltorientierte Hitlerbewegung hatte offensichtlich ihrem nationalrevolutionären Habitus öffentlich abgeschworen, um sich unwiderruflich und entschieden in die Tradition eines restaurativen Preußentums einzufügen und fortan Politik aus der „Einheitlichkeit des Denkens und Fühlens" heraus zu betreiben, „die man geradezu das Wunder von Potsdam nennen möchte".[112]

Der „Tag von Potsdam" und die deutsche Selbstviktimisierung

Dass der „Tag von Potsdam" in teleologischer Rückschau als Produkt eines von Hitler und seinen Paladinen ersonnenen Meisterplans zur Verführung der Deutschen gedeutet wurde, ergibt sich vor allem aus dem Kontext der von Tag zu Tag mächtiger voranschreitenden und alle Widerstände hinwegfegenden Machtergreifung der nationalsozialistischen Bewegung. Es erklärt sich aber auch aus den geschichtskulturellen Umständen der Nachkriegszeit: Die Deutung des Potsdamer Staatsaktes als ein so geschicktes wie gewissenloses Trugspiel der nationalsozialistischen Machthaber mit der preußischen Tradition beglaubigte die Selbst-

---

[112] So der Tenor des Berichtes „Ausklang in Potsdam", in: Berliner Börsencourier, 22. 3. 1933, Morgen-Ausgabe.

viktimisierung einer postfaschistischen Gesellschaft, die sich selbst als Opfer der zwölf dunklen Jahre sehen wollte. Gleichermaßen legte der politische Kontext der Potsdamer Erweckungsfeier es nahe, die staatsreligiöse Heilsübertragung als Teil einer perfiden Verführungsstrategie zu lesen: Am selben Morgen des 21. März 1933, als die Welt nach Potsdam blickte, waren drei neue Notverordnungen nach Artikel 48 der Weimarer Reichsverfassung in Kraft getreten, die alle vor 1933 begangenen Straftaten von nationalsozialistischer Seite amnestierten und gleichzeitig mit der Schaffung von Sondergerichten zur Aburteilung politischer Straftaten und drakonischen Strafmaßanhebungen zur „Abwehr heimtückischer Angriffe gegen die Regierung der nationalen Erhebung" neue Instrumente zur Unterdrückung jeder politischen Opposition bereitstellten. Dieselben Zeitungen, die den Tag der nationalen Erweckung im Lichte von Freiheit und Einheit feierten, notierten den raschen Fortgang der nationalsozialistischen Machteroberung mit knappen Meldungen, die über die Gleichschaltung politischer Organisationen,[113] die Entlassung und Verhaftung demokratischer Politiker und Staatsdiener[114] ebenso wie über die Einrichtung von Konzentrationslagern[115] und die Vertreibung von Juden und Regimegegnern aus dem Berufsleben[116] orientierten. Nur drei Tage nach dem 21. März meldete die Presse bereits die Verhaftung des ersten Kabinettsmitgliedes, das in der eben erschienenen Gedenkausgabe der *Woche* zum „Tag von Potsdam" noch an prominenter Stelle unter den „Mit-

---

113 „SPD-Häuser besetzt"; „Zentrumsversammlung in Gleiwitz gesprengt", „Karl-Liebknecht-Haus wird Horst-Wessel-Haus" (Berliner Börsen-Courier, 10. 3. 1933); „Gleichschaltung in Bayern?" (Berliner Börsen-Courier, 21. 3. 1933); „SPD-Parteitag abgesagt" (Vossische Zeitung, 16. 3. 1933); „Staatskommissar für Magdeburg beantragt" (Potsdamer Tageszeitung, 18. 3. 1933); „Vor der Selbstauflösung der Eisernen Front" (Potsdamer Tageszeitung, 20. 3. 1933); „Auch Lübeck verbietet Reichsbanner" (Vossische Zeitung, 21. 3. 1933, Morgen-Ausgabe).
114 Vgl. exemplarisch: „Verhaftungen in Oberbaden. WTB. Freiburg i. Br., 17. März. 24 Führer der SPD und der KPD wurden hier in Schutzhaft genommen, unter ihnen Reichstagsabgeordneter Stefan Meier, der Landtagsabgeordnete Martzloff, Bürgermeister Hölzl, die Stadträte Grumbach und Zumkobel. In Lahr wurde der sozialdemokratische Landtagsabgeordnete und Gewerkschaftssekretär Dürr in Schutzhaft genommen. Er hatte sich heute vormittag noch schnell einen Auslandspaß ausfertigen lassen." (Potsdamer Tageszeitung, 18. 3. 1933). In derselben Richtung: „Der Chefredakteur des ‚Vorwärts' verhaftet" (Germania, 4. 3. 1933); „Namensliste der Schutzhäftlinge in Berlin" (Berliner Börsen-Courier, 10. 3. 1933); „Mandatsverzicht Otto Brauns" (Vossische Zeitung, 15. 3. 1933); „Neue Personalveränderungen bei der Berliner Hauptverwaltung" (Potsdamer Tageszeitung, 20. 3. 1933); „Der bayerische Ministerpräsident Held nach der Schweiz verreist" (Potsdamer Tageszeitung, 21. 3. 1933, Neunte Beilage); „Severing verhaftet"; „Der frühere Reichslandbundführer Hepp in Schutzhaft" (Vossische Zeitung, 24. 3. 1933, Morgen-Ausgabe).
115 „Konzentrationslager Heuberg" (Vossische Zeitung, 21. 3. 1933, Morgen-Ausgabe).
116 „Berliner Strafgerichte ohne jüdische Richter" (Potsdamer Tageszeitung, 20. 3. 1933); „Beurlaubungen im Krankenhaus Moabit" (Vossische Zeitung, 21. 3. 1933, Morgen-Ausgabe).

glieder[n] der Regierung im feierlichen Aufzuge" auf dem Weg zur Garnisonkirche abgebildet worden war.[117] Und am selben Tag, als der Deutschlandsender die auf Versöhnung und Einheit gestimmte Regierungserklärung Hitlers aus der Potsdamer Garnisonkirche übertrug, enthüllte sich in symbolischer Weise der tatsächliche Machtanspruch des NS-Führers, als die Presse berichtete, dass auf Anordnung des Polizeipräsidenten der Berliner Reichskanzlerplatz in Adolf-Hitler-Platz umbenannt worden sei.[118]

Tatsächlich zeigte das neue Regime schon wenige Stunden nach der Potsdamer Eröffnungszeremonie ein gänzlich anderes Gesicht, als am Nachmittag der Reichstag in der Berliner Kroll-Oper unter der Regie des nationalsozialistischen Reichstagspräsidenten Göring zu seiner ersten Arbeitssitzung zusammentrat. Göring, der die Eröffnungssitzung traditionswidrig anstelle des Alterspräsidenten selbst leitete,[119] feierte in einer pathetischen Schlussrede den nun wieder in die braune Parteiuniform gekleideten Kanzler als den Mann, „der vor 14 Jahren es unternommen hat, mitten im Zusammenbruch, in Chaos und in schwärzester Nacht den Glauben neu aufzurichten an ein kommendes Reich, den Glauben und die Hoffnung, daß Deutschland doch nicht verloren sein kann, solange noch ein Mann der Tat selbst an die Zukunft glaubt."[120] Nichts kennzeichnet die symbolpolitische Gewichtsverlagerung auf dem Rückweg von Potsdam nach Berlin schlagender als der Umstand, dass aus dem in den Tagen zuvor hergerichteten und in traditioneller Weise dekorierten Sitzungssaal in der Kroll-Oper der große Reichsadler, der seit 1871 die Stirnseite hinter dem Präsidium geschmückt hatte, entfernt und gegen eine gleichgroße Hakenkreuzfahne ausgetauscht worden war.

Bekanntlich blieb es nicht bei symbolischen Handlungen. Das Wirken des in Potsdam pompös eröffneten Reichstags galt der Verabschiedung eines von allen vertretenen Fraktionen außer der SPD gebilligten Ermächtigungsgesetzes, mit

---

117 Reichskommissar Gereke verhaftet, in: Vossische Zeitung, 24. 3. 1933 (Mittags-Ausgabe). „Von links: Dr. Gereke, Reichskommissar für Arbeitsbeschaffung, Reichsarbeitsminister Franz Seldte, Reichsfinanzminister Graf Schwerin-Krosigk, Reichswirtschafts- und Ernährungsminister Dr. Hugenberg, Reichsaußenminister Freiherr von Neurath. Hinter Admiral Raeder Reichsinnenminister Dr. Frick", in: Der „Tag von Potsdam". Gedenkausgabe Die Woche zum 21. März 1933, o. D.
118 Adolf-Hitler-Platz in Berlin, in: Potsdamer Tageszeitung, 21. 3. 1933.
119 Im Bewusstsein, dass der neugewählte Reichstag nach der Verabschiedung des geplanten Ermächtigungsgesetzes keine politische Rolle mehr spielen würde, hatte Göring sich bereits im Vorfeld des Einverständnisses der übrigen Reichstagsparteien versichert, um diesen Part, der sonst dem nationalsozialistischen Abgeordneten Litzmann als ältestem Reichstagsmitglied zugefallen wäre, selbst zu übernehmen.
120 Göring über den 21. März, in: Vossische Zeitung, 22. 3. 1933, Morgen-Ausgabe.

dem das deutsche Parlament sich selbst abschaffte. Und nur eine Woche nach dem „Tag von Potsdam" nutzte die Parteileitung der NSDAP die Dynamik des nationalen Aufbruchs, um mit dem öffentlichen Aufruf zu einem reichsweiten Geschäftsboykott gegen jüdische Gewerbetreibende die Linie einer völkischen Rassenpolitik vorzuzeichnen, die erst im Genozid an den europäischen Juden enden würde. Es war gerade die maßvolle Hitler-Rede in der Garnisonkirche, die Hindenburgs letzte Vorbehalte gegenüber seinem Kanzler zerstreute und ihn veranlasste, fortan auf die verfassungsmäßigen und politischen Sicherungen vor dessen weiterem Machtausbau zu verzichten.[121] Schon beim Eintritt in die Nikolaikirche hatte der frenetische Jubel der Zuschauermassen Hindenburg veranlasst, erleichtert zu Otto Dibelius zu sagen: „Gott sei Dank, daß wir endlich so weit sind!"[122] Pointiert formuliert: Der „Tag von Potsdam" wurde zu einem machtpolitischen Erfolg des NS-Regimes, gerade weil er ihm symbolpolitisch in vieler Hinsicht so missraten war, und am 21. März 1933 zerbrach das Papensche Zähmungskonzept, gerade weil es sich so eindrucksvoll bewährt zu haben schien. Denn nicht so sehr die listige Verführungskraft der nationalsozialistischen Demagogie machte den „Tag von Potsdam" zu einem Triumph der neuen Machthaber. Dafür war weit mehr noch die Woge der gesellschaftlichen Zustimmung und der Aufbruchseuphorie verantwortlich, die der Staatsakt jenseits aller Manipulationsabsichten auslöste, weil er die sehnsüchtige Erwartung eines neuen Deutschlands glaubhafter und umfassender in den Kontinuitätsrahmen des alten stellte, als Hitler und seine Paladine es selbst gewollt hatten.

Diese Doppelgesichtigkeit des „Tages von Potsdam" begründete seinen Aufstieg zum narrativen Kronzeugen der moralischen Selbstentlastung nach 1945 im Westen des geteilten Deutschlands. In der historischen Meistererzählung der DDR hingegen verbürgte der Staatsakt vom 21. März 1933 die historische Schuld der nationalkonservativen Eliten, die an diesem „Tag der nationalen Erhebung" ihre symbolische Kapitulationsurkunde unterzeichnet hätten und nach der Katastrophe von 1945 wenigstens in der DDR ihrer unheilvollen politischen Machtstellung entkleidet worden seien, die sie hingegen im Bonner Staat angeblich noch immer aufrecht erhielten. Konsequenterweise suchte der sozialistische Geschichtsdiskurs nach ausdrucksstarken Bildern, die den „Tag von Potsdam" im Gedächtnis der Gesellschaft zu überschreiben in der Lage wären. Er fand sie zum einen in der fortschrittlichen Handreichung zwischen Wilhelm Pieck und Otto Grotewohl, die die Verschmelzung der beiden Arbeiterparteien im April 1946 besiegelte und mit solch ikonischer Weihe ausgestattet wurde, daß sie zum Emblem der SED-Parteifahne er-

---

[121] Pyta, Hindenburg, S. 820ff.
[122] Dibelius, Ein Christ ist immer im Dienst, S. 171.

hoben wurde.[123] Zum anderen überschrieb die kommunistische Geschichtspolitik die Wirkung des „Tages von Potsdam", indem sie ihn in Potsdam mit Hilfe einer förmlichen Inszenierung zu Grabe trug, wie dies am 1. August 1951 eine Potsdamer FDJ-Gruppe anlässlich der III. Weltjugendfestspiele mit einem nahe dem Alten Markt in die Havel gestoßenen Sarg des „Geistes von Potsdam" zu demonstrieren versuchte, dessen mit einer programmatischen Aufschrift versehener Deckel allerdings partout nicht untergehen wollte.[124] Im selben Denken vollzog sich die städtebauliche Umgestaltung Potsdams nach dem Zweiten Weltkrieg:

> Der ‚Geist von Potsdam' ist tot. Mit Stumpf und Stiel hat ihn die Arbeiter-und-Bauern-Macht auf dem Boden der Deutschen Demokratischen Republik ausgerottet. [...] Niemand fühlt sich heute nach Potsdam gezogen, weil hier einmal preußische Könige residiert haben oder weil sich hier im März 1933 ein stockreaktionärer militaristischer Junker und der von den Imperialisten auf den Reichskanzlersessel gehobene Führer der Faschisten mit dem Segen eines evangelischen Bischofs die Hände reichten. [...] Auf Schritt und Tritt begegnet man in Potsdam der Vergangenheit, vor allem dem 18. Jahrhundert. Auf Schritt und Tritt trifft man aber auch auf das Neue, das überall Emporwachsende, die neuen Wohnblocks im Herzen der Stadt, die Geschäftsstraßen, die ein modernes Kleid anlegen, die neue Brücke, die die Stadtteile beiderseits der Havel in einer den modernen Anforderungen des Verkehrs entsprechenden Weise miteinander verbindet.[125]

Während dieser Überschreibungsdiskurs in der DDR erst mit dem – allerdings nicht allein geschichtspolitisch motivierten – Abriss der bei Kriegsende teil-

---

123 Als Vorgängerikone diente bereits seit 1945 der Händedruck, mit dem der sozialdemokratische Parteivorsitzende Otto Grotewohl seinem kommunistischen Amtskollegen Wilhelm Pieck zu dessen 70. Geburtstag gratulierte. Vgl. Thomas Ahbe/Monika Gibas: Der symbolische Handschlag – Gründungsikone der DDR, in: Bilder im Kopf – Ikonen der Zeitgeschichte hrsg. v. d. Stiftung Haus der Geschichte der Bundesrepublik Deutschland, Bonn/Köln 2009, S. 70–77, hier S. 73f.
124 Der Sargdeckel trug die Aufschrift „Hier ruhen die letzten Hoffnungen der Kriegsbrandstifter auf einen alten Geist von Potsdam". Ines Elsner: Vom Markstein zur Marke. Die Rezeption Friedrichs des Großen in Potsdam, in: Jutta Götzmann (Hrsg.): Friedrich und Potsdam. Die Erfindung seiner Stadt, Potsdam 2012, S. 78–83. Vgl. auch die Ansprache des Potsdamer Oberbürgermeisters, der die unter „Fanfarenklängen und frohen Jugendliedern" zur Langen Brücke gezogenen „jungen Friedenskämpfer" mit den Worten begrüßte: „Bei uns ist der Potsdamer Geist von früher hinweggefegt [...]. Der neue Geist von Potsdam zeigt sich in der Steigerung der Arbeitsproduktivität und in der Erfüllung unseres Fünfjahrplanes." Märkische Volksstimme, 2. 8. 1951, zit. n. Kurt Adamy: Bilder dokumentieren revolutionäre Traditionen der Potsdamer Arbeiter- und Jugendbewegung, in: Kommission zur Erforschung der Geschichte der örtlichen Arbeiterbewegung bei der Kreisleitung Potsdam der SED in Verbindung mit der Kreisleitung Potsdam der FDJ (Hrsg.): Im Auftrag der Partei. Aus den Anfängen der FDJ-Arbeit in Potsdam 1946–1949, Potsdam 1977, S. 126–129, hier S. 128.
125 Wilhelm Kunze: Potsdam, Leipzig 1963, S. 5ff.

zerstörten Garnisonkirche 1968 an sein Ende kam,[126] gewann mit dem allmählichen Wandel der bundesdeutschen Normalisierungsgesellschaft hin zu einer Gedächtnisgesellschaft seit den späten siebziger Jahren der Blick für die entscheidende Teilhabe der Verführten an ihrer Verführung durch den Nationalsozialismus mehr und mehr an Schärfe. Das Geschichtsbild des „Tages von Potsdam" widerstand diesem narrativen Wandel allerdings überaus lange. Erst in den neunziger Jahren wies Günter Kaufmann mit einer einfachen Bildrecherche nach, dass das bekannte Propagandafoto des Händedrucks zwischen Hindenburg und Hitler, das die inszenierte Verlogenheit der Potsdamer Rührkomödie so schlagend zu offenbaren scheint, in seiner massenhaften Rezeption ein Produkt der Nachkriegszeit darstellt.[127] Anders als oft vermutet, war nämlich auch das suggestive Bild des Schulterschlusses von Marschall und Gefreitem keineswegs gezielt entstanden, sondern das Ergebnis eines eher zufälligen Schnappschusses. Es zeigt den für die *translatio imperii* so bedeutsamen Handschlag inmitten eines unfeierlichen Gedränges, in dem Hitlers Silhouette durch die Umrisse der halbverdeckten Husarenmütze des Kronprinzen und des auf ihr prangenden Totenkopfes beeinträchtigt wird.[128]

Vor allem aber bildet es gar nicht den das staatsreligiöse Ritual der Heilsübertragung eigentlich besiegelnden Händedruck zwischen Präsident und Kanzler in der Garnisonkirche ab, denn dort herrschte während des eigentlichen Staatsaktes Fotografierverbot. Bemerkenswerterweise hatte Goebbels für eine bildliche Dokumentation der feierlichen Szene auch gar keine Sorge getragen, während Hindenburg immerhin seinen Hofmaler Hugo Vogel einige Tage zuvor ausdrücklich aufgefordert hatte, die „historische Stunde im Bilde festzuhalten", und ihm zu diesem Zweck auch einen Platz in der Garnisonkirche freihalten ließ.[129] Das zur Ikone gewordene Foto ist ein bloßes Stellvertreterbild. Es fängt nicht eine zeremoniell betonte Begrüßung von Präsident und Kanzler ein, sondern lediglich den banalen Moment des Auseinandergehens nach dem Staatsakt, als der Reichskanzler sich in üblicher Unterwürfigkeit vom Reichspräsidenten verabschiedete,

---

126 Hierzu näher: Sabrow, Politischer Mythos.
127 Vgl. Kaufmann, Der Händedruck von Potsdam; von Hoegen, Der Held von Tannenberg, S. 395.
128 Eine andere Interpretation bei von Hoegen, der seine Annahme, dass „bei dem Photo folglich nicht von einem Schnappschuß ausgegangen werden sollte", allerdings allein auf das sachlich nicht haltbare Urteil einer „akribischen und detaillierten Vorbereitung des ‚Tages von Potsdam' durch Goebbels" stützt. Ebd. Zur Genese des zur Ikone gewordenen Verneigungsfotos siehe den Beitrag von Thomas Wernicke, Der Handschlag am „Tag von Potsdam", in diesem Band.
129 Hugo Vogel: Erlebnisse und Gespräche mit Hindenburg. Erinnerungen, Berlin 1935, S. 112. Vogel gelang es allerdings nicht mehr, dieses Vorhaben in die Tat umzusetzen, weil er kurz nach Hindenburg verstarb. Raichle, Der Tag von Potsdam, S. 88.

um seinen Platz unter den anderen Ehrengästen auf der Zuschauertribüne zu finden, während Hindenburg sich zu dem vorgeschobenen Holzpodium begab, von dem aus er die Militärparade zum Abschluss des Staatsaktes abzunehmen hatte. Es verwundert nicht, dass das Verneigungsfoto von der nationalsozialistischen Propaganda denn auch keineswegs geschätzt wurde, sondern in der Berichterstattung zum „Tag von Potsdam" lediglich von einer einzigen Zeitung an versteckter Stelle abgedruckt und im Übrigen nur in retuschierter Form als Sujet weiter verwendet wurde.[130] Die NS-Presse bevorzugte dagegen Aufnahmen, die Kanzler und Präsident auf Augenhöhe präsentierten, und verbreitete zu diesem Zweck als Bildpostkarte ein Gemälde des früheren Hofmalers und bekennenden Nationalsozialisten Carl Langhorst, das den Händedruck auf gleicher Augenhöhe ins Bild rückte und im Inneren der Kirche stattfinden ließ.[131] Charakteristischerweise findet sich das Verneigungsfoto auch in keinem NS-Schulbuch, sondern statt seiner beispielsweise die einen stehenden Hitler vor dem sitzenden Hindenburg präsentierende Abbildung des Reichskanzlers bei Abgabe der Regierungserklärung.[132]

Erst nach 1945 trat die devote Verneigungsaufnahme ihren eigentlichen Siegeszug an – dann allerdings mit solch ikonischer Wucht, dass der historische Händedruck bis heute in Materialsammlungen und Geschichtsbüchern nicht selten mit ähnlichen Fotos zu anderen Gelegenheiten verwechselt wird. Tatsächlich beugte Hitler seinen Kopf in der Öffentlichkeit nicht nur an diesem 21. März 1933 so ehrerbietig vor dem Feldherrn-Präsidenten Hindenburg, sondern hatte dies bereits am 12. März anlässlich des Volkstrauertags 1933 in Berlin getan und sollte es noch ein Jahr später beim „Heldengedenktag" in Berlin am 25. Februar ebenso wiederholen wie am 21. Juni 1934, als er nach Gut Neudeck kam, um sich von dem sterbenden Reichspräsidenten zu verabschieden und die letzten Schritte seiner schrankenlosen Machterringung vorzubereiten.[133]

---

130 So zeigte das Titelblatt der zeitgenössischen Dokumentation von Hans Wendt die von allen störenden Personen im Bildhintergrund befreiten Protagonisten Hindenburg und Hitler vor einer als auratische Bekräftigung in die Bildmitte montierten Garnisonkirche. Wendt, Die Nationalversammlung. Vgl. Kaufmann, Händedruck, S. 302f., u. Manfred Görtemaker, Der Händedruck von Potsdam – Symbol der „Machtergreifung", in: Bilder im Kopf – Ikonen der Zeitgeschichte, S. 30–39.
131 Ein Abdruck in Kaufmann, Händedruck, S. 303.
132 Ebd., S. 300; von Hoegen, Der Held von Tannenberg, S. 395f.
133 Zu der durch die „grundsätzliche Polysemie" von Fotografien ermöglichten Einlassung der Händedruckikone in unterschiedliche Verwendungskontexte siehe im Anschluss an Kaufmann auch Christoph Hamann: Das Foto und sein Betrachter, in: Bilderwelten und Weltbilder. Fotos, die Geschichte(n) mach(t)en, hrsg. vom Berliner Landesinstitut für Schule und Medien, Berlin/Teetz 2001, S. 16–37.

So wurde der „Tag von Potsdam" gleich zweimal zu einem historischen Mythos des 20. Jahrhunderts, der die Vergangenheit in ikonischer Form und auf fraglos gültige Weise für die Gegenwart verdichtete – indem er nämlich in der NS-Zeit selbst die „Vermählung zwischen der alten Größe und der jungen Kraft" suggerierte und nach ihrem Untergang mit nicht geringerer Kraft die Verführung der deutschen Gesellschaft durch ihre dämonischen Führer zu beglaubigen half.

Thomas Brechenmacher
Zwischen Nikolai- und Garnisonkirche

Die Festpredigt des Generalsuperintendenten Otto Dibelius
in der Potsdamer Nikolaikirche

Walter Conrad, Regierungsrat im Reichsinnenministerium, zwischen 1922 und 1935 zuständig für Kirchenfragen und deshalb ein intimer Kenner der kirchenpolitischen Auseinandersetzungen in den ersten Jahren der nationalsozialistischen Diktatur, fasste 1957 sein Urteil über den „Tag von Potsdam" in die Worte: „Zu unguter Letzt hat die Tatsache, dass der am 5. 3. 1933 gewählte Reichstag seine Eröffnungssitzung am 21. März, dem „Tag von Potsdam", in der Garnisonkirche neben der Ruhestätte der beiden großen preußischen Könige hielt, nicht wenig dazu beigetragen, einen trügerischen Schein in die Zukunft zu werfen. Die Benutzung einer Kirche für eine politische Veranstaltung wurde von den meisten nicht als Schändung eines Kirchenraumes, sondern eher als Bekenntnis zur Kirche gewertet, verbunden mit einer Treuekundgebung für alles, was Tradition hieß. Die Wahl des Tagungsortes schien eindeutig in diesem Sinn zu sprechen."[1]

Dieser kurze, retrospektive Passus aus den Erinnerungen Conrads reflektiert in seiner Mischung aus Zutreffendem und Unzutreffendem noch einmal jenen schillernden Charakter des „Tages von Potsdam", jene Mischung aus Zufälligkeiten, Improvisationen und geschichtspolitischen Konkurrenzlagen, aus der heraus sich die Nationalsozialisten des „Mythos" Potsdam eher nachträglich „bemächtigten" (Martin Sabrow), als ihn von Anfang an „formgebend" für sich zu okkupieren. Tatsächlich fand ja nicht die „Eröffnungssitzung" des Reichstages in der Garnisonkirche statt, sondern „nur" ein den Reichstag eröffnender Staatsakt (was für den Generalsuperintendenten Otto Dibelius, die Leitung der preußischen evangelischen Landeskirche und übrigens auch den Reichspräsidenten einen erheblichen Unterschied darstellte). Auch von einer „Wahl" des Tagungsortes im Sinne einer bewussten und gezielten Auswahl wird kaum die Rede sein können. Eher zufällig hatte sich der Blick der neuen Machthaber in Berlin auf die Garnisonkirche gerichtet, nachdem Kanzler Hitler zunächst – als Ersatz für das brandgeschädigte Reichstagsgebäude – das Potsdamer Stadtschloss favorisiert hatte. Die dortigen Raumverhältnisse ließen eine Versammlung der Abgeordne-

---

[1] Walter Conrad: Der Kampf um die Kanzeln. Erinnerungen und Dokumente aus der Hitlerzeit, Berlin 1957, S. 7.

ten jedoch nicht zu, sodass aus dem Potsdamer Magistrat die Garnisonkirche als Alternative vorgeschlagen wurde.²

Mit diesem Vorschlag kam, willentlich oder nicht, der kirchliche Hausherr ins Spiel, der nun eine Antwort auf jene von Walter Conrad 1957 noch einmal gestellte Frage zu geben hatte, inwieweit es sich schickte, ein weltliches Machtritual, den Akt einer mehr oder weniger gewaltsamen geschichtspolitischen Traditionsstiftung in einer Kirche abzuhalten, auch wenn (oder vielleicht gerade weil?) dort zwei bedeutende preußische Monarchen beigesetzt waren? Reichte hier die Kirche – in diesem Fall die evangelische Kirche Preußens in Gestalt des Berliner Oberkirchenrates und des kurmärkischen Generalsuperintendenten – die Hand zur „Schändung eines Kirchenraums", indem sie der „nationalen Revolution" eine Bühne lieh? Hat Dibelius mit seiner Predigt in der Nikolaikirche gar „dem Dritten Reich [...] den kirchlichen Segen gegeben", wie Heinrich August Winkler formulieren zu können glaubte?³

Um solche weitgreifenden Urteile überprüfen zu können, wird zunächst festzustellen sein, dass sowohl die protestantischen Kirchen als auch die katholische Kirche Deutschlands im Frühjahr 1933 vor der drängenden Frage standen, eine Position zu dem neuen Staat einzunehmen, der seinen totalitären Anspruch von Tag zu Tag deutlicher vernehmbar artikulierte. Beide mussten darauf bedacht sein, eine Sphäre möglichst unabhängigen kirchlichen Lebens gegen diesen Anspruch abzusichern. Den eigenen Wirkungskreis gegen staatliche Ansprüche zu schützen, war sowohl für den Katholizismus als auch für den Protestantismus (sofern er noch nicht von den Überläufern beherrscht war) die zentrale Aufgabe; es ging um *Kirchen*politik und zu diesem Zeitpunkt noch *weniger* darum, dass die Kirche, welcher Denomination auch immer, möglicherweise die gesamtgesellschaftliche Pflicht zu erfüllen hatte, für Recht und Freiheit einzutreten. Dabei befanden sich die Protestanten in einer schwierigeren Situation als die Katholiken, weil sie insgesamt „näher an der Obrigkeit", am Staat, standen. Die alten staatskirchlichen Abhängigkeiten waren keineswegs überwunden, obwohl die Bestrebungen evangelischer Kirchenpolitik während der Weimarer Republik da-

---

2 Vgl. dazu im Detail Martin Sabrow: Der „Tag von Potsdam". Zur Karriere eines politischen Symbols. (Vortrag im Alten Rathaus, am 21. 3. 2003); http://www.politische-bildung-brandenburg. de/programm/veranstaltungen/2003/vortragmythospotsdam.pdf (10. 3. 2008); Klaus Scheel: 1933. Der Tag von Potsdam, Berlin 1996, hier S. 19–23; eine kleine Quellendokumentation zum „Tag von Potsdam" findet sich auch bei Günter Wirth: Der andere Geist von Potsdam. Zur Kulturgeschichte einer Stadt 1918–1989, Frankfurt a. M. 2000, S. 32–45.
3 Heinrich August Winkler: Muß es unbedingt Dibelius sein? In: Die Zeit, 30. 6. 1995, S. 8; zur Rezeption der Dibelius-Predigt in der Forschung: Hartmut Fritz: Otto Dibelius. Ein Kirchenmann in der Zeit zwischen Monarchie und Diktatur, Göttingen 1998, S. 387; hier auch eine detaillierte Interpretation der Dibelius-Predigt (S. 397–406).

rauf abgezielt hatten, diese Nähe zu verringern.⁴ Hingegen waren die Katholiken aus dem Kulturkampf zwar Kummer gewohnt, hatten diese Erfahrung aber doch stark identitätsstiftend ummünzen können; nicht von ungefähr schlug der Zentrumsabgeordnete Josef Joos am 7. März 1933 vor, die neugewählte Reichstagsfraktion des Zentrums möge sich vor dem Beginn der Reichstagsperiode in Mainz am Grabe eines Kulturkampfhelden, des Bischofs Wilhelm Emanuel von Ketteler, versammeln. Fällt der Blick auf die deutschen protestantischen Kirchen und auf die deutsche katholische Kirche vor der Herausforderung durch den Nationalsozialismus, muss dieser fundamentale Unterschied in den Ausgangspositionen festgehalten werden: Der Protestantismus war anfällig durch seine traditionell große Nähe zum Staat und seine vielfach deutschnationale Tendenz; die zunächst noch kleine, aber aggressiv operierende Gruppe der „Deutschen Christen" trat ja bereits seiner geraumer Zeit offensiv für ein Bündnis mit dem nationalsozialistischen Staat ein.⁵ Der Katholizismus hingegen wurde anfällig durch die Angst, ein zweites Mal (nach 1871 ff.) an einer „nationalen Erhebung" nicht teilhaben zu können und einem erneuten, womöglich schlimmeren Kulturkampf entgegenzugehen als damals.

Otto Dibelius, geb. 1880, seit 1925 Generalsuperintendent der Kurmark, und damit auch zuständig für den Potsdamer Kirchensprengel, verfocht – ungeachtet seiner eigenen nationalkonservativen politischen Tendenz⁶ – das Prinzip strikter Unabhängigkeit der Kirche. Am 8. März, drei Tage nach der Reichstagswahl, hatte Dibelius in einem Rundschreiben an die kurmärkischen Pfarrer gemahnt, unter allen Umständen der kirchlichen Lehre und Disziplin gegen die Anfechtungen durch die vorherrschenden politischen Strömungen treu zu bleiben. Zwar verlieh auch er seiner Zustimmung zum Wahlausgang, zur „parlamentarischen Mehrheit von bewußt nationaler Haltung" Ausdruck, hob auf der anderen Seite aber die Distanz hervor, die „das Evangelium" „zu jeder menschlichen Ideologie" halten müsse, „sie mag nationalsozialistisch oder sozialistisch, liberal oder konservativ sein". Die Kirche dürfe sich den politischen Tageskämpfen nicht zur Verfügung stellen, vor allem dort, wo „Haß gepredigt wird, und nun gar der Haß gegen Glieder des eigenen Volkes". Abschließend war die Ermahnung an die Pfarrer ergangen, kirchliche Infrastrukturen nicht für politische Zwecke zur Verfügung zu stellen.⁷

---

4 Vgl. Leopold Zscharnack: Art. „Kirchenverfassung III. Geschichte der evangelischen Kirchenverfassung, in: Die Religion in Geschichte und Gegenwart, Bd. III, 2. Aufl., Tübingen 1929, Sp. 1005–1022, hier Sp. 1021: „Eine radikale Trennung von Staat und Kirche ist nicht erfolgt."
5 Klaus Scholder: Die Kirchen und das Dritte Reich. Bd. I.: Vorgeschichte und Zeit der Illusion 1918–1934, München 2000, S. 293.
6 Vgl. Fritz, Dibelius, S. 396.
7 Scholder, Die Kirchen und das Dritte Reich I, S. 293–295; Fritz, Dibelius, S. 384–387; Robert Stupperich: Otto Dibelius. Ein evangelischer Bischof im Umbruch der Zeiten, Göttingen 1989, S. 206.

Wie stark mussten Otto Dibelius die eigenen Worte an die Pfarrer noch in den Ohren klingen, als er sich mit dem Ansinnen konfrontiert sah, einer Reichstagseröffnung in der Garnisonkirche zuzustimmen! So unbedarft wie Vizekanzler Franz von Papen war Dibelius nicht. Papen formulierte rückblickend: „Ich hatte keinen Widerspruch erhoben, als der Gedanke [Garnisonkirche] besprochen wurde. In den Tagen der deutschen Könige und der deutschen Kaiser waren Parlamentseröffnungen stets mit einer religiösen Feier verbunden gewesen."[8] Was Papen damit auch immer meinen mochte; der Eröffnung von Reichstagen feierliche Gottesdienste *vorangehen* zu lassen, war zumindest im „Zweiten deutschen Kaiserreich" – dem von 1871 – üblich gewesen.[9] Gottesdienste ja – aber die *Eröffnung* des Reichstages *selbst* in einer Kirche? Dibelius jedenfalls widersetzte sich diesem Vorhaben. Noch in seinen 1961 erschienenen Lebenserinnerungen betonte er seine damalige Entschlossenheit, „eine Parlamentseröffnung in der Kirche nicht zuzulassen. [...] Eine Parlamentssitzung gehörte nicht in die Kirche. Grundsätzlich nicht."[10]

Ein „Staatsakt" aber offenbar schon: wenigstens war dies der Kompromiss, dem Dibelius, die kurmärkische Kirchenleitung, der Oberkirchenrat in Berlin und übrigens auch Reichspräsident von Hindenburg – den ähnliche Vorbehalte geplagt hatten – schließlich zustimmen konnten.[11] Bereits am 5. März, dem Tag der Reichstagswahl, verglich Dibelius in seiner Kolumne „Sonntagsspiegel" in der Zeitschrift *Der Tag* die Garnisonkirche mit anderen Symbolbauten der deutschen Geschichte: der Frankfurter Paulskirche und dem Weimarer Theater. „Solche Symbole prägen sich dem Gedächtnis eines Volkes tiefer ein als alle Reden. Sie stellen einen neuen Abschnitt der Geschichte in ein bestimmtes Zeichen."[12] Am Sonntag nach dem „Tag von Potsdam" bekräftigte Dibelius sein Einverständnis damit, die „Garnisonkirche" zum Zeichen der neuen Zeit zu erheben: „Es wird heute niemand in Deutschland mehr geben, der nicht das Programm des 21. März, so wie es sich aus den Verhandlungen zwischen Staatsleitung und Kirchenleitung ergeben hat, nachträglich als das einzig Richtige anerkennt: erst die Gottesdienste, dann der Staatsakt in der Garnisonkirche und dann die par-lamentarischen Verhandlungen am dritten Ort. Und wer den Staatsakt in der Garnisonkirche miterlebt hat, der wird nur ein einziges schmerzlich vermißt haben – nämlich den Pinsel Adolf Menzels, der das Bild hätte festhalten müssen. Vor allem die Kranzniederlegung durch den Reichstagspräsidenten."[13]

---

8 Franz von Papen: Der Wahrheit eine Gasse, München 1952, S. 306.
9 Vgl. Germania Nr. 81, 22. 3. 1933.
10 Otto Dibelius: Ein Christ ist immer im Dienst. Erlebnisse und Erfahrungen in einer Zeitenwende, Stuttgart 1961, S. 171.
11 Vgl. Dok. 19–22 in Scheel, Der Tag von Potsdam, S. 79–84.
12 Otto Dibelius: „Sonntagsspiegel" in: Der Tag (Berlin), 5. 3. 1933.
13 „Sonntagsspiegel", 26. 3. 1933.

Warum hätte eine Parlamentseröffnungssitzung dem Kirchenraum weniger angemessen sein sollen als ein „Staatsakt"? Zweifellos doch, weil sie in den Augen Dibelius' und der anderen kirchlichen wie weltlichen Gegner des Vorhabens eben profaner, innerweltlicher war, als der symbolgesättigte Akt – im wesentlichen herrschte Angst vor „Entweihung" des Sakralraums durch parlamentarischen „Radau", der aus den letzten Jahren der Weimarer Republik zur Genüge bekannt war; bezeichnenderweise machte Dibelius noch in seinen 1961 erschienenen Lebenserinnerungen für solchen Radau vor allem die Kommunisten, nicht jedoch die Nationalsozialisten verantwortlich.[14] Als Weihezeichen für eine neue Zeit konnte der Generalsuperintendent die Garnisonkirche aber durchaus akzeptieren. Allerdings zeigen seine Ausführungen, zeigt auch der Wortlaut seiner Predigt, dass sich Dibelius über den wahren Charakter der „nationalen Revolution" Adolf Hitlers im März 1933 nicht im Klaren war. Die „neue Zeit" des Generalsuperintendenten knüpfte an die glorifizierte Zeit des wilhelminischen Kaiserreiches an: Wer konnte dafür besser stehen als der Glorienmaler dieser (wie auch der friderizianischen) Zeit, Adolf Menzel, und der Held von Tannenberg, der greise Feldmarschall und Reichspräsident von Hindenburg? Dies entsprach Dibelius' historisch-politischem Horizont. Adolf Hitler kam da bestenfalls in einer Randlage vor.

Mit seiner Zustimmung zur „Weiheveranstaltung für eine neue Zeit" in der Garnisonkirche sah jedoch Dibelius seine Mitwirkung am „Tag von Potsdam" noch nicht erschöpft. Er sah sich vielmehr in seiner Rolle als führender Kirchenmann gefragt und aufgefordert. Die „nationale Revolution", so sehr sie vom *Politiker* Dibelius als Wiedererweckung und Fortschreibung des Kaiserreiches interpretiert wurde, erfüllte den *Generalsuperintendenten* Dibelius in kirchenpolitischer Hinsicht mit Sorge, bedrohte sie doch die erstrebte kirchliche Unabhängigkeit. Deshalb, schrieb Dibelius an den Berliner Oberkirchenrat Hermann Kapler, müsse dafür gesorgt werden, „daß Eröffnungsgottesdienst und Staatsakt von starker kirchlicher Kraft werden. Die Schwierigkeiten eines solchen Augenblickes lassen sich schließlich doch nur dadurch überwinden, daß die Kirche etwas Positives, Eindrucksvolles und Respektgebietendes schafft."[15]

Selbstverständlich stand Dibelius als oberster kurmärkischer kirchlicher Würdenträger bereit, dem feierlichen Tag die geforderte „starke kirchliche Kraft" persönlich zu verleihen. Das offizielle Ansuchen des Gemeindekirchenrates von St. Nikolai an Dibelius, die Festpredigt zu übernehmen, dürfte lediglich eine Formsache gewesen sein.[16]

---

14 Dibelius, Ein Christ ist immer im Dienst, S. 171.
15 Dibelius an Kapler, 6. 3. 1933, zit. nach Fritz, Dibelius, S. 387, Anm. 121.
16 Beschluss des Gemeindekirchenrates, 10. 3. 1933, in: Fritz, Dibelius, ebd.

Am 21. März gegen 10.30 Uhr empfing Dibelius zusammen mit dem Superintendenten Werner Görnandt und Pfarrer Lahr von St. Nikolai auf der Freitreppe der Kirche den für ihn zweifellos wichtigsten Gast, Reichspräsident von Hindenburg. Dann trafen Hermann Göring und die anderen protestantischen Minister des Reichskabinetts ein, schließlich die protestantischen Reichstagsabgeordneten (außer Sozialdemokraten und Kommunisten), die nationalsozialistischen in Uniform. Am gleichzeitig stattfindenden katholischen Hochamt, zelebriert in der Stadtpfarrkirche St. Peter und Paul am Bassinplatz vom Berliner Domkapitular Georg Banasch, nahmen die katholischen Minister Franz von Papen und Paul Frhr. von Eltz-Rübenach (Post/Verkehr) teil, ebenso der Apostolische Nuntius in Berlin, Cesare Orsenigo, der in seiner Eigenschaft als Doyen an der Spitze des diplomatischen Corps gekommen war. Der Berliner Bischof Christian Schreiber hatte sich aus gesundheitlichen Gründen entschuldigen lassen und lediglich seinen Generalvikar entsandt.[17] Nahezu vollständig anwesend in der katholischen Kirche war die Reichstagsfraktion der Zentrumspartei; hinzu kam eine Gruppe von etwa 80 „katholischen" nationalsozialistischen Abgeordneten „in ihren Uniformen", wie Orsenigo in leichter Indignation nach Rom berichtete, wobei er „katholisch" in Anführungszeichen setzte.[18] Demonstrativ abwesend waren die beiden gleichfalls nominell katholischen Regierungsmitglieder Adolf Hitler und Joseph Goebbels. Beide hatten, wie tags darauf in der Presse „amtlich" verlautete, zum Zeitpunkt der Potsdamer Eröffnungsgottesdienste „die Gräber [ihrer] ermordeten S.A.-Kameraden auf dem Luisenstädtischen Friedhof in Berlin" besucht.[19]

Dibelius entfaltete seine Predigt aus Paulus' Römerbrief, Kap. 8, 31: „Ist Gott für uns, wer mag wider uns sein." Einer kurzen einleitenden Betrachtung über

---

17 Germania Nr. 81, 22. 3. 1933. Wegen „der Kürze der für den Gottesdienst zur Verfügung stehenden Zeit [mußte] die Handlung stark gekürzt werden" (Deutsche Allgemeine Zeitung, 22. 3. 1933). – Vgl. auch Michael Kindler/Manfred Gläser: St. Peter und Paul Potsdam unter dem Hakenkreuz. Die katholische Gemeinde St. Peter und Paul Potsdam in den Jahren 1933 bis 1945, Privatdruck, Potsdam 2008.
18 Orsenigo an Pacelli, 22. 3. 1933, in: Thomas Brechenmacher (Bearb.): Berichte des Apostolischen Nuntius Cesare Orsenigo aus Deutschland 1930 bis 1939. Editionsprojekt des Deutschen Historischen Instituts in Rom in Kooperation mit der Kommission für Zeitgeschichte Bonn und dem Archivio Segreto Vaticano (http://www.dhi-roma.it/orsenigo.html); Dok. Nr. 82.
19 Germania Nr. 81, 22. 3. 1933. – Allerdings hatte Hitler noch am 20. März versucht, den ihm ergebenen ehemaligen Benediktinerabt Alban Schachleiter mit dem Nachtschnellzug von München nach Berlin zu holen, um am Morgen des 21. im Reichskanzlerpalais eine Messe für ihn zu lesen. Dieses Manöver, das offensichtlich einen Keil in die katholische Hierarchie Deutschlands treiben sollte, scheiterte jedoch daran, dass Schachleiter wegen seines Beitritts zur NSDAP seit dem 17. März der von Rom verfügten Suspension verfallen war und deshalb sein Priesteramt nicht mehr ausüben durfte. Ludwig Volk: Der Bayerische Episkopat und der Nationalsozialismus 1930–1934, 2. Aufl., Mainz 1966, S. 55.

vergangene und (möglicherweise) kommende deutsche Größe folgte die eigentliche theologische Reflexion, die zunächst ein Bild des Menschen aus seinem spezifischen Verhältnis zur Gnade Gottes entwarf und daran anschließend in einer Art homiletischem Dreischritt einen Weg Deutschlands beschwor, der allein mit und durch göttliche Gnade in eine bedeutende Zukunft führen könne: „Durch Gottes Gnade ein deutsches Volk" – „Durch Gottes Gnade ein geheiligtes Volk" – „Durch Gottes Gnade ein freies Volk".[20]

Dibelius fand seinen historischen Fixpunkt in der idealisierten „Größe" Deutschlands während der Euphorie des August 1914. Die Zuhörer mussten es nicht wissen, sie erhielten es gleich zu Beginn erläutert: Das biblische Motto der Predigt, Röm 8,31, war eben jenes, das der kaiserliche Oberhofprediger und Vorgänger Dibelius' im Amte des kurmärkischen Generalsuperintendenten, Ernst von Dryander, anlässlich seiner Predigt zur Eröffnung der Reichstagsperiode am 4. August 1914 gewählt hatte. „Es war ein Tag" – so Dibelius – „an dem das Deutsche Volk das Höchste erlebte, was eine Nation überhaupt erleben kann: einen Aufschwung des vaterländischen Gefühls, der alle mit sich fortriß." Einst und jetzt, 1914 und 1933. „Der heutige Tag" – der 21. März 1933 – „ist jenem Tage ähnlich", und, wie er gleich einschränkte, „auch wieder anders". Zwischen beiden Daten lag – und damit intonierte Dibelius den deutsch-nationalen und von den Nationalsozialisten propagandistisch trefflich modernisierten Basso Continuo zur Weimarer Republik – „Not", „Klassenhaß", „Parteizerklüftung", „Knechtschaft". Durch all diese Jahre habe sich „Sehnsucht" angesammelt nach neuer Einigung, nach neuer „Erfüllung". „Sehnsucht und Erfüllung" aber, schloss Dibelius den ersten Teil seiner Predigt, „ruhen in derselben Wahrheit des ewigen Gottes".

Bereits diese gedankliche Wende von den glorreichen Tagen des August 1914 zur Wahrheit eines ewigen Gottes dürfte den nationalsozialistischen Zuhörern in der Nikolaikirche schwerlich zugesagt haben. Dibelius schritt weiter zu einer konsequenten Relativierung alles Irdischen: Der Mensch könne nur Mensch sein durch seine Beziehung zu Gott; was für den Einzelnen gelte, gelte ebenso für „das Volk", das deutsche Volk wie andere Völker. Die Hybris des Nationalsozialismus und seines Führers, Adolf Hitler, der so gerne „Schicksal" und „Vorsehung" beschwor, konnten da lediglich in Konnotationen vorkommen, die auf Menschenfeindlichkeit hinwiesen (tatsächlich fiel der Begriff „Nationalsozialismus" an keiner Stelle der Predigt; Dibelius ging auf ihn nur implizit ein, mit kritischem Unterton). „In der Welt der Religion gelten allein die Tatsachen Gottes, nicht die

---

[20] Alle Zitate aus der Dibelius-Predigt nach dem Abdruck in: Das Evangelische Deutschland. Kirchliche Rundschau für das Gesamtgebiet der Deutschen Evangelischen Kirche 10 (1933), S. 101/102. Neuerer Abdruck der Predigt bei Günther van Norden: Der deutsche Protestantismus im Jahr der nationalsozialistischen Machtergreifung, Gütersloh 1979, S. 52–55.

Einfälle der Menschen. Religionen, die sich die Menschen konstruieren, es seien mystische oder völkische oder zusammengemischte Allerweltsreligionen, sind kraftlose Hirngespinste. Gott handelt. Gott offenbart. Und seine Offenbarung ist Jesus Christus, der gekreuzigt ist *für uns*."

Wer die weltanschaulichen Grundlagen des Nationalsozialismus, formuliert von Adolf Hitler oder Alfred Rosenberg, auch nur in Ansätzen teilte, konnte die theologische Lektion Dibelius' nicht anders denn als wenig verklausulierte Absage an diesen ideologischen Brei aus biologistisch-rassistisch-völkischen Verquastheiten wahrnehmen: Dibelius pochte auf die Freiheit des Menschen, die dieser sich nicht selbst zu schaffen vermöge, sondern die allein aus der Gnade Gottes fließe. „Sie [die Gnade Gottes] beugt unter das Gericht, aber sie gibt königliche Freiheit den Menschen und dem Schicksal gegenüber." Damit brachte der Generalsuperintendent die Würde jedes Einzelnen ins Spiel, deren letzter Grund – theologisch formuliert – in der Gnade Gottes liege und die durch Menschen nicht verhandelbar sei. Von der Freiheit des Einzelnen schritt Dibelius voran zur Freiheit der Völker. Sicher, er betete um Gottes Gnade für das *deutsche* Volk; dies bedeutete aber keineswegs, das deutsche Volk – wie von Adolf Hitler intendiert – zu einem „Herrenvolk" zu stilisieren; im Gegenteil: das deutsche Volk steht bei Dibelius neben den anderen Völkern, die ihr „wahres Selbst", nicht anders als die Individuen, „durch das Evangelium" finden. „Das Evangelium schablonisiert nicht und nivelliert nicht. [...] Das ist es, was die Völker erfahren, wenn sie zum christlichen Glauben kommen: Gott läßt jedes von ihnen ganz das bleiben, was es ist." Zum Proprium des deutschen Volkes gehörte für Dibelius unabdingbar, ein christliches – selbstverständlich „evangelisch-protestantisches" – Volk zu sein. Christlich in erster, nicht in zweiter Linie: „Es ist nicht wahr, daß das Evangelium etwas Fremdes in die deutsche Art hineingetragen habe und daß eine Erlösung *von* Jesus Christus, statt einer Erlösung *durch* Jesus Christus nötig sei." Diese Ausführungen richteten sich nicht nur gegen alle völkischen Ideologen, die von einer nordisch-germanischen Religion als Gegenkonzept zu der vermeintlich „semitischen" christlichen Religion träumten, sondern auch direkt gegen den berühmtberüchtigten Artikel 24 des NSDAP-Parteiprogramms von 1920, der sich zu einem „positiven Christentum" bekannte, sofern es als religiöses Bekenntnis nicht gegen „das Sittlichkeits- und Moralgefühl der germanischen Rasse" verstoße.[21] Das Christentum der Deutschen, so Dibelius dagegen, müsse unmittelbar bleiben, dürfe keinen Bedingungen unterworfen sein.

---

21 Programm der Nationalsozialistischen Deutschen Arbeiter-Partei vom 24. 2. 1920, zit. nach Heinz Hürten (Hrsg.): Weimarer Republik und Drittes Reich 1918–1945, Stuttgart 1995 (= Deutsche Geschichte in Quellen und Darstellung, Bd. 9), S. 66–71, hier S. 70.

Auf gefährlicheres Gelände begab sich Dibelius, wenn er anschließend an diese Ausführungen über die Freiheit einige Betrachtungen über den Weg Deutschlands in die ersehnte bessere Zukunft knüpfte und dabei auf die aktuelle politische Situation zu sprechen kam. Hier fielen nun jene Worte, die in den Zeitungen tags darauf vorzugsweise zitiert und in nationalsozialistischen Organen entstellend gekürzt wurden. Dibelius gesteht dem Staat, besonders in Umbruchs- und Entscheidungssituationen, das Recht zu, Gewalt anzuwenden. „Denn der Staat ist Macht. [...] Und wenn es um Leben und Sterben der Nation geht, dann muß die staatliche Macht kraftvoll und durchgreifend eingesetzt werden, es sei nach außen oder nach innen." Die Kirche habe nach der Lehre Martin Luthers der „rechtmäßigen staatlichen Gewalt" nicht in den Arm zu fallen. „Auch dann nicht, wenn sie [die staatliche Gewalt] hart und rücksichtslos schaltet." Freilich knüpft Dibelius daran sogleich eine Einschränkung: „Aber wir wissen auch, daß Luther [...] die christliche Obrigkeit aufgerufen hat, ihr [...] Amt nicht zu verfälschen durch Rachsucht und Dünkel, daß er Gerechtigkeit und Barmherzigkeit gefordert hat, sobald die Ordnung wiederhergestellt war." Für die Haltung der evangelischen Kirche zum neuen Staat folgt daraus in den Worten Dibelius' „eine doppelte Aufgabe": „Wenn der Staat seines Amtes waltet gegen die, die die Grundlagen der staatlichen Ordnung untergraben [...], dann walte er seines Amtes in Gottes Namen!" Sogleich jedoch folgt wieder das „Aber": „Aber wir wären nicht wert, eine evangelische Kirche zu heißen, wenn wir nicht mit dem selben Freimut, mit dem Luther es getan hat, hinzufügen wollten: staatliches Amt darf sich nicht mit persönlicher Willkür vermengen! Ist die Ordnung hergestellt, so müssen Gerechtigkeit und Liebe wieder walten. [...] Die beiden Reiche, die Luther so sorgfältig auseinanderhielt, das Reich der weltlichen Gewalt und das göttliche Reich der Gnade, werden eins in der Person des Christen. Das ist unser [...] Anliegen, daß eine neue deutsche Zukunft heraufgeführt werde von Männern, die aus Dank für Gottes Gnade ihr Leben heiligen in Zucht und in Liebe."

Am Ende seiner Predigt kehrte Dibelius zurück an ihren historisch definierten Ausgangspunkt, das deutsche Kaiserreich: „Das Deutsche Reich ist zum erstenmal geweiht worden, als vor 62 Jahren die Mauern aufgeführt waren, die Nord und Süd zusammenschlossen. Der zweiten Weihe harren wir entgegen."

Dibelius berichtet in seinen Lebenserinnerungen über die Wirkung seiner Predigt, die Nationalsozialisten hätten ihn „feindselig angesehen" und hätten ihm seine Worte „nie vergessen".[22] Das mag im Rückblick stilisiert sein; dass freilich seine Worte wenig in das Konzept Joseph Goebbels' passten, den „Tag von Pots-

---

22 Dibelius, Ein Christ ist immer im Dienst, S. 172/173.

dam" zur ersten großen Manifestation „nationalsozialistischer Formgebung"[23] zu machen, steht schwerlich zu bezweifeln. Bezeichnenderweise brachte die NS-Presse nur stark reduzierte und zugespitzte Auszüge der Predigt, hob den Gedanken von der „neuen deutschen Zukunft" hervor, ohne die einschränkenden „Aber"-Sätze des Generalsuperintendenten auch nur zu erwähnen.[24]

Dibelius hatte seinen eigenen Maßstab sicherlich erfüllt und dazu beigetragen, wenigstens den Eröffnungsgottesdienst (wenn auch nicht den Staatsakt) mit „kirchlicher Kraft" zu erfüllen. Er hatte, natürlich in dem zum Pathos neigenden, altfränkisch-trutzigen Vokabular des Lutheranismus jener Jahre, die „Freiheit des Christenmenschen" beschworen. Jener durch die Presse, zumal die nationalsozialistische, wenig verbreitete erste Teil seiner Predigt war die unabdingbare theologische Voraussetzung gewesen für die nachfolgenden Ausführungen zur „staatlichen Gewalt". Dibelius hatte weder den inszenierten noch den echten Jubel des Tages bedingungslos geteilt, hatte in dem Aufbruch, für den der Tag stehen sollte, zwar ein Versprechen, längst jedoch noch keine Erfüllung erkannt. „In Millionen von Herzen glüht die Hoffnung, daß diese Zukunft eine Zukunft neuer deutscher Freiheit werde." Dibelius hatte die Bereitschaft erkennen lassen, den neuen Machthabern einen Vertrauensvorschuss zu geben, der sogar soweit ging, ihnen temporär ein diktatorisches Regiment zuzubilligen; allerdings hatte er derartige Konzessionen zweimal an ein mahnendes und einschränkendes „aber" geknüpft. Der völkisch-rassistischen Ideologie des Nationalsozialismus hatte der Generalsuperintendent hingegen eine deutliche Absage erteilt, indem er dem sozialdarwinistischen Biologismus das gut lutherische Konzept des freien und in Gott durch Gnade gerechtfertigten Menschen entgegenstellte.

Das war nun alles andere als eine „Segnung" des „Dritten Reiches", und es war auch keine geistliche Handreichung zur „Vermählung [...] zwischen den von Hitler geführten Massen und dem ‚Geist von Potsdam', dem Preußentum, repräsentiert von Hindenburg", wie ein zeitgenössischer Beobachter in sein Tagebuch schrieb.[25] Die Predigt war in ihren politischen Evokationen nichts anderes als eine Beschwörung des *Kaiserreiches*, und wie so viele Deutschnationale saß wohl auch Otto Dibelius der Illusion auf, Hitler und seine Sturmabteilungen ließen sich nach getaner Arbeit in die Ecke drücken und die in Potsdam anwesenden

---

23 Joseph Goebbels: Tagebücher 1924–1945, hrsg. von Ralf Georg Reuth, Bd. 2 (1930–1934), München/Zürich 1992, S. 781.
24 Vgl. z. B. Völkischer Beobachter, Norddeutsche Ausgabe, 22. 3. 1933; identisch die Berichterstattung in der Berliner Ausgabe vom selben Tage.
25 Tagebuchaufzeichnung von Erich Ebermeyer, 21. 3. 1933, zit. nach Hürten (Hrsg.): Weimarer Republik und Drittes Reich, S. 161–163, hier S. 161.

Hohenzollernprinzen oder gar Kaiser Wilhelm II. könnten dann die alte Herrlichkeit restaurieren.

Wie in anderen Zusammenhängen auch (etwa unter den katholischen Bischöfen und zweifellos in der Zentrumspartei) begegnet bei Dibelius jenes fatale Fehlurteil über den Charakter der nationalsozialistischen Revolution, das der Illusion entsprang, diese Bewegung sei mit bürgerlichen Maßstäben zu messen oder gar auf bürgerliche Werthaltungen, rechtliche und moralische, auch kirchliche, zu verpflichten. Auch die Zentrumsfraktion des Reichtages erhoffte sich ja bis zuletzt schriftliche Zusagen Hitlers über Einschränkungen des Ermächtigungsgesetzes. Mündlich hatte der Reichskanzler diese Zusagen bereits gegeben, freilich nur – was die meisten Abgeordneten nicht sahen – aus rein taktischen Motiven.[26] Dibelius' Argumentation in der Nikolaikirche entbehrte keineswegs innerer Konsistenz, sie war kein „Schaukelspiel" zwischen „Ja" und „Aber", wie der Dibelius-Biograf Hartmut Fritz interpretierte,[27] sondern eine Erwägung unter der Voraussetzung der Gültigkeit transzendenter Werte und Bindungen, die der nackte Darwinismus der Hitler-Bewegung völlig negierte.

Nur unter dieser Voraussetzung legitimierte der Generalsuperintendent auch eine diktatorische Ausnahme- und Sondergesetzgebung, konkret: die Reichstagsbrandverordnung und das Ermächtigungsgesetz (ohne beide beim Namen zu nennen) – unter der Voraussetzung, dass eine solche Sondergesetzgebung allenfalls temporäre Ausnahme sein und selbst sie nicht ohne jegliche übergeordnete, sittliche Wertbindung gedacht werden könne. Hier freilich lag der illusionäre Irrtum Dibelius' über den Charakter der nationalsozialistischen Bewegung. Ein Theologe wie Karl Barth und ein Politiker wie Theodor Heuss sahen im Gegensatz dazu doch klarer. Beide hatten Dibelius während der Abfassung seiner Predigt Ratschläge erteilt. Heuss hatte ihn aufgefordert, „in dieser Stunde ein starkes und vernehmbares Wort" zu sprechen, das „dem staatlichen Leben im Walten der Gerechtigkeit gegenüber der bloßen Machttechnik den tieferen Sinn zurückgibt."[28] Noch deutlicher war Karl Barth geworden, damals noch Professor für Dogmatik in Bonn. Am 17. März hatte Barth Dibelius in einem Brief vor Augen geführt, dass er in der Nikolaikirche auch für die „vielen Millionen von Deutschen" zu sprechen berufen sei, „die, wenn in Potsdam die Glocken läuten und die Fahnen wehen,

---

26 Vgl. Rudolf Morsey: Der Untergang des politischen Katholizismus. Die Zentrumspartei zwischen christlichem Selbstverständnis und „nationaler Erhebung" 1932/33, Stuttgart/Zürich 1977, S. 126–133, bes. S. 131.
27 Fritz, Dibelius, S. 400.
28 Heuss an Dibelius, 15. 3. 1933, zit. nach Fritz, Dibelius, S. 392.

schweigend und abgewandt abseits stehen werden – eindeutig unter dem Aspekt von Gewaltherrschaft und Unterdrückung."[29]

Das „Walten der Gerechtigkeit" hatte Dibelius der „bloßen Machttechnik" zweifellos gegenübergestellt, ob im Sinne von Theodor Heuss „stark und vernehmbar" genug, bliebe zu diskutieren. Eindeutig nicht gedacht hatte er der Opfer, die das Gewaltregime zu diesem Zeitpunkt bereits gefordert hatte, der „heute mundtot Gemachten", wie Karl Barth ihm schrieb. Aber freilich, diese „mundtot Gemachten" waren ja – bisher – im Wesentlichen Kommunisten und Sozialdemokraten, diejenigen, die Dibelius, in guter deutschnationaler Tradition, undifferenziert als die eigentlichen Urheber der „Untergrabung der öffentlichen Ordnung" ausmachte: „Die mit ätzendem und gemeinem Wort die Ehe zerstören, den Glauben verächtlich machen, den Tod für das Vaterland begeifern." Kommunisten und Sozialdemokraten waren in diesem Blickwinkel jene „Radaubrüder", um derentwillen ein Parlament nicht in einer Kirche tagen durfte; dass Sozialdemokraten und Zentrum über Jahre hinweg die Garanten der freiheitlichen Weimarer Republik gewesen waren, blieb dieser Art von Realitätsverweigerung fremd. Noch am Sonntag nach seiner Predigt, kritisierte Dibelius das einstige Bündnis zwischen Sozialdemokratie und Zentrum, unter dem „niemand" so gelitten habe „wie die evangelische Kirche".[30] Nicht minder illusionsverhaftet als in seiner Predigt suggerierte Dibelius sich hier selbst, den Versprechungen der Hitlerschen Regierungserklärung vom 23. März glaubend, der „neue Staat" werde derartige Missstände beseitigen, und dann zu „Recht und Ordnung" zurückkehren.

Die Diagnose aller Irrtümer und Illusionen der Predigt des Generalsuperintendenten sollte zuletzt aber auch den Mut nicht vergessen, der dem Auftritt Dibelius' in der Nikolaikirche ja gleichwohl nicht fehlte, den Mut, angesichts der Gesamtstimmung des Tages, der massiven Präsenz der „Braunhemden", die – in Dibelius' Erinnerung – die Treppe heraufgestürmt gekommen waren wie im „Sturmangriff einer feindlichen Macht", den Mut, angesichts auch des Terrors, der schon allenthalben ums Eck lugte, über Freiheit durch und vor Gott zu sprechen. Ob Dibelius' Illusionen nach dem „Tag von Potsdam" noch lange anhielten, steht zu bezweifeln. Noch angesichts des Judenboykotts Anfang April versuchte er zwar, das neue Reich verhalten in Schutz zu nehmen, indem er in einer Rundfunkansprache die vage Hoffnung erneut äußerte, dass eine „neugefestigte Ordnung im Staatsleben" bald wieder Raum lasse „für Liebe und Gerechtigkeit".[31] Aber sehr bald war auch ihm die Erfahrung beschieden, dass die Nationalsozialisten nicht gesonnen waren, ihr „Leben [zu] heiligen in Zucht und in Liebe" und

---
29 Barth an Dibelius, 17. 3. 1933, zit. nach Scholder, Die Kirchen und das Dritte Reich I, S. 296.
30 Dibelius, „Sonntagsspiegel", in: Der Tag (Berlin), 26. 3. 1933.
31 Vgl. Fritz, Dibelius, S. 404, Anm. 175.

staatliches Amt „nicht mit persönlicher Willkür [zu] vermengen". Dibelius war bereits in der Nikolaikirche auf verlorenem Posten gestanden, waren doch die Nationalsozialisten schon zu diesem Zeitpunkt drauf und dran, mit den „Deutschen Christen" die Unabhängigkeit der deutschen evangelischen Kirchen zu brechen – nicht weniger einzelner, sondern der deutschen evangelischen Kirchen insgesamt. Im April begann deren Gleichschaltung zur „deutschen evangelischen Reichskirche" unter Führung der „Deutschen Christen"; es begann, wovor Dibelius so eindringlich gewarnt hatte, der Aufbau einer christlichen „Kirche arischer Rasse", die Unterordnung des Christentums unter das „arische Prinzip".[32] Am 26. Juni wurde Dibelius durch den vom preußischen Kultusminister Bernhard Rust oktroyierten Staatskommissar für alle preußischen Landeskirchen, August Jäger, seines Amtes enthoben. Dibelius hatte Martin Niemöller gebeten einen Aufruf gegen den nationalsozialistischen Übergriff auf die evangelische Kirchenleitung in Preußen zu verfassen. Dieser Aufruf mündete in eine Bibelstelle, – Röm 8,31: „Ist Gott für uns, wer mag wider uns sein".[33] Anfang Dezember 1933 verließ Dibelius Deutschland, um jedoch bereits im Juli 1934 zurückzukehren und seither in den Gremien des widerständigen kleineren Teils des deutschen Protestantismus, der Bekennenden Kirche, in der Opposition gegen „Deutsche Reichskirche" und NS-Regime zu arbeiten.

Teil jenes Konglomerats von Illusionen „zwischen Nikolai- und Garnisonkirche" war auch der von Regierungsrat Walter Conrad angesprochene und eingangs zitierte Aspekt des scheinbaren Bekenntnisses des neuen Staates zur Kirche als Teil der durch den „Tag von Potsdam" vermeintlich erfolgten Traditionsstiftung. Was in Wirklichkeit, wie Conrad bemerkte, nichts anderes war, als die „Schändung eines Kirchenraumes" – der „Staatsakt" in der Garnisonkirche –, wurde vielfach als dessen genaues Gegenteil wahrgenommen. Auch darin lag die „vernebelnde Wirkung" des „Tages von Potsdam". Mit der sukzessiven Etablierung des Terrorregimes nach Verabschiedung des Ermächtigungsgesetzes, mit dem Beginn des Kultur- und Kirchenkampfes sowie der Ausgrenzung der Juden seit April 1933, auch mit dem Verbot aller monarchistischen Vereinigungen im Februar 1934, zerstoben aber alle diese Illusionen. Auch Dibelius musste erkennen, wie irrig die Vorstellung war, der Traum deutsch-nationaler Evangelischer von einer Wiederkunft des „protestantischen Kaiserreichs" entspräche den Zielen eines Adolf Hitler.

---

32 Kurt Meier: Kreuz und Hakenkreuz. Die evangelische Kirche im Dritten Reich, München 2001, S. 39.
33 Scholder, Die Kirchen und das Dritte Reich I, S. 455.

Jens Flemming
Neue Rechte, autoritärer Staat und „nationale Revolution"

„Alte" und „Neue" Rechte: Die DNVP

Die Rede von der „Neuen Rechten" lebt von der Vermutung, dass daneben noch so etwas wie eine „Alte Rechte" existiert habe.[1] Geht man dem nach, fällt unweigerlich der Blick auf die Deutschnationale Volkspartei. Deren „historische Aufgabe", hatte schon 1932 Sigmund Neumann konstatiert, schien die „Organisierung der Gegenrevolution" zu sein, „die rücksichtslose Bekämpfung der Republik, der Demokratie und der sozialistisch-kommunistischen Tendenzen", ferner der „radikale Widerstand gegen militärische Unterwerfung, gegen den Versailler Vertrag und die Reparationsleistungen." Zugleich aber, fügte Neumann hinzu, den anfänglichen Befund relativierend, „zugleich aber mußte sie durch praktische Mitarbeit in der Gegenwart zu verhüten suchen, daß ihr lebenswichtig erscheinende Stände und Berufe geschwächt wurden und Staats- und Kulturtraditionen, welche die Revolution überlebt hatten, zugrunde gingen."[2]

Damit ist recht prägnant das prinzipielle Dilemma der Deutschnationalen beschrieben. Die DNVP hatte, wenn man so will, die Erfahrung mit der Deutschen Vaterlandspartei von 1917 hinter sich und die mit den Nationalsozialisten vor sich. Die erstere stand für den in der Novemberrevolution liquidierten Versuch, die Traditionen des preußisch aristokratischen Konservatismus in die Bewegung eines neudeutschen, völkisch-antisemitischen Nationalismus und Radikalismus einzuschmelzen, diesem Raum zu gewähren, ihn zugleich aber zu zähmen, zu ka-

---

[1] Die folgenden Überlegungen fassen – unter Verzicht auf detaillierte Annotationen – einige meiner anderenorts publizierten Aufsätze zusammen: Jens Flemming: Integration und Abstoßung. Anmerkungen zum Verhältnis von Konservatismus und Arbeiterschaft in der Weimarer Republik, in: Rainer Hering/Rainer Nicolaysen (Hrsg.): Lebendige Sozialgeschichte. Gedenkschrift für Peter Borowsky, Wiesbaden 2003, S. 330–346; ders.: „Führersammlung", „politische Schulung" und „neue Aristokratie". Die „Herrengesellschaft Mecklenburg" in der Weimarer Republik, in: Karl Christian Führer [u. a.] (Hrsg.): Eliten im Wandel. Gesellschaftliche Führungsschichten im 19. Und 20. Jahrhundert, Münster 2004, S. 123–154; ders.: „Durchbruch der Revolution". Die Linke, die Rechte und der italienische Faschismus in der Weimarer Republik, in: Annette Jünemann [u. a.] (Hrsg.): Italien und Europa. Festschrift für Hartmut Ullrich zum 65. Geburtstag, Frankfurt a. M. 2008, S. 91–106.

[2] Sigmund Neumann: Die Parteien der Weimarer Republik. Mit einer Einleitung von Karl Dietrich Bracher, Stuttgart 1965 (Nachdruck der Ausgabe von 1932: Die politischen Parteien in Deutschland), S. 61.

nalisieren, in die Perspektiven der traditionellen politischen und sozialen Eliten einzubetten. Die Erfahrung mit den letztgenannten – den Nationalsozialisten – sollte dann das Scheitern gerade dieser Bemühungen verkörpern: nämlich in einer Epoche industrieller Massengesellschaften und politischer Massenmärkte genügend breit verankerte Fundamente aufzuschütten und als dauerhafte Operationsbasis zu stabilisieren, was der NS-Bewegung gelang, den Deutschnationalen jedoch nicht.

Wer wie die Konservativen das Prinzip der Autorität an seine Fahnen heftet, tut sich schwer mit dem Prinzip der Majorität. Friedrich Naumann hat in diesem Zusammenhang kurz nach der Jahrhundertwende vom „Herrenmenschen mit demokratischen Handschuhen" gesprochen und das „merkwürdige" Bild beschworen, dass der befehlsgewohnte „gnädige Herr die Tagelöhner seiner Standesgenossen bitten muß, ihn zu wählen". Immerhin, auch daran ließ Naumann keinen Zweifel, die Konservativen verstanden sich auf die „Kunst des Angliederns von Mitinteressenten", präsentierten sich je nach Bedarf „bauernfreundlich und handwerkerfreundlich, ja zu Zeiten sogar arbeiterfreundlich".[3] Eine gewisse „populistische" Grundierung ihrer Politik war also bereits vor 1914 unverkennbar, aber im Blick auf das System des Kaiserreichs, das die Repräsentanten des konservativen Lagers durch unmittelbare, parlamentarisch nicht bzw. kaum kontrollierte Zugriffsmöglichkeiten auf die Zentren der Macht privilegierte, war dies nur ein Faktor unter anderen, gewiss ein zunehmend wichtiger, aber doch keiner, an dem ihre Existenz hing.

Mit dem Umsturz von 1918 jedoch änderte sich das. Nach dem verlorenen Krieg und der Abdankung der Monarchie, nach der Beseitigung der Klassenwahlrechte und dem Fall der konservativen Vetobastion Preußen wurde der Abstieg in die Arenen des politischen Massenmarktes, wurde überhaupt die glaubhafte Verkörperung einer „volkstümlichen" Politik zu einem Erfordernis, an dem sich Sein oder Nichtsein entschied. Wollten sie nicht sang- und klanglos von der Bühne abtreten, mussten sich die Konservativen intensiver denn je demokratischer Klaviaturen bedienen, mussten sich öffnen, neue, auch ungewohnte Techniken und Strategien adoptieren. Sich als antidemokratische Bewegung in den Mantel der Demokratie zu hüllen, barg Chancen und Gefahren zugleich: Chancen, das Manövrierfeld auszuweiten und zusätzliche Quellen der Legitimation zu erschließen – Gefahren, womöglich die Geister, die man rief, nicht bändigen zu können. Wie sich rasch zeigte, erwuchsen daraus beträchtliche Probleme, die auf Dauer Fassungsvermögen und Integrationskräfte der Deutschnationalen überstiegen. Am Ende jedenfalls erreichten sie weder das eine noch das andere: weder die Massen noch die Macht.

---

3 Friedrich Naumann: Demokratie und Kaisertum. Ein Handbuch für innere Politik, 4. Aufl. Berlin-Schöneberg 1905, S. 91f.

In den Reihen der Deutschnationalen finden sich durchaus zahlreiche Vertreter der „Alten Rechten": Leute, die unbeirrt dem verwehten Glanz der Monarchie anhingen. Friedrich Everling war einer von ihnen. 1932 publizierte er im deutschnationalen Brunnen-Verlag ein Buch mit dem programmatischen Titel: *Wiederentdeckte Monarchie*.[4] Das „parlamentarische System", so lautete der im Blick auf die Präsidialkabinette korrekte Befund, „ist tot". Aber dass man nun „auf dem Wege zu einem dritten Kaiserreich" sei: Dies war pure, durch nichts und niemanden, auch nicht durch den deutschnationalen Parteivorsitzenden Alfred Hugenberg gedeckte Illusion. Denn der war realistisch genug, um zu erkennen, dass der Wunsch nach Rückkehr der Hohenzollern in der Bevölkerung keinen Rückhalt hatte. Das Ziel, das er verfolgte, war die nationale Diktatur, wenn möglich unter seiner Führung. Darin assistierte ihm sein Kompagnon Franz von Papen, von Haus aus kein Deutschnationaler, sondern eine der prominenteren Figuren des konservativen, vom Adel dominierten Flügels in der katholischen Zentrumspartei. Papen hatte stets für den Schulterschluss mit der überwiegend und dezidiert protestantischen DNVP geworben, hatte das aber nicht durchsetzen können und nach dem Sturz Heinrich Brünings das Zentrum verlassen. Papen sprach von „konservativ-revolutionärer" Politik, deren Quintessenz er Ende März 1933 in einer Rede so umschrieb: Für „konservative Menschen" sei die „deutsche Problematik" identisch mit der „Frage, wie das staatsmännische Prinzip in einem vollkommen vermassten und proletarisierten Volk wieder zum Tragen kommen könne". Jede „Neuordnung" der Verhältnisse müsse die Herrschaft der „Straße" ausschalten und das korrigieren, was nicht nur in den Milieus, aus denen Papen kam, „verhängnisvolle Überdemokratisierung" genannt wurde: „Es entstand", lesen wir, „jene Neubelebung der konservativen Idee", die darauf aus sei, mit der Etablierung eines „präsidentiellen Systems" nach und nach die Kräfte der pluralistischen Demokratie auszuschalten.[5]

Schon das war nicht mehr die alte Rechte, sondern etwas Neues, hatte sich gelöst einerseits von gouvernementalen Ambitionen, die bis 1928/29 die Pragmatiker in der DNVP geleitet hatten, andererseits von monarchistischen Träumereien. Mit der Übernahme des Parteivorsitzes durch Hugenberg wurde die Partei einem Prozess zügiger Restrukturierung unterworfen. Dahinter stand die Erfahrung der Wahlniederlage vom Frühjahr 1928: Ganz offenkundig hatte die Regierungsbeteiligung den Konservativen keinen Profit gebracht. Für Hugenberg war die alte DNVP nichts als „Brei", die neue sollte „Block" sein:[6] der Kern einer autoritären, berufs-

---

[4] Friedrich Everling: Wiederentdeckte Monarchie, Berlin 1932 (das Zitat auf S. 7).
[5] Franz von Papen: Die Aufgabe des Staatsmannes, in: Ders.: Appell an das deutsche Gewissen. Reden zur nationalen Revolution, Oldenburg 1933, S. 96f.
[6] Programmatisch: Alfred Hugenberg: Block oder Brei? In: Unsere Partei, Nr. 24 vom 1. 11. 1928.

ständisch fundierten Ordnung, gestützt auf die Autorität des Reichspräsidenten und die Bajonette der Reichswehr. Aber auch die in Hugenbergs Perspektive alte DNVP war keineswegs identisch mit dem vorrevolutionären Konservatismus. Die Deutschnationale Volkspartei nämlich, die man im Winter 1918 aus der Taufe gehoben hatte, war ein Sammelbecken, in dem sich alles das tummelte, was im Kaiserreich irgendwie rechts war. Das Spektrum reichte von den Christlich-Sozialen bis hin zu den Antisemiten, deren radikalste Vertreter zwar 1922 aus der Partei gedrängt wurden, die Verbliebenen aber verfügten dort in Gestalt des „Völkischen Reichsausschusses" weiterhin über eine institutionalisierte Plattform. Das war im übrigen einer der Brückenköpfe des Alldeutschen Verbands, der spätestens seit Mitte der 1920er-Jahre, seit der gespaltenen Abstimmung über die Dawes-Gesetze, daran arbeitete, die DNVP in das Fahrwasser einer strikt antigouvernementalen, gegen die Weimarer Verfassungsordnung gerichteten Politik zu drängen suchte. Mit der Wahl Hugenbergs zum Chef der Partei fand diese Strategie ihren vorläufigen Abschluss, mit der Herausdrängung der Christlich-Sozialen und der Volkskonservativen fand sie ihre Fortsetzung. Im Ergebnis schrumpften die Deutschnationalen auf eine ideologisch und personell homogenisierte Partei, deren Stimmanteile sich auf Margen unter zehn Prozent einpendelten.

Revolution von Rechts

Der Befund also lautet: Der organisierte Konservatismus, der dem aus der Epoche der Monarchie nur noch von ferne entsprach, war ein diffuses, wenig stabiles Gebilde, entbehrte der dauerhaften Integrationskraft, war weder in der Lage, die Kräfte an den linken noch an den rechten Rändern einzubinden oder doch zumindest zu neutralisieren. Diese Beobachtung lässt sich cum grano salis auf jene Gruppen, Verbände und Konventikel übertragen, für die der Begriff „Neue Rechte" nur ein notdürftiges terminologisches Dach bietet. Dass sie überhaupt existierte, hatte eine ganze Reihe von Gründen. Der eine hatte zu tun mit der mangelnden Attraktivität, auch der mangelnden Kohäsion der Deutschnationalen, die nicht wenigen Vertretern der jüngeren Generationen als verstaubt galt: belastet mit dem Odium des verlorenen Krieges, belastet mit dem Scheitern des monarchischen Systems, das sich außerstande gezeigt hatte, den Anforderungen eines modernen, industrialisierten Massenkrieges zu genügen. Ernst Jünger hat nicht von ungefähr 1930 darauf hingewiesen, dass dieser sich an der Fähigkeit zur „totalen Mobilmachung" entschieden habe.[7] Und die sei bei den alliierten

---

[7] Ernst Jünger: Die totale Mobilmachung, in: Ders. (Hrsg.): Krieg und Krieger, Berlin 1930, S. 9–30.

Mächten, den westlichen Demokratien, in besseren Händen gewesen als im deutschen Kaiserreich. Überhaupt war der Krieg das Momentum, aus dem die Neue Rechte Antrieb, Gewissheiten, Perspektiven und Dynamik zog. Ohne ihn jedenfalls sind deren Positionen, deren strategische und taktische Erwägungen kaum zu verstehen.

Am Anfang der 1930er-Jahre, als mit der wirtschaftlichen Krise auch die soziale und politische offenbar wurde, steckten die Repräsentanten der liberalen Mitte, deren Pulverisierung bereits weit vorangeschritten war, in der Defensive. Gleiches galt für die des demokratischen Sozialismus, für die Gewerkschaften und die SPD, die dem unaufhaltsamen Aufstieg der Nationalsozialisten nicht viel mehr als erschrockene, wirkungslose Analysen entgegenzusetzen hatten. Den Ton gaben ihre Gegner an, die Leute aus den antisozialistischen und antidemokratischen Milieus: die Propagandisten der NSDAP, die Völkischen, die intellektuellen Wortführer soldatischer Militanz, die Prediger eines neu gewandeten Nationalismus. Und es war gewiss kein Zufall, dass der nach London emigrierte Sebastian Haffner in seiner damals unpubliziert gebliebenen *Geschichte eines Deutschen* die *Tat* erwähnte: jene Zeitschrift unter der Leitung Hans Zehrers, die, so Haffner, „fast allgemein gelesen" worden sei: gemacht „von einer Gruppe intelligenter und radikaler junger Leute".[8] Auch in diesem Organ, in dem man den Umsturz vom November 1918 mit Abscheu zu registrieren pflegte, zeigte sich einmal mehr, dass zur Signatur der Epoche zwischen den Weltkriegen die Revolution gehörte: die Erfahrung, dass der Alltag unberechenbar wird, dass scheinbar fest gefügte Ordnungen und Traditionsbestände wegbrechen, zermürbt, entwertet, überlagert, umgedeutet werden.

Die Attitüde des Revolutionärs, der sich zum Agenten des Wandels und der Gewalt stilisiert, faszinierte an den Rändern eines ausfransenden Parteienspektrums die bolschewistische Linke ebenso wie ihren Gegenpart, die aktivistische Rechte. Deren Referenzepoche war der Krieg: gedeutet als Geburtsstunde einer Volksgemeinschaft, gereinigt von erstarrten bürgerlichen Konventionen. „Wir mußten den Krieg verlieren, um die Nation zu gewinnen" – mit diesem Motto leitete Franz Schauwecker 1930 seinen autobiografisch gefärbten Roman über einen Kriegsfreiwilligen ein.[9] Für den Autor hatte 1914 die „unerbittliche Loslösung jeglichen Lebens von der Normalität" begonnen, „von der Gewohnheit, von der Farblosigkeit, von der Verflachung, vom Materialismus".[10] Der Krieg war in

---

[8] Sebastian Haffner: Geschichte eines Deutschen. Die Erinnerungen 1914–1933, Stuttgart 2000, S. 184.
[9] Franz Schauwecker: Aufbruch der Nation, Berlin 1930, S. 5.
[10] Franz Schauwecker: Etwas unerhört Neues bereitet sich vor, in: Berliner Illustrierte Nachtausgabe, 20. 3. 1929.

dieser Optik ubiquitär, war im Frieden zwar abgetaucht, aber er „lauerte überall", wartete nur auf seine Chance.[11] Der Kampf lieferte für Aktivisten wie Schauwecker und Jünger das Grundmuster der menschlichen Existenz, das Fronterlebnis galt als Quelle revolutionärer Tatbereitschaft und völkischer Vitalität, der Schützengraben als Ort heroischer Bewährung und modellhafter Praxis: eine Zone äußerster Verdichtung, in der die Gewalt agonaler Triebe mit der kalten Präzision industrieller Vernichtungstechniken verschmolz.

Dahinter verbargen sich die Überzeugungen eines, wenn man will, reflexiven Nationalismus, der die Traditionen und Weltanschauungen des 19. Jahrhunderts genau so verachtete wie die Weimarer Republik. Dabei berührte sich der Diskurs über den Krieg mit dem über das Wesen und die Erfordernisse der modernen Welt. In bewusster Abkehr von den Stereotypen des Kulturpessimismus sah Ernst Jünger die Topografie des Schlachtfeldes und die Leistungen der Soldaten durchtränkt von großstädtischem Geist. Das flache Land zu idealisieren und gegen die urbanen Zentren auszuspielen, sei hoffnungsloser Anachronismus: sei „Romantik eines entlegenen Raumes und einer verflossenen Zeit". Anstatt ihr nachzutrauern, müsse man „eindringen in die Kräfte der Großstadt", in die „Maschine, die Masse, den Arbeiter". Denn dort lägen die Wurzeln der nationalen Erneuerung, der Arbeiter von heute sei der Nationalist von morgen, und morgen werde die Geburtsstunde eines „entschlossenen und unbeschränkten Führertyps" herannahen, der in seinen Entscheidungen und seinem Handeln weitaus weniger gebunden sei als die Monarchen des Absolutismus.[12] Jünger hat das zwei Jahre später in seinem Buch *Der Arbeiter* auch theoretisch untermauert: Ihm ging es darum, den Prozess der Moderne als unumkehrbar zu akzeptieren, sich seiner Potentiale zu bemächtigen und daraus Waffen zu schmieden für den diktatorischen, durchrationalisierten „Arbeitsstaat". Dessen Aufgabe würde es sein, in einer Welt der Technik die „totale Mobilmachung" zu besorgen und zu gewährleisten.[13]

Neuer Nationalismus

1928, noch vor Einbruch der Weltwirtschaftskrise, publizierte der Frundsberg-Verlag aus dem Umfeld des „Stahlhelm" ein großformatiges, mit vielen Bildtafeln ausgestattetes Werk. Darin suchte der Autor, Franz Schauwecker, den „Schritt der Zukunft" zu Gehör zu bringen. Die Vergangenheit, das war der Liberalismus des

---

11 Franz Schauwecker: Ablösung des Liberalismus, in: Der Tag, 20. 5. 1928.
12 Ernst Jünger: Großstadt und Land, in: Deutsches Volkstum II (1926), S. 579ff.
13 Ernst Jünger: Der Arbeiter. Herrschaft und Gestalt, Hamburg 1932.

19. Jahrhunderts – die Zukunft, das ist der Nationalismus: Beider Trennung sei durch den Weltkrieg unvermeidlich geworden. Letzterer komme zugleich als Sozialismus daher, sei das „Grundgesetz" der „erwachenden Völker", die gleichsam eine „Internationale" konstituierten. Das „Weltgefühl", das darin stecke, äußere sich von Ägypten bis China, von Deutschland bis Italien verschieden, gemeinsames Merkmal jedoch sei die „Zusammengehörigkeit in Geschichte, Sprache, Kultur, Landschaft und Gefühl". Man wolle „mit Leidenschaft und Sehnsucht unabhängige Gemeinschaft", wolle „Selbstbestimmung", von der der Liberalismus nur rede. Den Nachbarn begegneten die jungen, die erwachenden Nationen nicht mit Verachtung, sondern mit Respekt, allerdings nur dann, wenn sie sich ihrer würdig erweisen: „als bewußtes Volk in geschlossenem Raum" agierend, dabei geleitet vom „Willen zu sich selbst."[14]

Es war kein Zufall, dass in der ersten Reihe der so klassifizierten Nationen Italien und Mussolini auftauchten. Dieser war für Schauwecker die Erfüllung dessen, was der Literat und Eroberer von Fiume, Gabriele d'Annunzio, begonnen hatte. „Dreifach" sei die „Wiedergeburt", die er verkörpere: „Würde der Nation, der Arbeit, der freiwilligen Unterordnung". Sein Weg und sein Ziel sei die Revolution. Unser Autor stempelt ihn zum Übermenschen, zum „Führer", das „Volk als Masse" sei „Werkzeug" gewesen: Es „trug" ihn, und er „lenkte" es. Der Faschismus marschiere, nichts und niemand könnten ihn aufhalten. Mussolini habe binnen kurzem die Gefahr des Kommunismus gebannt, habe den alten Staat gestürzt, um den neuen zu errichten. Den baue er „in diktierter Reform: Reform der Schwerindustrie, des Heeres, der Politik nach außen, der Wirtschaftspolitik, der Agrarbesteuerung". Kein Feld, das unbeackert bliebe. Mussolini, der Ursprung und das Zentrum des Geschehens, sei der „Mann des Schicksals", der „Macht", der „Persönlichkeit", des „Nationalismus", jenes „eingeborenen Genius", der „zur kräftebildenden und -bindenden Religion" werde. Er sei „wild wie ein Phantast und schrecklich wie ein Barbar", und doch „bei aller Brutalität überlegt wie ein Arzt", eine „kondottierehafte Gestalt", die ein anderer Beobachter, der Soziologe Robert Michels, ohne Umschweife einen „Renaissancemenschen" genannt hätte.[15]

Bei Leuten wie Schauwecker stießen die Entwicklungen jenseits des Brenners deshalb auf intensives Interesse, weil sich am italienischen Faschismus die Mechanismen und Strukturen einer erfolgreich etablierten, funktionstüchtigen nationalen, korporativ grundierten Diktatur studieren ließen. Der Blick nach

---

[14] Franz Schauwecker: So ist der Friede. Die Revolution der Zeit in 300 Bildern, Berlin 1928, S. 101–104.
[15] Ebd., S. 105–112. Das Zitat von Robert Michels findet sich in dessen Buch: Italien von heute. Politische und wirtschaftliche Kulturgeschichte von 1860 bis 1930, Zürich/Leipzig 1930, S. 375.

Italien war gewissermaßen ein Blick in die eigene Zukunft. Der autoritäre Staat, den die deutsche Rechte als „zweckmäßigen Ersatz des Parlamentarismus" leidenschaftlich herbeisehnte, herbei schrieb und herbei agitierte: In Italien war Realität, was in Deutschland noch Objekt der Begierde war, ein Modell, das die Richtung wies. Ernst Jünger zum Beispiel mochte 1925 in Adolf Hitler wie in Mussolini die „Vorahnung eines ganz neuen Führertypus" sehen, in dessen Reihen „Arbeiter und Offiziere Schulter an Schulter" stünden.[16] Das sei ein Sinnbild der Frontkämpfergeneration, die sich für die „echte Revolution" verschworen habe: nicht der „Reaktion", nicht der monarchischen, bürgerlich kapitalistischen Vergangenheit, die vom Krieg in den Abgrund gestürzt worden sei, sondern der Diktatur, die „das Wort durch die Tat, die Tinte durch das Blut, die Phrase durch das Opfer, die Feder durch das Schwert" ersetzen werde.[17] Gewonnen werden müsse dafür die Arbeiterschaft, die als „blutverbundene Gemeinschaft aller innerhalb der Nation und für die Nation Arbeitenden" definiert wird. Dem „Neuen Nationalismus" falle, so Jünger, die Aufgabe zu, „in die Form einer Arbeiterbewegung hineinzuwachsen", ob nach dem Muster des Faschismus, bleibt offen, aber immerhin: „Wir besitzen in Europa bislang nur einen Staat, dem das nationalistische Arbeitertum die Form gegeben hat: den italienischen."[18]

Faschismusinterpretationen von Rechts

„Italia docet", schreibt Arthur Moeller van den Bruck, der Prophet des „Dritten Reichs", bereits eine Woche nach dem Marsch auf Rom.[19] Was jedoch erkannt und gelernt wurde, hing von den Einstellungen und Bedürfnissen der Beobachter ab. Und die waren so vielgestaltig wie die Positionen, die sie vertraten. Dabei überlagerte das Apriori nicht selten die konkrete Analyse. „Der Nationalist sieht das nationale Pathos", war 1932 in einem eigens dem Faschismus gewidmeten Heft der *Europäischen Revue* zu lesen, „der Konservative die Wiedergeburt der ewigen Werte, der Militarist die heroische Gesinnung, militärische Ertüchtigung und straffe Disziplin der Nation, der Reaktionär bewundert das Polizeiregime, und der Agrarier schaut neidend auf die öffentliche Förderung der Landwirtschaft, der liberale

---

16 Ernst Jünger: Abgrenzung und Verbindung (Die Standarte, 13. 9. 1925), in: Ders.: Politische Publizistik 1919 bis 1933. Hrsg., kommentiert und mit einem Nachwort versehen von Sven Oliver Berggötz, Stuttgart 2001, S. 77.
17 Ernst Jünger: Revolution und Idee (Völkischer Beobachter, 23./24. 9. 1923), in: Ebd., S. 36.
18 Ernst Jünger: Der neue Nationalismus (Völkischer Beobachter, 23./24. 1. 1927), in: Ebd., S. 286f.
19 Vgl. Stefan Breuer: Anatomie der konservativen Revolution, 2. Aufl. Darmstadt 1995, S. 124ff.

Individualist weint über den barbarischen Kollektivismus, der Demokrat findet Diktatur und Hierarchie unerträglich." Und schließlich: Der „demokratische Marxist speit Feuer und Schwefel gegen ein Regime, das den Sieg des Lebens über Papier, des Schicksals über rationalistische Konstruktion darstellt."[20]

Nach diesem Auftakt ist unschwer zu erraten, wofür das Herz des Autors dieser Zeilen schlug. Sie stammen von Karl Anton Prinz Rohan, einem österreichischen Aristokraten, der sich als Wortführer der jungen Generation geriert, des „jungen Europa", dem er als Herausgeber eine eigene Rubrik in seinem Journal einräumt. Darin soll „bei Wahrung der wertvollen Traditionen" des Kontinents „radikal" ein Weg gesucht werden, um die „Atmosphäre der Entzweiung und der Entseelung" zu reinigen, dabei zu einem „geeinten, einigen und lebensvollen Europa" zu finden.[21] In dieser Perspektive ist die Existenz des Faschismus in Italien stets präsent, ja mit positiver Wertung eingeschlossen. Denn hier werde „der erste Schritt" in das künftige, in das „soziale 20. Jahrhundert" getan.

Den Faschismus deutete Rohan unter einem „doppelten Aspekt". Zum einen habe er den italienischen Nationalstaat revolutionär erneuert. Zum andern enthalte er „universelle Elemente", insofern er die „erste gelungene Gegenrevolution" seit 1789 ins Werk gesetzt habe: „Er hat es vermocht, gleichzeitig die anarchischen, atomistischen, Staat und Gesellschaft zersetzenden Wirkungen des Liberalismus zu überwinden und die marxistische Revolution aufzufangen; ersteres durch Restauration der ewigen Werte und wirklichkeitsnaher Anerkennung der Naturgesetze, die Mensch und Gesellschaft beherrschen, letzteres durch Begründung seiner selbst im sozialen Lebensgefühl dieses Jahrhunderts, dem auch der Bolschewismus sein Dasein verdankt." Nation sei nicht „mechanistisch errechnete Mehrheit", sondern „organisches Wesen", nicht zerspaltenes, segmentiertes „Nebeneinander sozial gleichwertig gedachter Staatsbürger", sondern „Ineinander und Miteinander sozial verschiedenwertiger Einzelner und Gruppen", sei ein „Qualitätsbegriff", in dem die „Herrschaft einer Minderheit" gründe, der „nationalen Elite". Diese repräsentiere den historisch legitimierten Wesenskern der Nation. In derartige Zuschreibungen fügte sich, fast möchte man sagen: „organisch" das Lob einer Sozialpolitik, welche die „hedonistischen und Mitleidsmotive" verdrängt und stattdessen „eine heroische Auffassung von der nationalen Schicksalsgemeinschaft" zum Sieg geführt habe.[22]

Originell waren die Aversionen gegen Liberalismus und pluralistische Politik nicht. Rohan teilte sie mit dem aufstrebenden Juristen Carl Schmitt, der den

---

[20] Karl Anton Prinz Rohan: Einige Bemerkungen zum italienischen Faschismus, in: Europäische Revue 8/II (1932), S. 665f.
[21] Karl Anton Prinz Rohan, Vorwort zum zweiten Jahrgang, in: Europäische Revue 1 (1926), S. 4.
[22] Prinz Rohan, Bemerkungen, S. 666ff.

Zenit seiner Karriere erst mit der Machtergreifung der Nationalsozialisten erreichen sollte, sich davor und danach einige Male in der *Europäischen Revue* zu Wort meldete, so wie er auch für andere Blätter des rechten Spektrums schrieb. Sein Augenmerk richtete sich auf den Staat. „Ist es denkbar, daß heute ein Staat gegenüber den wirtschaftlichen und sozialen Gegensätzen und Interessen die Rolle des höheren Dritten spielt", formuliert er als Leitfragen, „oder ist er notwendigerweise nur der bewaffnete Diener" wirtschaftlicher und sozialer Klassen, „oder ist er eine Art von neutralem Dritten, ein pouvoir neutre et intermédiaire". Jenes sei der Anspruch des Faschismus, dieses die These des Marxismus, letzteres schließlich die faktische Lage in Deutschland, wo „die Reste des alten Beamtenstaates" die Funktion einer Kraft oberhalb der auseinanderstrebenden gesellschaftlichen Konstellationen wahrnähmen. Mussolini nun stehe für den „heroischen Versuch", die „Würde des Staates und der nationalen Einheit" gegen die heterogenen Belange der Wirtschaft zur Geltung zu bringen und so mit einem der fundamentalen Missverständnisse des 19. Jahrhunderts aufzuräumen. Liberalismus nämlich sei keineswegs deckungsgleich mit Demokratie, sei vielmehr ein „kunstvolles System von Methoden zur Schwächung des Staates." Kein Zufall sei, dass bislang nur das bolschewistische Russland und das faschistische Italien mit den Überlieferungen der Vergangenheit gebrochen, dabei die Suprematie des Staates und des Staatlichen über die Welt der Ökonomie und des Ökonomischen durchgesetzt hätten: anders als die hochentwickelten Industrienationen, die „ganz beherrscht" seien vom Gedanken eines sozialen Gleichgewichts zwischen Arbeitgeber- und Arbeitnehmerschaft. Das zielte erkennbar auf die heimischen Verhältnisse, zielte auf Deutschland, wo 1919 der Parität von Kapital und Arbeit Verfassungsrang eingeräumt worden war. Suprematie sei „nur mit Hilfe einer geschlossenen, ordensmäßigen Organisation", nicht jedoch mit herkömmlichen Parteien zu erreichen. Der faschistische Staat, der nicht „als neutraler, sondern höherer Dritter" entscheide, habe seine Energien aus „nationaler Begeisterung, aus der individuellen Energie Mussolinis", aus den Formationen der Kriegsteilnehmer geschöpft. Seine Zukunft werde davon abhängen, ob und inwieweit er fähig sei, das Interesse der Arbeiterschaft zu gewährleisten. Der gegenwärtig existierende Faschismus in Italien sei eine starke Macht, sei bestrebt, „sich von ideologischer Abstraktheit und Scheinformen zu befreien und zum konkret Existentiellen" vorzustoßen. Er wolle „mit antiker Ehrlichkeit wieder Staat sein, mit sichtbaren Machtträgern und Repräsentanten, nicht aber Fassade und Antichambre unsichtbarer und unverantwortlicher Machthaber und Geldgeber".[23]

---

[23] Carl Schmitt: Wesen und Werden des fascistischen Staates, in: Schmollers Jahrbuch 53/I (1929), S. 107–113. Anlass des Artikels war eine Rezension des Buches von Erwin von Beckerath: Wesen und Werden des fascistischen Staates, Berlin 1927.

„Italia docet"?

1931 wirbt der Soziologe Alfred Weber in einem Vortrag vor „demokratischen Studenten" für eine „autoritäre Demokratie". Deutschland sei, glaubt er, „Schlachtfeld aller politischen, wirtschaftlichen und sozialen Positionen und Gegenpositionen", die derzeit auf dem Kontinent ausgefochten würde. Auf „eigenartige Weise" sei man so „in die Mitte" von Entscheidungen gerückt, die für Europa insgesamt von erheblicher Tragweite sein dürften: „Der Kampf, der in diesem Raum ausgekämpft wird, geht um Staat und Wirtschaft."[24]

Ganz dieser Attitüde verhaftet, argumentierte im selben Jahr Edgar Julius Jung, einer aus der Generation der Frontkämpfer, Jurist und Publizist, ein wortmächtiger Vertreter der Jungkonservativen, später Mitarbeiter des Vizekanzlers von Papen. Jung war der Autor eines relativ erfolgreichen Buches, das von der „Herrschaft der Minderwertigen" erzählte, eine Abrechnung mit dem Liberalismus, in dem er den Ursprung des Übels, des Bösen in der Welt lokalisierte. Auch Jung war von der „Bedeutung des Faschismus für Europa" überzeugt. Denn: „Wirkliche Revolutionen, d. h. solche, in denen ein neues Ordnungsprinzip geboren wird, sind selten völkisch begrenzt, sondern strahlen auf den ganzen Kulturkreis, dem das revolutionäre Volk angehört, aus." In einer Generalabrechnung mit der modernen Zivilisation und der Weimarer Demokratie würdigte Jung Mussolinis Politik als „Auftakt", als ersten tastenden Schritt zur Überwindung der „abendländischen sozialen Krise", als Antwort auf irregeleiteten Fortschrittsglauben, „Glückseligkeitslehren" und „ethische Knochenerweichung", auf die Bedrohung des Privateigentums, auf „Atomisierung und Kollektivierung", auf „Massendemokratie und falsche Führerauslese". Italien dient hier als Folie für die antiliberalen Visionen eines deutschen Neokonservativen, der sich für das Ideal des „organischen" Staates begeistert, für eine hierarchisch gegliederte, von Gewerkschaften, „unberufenen" Partizipationswünschen und politischem Wettbewerb befreiten Gesellschaft. Der Faschismus jedoch figuriert nur als „Vorstufe einer gesamteuropäischen Entwicklung", entscheidend werde Deutschland sein, das den Weg Mussolinis nicht nachahmen könne, aber „für Europa" die „große antiliberale Entscheidung fällen" müsse: „Alles, was in Italien ungelöst blieb, werden wir Deutsche auf unsere Schultern packen und in unseren Hirnen durchgrübeln müssen."[25]

Über den Faschismus wurde auch im Herrenklub, einem elitären adlig-bürgerlichen Kristallisationspunkt gegen die Demokratie, intensiv diskutiert. Davon

---
24 Alfred Weber: Das Ende der Demokratie? Berlin 1931, S. 12f.
25 Edgar J. Jung: Die Bedeutung des Faschismus für Europa, in: Deutsche Rundschau 227 (1931), S. 178, 182 und 186.

zeugen zahlreiche Artikel in seiner Hauspostille, dem „Ring", die übereinstimmend die säkulare Leistung des „Duce" würdigen. Denn dieser habe, glaubt Heinz Brauweiler, ein Propagandist des berufsständischen Gedankens, zu wissen, „das Staats- und Verfassungsbild des Liberalismus", der ein Jahrhundert lang das politische Denken bestimmt habe, entthront, habe den Beweis erbracht, dass Alternativen, denen ihrerseits die Zukunft gehören werde, möglich seien. Jedenfalls, und hier taucht wieder das „Italia docet" auf: „Daß aber die Leistungen des liberalen Systems heute nicht mehr für die ‚Lebensform eines Kulturvolkes' genügen, das scheint für uns in Deutschland wenigstens klare Erkenntnis geworden zu sein." Wer den Faschismus studiere, tue das nicht, um ihn nachzuahmen, sondern um zu erfahren, „was es braucht, um eine ‚faschistische Revolution' zu gewinnen".[26]

Mindestens so fasziniert wie im Herrenklub war man im Berliner Nationalklub, eine Parallel- und Konkurrenzorganisation, fest verbandelt mit dem Alldeutschen Verband und ebenso fest verankert im politischen Lager des deutschnationalen Parteivorsitzenden Alfred Hugenberg. Hier wurde Anfang Dezember 1931 eine „Gesellschaft zum Studium des Faschismus" aus der Taufe gehoben. Deren Aufgabe war es, „das Gedankengut und die praktischen Erfahrungen des Faschismus zu prüfen und die Ergebnisse dieser Untersuchungen den Führern des kommenden Deutschland zur Verfügung zu stellen". Tagespolitik liege ihr fern, hieß es, „bedeutende Persönlichkeiten aus allen Kreisen der Nationalen Bewegung" wie aus der „Wissenschaft" gehörten zu den Mitgliedern. Den Vorsitz hatte Carl Eduard Herzog von Sachsen-Coburg-Gotha inne, ein Stahlhelmer mit besten Kontakten zur NSDAP und zu Hitler. Im Sommer 1932 übernahm er die Präsidentschaft des Klubs, stellte den ehemaligen Offizier Waldemar Pabst ein, der bei der Ermordung Rosa Luxemburgs und Karl Liebknechts im Januar 1919, dann wieder beim Kapp-Putsch im Frühjahr 1920 eine unrühmliche Rolle gespielt hatte und jahrelang in Österreich abgetaucht war. Sein Auftrag war es, den Klub einer Neuordnung zu unterziehen. Pabst fertigte noch vor der Ernennung Hitlers zum Kanzler eine entsprechende Denkschrift, in der er für eine Öffnung zur NSDAP warb, denn nur so könne man Einfluss erringen, wenn ein Kabinett der „Nationalen Konzentration" ans Ruder komme. Der Nationalklub sei eine „Vereinigung nationaler Persönlichkeiten zum Zwecke gegenseitiger Unterhaltung und gegenseitiger Aussprache". Die von „ausgewählten Fachleuten" getragene Unterorganisation solle „geistige Aufbauarbeit" leisten: „Es stellt so gewissermaßen der ‚Nationale Klub' einen Zusammenschluß möglichst vieler, im nationalen Wollen

---

26 Heinz Brauweiler: Um den Faschismus. Kritische Betrachtungen, in: Der Ring 1 (1928), S. 634ff.

gleichgerichteter Persönlichkeiten dar, während die ‚Gesellschaft zum Studium des Faschismus' eine ‚geistige Arbeitsgarde' zu bilden hat."[27]

Über die Interna der Gesellschaft wissen wir wenig. Einzig ein auf den Februar 1934 datiertes hektografiertes Papier von Georg Mehlis ist überliefert, ein Professor der Nationalökonomie, der Ende der 1920er-Jahre zwei thematisch einschlägige Bücher publiziert hatte. Offenbar gehörte es zu einer Reihe von Forschungsberichten, in denen der Faschismus als „glückliche Verbindung von Idealismus und Realismus" gepriesen wurde, als Wiederkehr „wahrhafter Wertgemeinschaft", die der „Menschheit" das zurückschenke, „was die Aufklärung theoretisch zersetzt und die französische Revolution gewaltsam zerstört hatte". Das Neue, und hier lassen die braunen Machthaber grüßen, sei die „Einheit" von national und sozial, die „Verbindung zwischen Herrenschicht und Masse". Derartige Töne mochten vor 1933 in den Kreisen der Gleichgesinnten auf fruchtbaren Boden gefallen sein, nun im Rahmen der etablierten Diktatur hatten sie ihre Daseinsberechtigung verloren. „Der Sieg der Nationalen Revolution", so im November 1933 die Diagnose des Herzogs von Sachsen-Coburg-Gotha, erzwinge die „Vereinheitlichung" all jener Verbände, die früher „von vielen Punkten aus den Angriff" gegen die Weimarer Republik vorgetragen hätten.[28] Zwar führte die Gesellschaft als „Faschistische Studiengesellschaft" noch ein residuales Dasein, aber deren Spuren verloren sich rasch im Dunkel: Das „Italia docet" war ans Ende gelangt, hatte seine Schuldigkeit getan.

---

[27] Bundesarchiv Berlin, R 1501, Nr. 5330, Denkschrift über die Umorganisation des Nationalen Klubs, o. D. (zweifelsfrei vor dem 30. 1. 1933).
[28] Ebd., Nr. 5332, E. von Sachsen-Coburg-Gotha an Pfundtner, 30. 11. 1933.

Reinhard Mehring
Die „Ehre Preußens" in der „legalen Revolution"

Carl Schmitt im Frühjahr 1933

Reaktionen der Staatsrechtslehre

Der „Tag von Potsdam" bezeichnete für die Nationalsozialisten nicht nur die Ereignisse vom 21. März in der Garnisonkirche zu Potsdam, sondern auch den Abschluss der „nationalen Revolution" mit dem Ermächtigungsgesetz vom 23./24. März und die Simulation einer „Nationalversammlung" gegen Weimar.[1] Der Gründung der ersten Berliner Republik aus dem „Geist von Weimar" sollte eine revolutionäre Neugründung aus dem „Geist von Potsdam" sichtbar entgegengestellt werden. Vor den Berliner Revolutionswirren war die Nationalversammlung einst nach Weimar ausgewichen. Die nationalsozialistische Simulation einer Nationalversammlung konnte nun im niedergebrannten Reichstag nicht tagen. Sie stärkte sich deshalb in Potsdam, bevor sie sich für die eröffnende Reichstagssitzung und das Ermächtigungsgesetz in die Berliner Kroll-Oper wagte, in der Otto Klemperer vor 1933 mit der neuen Musik auch die „Kultur von Weimar" dirigiert hatte.

Der 21. März war als demonstrative Geste gewiss politisch wirkungsvoll. Von juristischer Bedeutung für die Staatslehrer war er nicht. Andere Marksteine im Prozess der Machtergreifung waren da wichtiger: die Ernennung Hitlers zum Kanzler, die Notverordnungen vom Februar, der Reichstagsbrand mit der politischen Justiz der Abkehr vom liberalen Rückwirkungsverbot durch die Lex van der Lubbe sowie schließlich das Ermächtigungsgesetz. Der „Tag von Potsdam" suchte im Vorfeld einen symbolischen Bruch mit Weimar, eine Suggestion „natio-

---

[1] So etwa die nationalsozialistische Dokumentation von Hans Wendt: Die Nationalversammlung von Potsdam. Deutschlands große Tage 21. bis 23. März 1933, Berlin 1933; vgl. auch Ernst Rudolf Huber: Verfassung, Hamburg 1937, S. 41ff.; Ernst Forsthoff: Deutsche Geschichte seit 1918 in Dokumenten, 2. erw. Aufl. Stuttgart 1938, 281ff. Der vorliegende Text basiert auf einem Vortrag vom März 2008 in Potsdam, der in meine Biografie „Carl Schmitt. Aufstieg und Fall" (München 2009) eingegangen ist. Daraus ergeben sich starke Überschneidungen. Der Text ist hier aber auf Schmitts Entscheidungslage und Option für den Nationalsozialismus im März/April 1933 konzentriert. In den letzten Jahren erschienen zahlreiche weitere Quellen zu Schmitt 1933, die hier nicht nachträglich eingearbeitet werden konnten. Zitiert wird aus dem Nachlass Carl Schmitts (RW 265) im Landesarchiv NRW, Abteilung Rheinland, Standort Düsseldorf. Inzwischen ist u. a. erschienen: Carl Schmitt, Tagebücher 1930–1934, hrsg. Von Wolfgang Schuller, Berlin 2010; dazu meine Besprechung in: Göttingische Gelehrte Anzeigen 263 (2011), S. 57–72.

naler" Versöhnung und des Abschlusses brutaler Zerschlagung der Opposition zu schaffen. Das Ermächtigungsgesetz erschien als ein vorläufiger Abschluss der Machtübergabe, Machtergreifung und des Systemwechsels. Darüber konnten sich erfahrene Juristen kaum Illusionen machen und darüber waren sie sich weitgehend einig. Für den ganzen Prozess des Systemwechsels sowie den entscheidenden Akt der Ermächtigung sprachen sie etwas doppeldeutig von einer „legalen Revolution". Heinrich Triepel propagierte die Formel umgehend in einem Artikel „Die nationale Revolution und die deutsche Verfassung".[2] Carl Schmitt sprach auch von einem „vorläufigen Verfassungsgesetz".[3] Jedem war damals klar, dass die Legalität dieser „legalen" Revolution vielfach fragwürdig war.[4] Doch das „Legalitätssystem" der Weimarer Republik war durch die jahrelange Praxis der Präsidialsysteme erodiert. Die juristische Wertung der „Legalität" des Systemwechsels war deshalb nicht einhellig. Moralisch und politisch bewerteten die Juristen die Vorgänge sowieso sehr unterschiedlich. Liberale und linke Staatsrechtler lehnten sie ab; jüdische Staatsrechtslehrer sahen sich spätestens seit dem „Gesetz zur Wiederherstellung des Berufsbeamtentums" vom 7. April existentiell bedroht. Die Reaktion der nicht verfolgten „nationalkonservativen" Staatsrechtslehrer war dagegen nicht klar. Arrangierten sie sich mit Hitler? Von Amts wegen waren sie verpflichtet, die neue Rechtslage in der Lehre zu vertreten. Solange sie das taten, konnten sie ihre „bürgerliche" Wissenschaft einigermaßen weiter pflegen. Gerhard Anschütz ist das Paradebeispiel eines liberal-konservativen Staatsrechtslehrers, der die neue Rechtslage nicht vertreten wollte und sein Amt – nahe der Pensionsgrenze – freiwillig niederlegte. Der akademische Nachwuchs war in einer gänzlich anderen Lage. Er konnte seinen Beruf vorläufig nur ausüben und Karriere machen, wenn er sich exponierte. Politische Zurückhaltung war ein großes Risiko und Karrierehemmnis, das einige aber erfolgreich eingingen. Nach den hochpolitisierten Anfangsjahren wurden akademische Karrieren im Nationalsozialismus unter günstigen Konstellationen wieder einigermaßen „unpolitisch" möglich. Carl Schmitt ist dagegen das bekannte Paradebeispiel bewusster Ent-

---

2 Heinrich Triepel: Die nationale Revolution und die deutsche Verfassung, in: Deutsche Allgemeine Zeitung 157, 2. 4. 1933, S. 1 (in: RW 265-20126).
3 Carl Schmitt: Staat, Bewegung, Volk. Die Dreigliederung der politischen Einheit, Hamburg 1933, S. 7f.
4 Dazu schon die differenzierten Ausführungen und Beschreibungen bei Karl Dietrich Bracher: Stufen der Machtergreifung, Köln 1960, S. 53ff., 75ff., 136ff.; nach Bracher tragen die „Reichstagsbrandverordnungen" schon „das klare Signum des Rechts- und Verfassungsbruchs" (85); sie wurden direkt zur Gleichschaltung der Länder durch „Reichskommissare" genutzt. Das Ermächtigungsgesetz habe dagegen „in erster Linie formale Bedeutung" (154) gehabt. Es sei aber schon seiner fortdauernden Geltung bis 1945 wegen als das „Grundgesetz des totalitären Polizei- und Führerstaates" (161) zu bezeichnen. Schon sein Zustandekommen sei formal „rechtswidrig" (167) gewesen.

scheidung eines „märzgefallenen" Weimarer Staatsrechtslehrers für den Nationalsozialismus.

Mein Beitrag konzentriert sich auf Schmitts Entscheidungslage vom Frühjahr 1933. Schmitt hatte viele Gründe für den Nationalsozialismus. Über 30 habe ich am Ende in einer Topik gesammelt. Hier muss ich mich auf Schmitts verfassungspolitisches Kernargument, sein unitarisches Streben konzentrieren. Schmitts Entscheidungslage war überaus komplex, ihre Erforschung ist teils durch Legendenbildungen und falsche Alternativen überformt. In der Forschung wird oft von einer „Zäsur" in Schmitts Haltung gesprochen. Meist wird der 30. Januar 1933, Hitlers Ernennung zum Kanzler, als das Datum ausgemacht. Das entspricht der heute vorherrschenden Auffassung, der 30. Januar sei das entscheidende Datum der „Machtergreifung". Als Daten kommen aber auch der 20. Juli 1932 und der 23. März 1933 in Frage. Wer den 30. Januar ansetzt, sieht in Schmitt vor allem den Anhänger Schleichers und Gegner des Nationalsozialismus. Wer vom 20. Juli ausgeht, sieht in Schmitt den nationalkonservativen und katholisch-autoritären Anhänger Papens; wer den 23. März 1933 ansetzt, betont den positivistischen Juristen, der sich auf den Boden der neuen Legitimität stellt und die gelungene Revolution als gegebenes Recht hinnimmt. Die Forschung argumentierte häufig disjunktiv, sah in Schmitt einen Anhänger Papens, Schleichers oder des Nationalsozialismus.[5] Faktisch aber unterstützte Schmitt advokatorisch alle Präsidialkabi-

---

[5] Diese alte Frage der Schmitt-Forschung fand in den letzten Jahren durch die Öffnung des Düsseldorfer Nachlasses eine neue Quellenbasis. Wichtige Publikationen waren unter anderen: Ernst Rudolf Huber: Carl Schmitt in der Reichskrise der Weimarer Endzeit, in: Helmut Quaritsch (Hrsg.): Complexio Oppositorum. Über Carl Schmitt, Berlin 1988, S. 33–50; Andreas Koenen: Der Fall Carl Schmitt. Sein Aufstieg zum „Kronjuristen des Dritten Reiches", Darmstadt 1995; Wolfram Pyta/Gabriel Seiberth: Die Staatskrise der Weimarer Endzeit im Spiegel des Tagebuchs von Carl Schmitt, in: Der Staat, Jg. 38 (1999), S. 423–448 u. S. 594–610; Gabriel Seiberth: Anwalt des Reiches. Carl Schmitt und der Prozess „Preußen contra Reich" vor dem Staatsgerichtshof, Berlin 2001; Dirk Blasius: Carl Schmitt. Preußischer Staatsrat in Hitlers Reich, Göttingen 2001; grob gesagt erinnert Huber an Schmitt als Akteur. Koenen verortet den Akteur dann nahe bei Papen, Pyta und Seiberth rücken ihn mehr an Schleicher heran und Blasius betont die Nähe zum Nationalsozialismus schon vor 1933. Blasius argumentiert zutreffend gegen eine disjunktive Diskussion der Stellung Schmitts – Mann Papens oder Schleichers – und betont Schmitts advokatorische Rolle als – bezahlter – Rechtsberater. Blasius sieht die zentrale Bedeutung von Hans Frank für Schmitts Aufstieg und Fall und betont Schmitts verfassungspolitische Ambitionen. Sehr früh habe er im Streit zwischen SA und Wehrmacht für etatistische Zügel plädiert und auch nach 1934 noch bis in die ersten Kriegsjahre hinein – im Spiegel von Lorenz von Stein – trotz mancher Vorbehalte an eine Verfassungsfähigkeit des Nationalsozialismus geglaubt. Meine eigene Sicht ist etwa folgende: Schmitt rechtfertigte alle Kanzler im Präsidialsystem. Er blieb in der Rolle des Rechtsberaters und „Kronjuristen" und stand bei sachlichen Nähen zu Schleicher persönlich Papen am nächsten. Erst nach dem Ermächtigungsgesetz optierte er für den Nationalsozialismus. Nach dem 30. Juni sah er seine juristisch-institutionelle Sinngebung als gescheitert an, betrach-

nette und den Nationalsozialismus. Welche Rolle spielte „Preußen als Argument" in seiner nationalsozialistischen Entscheidung? Für Schmitt, den gebürtigen Katholiken und Westfalen, den gelernten Rheinländer mit moselländisch-eifeler Vorfahren, der Berlin niemals als seine Wahlheimat betrachtete?

Vom 20. Juli 1932 zum 30. Januar 1933

Schmitt war bekanntlich vor 1933 ein Anwalt der „kommissarischen Diktatur" des Reichspräsidenten. Er begrüßte den „Preußenschlag" vom 20. Juli 1932, unterstützte ihn publizistisch und wurde der wichtigste „Anwalt des Reiches" (Gabriel Seiberth) beim Leipziger Staatsgerichtshofprozess. Papens Reichsintervention wollte das SPD-Bollwerk Preußen schleifen, eine nationalsozialistische Machtübernahme in Preußen verhindern und einen tiefgreifenden Verfassungsumbau einleiten.[6] Schmitt stellte die Reichsreform in der Krisenlage von 1932 zurück. Die Absetzung der geschäftsführenden Regierung Braun-Severing begrüßte er schon aus unitarischen Gründen. Eine Machtübernahme des Nationalsozialismus suchte er vor dem 30. Januar 1933 auf dem Boden der Weimarer Legitimität sehr wahrscheinlich zu verhindern. Die SPD setzte auf eine gerichtliche Klärung und Reichstagswahlen.

Schmitt erfährt vom Preußenschlag erst aus der Presse. Sogleich erhält er den inoffiziellen Auftrag, ein Team für die Prozessvorbereitung zusammenzubringen. Sein direkt erscheinender Artikel über „Die Verfassungsgemäßheit der Bestellung eines Reichskommissars für das Land Preußen"[7] betont zunächst den grundsätzli-

---

tete den Nationalsozialismus als einen Ausnahmezustand und ging zu einer antisemitisch-apokalyptischen Sinngebung über. Den 2. Weltkrieg affirmierte er von Anbeginn an. Juristischen Anpassungen seiner Schrift „Völkerrechtliche Großraumordnung" steht die gegenläufige Tendenz einer Dekonstruktion des „Reichsbegriffs" durch die Diagnose einer „Raumrevolution" entgegen. Die Verfassungsfähigkeit des Nationalsozialismus sah Schmitt nach dem 30. Juni 1934 sehr skeptisch. Seine Arbeiten zum Rechtsstaatsbegriff markieren hier den Abschied. Auch Hubers spätere Verfassungsschriften nahm Schmitt letztlich nicht zustimmend auf. Schmitts politische Motive sind hinter der juristischen Argumentation allerdings nicht immer klar. Zur Gesamtauffassung vgl. auch Reinhard Mehring: Carl Schmitt zur Einführung, 4. Aufl. Hamburg 2011.

6 Ausführungen nach Ernst Rudolf Huber: Deutsche Verfassungsgeschichte seit 1789. Band VII: Ausbau, Schutz und Untergang der Weimarer Republik, Stuttgart 1984, S. 977ff. Hubers Sicht steht freilich Carl Schmitt nahe und ist in der Betonung der Richtung des Preußenschlags gegen eine Machtergreifung des Nationalsozialismus umstritten. Anders zuletzt etwa Dirk Blasius: Weimars Ende. Bürgerkrieg und Politik 1930–1933, Göttingen 2008.

7 Carl Schmitt: Die Verfassungsgemäßheit der Bestellung eines Reichskommissars für das Land Preußen, in: Deutsche Juristen-Zeitung, Jg. 37 (1932), Sp. 953–958; dazu zuvor ders.: Ist der Reichskommissar verfassungsmäßig?, in: Deutsche Allgemeine Zeitung 351, 29. 7. 1932; ausführlich brieflich zustimmend Ulrich Scheuner am 1. 8. 1932 an Schmitt (RW 265-12432)

chen Vorrang des Reiches vor den Ländern und die „Landespflichten". Er zweifelt dann die Legalität der geschäftsführenden Regierung Preußens an, die sich nur durch Änderung der Geschäftsordnung an der Macht halten konnte, und betont mit Hinweis auf das nationalsozialistische Thüringen die Pflicht des Reiches, gegen staatsfeindliche Parteien vorzugehen und einen „Ausbruch des offenen Bürgerkriegs"[8] zu verhindern. Die Wahlen vom 31. Juli 1932 bringen eine katastrophale Entscheidung gleichermaßen gegen das parlamentarische wie das präsidiale System. Die NSDAP verdoppelt reichlich ihre Stimmen. Auch die KPD legt zu. Eine parlamentarische Regierung ist nicht möglich. Schmitt setzt 1932 auf Zeit; er setzt weiter auf das Präsidialsystem und wirkt zusammen mit seinem Schüler Ernst Rudolf Huber an der rechtstechnischen Formulierung eines Notstandsplans mit, der aber nicht zum Zug kommt. Er will eine legalwidrige Verschiebung von Neuwahlen „auf unbestimmte Zeit" bei Konzentration der Polizeigewalt gegen den drohenden Bürgerkrieg von links und rechts.

Vom 10. bis 17. Oktober dauert der Prozess „Preußen contra Reich" vor dem Staatsgerichtshof. Die ursprünglich staatsstreichartigen, „systemsprengenden Absichten"[9] des Preußenschlags müssen prozesstaktisch verleugnet und die verfassungskonformen Züge betont werden. Schmitts diverse Stellungnahmen betonen immer wieder den Vorrang des Reiches und die Gliedstellung und Größe Preußens, die besonderen Gefahren einer „divergierenden Politik",[10] die „Treuepflicht" des Landes und den „Sinn der Verfassung".[11] Das Land sei ein „Glied" des Deutschen Reiches; der föderale Bestand Preußens sei durch die Reichsintervention gegen eine rechtlich fragwürdige geschäftsführende Regierung[12] besser bewahrt. Im Schlussplädoyer spielt Schmitt den soldatischen Mythos des Reichspräsidenten aus: „Was war 1866 los? Eine Bundesexekution des Deutschen Bundes gegen Preußen. Und der Herr Reichspräsident stand als preußischer Offizier auf der preußischen Seite und verteidigte Preußen gegen diese Bundesexekution. Wenn derselbe Mann, der damals Preußen gegen eine Exekutive verteidigt hat, sich jetzt selber entschließen muß, gegen dasselbe Preußen eine Reichsexekution anzuordnen, so ist das ein bedeutungsvoller, erstaunlicher Vorgang."[13] Durch den Preußenschlag habe der Reichspräsident „die Dignität und die Ehre Preu-

---

8 Schmitt, Die Verfassungsgemäßheit der Bestellung eines Reichskommissars, S. 958.
9 Zu diesem Strategiewechsel und „Rückzug" des Reiches wie überhaupt Seiberth, Anwalt des Reiches, S. 97ff., 165ff., hier: 106 („steckengebliebener Staatsstreich").
10 Carl Schmitt: Plädoyer, in: Preußen contra Reich vor dem Staatsgerichtshof. Stenogrammbericht der Verhandlungen vor dem Staatsgerichtshof in Leipzig vom 10. bis 14. und vom 17. Oktober 1932, Berlin 1932, S. 40.
11 Schmitt, Plädoyer, S. 177.
12 Schmitt, Plädoyer, S. 468.
13 Schmitt, Plädoyer, S. 469.

ßens" bewahrt. Das Reich sei am 20. Juli „der Treuhändler und der Hüter" der Ehre Preußens gegen den Parteienstaat gewesen![14] Ins Tagebuch notiert Schmitt: Hermann „Heller tobte los, protestierte gegen die Beschimpfungen Brauns und Severings, schrie hysterisch usw. Deprimiert und traurig, Gefühl des Besiegten." (TB 17. 10. 1932) Schmitt spricht von der deutschen Sendung Preußens, im Reich aufgegangen und als selbstständige politische Macht untergegangen zu sein, von einer „Nachgeschichte" Preußens, die mit der Reichsgründung begann.[15]

Das Urteil vom 25. Oktober bringt eine „Teilung" der preußischen Staatsgewalt und massive Lähmung der wiedereingesetzten preußischen Regierung, aber auch eine Schwächung des Präsidialsystems. Schmitt empfindet den Prozess als bittere Niederlage. Er erklärt umgehend seine förmliche Annahme eines Rufes nach Köln.[16] Schmitt spricht damals in Vorträgen über seine Erfahrungen. Am 4. November malt er in einem Vortrag über „Konstruktive Verfassungsprobleme" unter dem Eindruck des Leipziger Prozesses das Reichsproblem kräftig aus; er zeichnet ein Bild vom „Parteien-Bundesstaat", dem die „bundesstaatliche Selbständigkeit der einzelnen Länder in weitem Maße nur noch ein Stützpunkt"[17] der Parteipolitik ist und die Unterscheidung von Staat und Gesellschaft als „Voraussetzung jeder vernünftigen Ordnung und Freiheit" in der allgemeinen Politisierung untergeht. Am 10. November spricht er auf Einladung der Deutschen Gesellschaft 1914 e. V. in Berlin über „Das Leipziger Urteil".

Die Reichstagswahlen vom 6. November 1932 bringen zwar erhebliche Stimmenverluste der NSDAP auf hohem Niveau, bestätigen aber erneut die parlamentarische Unregierbarkeit des Reiches. Mangels parlamentarischer Alternativen erhält Papen zwar von Hindenburg erneut den Auftrag für eine Kabinettsbildung. Seine Minister aber erklären sich nun gegen ihn. General Kurt von Schleicher, Reichswehrminister unter Papen und strategische Eminenz im Hintergrund, wird daraufhin am 2. Dezember von Hindenburg zum Reichskanzler ernannt. Umgehend erhält Schmitt den Auftrag, eine Proklamation für den Reichspräsidenten auszuarbeiten. Der Entwurf kommt aber nicht zum Zug. Nun ist Schmitt

---

14 Schmitt, Plädoyer, S. 469; Hans-Joachim Schoeps schickte Schmitt 1952 seine Broschüre „Die Ehre Preußens" (1951). Schmitt antwortet darauf (Brief vom 13. 9. 1952 an Schoeps – RW 265-13503) zustimmend auch mit Sendung der Schlussansprache, der Staat Preußen sei 1918 gestorben, habe aber in seinen Menschen noch fortgelebt. Schmitt verweist auf seinen „Freund" Johannes Popitz als einen letzten Preußen und datiert die Liquidierung Preußens damit gegenüber Schoeps auf den Widerstand gegen Hitler und den 20. Juli 1944.
15 So Hans-Joachim Schoeps: Preußen. Geschichte eines Staates. Bilder und Zeugnisse, Berlin 1981, S. 273ff.
16 Brief Schmitts vom 1. 11. 1932 an den zuständigen Ministerialrat (RW 265-13592).
17 Carl Schmitt: Konstruktive Verfassungsprobleme, in: Günter Maschke (Hrsg.); Staat, Großraum, Nomos. Arbeiten aus den Jahren 1916 bis 1969, Berlin 1995, S. 55–64, hier: 59.

plötzlich beim „Kanzler-General nicht mehr gefragt",[18] aus dem Machtzentrum verbannt. Schleicher tritt aus dem Schatten Papens mit einem Querfront-Plan hervor, der eine Tolerierungsmehrheit quer durch die Parteien sucht und gezielt auf eine Spaltung der NSDAP setzt. Papen untergräbt diese Bemühungen, indem er die Verständigung mit Hitler sucht. Schmitts Lage nach dem 3. Dezember ist erstaunlich. Von Papen gerade noch mit der Leipziger Prozessverteidigung und gar der Ausarbeitung eines Verfassungsentwurfs betraut, setzt ihm Schleicher den Stuhl vor die Tür der Macht. Demütigender noch: Er meldet sich einfach nicht. Der plötzliche Sturz zeigt die schwache Stellung des „Kronjuristen". Er wurde nur „okkasionell" herangezogen und gebraucht.

Am 18. Januar hält Schmitt seine Abschiedsvorlesung und Reichsgründungsrede an der Berliner Handelshochschule. Während Rudolf Smend[19] in der Universität nebenan die politischen Traditionen des Bürgertums gegen den Bourgeois verteidigt, kritisiert Schmitt die staatlichen und bündischen Hypotheken der Länder und verteidigt das Primat des „Reiches". Mitte Januar sucht er noch einmal Einfluss. Er sucht Schleicher zu einem juristisch weniger strittigen Notstandsplan zu bewegen: zur Nichtanerkennung eines Misstrauensvotums durch den Reichspräsidenten. Dieser Weg hätte den Vorteil gehabt, als Alternative zum alten Staatsnotstandsplan „unbestimmter Vertagung" weniger mit dem Odium des Verfassungsbruchs belastet zu sein und damit Hindenburgs Furcht vor einer Präsidentenanklage zu berücksichtigen.[20] Schleicher hält aber am älteren Plan fest.[21]

Schleichers Plan, damals eine „letzte Möglichkeit" der Weimarer Republik, findet breiten Widerspruch. Hindenburg verweigert Schleicher am 28. Januar seine Unterstützung, und das letzte Weimarer Präsidialregime ist gescheitert. Mit Papen wird Hitler für Hindenburg nun akzeptabel. Mit der Ernennung Hitlers übergibt Hindenburg die Kanzlerschaft an den erklärten Verfassungsfeind. Schmitt notiert ins Tagebuch: „Der Hindenburg-Mythos ist zu Ende.[22] Scheußlicher Zustand. Schleicher tritt zurück; Papen oder Hitler kommen. Der alte Herr ist ver-

---

18 Darstellung weitgehend nach Wolfram Pyta/Gabriel Seiberth: Die Staatskrise der Weimarer Republik im Spiegel des Tagebuchs von Carl Schmitt, in: Der Staat Jg. 38 (1999), S. 423–448 u. S. 594–610.
19 Rudolf Smend: Bürger und Bourgeois im deutschen Staatsrecht, Berlin 1933, in: Ders.: Staatsrechtliche Abhandlungen, Berlin 1955, S. 309–325.
20 So Lutz Berthold: Carl Schmitt und der Staatsnotstandsplan am Ende der Weimarer Republik, Berlin 1999; vgl. Seiberth, Anwalt des Reiches, S. 248ff.
21 Eugen Ott ging nach 1933 als Botschafter nach Japan. Er hielt losen Kontakt zu Schmitt (Briefe von 1932 bis 1951 in: RW 265-10741/46).
22 Dazu jetzt großangelegt Wolfram Pyta: Hindenburg. Herrschaft zwischen Hohenzollern und Hitler, Berlin 2007.

rückt geworden." Schmitt setzt freilich selbst auf diesen „Mythos", obgleich er die „Machtfülle" des Amtes sieht. Vom Chef der Zentrumspartei, Prälat Ludwig Kaas,[23] wird er damals wegen seiner Unterstützung Schleichers öffentlich angegriffen. Schmitt antwortet darauf am 30. Januar noch in einem offenen Brief an Kaas mit einem Bekenntnis zum „Sinn" der Verfassung; er „relativiere nicht das Staatsrecht, sondern kämpfe gegen einen Staat und Verfassung zerstörenden Missbrauch".[24] Am 30. Januar liegt er mit Grippe zu Bett. Er bittet den Volkstums-Publizisten Wilhelm Stapel zu Besuch und spricht über Preußen.[25] Die persönliche Niederlage mit Schleicher und die Niederlage Schleichers kommen zusammen. Der Kampf gegen Hitler ist gescheitert. Und welche Zukunft hat er nun unter Hitler?

Die neue Legitimität: Rache für Leipzig

Der Systemwechsel ist mit der Ernennung Hitlers zum Kanzler noch längst nicht beschlossen. Schnell schaffen die Nationalsozialisten aber Tatsachen. Verordnungen erzeugen ein Klima der Repression und Angst. Nach dem Reichstagsbrand vom 28. Februar bringt die Verordnung zum „Schutz von Volk und Staat" (Reichstagsbrandverordnung) ein faktisches Verbot der KPD und der SPD-Presse. Bei den Reichstagswahlen am 5. März erreicht die NSDAP trotz vielfältiger Manipulationen nur 43,9 %, was aber für eine knappe absolute Mehrheit der Regierungskoalition langt. Umgehend fordert und plant Hitler ein Ermächtigungsgesetz. Schmitts Sicht Hitlers schwankt damals. Es sei „wie im Urwald, man weiß nicht, ist er eine Taube oder eine Schlange." (TB 20. 2. 1933) Der „Tag von Potsdam" inszeniert am 21. März das Schauspiel der Versöhnung mit dem Bürgertum. Am 23. März folgt das „Ermächtigungsgesetz" mit Zustimmung insbesondere der Zentrumspartei nur gegen die Stimmen der SPD. Die kommunistischen Abgeordneten waren nach dem Reichstagsbrand verhaftet worden. Die Abstimmung kommt unter großem Druck zustande. Zahlreiche Abgeordnete fürchten um Leib und Leben. Rückblickend erklären viele Akteure das Ermächtigungsgesetz poli-

---

[23] Prälat Kaas an Schleicher und Hindenburg: Kein Staatsnotstand, sondern eines Regierungssystems!, in: Germania 29, 29. 1. 1933, S. 1; Abdruck des Briefes auch in Koellreutters Jahrbuch des öffentlichen Rechts der Gegenwart, Jg. 21 (1933/34), S. 141–142.
[24] Der Brief ist vollständig abgedruckt in: Aussprache zu Ernst Rudolf Huber, Carl Schmitt in der Reichskrise der Weimarer Endzeit, in: Quaritsch (Hrsg.), Complexio Oppositorum, S. 53.
[25] Brief Wilhelm Stapels vom 4. 2.1933 an E. G. Kolbenheyer (in: Schmittiana 5, 1996, S. 48).

tisch für relativ unwichtig.²⁶ Der *Völkische Beobachter* titelt aber: „Der Reichstag übergibt Adolf Hitler die Herrschaft."²⁷ Nach dem Reichspräsidenten übergibt nun auch die Legislative den Nationalsozialisten die Macht. Nun erst ist der Übergang einer kommissarischen in die souveräne Diktatur vollzogen.

Schon am 23. März vereinbart Schmitt einen Artikel über das Ermächtigungsgesetz und markiert umgehend in der *Deutschen Juristen-Zeitung* die revolutionäre Bedeutung des Gesetzes.²⁸ Er stellt in aller Deutlichkeit heraus, dass die Regierung als neuer Gesetzgeber eingesetzt ist und ihre Legitimität auch als „Ausdruck des Sieges der nationalen Revolution"²⁹ hat. Er liest eine institutionelle Garantie für den Reichstag heraus und stellt die Frage nach der „Identität der gegenwärtigen Regierung";³⁰ dabei zielt er einerseits auf Hitlers Sieg über Papen, andererseits auf die „Mitarbeit von Fachministern" (wie sein Vertrauter Johannes Popitz), die den überparteilichen und nationalen Charakter der Regierung sichern sollen. Erst nach diesem Ermächtigungsgesetz wechselt er sofort auf den Boden der neuen Legitimität über. Seine Haltung zum Nationalsozialismus hängt also vom Legitimitätswandel ab: Vor dem 30. Januar steht Schmitt auf dem Boden der Legitimität Weimars gegen die Nazis. Nach dem 23. März stellt er sich auf den Boden der neuen NS-Legitimität. Seine Überlegungen formuliert er Ende März ausgerechnet auf einer Tagung in Weimar schärfer in Richtung auf eine „Anerkennung der nationalen Revolution". Er spricht vom „Staatsnotrecht" und einem „Sprung über die Grenze der Legalität". In Weimar erklärt er die Weimarer Verfassung Ende März 1933 für erledigt.³¹ Schmitt sieht, dass er seine bisherige Rolle als Kronjurist nur unter nationalsozialistischen Vorzeichen weiter wird spielen können. Beim Zwischenstopp in Jena bespricht er am 29. März mit Otto Koellreut-

---

26 Dazu die Dokumentation von Rudolf Morsey (Hrsg.): Das „Ermächtigungsgesetz" vom 24. März 1933. Quellen zur Geschichte und Interpretation des „Gesetzes zur Behebung der Not von Volk und Reich", Düsseldorf 1992.
27 Der Reichstag übergibt Adolf Hitler die Herrschaft, in: Völkischer Beobachter (Berliner Ausgabe),24. 3 1933; Schmitt hat die Ausgabe aufbewahrt (RW 265-18695)
28 Carl Schmitt: Das Gesetz zur Behebung der Not von Volk und Reich, in: Deutsche Juristen-Zeitung, Jg. 38 (1933), Sp. 455–458; dazu aus Schmitts Kreisen vgl. Hans Schneider: Das Ermächtigungsgesetz vom 24. März 1933. Bericht über das Zustandekommen und die Anwendung des Gesetzes, Bonn 1961; vergleichend Roman Schnur: Die Ermächtigungsgesetze von Berlin 1933 und Vichy 1940 im Vergleich, Tübinger Universitätsreden Bd. VIII, Tübingen 1993.
29 Schmitt, Gesetz zur Behebung der Not, S. 456.
30 Schmitt, Gesetz zur Behebung der Not, S. 457.
31 Carl Schmitt: Das Staatsnotrecht im modernen Verfassungsleben, in: Deutsche Richterzeitung Jg. 25 (1933), 254–255, hier: 254. Der Text erschien erst im Herbst. Die Mitschrift von Carl Theodor Brodführer hat Schmitt selbst autorisiert.

ter die Selbstauflösung der Staatsrechtslehrervereinigung.[32] Schmitt fährt dann nach München und trifft dort auch seinen alten Mentor, Fritz van Calker. Schon damals ist eine Berufung nach München über Calkers einstigen Assistenten Hans Frank im Gespräch. In diesen Tagen erfolgt ein grundlegender „Perzeptions- und Gesinnungswandel".[33] Schmitt stellt von den Differenzen auf die Affinitäten um[34] und entschließt sich als „Märzgefallener", den neuen Boden zu akzeptieren und mit den Wölfen zu heulen. Am 31. März folgt das vorläufige Gesetz zur „Gleichschaltung der Länder mit dem Reich". Noch am gleichen Tag erhält Schmitt in München ein Telegramm des befreundeten Johannes Popitz: „Morgen Nachmittag 5 Uhr Sitzung im Staatsministerium."[35] Schmitt erhält ein offizielles Schreiben Papens,[36] dass er in die Kommission berufen sei. Will er im Nationalsozialismus eine Rolle spielen, muss er jetzt aufspringen. Sein ungestillter Ehrgeiz im Präsidialsystem verbindet sich mit neuen Hoffnungen. Nun arbeitet er in Berlin mit Popitz zusammen am Reichstatthaltergesetz. Schmitt trifft Frick, Papen, Göring und andere. Ins Tagebuch notiert er: „Der Bürokrat Frick hatte Bedenken, schlechter Eindruck, feige und schurkisch. Göring dagegen schwungvoll. Schmiß die Sache in einigen Minuten." Schmitt ist vom soldatischen Habitus beeindruckt und „berauscht": „vielleicht der richtige Typus für diese Zeit" (TB 3. 4. 1933) Bei einem Presseempfang erlebt er Hitler wie einen „Stier in der Arena. Erschüttert von diesem Blick." (TB 6. 4. 1933)

Die folgenden Tage schreibt er seine Broschüre über das „Reichsstatthaltergesetz". Der negative Bezug auf den Leipziger Prozess ist ein Grundton der Kommentierung. Sein knapper Kommentar erscheint schon am 20. April in einer Schriftenreihe *Das Recht der nationalen Revolution*. Schmitts Erläuterungen gehen vom Preußenschlag und Leipziger Prozess sowie vom Ermächtigungsgesetz aus, das nun die „vorläufige Verfassung der deutschen Revolution"[37] heißt. Das

---

32 Michael Stolleis: Geschichte des öffentlichen Rechts in Deutschland, Bd. III, München 1999, S. 315.
33 So schon Koenen, Der Fall Carl Schmitt, S. 227.
34 So Koenen, Der Fall Carl Schmitt, S. 249.
35 Carl Schmitt im Gespräch mit Dieter Groh und Klaus Figge, in: Piet Tommissen (Hrsg.): Over en in zake Carl Schmitt, Brüssel 1975, S. 89–109, hier: S. 106.
36 Schreiben von Papens vom 31. 3. 1933 an Schmitt (Tommissen-Material RW 579-672). Das Schreiben erwähnt als Mitglieder der Kommission: Frick, Popitz, Schmitt, Papen. Ein Schreiben im Auftrag des preußischen Ministerpräsidenten spricht allerdings nur von einer „gutachterliche Stellungnahme" (Brief vom 12. 5. 1933 an den Staatssekretär der Reichskanzlei (RW 265-2159).
37 Carl Schmitt: Das Reichsstatthaltergesetz, Berlin 1933, S. 9; vgl. Carl Bilfinger: Das Reichsstatthaltergesetz, in: Archiv des öffentlichen Rechts Jg. 24 (1933), S. 161–254; der Verleger zeigt sich sehr zufrieden. Ende 1933 sind 8.000 Exemplare von Schmitts Schrift verkauft (Heymanns-Verlag am 20. 12. 1933; RW 265-16907); noch am 12. 2. 1935 wünscht er eine „Neubearbeitung" (RW 265-16909).

große Wort der Broschüre heißt „Gleichschaltung". Der Reichsstatthalter hat die Aufgabe einer Durchsetzung der „Reichsgewalt" durch „Gleichschaltung" der Länder. Im Konfliktfall entscheidet das Reich. Die Länder sind „vom Reiche her politisch gleichgeschaltet".[38] Eine Bestandsgarantie des territorialen Status quo gibt es nicht. Nur in Preußen gibt es keinen Statthalter. Dort übt der Reichskanzler die Rechte des Reichsstatthalters selber aus und kann sie dem preußischen Ministerpräsidenten übertragen. Hitler tat das am 25. April für Göring, der sich dadurch in besonderer Beziehung zu Hitler wusste.

Die Arbeit am Reichsstatthaltergesetz ist für Schmitts Schritt in den Nationalsozialismus enorm wichtig. Noch bevor er Parteimitglied ist, wirkt er als „Kronjurist" der Revolution. Dieser Verführung erliegt er. Die Rolle des Kronjuristen will er weiter spielen. Mit dem Nationalsozialismus scheint möglich, was vorher verfassungspolitisch noch nicht zu machen war. Am 25. April tritt er mit Wirkung vom 1. Mai in die Partei ein (Nr. 2098860). Seine Radikalisierung tritt nun krass hervor. Am 26. April kommt der Bonner Schüler Werner Becker zu Besuch.[39] „Große Enttäuschung. Er ist Seelsorger in Marburg geworden, erzählte von dem Rabbiner, dem man den Bart abgeschnitten hat und den er als katholischer Priester schützen wollte. Wir lachten ihn aus." (TB 26. 4. 1933)[40] In diesen Tagen macht sich Schmitt an die Überarbeitung des „Begriffs des Politischen" (TB 25.–27. 4. 1933). Er nimmt einige begriffliche Präzisierungen und nationalsozialistische Assoziationen vor, tilgt vor allem jede Historisierung der Begriffsbestimmung. Die Umarbeitung stilisiert ein Pathos des Aufbruchs, wie es aus vielen rhetorisch gepressten Antrittserklärungen im Nationalsozialismus bekannt ist. Schmitt fährt dann ins Kloster Maria Laach, wo auf einer „Führertagung" das Verhältnis des deutschen Katholizismus zum Nationalsozialismus diskutiert wird.[41] Einen Abschluss erhalten seine Überlegungen zur Reichsreform am 16. Juni durch seine Kölner Antrittsvorlesung *Reich-Staat-Bund*, die begriffs- und verfassungsgeschichtlich zeigt, woher die bundesstaatliche Deutung des Reiches stammte. Es kam daher, meint Schmitt, dass das alte Reich in den Dualismus von Österreich und Preußen sowie weitere Staatsbildungen zerfiel und die Bundeslehre „der

---

38 Schmitt, Reichsstatthaltergesetz, S. 12.
39 Dazu der Brief Werner Beckers vom Ostersonntag 1933 an Schmitt, in: Piet Tommissen (Hrsg.): Werner Becker. Briefe an Carl Schmitt, Berlin 1998, S. 53.
40 Brief Werner Beckers vom 8. 10. 1971 an Tommissen (RW 265-1158): „1933 habe ich mich mit ihm [Schmitt] über die Frage des Antisemitismus verzankt, und erst 1940 kam es zu einem Wiedersehen, als ich ihn zufällig in Berlin auf der Straße traf."
41 Dazu vgl. Marcel Albert: Die Benediktinerabtei Maria Laach und der Nationalsozialismus, Paderborn 2004, S. 37ff.

Verbündete des Staatsbegriffs gegen den Reichsbegriff" wurde;[42] sie mobilisierte die politische Selbstständigkeit der Länder. Die Gefahr eines solchen Bündnisses des Bundesbegriffs mit dem Staatsbegriff habe sich noch im Leipziger Prozess gezeigt. Unter dem „Eindruck einer bestimmten Verfassungstheorie und bundesstaatsrechtlichen Begriffsbildung"[43] sei Preußen dort ein „Recht auf eigene Politik" bestätigt worden. Diese verfassungsgeschichtliche Revision des Leipziger Urteils, Kritik an der föderalistischen Verteidigung der Eigenstaatlichkeit Preußens, wirkt als Antrittsvorlesung eines „Kronjuristen" eigentümlich rückwärtsgewandt und „posthum". Schmitt veröffentlicht sie auch erst 1940. Während er überall in die Programmatik greift und den „Geist" des neuen Staatsrechts erbauen will, blickt er hier zurück. Erklärlich ist das nur mit dem tiefen Stachel, den ihm der Leipziger Prozess versetzte. Mit den Nationalsozialisten will Schmitt sich für seine Leipziger Niederlage rächen.

Die Kontinuität mit dem Preußenschlag stellt er am 23. Juli im *Westdeutschen Beobachter* unter dem Titel „1 Jahr deutsche Politik"[44] heraus. Der „Preußenschlag" sei eine „Glanzleistung" gewesen; der Regierung Braun-Severing sei die Macht „in wenigen Sekunden aus der Hand geschlagen" worden: „Das Weimarer System verlor damit seine Hauptfestung." Doch „die Besiegten des 20. Juli flohen nach Leipzig vor den Staatsgerichtshof." Erst Hitler habe die Entscheidung gebracht. Schmitt gibt dem Preußenschlag hier den einzigen Sinn, die preußische Regierung als „Hauptfestung" Weimars zu schleifen. Von der alte Richtung gegen den Nationalsozialismus schweigt er nun. Der Artikel belegt das zentrale Motiv und Bedürfnis, den Nationalsozialismus in der Kontinuität von 1932 zu sehen. Das muss Schmitt allerdings bald zurücknehmen. Er kann den Nationalsozialismus nicht nur als Restauration des „deutschen Militär- und Beamtenstaates" feiern. Die Anknüpfung an diese Traditionen, für die Hegel stand, bleibt aber ein zentrales Motiv seiner verfassungsgeschichtlich akzentuierten Programmschriften.

---

42 Carl Schmitt: Reich-Staat-Bund, in: Ders.: Positionen und Begriffe im Kampf mit Weimar-Genf-Versailles 1923–1939, Hamburg 1940, S. 190–198, hier: 193 (Schmitts Sammlung erschien Ende 1939); dazu noch Schmitts Besprechung: Die Bedeutung des Rheinbundes für die spätere deutsche Verfassungsgeschichte, in: Deutsche Juristen-Zeitung Jg. 41 (1936), Sp. 626–625.

43 Schmitt, Reich-Staat-Bund, S. 195; dazu vgl. Ernst Rudolf Huber, Reichsgewalt und Staatsgerichtshof, Oldenburg 1932.

44 Carl Schmitt: 1 Jahr deutsche Politik. Rückblick vom 20. Juli. Von Papen über Schleicher zum ersten deutschen Volkskanzler Adolf Hitler, in: Westdeutscher Beobachter, 23. 7. 1933, S. 1; der Artikel erschien in einer leicht gekürzten Fassung auch in der Plettenberger Tageszeitung „Süderländer Tageblatt", 29. 7. 1933, S. 1; ausführlicher dann Carl Schmitt: Staatsgefüge und Zusammenbruch des zweiten Reiches. Der Sieg des Bürgers über den Soldaten, Hamburg 1934, S. 46ff.

Preußischer Staatsrat

Seit April ist Schmitt bestrebt, Machtpositionen aufzubauen und nationalsozialistische Politik zu machen. Den Einstieg fand er über Popitz, Papen und Göring in der Konsequenz des Preußenschlags. Für seinen weiteren Aufstieg wird dann der „Parteijurist" Hans Frank (1900–1946) wichtig. Er beruft Schmitt nach München und in die Akademie für Deutsches Recht. Bald erhält Schmitt auch einen Ruf an die Berliner Universität. Der Staatssekretär des Innenministeriums, Wilhelm Stuckart, schreibt am 10. August 1933, dass man Bemühungen eingeleitet habe, ihn in Preußen zu halten. Ironie der Berufung: Der Liquidator des Landes Preußen soll unter Berufung auf Preußen nach Berlin kommen! Am 1. September erhält Schmitt den Ruf. Umgehend antwortet er dem Ministerialrat Ahlmann: „Ich empfinde diese Berufung auf einen Berliner Lehrstuhl als die höchste Auszeichnung, die mir in meinem Beruf zu teil werden kann."[45] Damals formiert sich der preußische Staatsrat neu. Der *Völkische Beobachter* titelt am 9./10. Juli: „Ein großer Wurf nationalsozialistischer Gesetzgebung. Einbau der N.S.D.A.P. in den preußischen Staat."[46] Das neue Gesetz über den Staatsrat tritt am 11. Juli in Kraft.[47] Am gleichen Tag wird Schmitt zum Staatsrat ernannt. Umgehend publiziert er in der NSDAP-Parteizeitung *Westdeutscher Beobachter* einen Artikel über „Die Bedeutung des neuen Staatsrats". Der langjährige Kölner Oberbürgermeister und Präsident des alten Staatsrats, Konrad Adenauer, tritt aus und der gerade in Köln angetretene Staatslehrer Schmitt kommt hinein. Der Kölner *Westdeutsche Beobachter* bringt beide Meldungen nebeneinander auf der ersten Seite und druckt Görings Berufungsschreiben gleich mit ab.[48] Am 15. September 1933 ist dann die feierliche Eröffnung des Staatsrats in Berlin. Anderentags hält Schmitt im Neuen Palais zu Potsdam in Anwesenheit von Göring, Himmler und Röhm auf der ersten Arbeitssitzung das Referat über „Wesen und Gestaltung der kommunalen Selbstverwaltung im Nationalsozialismus".[49] Schmitt erhofft sich von der neuen Institution größten Einfluss. Über die faktische Ohnmacht des „Staatsorgans" täuscht er sich hinweg. Beratung sei besser als Abstimmung. „Ein guter Berater kann bei einer guten Führung wesentliche Einflussmöglichkeiten haben", adressiert Schmitt sich damals an Göring. Den Satz „Der Staatsrat stimmt nicht ab" nennt er „ein großartiges Zeichen

---

45 Brief Schmitts vom 4. 9. 1933 an den Ministerialrat (RW 265-12760).
46 Ein großer Wurf nationalsozialistischer Gesetzgebung. Einbau der N.S.D.A.P. in den preußischen Staat, in: Völkischer Beobachter (Norddt. Ausgabe), 9./10. 7. 1933, S. 1 (RW 265-20083).
47 Dazu vgl. Joachim Lilla: Der Preußische Staatsrat 1921–1933. Ein biographisches Handbuch. Mit einer Dokumentation der im „Dritten Reich" berufenen Staatsräte, Düsseldorf 2005, S. 23ff.
48 Westdeutscher Beobachter, 12. 7. 1933 (RW 265-18895).
49 Fotodokumentation RW 265-20083.

der Zeitenwende". Der „Staatsrat" soll nur ein Vorlauf für einen neu zu schaffenden „Führerrat" sei.[50] Schmitt will „Führer des Führers" werden. Tunlichst sprechen Studenten damals nicht den „Professor", sondern den „Herrn Staatsrat" an.[51] Er setzt mit Hans Franks Akademie für Deutsches Recht und Görings Preußischem Staatsrat auf zwei neue Institutionen und Alternativen zur ministeriellen Gesetzgebungsarbeit. Seine Erwartung, dass der revolutionäre Bewegungsstaat neue Wege und Institutionen der Gesetzgebung finden würde, ist damals zwar nicht ganz abwegig. Die Rechnung geht aber nicht auf. Der Staatsrat kommt nur zu sechs Arbeitssitzungen zusammen, zuletzt am 5. März 1936, und die Akademie für Deutsches Recht bleibt eine Akademie weitgehend ohne gesetzgeberischen Einfluss. Schon Mitte 1934, nach dem 30. Juni, sieht Schmitt deshalb seine juristisch-institutionelle Sinngebung weitgehend als gescheitert an; er verabschiedet sich aber noch nicht vom Nationalsozialismus, sondern geht nun zu einer antisemitischen Sinngebung und mythischen Rechtfertigung über. Spätestens 1942 verabschiedet er sich dann vom Ordnungsmodell „Reich".

Wie genau er die Verfassungsfähigkeit des Nationalsozialismus – vor und nach 1934 und 1939 – einschätzte, ist zwar sehr umstritten. Völlig falsch wäre es aber, Schmitts verfassungspolitische Ambitionen nach dem 23. März für gering zu halten und sein Selbstverständnis als „Staatsrat" lediglich symbolisch zu nehmen. Es war kein bloßes Prestigebedürfnis, sondern ein strategisches Kalkül, das Schmitt gegen die alte Ministerialbürokratie auf die Institutionen des Staatsrates und der Akademie für Deutsches Recht setzen ließen. Nach 1945 schrieb er gerne in Widmungsexemplare: „Staaten vergehen, Staatsräte bestehen!" Er spielte damit auf seinen Titel an, den Göring ihm verliehen hatte, und meinte sein „Bestehen" auch moralisch-politisch. Immer wieder versicherte er, dass ihm der Titel des „Preußischen Staatsrats" wichtiger sei als ein Nobelpreis. Gerne ließ er sich auch nach 1945 noch als „Staatsrat" anreden und anschreiben, war ihm der Titel doch auf „Lebenszeit" verliehen worden.

Schluss

Bei komplexen Problemen empfiehlt sich oft ein Ökonomieprinzip: Möglichst einfach argumentieren! Meine Skizze stellte deshalb nur Schmitts verfassungs-

---

[50] Carl Schmitt: Staat, Bewegung, Volk, Hamburg 1933, S. 35; vgl. Schmitts Brief vom 19. 11. 1933 an Huber; dazu Hubers Antwort vom 21. 11. 1933 an Schmitt.
[51] Darauf wies der Bonner Schüler Werner Becker den Studenten Jestaedt hin. Jestaedt bezeugt das in einem Brief vom 19. 4. 1993 an Piet Tommissen, der abgedruckt ist in: Becker, Briefe an Carl Schmitt, S. 115.

politische Überlegungen zur „Reichsreform" heraus: die zentrale Bedeutung des Preußenschlags und der Leipziger Erfahrung für Schmitts Weg in den Nationalsozialismus. Sie sah Schmitt nicht als Anwalt Preußens, sprach nicht von „Preußen als Argument", sondern vom „Preußenschlag als Argument". Es war nicht von einem „anderen" oder „geistigen Preußen" die Rede, sondern von einem verfassungspolitischen unitarischen Kampf gegen einen Dualismus der Regierungen und Souveränitäten. Schmitts nationalsozialistischer „Führerstaat" sah anders aus als Hegels konstitutionelle Monarchie. Schmitt baute die konstitutionellen Formen ab und betrachtete den „Führer" nicht als familiär sorgenden Monarchen. Er wünschte keine weltanschauliche Neutralität und Toleranz, verwechselte den Nationalsozialismus zu keinem Zeitpunkt mit einem neuen Preußen und wünschte Preußen nicht zurück.[52] Für ihn war Hegels Staat im Nationalsozialismus „gestorben". Schmitt verwechselte den Nationalsozialismus auch nicht mit dem italienischen Faschismus und stand in dieser Alternative nach 1933 nicht eindeutig auf der Seite Mussolinis. Die „Ehre Preußens" setzte er in Preußens deutsche Sendung und Preußens politische Entmachtung durch einen starken Einheitsstaat. Schmitt machte sich über Legenden vom „Widerstand durch Mitarbeit" gelegentlich lustig. In seinen Programmschriften *Staat, Bewegung, Volk* und *Staatsgefüge und Zusammenbruch des zweiten Reiches* beschwor er seit dem Dezember 1933 zwar preußische Traditionen des „Militär- und Beamtenstaates", wie sie Hegel auf den Begriff gebracht hatte. Oft wurde Schmitt in diesen Traditionen als „etatistischer" Aufhalter gesehen. Das ist gewiss nicht gänzlich abwegig. Schon im Frühjahr 1933 vertrat Schmitt aber auch andere Tendenzen: die revolutionäre Option für neue Institutionen – den „Staatsrat", einen „Führerrat" und die Akademie für Deutsches Recht als Alternative zur ministeriellen Gesetzgebungsarbeit – sowie den scharfen Antisemitismus. In Berlin formierte sich dann langsam eine preußische Gegnerschaft gegen den Nationalsozialismus. Schmitt kehrte sich aber auch nach seinem Karrieresturz im Dezember 1936 nicht eindeutig vom Nationalsozialismus ab. Am 25. August 1950 äußerte er sich gegenüber Ernst Rudolf Huber, seinem einstigen Mitstreiter im „Preußenschlag", dann skeptisch gegen „Idealisierungen" der Lage des Widerstandes und gegen „gewisse, unkritische Idealisierungen der Demokratie": „Hitlers Macht hatte alle Legali-tät und sogar die demokratische Legitimität auf ihrer Seite", schrieb Schmitt. „Im Deutschland des Hitler-Regimes gab es aber nicht einmal den Schatten einer Gegen-Regierung! Ich höre, die Gördeler-Leute behaupten heute, sie hätten eine Regierung gebildet. Ich habe einiges davon bei Popitz und Jessen aus nächs-

---

[52] Dazu Carl Schmitt: Faschistische und nationalsozialistische Rechtswissenschaft, in: Deutsche Juristen-Zeitung, Jg. 41 (1936), Sp. 619–620.

ter Nähe beobachten können." Schmitt spottete über diese „Helden" der „Ehre Preußens".[53]

Topik der Entscheidungsgründe für den Nationalsozialismus

Das unitaristische Motiv und die Rache für Leipzig allein führten Schmitt nicht in den Nationalsozialismus. Machen wir uns zum Abschluss in einer kleinen Übersicht diverse Entscheidungsmotive klar. Schmitt hätte weitere aus dem Ärmel geschüttelt.

1. Die Liberalismuskritik: Der Nationalsozialismus realisiert mein Konzept einer autoritären, antiliberalen Führerdemokratie.
2. Das Nationalismus-Argument: Der Nationalsozialismus hat als „nationale Revolution" die Legitimität des „deutschen" Widerstandes gegen die „Sieger" von 1918 für sich!
3. Das pluralismuskritische Argument: Der „Parteienstaat" spaltet die „Einheit" des Volkswillens!
4. Das föderalismuskritische Argument („Preußenschlag-Argument"): Die Eigenstaatlichkeit der Länder und insbesondere der „Dualismus" Preußen/Deutschland schwächen die Reichseinheit bis zur Unregierbarkeit!
5. Das Patriotismus-Argument: Wir müssen uns der Weltöffentlichkeit gegenüber loyal zeigen!
6. Das Legalitätsargument: Der Nationalsozialismus errang die Macht auf legalem Weg! Hitler wurde vom Reichspräsidenten ernannt und vom Reichstag ermächtigt!
7. Das Legitimitätsargument: Der nationalsozialistische Führerstaat ist demokratisch und plebiszitär legitimiert!
8. Die persönliche Enttäuschung: Hindenburg hat versagt! Ein anderer „Mythos" muss her!
9. Die persönliche Rache: Schleicher ließ mich fallen! Papen war treuer! Er soll es machen!
10. Das Charisma-Konzept: Hitler ist ein charismatischer Führer! Göring und Frank sind es auch!
11. Das soziale Argument: Hitler schafft einen undemokratischen Wohlfahrtstaat!
12. Das Wirtschaftsstaats-Argument: Wir brauchen einen neuen Staatssozialismus! Nur ein faschistischer Staat setzt das Primat der Politik über der Wirtschaft durch!
13. Das Zähmungsargument: Ich muss Schlimmeres verhüten helfen!
14. Das Reformismus-Argument: Ich habe rechtspolitische Ideen!
15. Die romantizistische Homogenitätsutopie: Deutschland muss wieder eine große Gemeinde werden!
16. Die Haltung der Zentrumspartei: Prälat Kaas und das Zentrum haben sich arrangiert und Hitler ermächtigt!

---

53 Dazu damals Hans-Joachim Schoeps: Die Ehre Preußens, Stuttgart 1951; Gerhard Ritter: Carl Goerdeler und die deutsche Widerstandsbewegung, Stuttgart 1954.

17. Das kirchenpolitische Argument: Die Kirche muss ihre Institutionen sichern und einen Modus vivendi finden!
18. Das Obrigkeits-Argument: Juristen müssen als Funktionselite staatstragend und loyal sein!
19. Das Opportunismus-Argument: Es ist nicht so schlimm! Die anderen machen auch mit!
20. Das Karriere-Argument: Ich will weiteren Aufstieg!
21. Die fehlende Alternative: Als deutscher Jurist kann ich nur in Deutschland arbeiten! Ich kann nicht emigrieren!
22. Das Hybris-Argument: Ich bin ein (großer, unersetzbarer) deutscher Jurist! Nur ich kann es richten!
23. Das Picaro-Argument: Ich bin ein „abenteuerliches Herz", ein ironischer Spieler! Die Langeweile ist nur auszuhalten, wenn man den Ernst des Lebens ins Spiel hebt!
24. Das Narzißmus-Argument: Ich bin der Größte! Alle Welt soll es wissen und sagen!
25. Das Vorsorge-Argument: Meine Frau ist krank! Ich brauche höhere Einnahmen für mich und meine Familie!
26. Das Freundschaftsargument: Freunde wie Oberheid und Popitz haben mich zur Mitarbeit aufgefordert!
27. Das Paternalismus-Argument: Ich brauche mehr Einfluss in der Zunft, um die Karriere meiner Schüler zu befördern!
28. Das Revisionismus-Argument: Nur der Nationalsozialismus kann „Versailles" und „Genf" effektiv revidieren!
29. Das großdeutsche Argument: Hitler steht für die Zugehörigkeit Österreichs zur deutschen Nation!
30. Das Mitteleuropa-Argument: Wir brauchen eine Neuordnung Europas unter deutscher Führung!
31. Das Machiavellismus-Argument: Moralische Hemmungen schaden in der Politik nur! Wir befinden uns im Naturzustand!
32. Das Zynismus- und Nihilismus-Argument: Ich bin mit allem durch. Die Nazis hatten wir noch nicht! Warum nicht die Nazis?
33. Das Präventions-Argument: Die politische Welt liegt in Trümmern. Rüste sich wer kann! Die bösen Nachbarn warten nicht!
34. Das apokalyptische Argument: Diese Welt ist verflucht! Beschleunigen wir ihren Untergang!
35. Das antisemitische Argument: Die Juden sind unser Unglück! Die Assimilierung muss irgendwie rückgängig gemacht werden!
36. Das eschatologische Argument: Wir müssen die religiöse Entscheidungsschlacht führen!

Versuchen wir die Argumente etwas zu gewichten, wie Schmitt sie Ende März 1933 erwogen haben könnte. Diese Abwägung ist schon deshalb spekulativ, weil Schmitt seine Argumente nicht alle öffentlich äußerte:

Liberalismus-, Pluralismus- und Föderalismuskritik sind zweifellos zentral. Schmitt äußerte sie schon vor 1933 immer wieder. Sein nationalistischer Revanchismus ist dagegen im Frühjahr 1933 zunächst nicht zentral. Erst Ende 1933 tritt er mit der Völkerbundfrage hervor. An Hitlers Charisma glaubte Schmitt nicht.

Den soldatischen Habitus von Ernst Jünger und Hermann Göring bewunderte er aber. Hans Frank sah er durchaus kritisch. Das Legitimitätsargument stellte er weit über das Legalitätsargument. Es erklärt seinen Einstellungswandel. 1932 bekämpfte Schmitt den Nationalsozialismus als verfassungsfeindliche Partei noch auf dem Boden der Legitimität der Weimarer Legalordnung. Nach dem 23. März bejahte er ihn als Staatspartei. Dieser Legitimitätsglauben lässt sich im Rahmen von Schmitts „Politischer Theologie" sehen. Schmitt war stets auf der Suche nach politischen Ordnungen. Er glaubte an die Legitimität politischer Ordnungsmacht jenseits der herrschenden Legitimität. Politischer Opportunismus spielte keine Rolle. Schmitt setzte sich in vielfachen Widerspruch, machte sich viele Gegner. Auch ein Zähmungskonzept ist in Schmitts scharfem Reformismus anfangs nicht erkennbar. Romantizistische Homogenitätsutopien hatte Schmitt nicht. Er machte sich über die diskriminierenden Folgen der „Revolution" keine Illusionen. Auch die Vorsorge für Familie und Schüler war für ihn nicht zentral. Seine Stellung war gesichert. Für seine Karriere nahm er keine größeren Rücksichten gegenüber Familie oder Schülerschaft. Großdeutsche Aspirationen, nationalökonomische Überlegungen oder religiöse Spekulationen spielten im Frühjahr 1933 für ihn keine zentrale Rolle. Mit Kaas und dem „Zentrum" war er überworfen. Die konfessionspolitische Betrachtung des Nationalsozialismus war ihm zunächst kaum ein Thema, obwohl auch der deutsche Katholizismus 1933 aus „Kirchenräson" vorübergehend ein Arrangement suchte und mit dem Reichskonkordat fand. Schmitts Antisemitismus war aber schon in der Berliner Zeit vor 1933 ganz ausgeprägt. Schmitt äußerte sich damals in seinen Tagebüchern scharf antisemitisch und machte daraus auch im Gespräch keinen Hehl. Seine engeren Gesprächspartner wussten darum. Insbesondere Erich Kaufmann und Hermann Heller hasste Schmitt auch als Juden. Eine Portion Machiavellismus und Zynismus ist kaum zu übersehen. Schmitt sah zwar die revolutionäre Gewalt des Nationalsozialismus; er hielt Gewalt in der Politik aber für unvermeidlich und erwartete vom Nationalsozialismus mittel- und längerfristig keine wesentlich höheren Opferkosten als vom Weimarer System nach „Versailles". Schmitt interpretierte seinen Zynismus selbst als Schicksalsreligiosität: „Tout ce qui arrive est adorable!", zitierte er gerne Léon Bloy. Nicht zu unterschätzen ist Schmitts Spielernatur. Schmitt selbst nannte sich einen „intellektuellen Abenteurer".[54] Die engen Weggefährten Waldemar Gurian und Franz Blei sahen ihn nach 1933 als zynischen Spieler an. Selbst Helmut Quaritsch sprach genau bedacht von „Narrenjubel und Nonsense-Prosyknese", von einem „Spiel im Spiel".[55] Auch Schmitts Benito-Cereno-Identifikation

---

54 Carl Schmitt: Antworten in Nürnberg, hrsg. von Helmut Quaritsch, Berlin 2000, S. 60.
55 Helmut Quaritsch: Positionen und Begriffe Carl Schmitts, Hamburg 1989, S. 101.

spielt auf dieses riskante Spiel an, auf das Scheitern des Kronjuristen als Kapitän oder Führer.

Die historische Forschung sieht in Schmitt oft den „Kronjuristen" der Präsidialsysteme. Dabei wurde die Frage gelegentlich disjunktiv auf einen Gegensatz „Papen oder Schleicher" zugespitzt. Zwar kannte Schmitt alle Kanzler des Präsidialsystems. Nur zu Papen gewann er aber näheren persönlichen Kontakt. Für das „Zentrum" kam er nach seiner Exkommunikation 1926 infolge seiner Wiederverheiratung nicht mehr ernsthaft in Frage. Im Präsidial-system Brüning spielte er keine Rolle. Er bewegte sich überhaupt mehr im „Vorhof" der Macht. Zweigert, Popitz und die Schleicher-Vertrauten Ott und Michael waren Mittler. Die Forschung betont oft Schmitts Richtung vor 1933 gegen den Nationalsozialismus. Man sieht das Präsidialsystem dann in der strikten Opposition zu Hitler und unterstellt Schmitt eine starke verfassungspolitische Option für das Präsidialsystem. Zwar scheint Schmitt im Januar 1933 Schleicher gegen Hitler unterstützt zu haben. Seine Rolle im Präsidial-system war aber auch advokatorisch. Schmitt unterstützte das Präsidialsystem zwar als „kommissarische Diktatur". Einen „autoritären" Verfassungsumbau beurteilte er aber skeptisch. Sein Antisemitismus verband ihn ideologisch mit dem Nationalsozialismus und seine Vorstellungen von einer Reichsreform und einem „qualitativ" „totalen Staat" suchte er erst mit dem Nationalsozialismus ins Werk zu setzen. Schmitt lehnte den Nationalsozialismus politisch und ideologisch nicht grundsätzlich ab. Er argumentierte aber jeweils auf dem Boden der herrschenden Legitimität. Eine Entscheidung gegen den Nationalsozialismus stand für ihn nach dem 23. März 1933 nicht zur Debatte. Einen Rückzug in möglichst unpolitische Wissenschaft, eine Niederlegung seiner Professur oder einen Wechsel ins Ausland erwog er nicht.

Wie sahen Schmitts engste Weggefährten seine nationalsozialistische Entscheidung? Ihr Urteil nach 1933 und 1945 ist zwar von der jeweiligen Stellung zum Nationalsozialismus geprägt, aber in politischen und moralischen Gründen auch unterscheidbar. Vor 1933 verkehrte Schmitt nicht im nationalsozialistischen Milieu. Seine engsten Freunde waren vor 1933 – mit Ausnahme vielleicht von Heinrich Oberheid – keine Nationalsozialisten. Die Freunde sahen vor 1933 Schmitt nicht als Nationalsozialisten an. Die meisten Weggefährten unterstellten ihm nach 1933 aber persönliche Karriereinteressen und Zynismus. Fast alle brachen persönlich mit Schmitt oder gingen wenigstens für einige Zeit auf Distanz. Scharf negative Charakterisierungen finden sich beispielsweise bei Franz Blei, Waldemar Gurian, Moritz Julius Bonn, Edgar Salin und Ernst Niekisch. Auch alte Weggefährten wie Wilhelm Neuss und Rudolf Smend gingen auf scharfe Distanz. Ernst Jünger lehnte Schmitts Nationalsozialismus nach 1933 ab. Von den engen Bonner Schülern distanzierten sich bald Ernst Friesenhahn und Werner Becker, später für einige Zeit auch Ernst Rudolf Huber und Ernst Forsthoff. Huber blieb auch nach 1945 auf persönlicher Distanz. Auch Carl Brinkmann ging einige Jahre auf Abstand. Johannes Popitz teilte mit Schmitt zwar zunächst den politischen Weg der „Kollaboration" (Quaritsch), weihte ihn später aber nicht in seine Widerstandsplanungen ein. Nur Carl Bilfinger, Heinrich Oberheid und der jüngere Werner Weber folgten wohl Schmitts ganzem Weg vor und nach 1933 und 1945 ohne größere Entfremdung und Distanz. Schmitts Mitwelt sah zwar eine „Zäsur" in Schmitts politischer Haltung, bezweifelte aber nach 1933 nicht seinen Nationalsozialismus. Das spricht für die zentrale Bedeutung des Legitimitätswechsels vom 23. März. Einige deuteten die Kollaboration positiv als „Zähmungskonzept". Dass das möglich ist, soll hier nicht bestritten sein: Schmitt war kein Vordenker der SS und des Holocaust, so skandalös sein Übergang von einer „juristisch-institutionellen" zu einer „antisemitischen" Sinngebung und Rechtfertigung des Nationalsozialismus auch war. Erst nach 1945 aber wurden die bestehenden Differenzen in ein großes Konzept vom „Widerstand durch Mitarbeit" umgedeutet, über das Schmitt sich gelegentlich selbst lustig machte. Eine solche „intentionalistische" Deutung lässt sich nicht bestreiten. Sie klingt aber leicht nach der nazistischen Exkulpation: „Davon weiß der Führer nichts!"

Einige Argumente stellte Schmitt für seine Option 1933 immer wieder in den Vordergrund: Stets argumentierte er gegen den Parlamentarismus, für die legitime Macht und für die Reichseinheit. Schmitt gab dem föderalismuskritischen Argument, dem Reformismus- und dem Freundschaftsargument eine große Bedeutung. Er betonte, dass die konkrete Zusammenarbeit mit Popitz in der rechtspolitischen Konsequenz seines Einsatzes für das „Reich" lag. Rückblickend meinte er: „Popitz war mein bewährter Freund, seit Jahren – ein sehr naher Freund. Und wenn der mir telegraphierte: ‚Morgen Nachmittag 5 Uhr Berlin Staatsministerium', dann machte ich einfach mit. Das war aber auch schon meine Mitarbeit mit Hitler."[56] Das Argument ist in dieser Formulierung schwach. Denn Schmitt erkannte den Nationalsozialismus staatsrechtlich sofort als „Revolution" und markierte ihn als Zäsur. Von diesem Befund her ist die Diskussion um Kontinuitäten und Brüche beantwortet: Alle Kontinuitäten stehen im Horizont einer basalen Legitimitätszäsur. Parteipolitisch stand Schmitt dem Nationalsozialismus vor 1933 vielleicht nicht ferner als etwa dem „Zentrum". Entscheidend war für ihn aber der „staatspolitische" Gesichtspunkt der jeweiligen Legitimität. Schmitt stellte seine Mitarbeit ins Licht einer Gesamtentscheidung und Gesamtverantwortung. Er machte sich nach dem März 1933 keine Illusionen darüber, dass er den Rubikon des bürgerlichen Rechtsstaat überschritten hatte und es kein Zurück in die bürgerliche Wissenschaft gab. Von Anfang an nahm er den Nationalsozialismus auch als antisemitischen Staat wahr. Wie wenige andere sah er Politik

---

56 Carl Schmitt im Gespräch, S. 107.

im Licht prinzipieller Auseinandersetzungen und Kämpfe. Karrierestreben, Geltungsdrang und Hybris kommen hinzu. Philosophen propagieren gerne das Ökonomieprinzip des „Occamschen Rasiermessers": „Entia non sunt multiplicanda sine necessitate." Möglichst einfach argumentieren! Nur wenige einfache Gründe zulassen! Auf Schmitts Entscheidung gesprochen: Entscheidend waren zunächst der Legitimitätswechsel, die Reichsreform und Rache für Leipzig. Die Einsicht in den revolutionären Charakter des Geschehens wurde dabei durch das „Freundschaftsargument" aufgefangen: durch die Mitverantwortlichkeit geschätzter Kollegen und Freunde. Langfristige Radikalperspektiven standen für Schmitt im Frühjahr 1933 zunächst nicht im Vordergrund. Schmitt war sich der Zäsur seiner Entscheidung aber direkt bewusst.

Ludwig Elm
Das Verhalten der bürgerlichen Fraktionen des Reichstages und ihrer Abgeordneten

Der Botschafter der USA in Deutschland von Juli 1933 bis Dezember 1937, der frühere Leipziger Student, liberale Historiker und grundsätzliche Nazigegner, William E. Dodd, war von Präsident Franklin D. Roosevelt persönlich für diese undankbare diplomatische Aufgabe gewonnen worden.[1] Er führte in Berlin Tagebuch, das nach seinem frühen Tod von Tochter und Sohn herausgegeben wurde, die ihn wie seine Frau in die Reichshauptstadt begleitet hatten. In einer längeren Eintragung vom 13. Juli 1934 ist zu lesen, dass ihn namhafte deutsche Professoren und leitende Männer des alten Regimes aufgesucht haben. „Sie kommen voll Vertrauen, berichten Tatsachen und sprechen sich offen aus, was sie, wenn es gemeldet würde, ihr Leben kosten könnte. Arme Menschen! Sie begreifen nicht die wirklichen Ursachen der Terrorherrschaft in Deutschland: das Versagen der Bewegung von 1848, ein demokratisches parlamentarisches System zu schaffen, sowie das Versagen Bismarcks, seine Preußen von dem brutalen Militarismus abzuhalten, der durch die Erfolge Friedrichs II. sanktioniert war." Bismarck hätte die Annexion Elsass-Lothringens ablehnen können. Nicht einmal die Historiker „im republikanischen Deutschland von 1919 bis 1933" hätten dies erkannt.[2]

Bemerkenswert erscheint die Aussage angesichts der Zeitumstände sowie im Hinblick auf die Gesprächspartner und die Grenzen ihres damaligen historisch-politischen Begreifens. Hier soll bekräftigt werden, dass ein hinreichendes Verständnis für das Verhalten der Mehrheit der Eliten der deutschen bürgerlichen Gesellschaft um 1932/33 nur in Rückgriffen auf die Entwicklungen um und seit 1848/49 möglich erscheint. Damit wird keinesfalls eine Zwangsläufigkeit seit jenen Ereignissen behauptet. Auch die Entwicklungen im Bildungsbürgertum vollzogen sich politisch und ideell-moralisch in Wechselwirkung und Abhängigkeit zu der der sozialen Schichten und Milieus, der politischen Strukturen und Grundtendenzen sowie der inneren und internationalen Interessenlagen und Herausforderungen.

---

1 Die NSDAP war eine bürgerliche Partei. Im vorliegenden Zusammenhang bezieht sich die zusammenfassende Umschreibung bezüglich der bürgerlichen Parteien oder Fraktionen jedoch vorrangig auf die anderen nichtproletarischen Parteien in ihrem Verhältnis zur Nazipartei und auf die Unterscheidung von den beiden Arbeiterparteien.
2 Diplomat auf heißem Boden. Tagebuch des Botschafters William E. Dodd in Berlin 1933–1938. Hrsg. von William E. Dodd jr. und Martha Dodd mit einer Einführung von Charles A. Beard, 7. Aufl. Berlin (Ost) 1972, S. 151.

Den steten Niedergang des Liberalismus kennzeichneten Zäsuren wie die Herausbildung des Nationalliberalismus seit 1867 sowie die Umgruppierungen und Einflussverluste des Linksliberalismus nach 1890. Zur Haupttendenz im Freisinn wurde auf dem Weg in den Ersten Weltkrieg die unaufhaltsame Bewegung der Mehrheit nach rechts. Die mit der Auflösung und Neuwahl des Reichstags 1906/07 und dem Eintritt in den konservativ-liberalen, den „Bülow-Block" (Anfang 1907 bis Sommer 1909) besiegelte Wendung nach rechts, scheint bis heute im historisch-politischem Bewusstsein ungenügend gegenwärtig zu sein. Die verhängnisvolle rüstungs- und weltpolitische Orientierung eines Friedrich Naumann als Politiker und politischer Schriftsteller von nationalem Rang bezeichnet eindringlich die illiberale und imperiale Fehlentwicklung des deutschen liberalen Bürgertums. Es ist bezeichnend für andauernde Defizite der Aufarbeitung eigener Herkünfte, dass die parteinahe Stiftung der FDP bis heute den Namen des nationalsozialen Politikers und Autors trägt.

Die historisch-politische Tendenz wiederholt sich – beschleunigt und verschärft – in der Weimarer Republik. Die im November 1918 gegründete Deutsche Demokratische Partei (DDP) erschien als *die* Partei der neuen parlamentarischen Demokratie und der Rechtsstaatlichkeit und wurde von großen Erwartungen im liberaldemokratischen bis nationalliberalen Spektrum begleitet. Der erfolgreiche Start in der Nationalversammlung schien 1919/20 diese Sicht zu bestätigen. Umso frappierender war der bereits 1920 einsetzende Absturz der Wählerbasis und des Einflusses, der gesellschaftspolitischen Programmatik und schließlich der von schierem Überlebensdrang geleiteten antiliberalen Anpassung. 75 Abgeordnete vertraten die DDP in der Nationalversammlung; zwei waren es noch – nur ein Dutzend Jahre später – Ende 1932 im Reichstag. In der Schlussphase der Weimarer Republik und im antifaschistischen Widerstand spielte der Liberalismus als Bewegung sowie als organisierte und gesellschaftspolitisch relevante geistig-moralische Kraft keine Rolle mehr.

Der Konservatismus, seine Radikalisierung und die daraus erwachsenden extrem rechten, rassistisch-terroristischen Bewegungen prägten die entscheidenden Entwicklungsprozesse der Zwischenkriegszeit. Eric Hobsbawm hat in seiner Weltgeschichte des vergangenen Jahrhunderts den „Untergang des Liberalismus" als eigenes Kapitel und beherrschenden Trend im Europa der Zwanziger- und Dreißigerjahre behandelt. Die liberalen Institutionen seien in jener Zeit „ausschließlich von der politischen Rechten bedroht" worden. Damals habe „die Linke nicht eine einzige Regierung zu Fall gebracht, welche zu Recht liberal und demokratisch genannt werden konnte. Die Gefahr kam ausschließlich von rechts."[3]

---
3 Eric Hobsbawm: Das Zeitalter der Extreme. Weltgeschichte des 20. Jahrhunderts, Darmstadt o. J., S. 147.

Die fundierten Analysen und Urteile Kurt Sontheimers seit den sechziger Jahren haben sich als stichhaltig und gültig erwiesen. Den „rechtsstehenden Gegnern der Weimarer Republik" konnte die in der NSDAP konzentrierte Massenbewegung kaum zum Ärgernis werden: „Die konservativen Ideologen mochten sich zwar zugute halten, dass in dieser Bewegung auch ihre Ideen lebendig waren, aber sie mussten, wenn sie ehrlich waren, sich auch eingestehen, dass sie ohne die kompakte nationalsozialistische Massenbewegung noch viel länger auf die Erfüllung des ‚deutschen Schicksals' würden warten müssen. Wer Antidemokrat war, musste zumindest von 1931 an auf die Hitler-Bewegung setzen, sofern er nicht als dilettantischer Beurteiler der politischen Realität dastehen wollte."[4]

Rechtsbürgerliche Sammlung und Radikalisierung

Als „Harzburger Front" hatten die Deutschnationale Volkspartei (DNVP) unter Alfred Hugenberg (seit 1928) und der Stahlhelmbund der Frontsoldaten beim gemeinsamen Aufmarsch mit NSDAP und SA am 11. Oktober 1931 bereits ein Zeichen für mögliche, offen demokratiefeindliche und militaristische, rabiat antisozialistische und antisemitische Koalitionen gesetzt. Die Teilnahme von Hjalmar Schacht, August Wilhelm Prinz von Preußen und weiterer Vertreter der bürgerlich-aristokratischen Oberschichten signalisierten den potentiellen sozioökonomischen und gesellschaftlichen Hintergrund für künftige autoritäre bis diktatorische Herrschaftsformen völkisch-nationalistischer und militärischer Prägung.

Ab Sommer 1932 lenkten auch das Zentrum unter seinem Vorsitzenden (seit 1928), dem rechtskatholischen Prälaten Ludwig Kaas, und die Bayerische Volkspartei (BVP) mit Fritz Schäffer als Vorsitzendem (seit 1929) auf die Einbeziehung der NSDAP in die preußische und die Reichsregierung sowie selbst auf mögliche Koalitionen mit ihr ein. Beide Parteien hatten dafür Rückhalt im Vatikan.[5] Kaas verfolgte eine rechte Sammlungspolitik. Am 1. August 1932 notierte Konrad Adenauer, Kölner Oberbürgermeister und Präsident des Preußischen Staatsrats seit dessen Bildung 1920, „auf Kopfbogen (und offensichtlich im Hause) des Kölner Bankiers Kurt Frhr. von Schröder" (R. Morsey) seine Zustimmung zu entsprechenden Verhandlungen. Rudolf Morsey sprach bereits 1960 von der „katastrophalen Fehleinschätzung" der Nazibewegung durch die Führungsgremien der Zentrums-

---

[4] Kurt Sontheimer: Antidemokratisches Denken in der Weimarer Republik. Die politischen Ideen des deutschen Nationalismus zwischen 1918 und 1933 (1962), München 1978, S. 281f.
[5] Vgl. Hubert Wolf: „Wie der Papst zu Hitlers Machtantritt stand", in: Frankfurter Allgemeine Zeitung (FAZ), 28. 3. 2008, S. 38.

partei, die im August 1932 direkte Koalitionsverhandlungen mit der NSDAP begann.[6]

Nunmehr wurden politische Schritte vollzogen, deren Abfolge und Summe sich schließlich als Beiträge zur Zerstörung der Republik erweisen sollten. Bei der Konstituierung des VI. und des VII. Reichstags am 30. August und am 6. Dezember 1932 wählten alle bürgerlichen Parteien Hermann Göring zum Reichstagspräsidenten. Die Ausnahme des Stimmverhaltens der DNVP am 6. Dezember ergab sich aus personellen Querelen zwischen den beiden äußersten Rechtsparteien, die knapp zwei Monate später mit parteilosen Nationalkonservativen das Kabinett Hitler bildeten. Die NS-Fraktion stimmte für die Vizepräsidenten von Zentrum, DNVP und BVP. Der Zentrumsabgeordnete Thomas Esser wurde sogar von Wilhelm Frick (NSDAP) für die Wahl zum Ersten Vizepräsidenten vorgeschlagen.

Die Fraktionen von SPD und KPD stimmten am 30. August je für ihre eigenen Kandidaten Paul Löbe und Ernst Torgler. Siegfried Rädel (KPD) hatte für seine Fraktion angekündigt, dass sie im Falle eines zweiten Wahlgangs für Löbe stimmen werde, „um die ganze Verantwortung des Zentrums für die Wahl eines Nationalsozialisten zum Präsidenten des Reichstags herauszustellen". Die Zentrumspartei gebe vor, aufgrund ihres demokratischen Verständnisses für den Kandidaten der stärksten Fraktion stimmen zu müssen; sie habe sich jedoch stets gegen eine ihrer Stärke entsprechende Vertretung der kommunistischen Fraktion im Präsidium gewandt: „Ich unterstreiche nochmals: die volle politische Verantwortung vor den Massen der Werktätigen, auch vor den Massen der christlichen Arbeiter, wenn ein Nationalsozialist in diesem Reichstag Präsident wird, trägt die Zentrumspartei."[7] Das geschlossene Votum des bürgerlichen Lagers für den Kandidaten der NSDAP erübrigte einen zweiten Wahlgang fürs Präsidentenamt.

Göring erklärte nach der Konstituierung des VI. Reichstags am 30. August 1932: „Ich stelle vor dem ganzen deutschen Volke ausdrücklich fest, daß die heutige Sitzung sowie vor allem die Wahl des Präsidiums eindeutig erwiesen haben, daß der neue Reichstag über eine große, arbeitsfähige nationale Mehrheit verfügt und somit in keiner Weise der Tatbestand eines staatsrechtlichen Notstands eben ist."[8] Der Reichstag besitze erstmals wieder eine „nationale Mehrheit"; die „Tat-

---

6 Rudolf Morsey: Die deutsche Zentrumspartei, in: Erich Matthias/Rudolf Morsey (Hrsg.): Das Ende der Parteien 1933. Darstellungen und Dokumente (1960), Düsseldorf 1984, S. 302 (Droste-Taschenbücher Geschichte).
7 Verhandlungen des Reichstags. VI. Wahlperiode 1932, Bd. 454, Berlin 1932, S. 7. S. Rädel wurde nach Emigration, Auslieferung und Haft vom Volksgerichtshof zum Tode verurteilt und am 10. Mai 1943 in Berlin-Plötzensee enthauptet.
8 Ebd., S. 10.

sache eines nationalen Präsidiums" beseele ihn für die Ausübung seines Amts. Das Misstrauensvotum des Reichstags gegen die Papen-Regierung auf seiner zweiten Sitzung am 12. September sowie seine anschließende Auflösung straften die Phrasen Görings Lügen. Deren durch das Verhalten aller bürgerlichen Parteien begünstigte propagandistische Wirkung hob das jedoch nicht auf.

Der am 6. November gewählte VII. Reichstag wurde vom Alterspräsidenten Karl Litzmann (NSDAP) eröffnet. Der fast 83-jährige Kgl. Preuß. General der Infanterie a. D. aus dem Kreis Ruppin äußerte in seiner Ansprache, er habe gehofft, dass der Reichspräsident „den Führer der stärksten politischen Bewegung mit der Führung der Regierung betrauen würde"; den Mann, „der allein befähigt ist, das Vaterland zu retten" und „in dem Millionen von Volksgenossen den größten und besten der lebenden Deutschen erkennen."[9] Der Auftritt Litzmanns erfolgte einschließlich seiner Erinnerung an Weltkriegserfahrungen, die ihn mit Hindenburg verbanden, auf dem Weg von Bad Harzburg nach Potsdam und atmete den Geist dieser symbolträchtigen Marksteine.

Beihilfe zur Ausschaltung des Reichstags

Nach seiner Wiederwahl mit den Stimmen von NSDAP, Zentrum und BVP bekundete Reichstagspräsident Göring in einer politisch-programmatischen Erklärung die Skepsis gegenüber der neu eingesetzten Regierung unter Kanzler Kurt von Schleicher. Das Angebot Hitlers an den Reichspräsidenten, „das deutsche Volk aus der Krise herauszuführen", sei – Göring zufolge – die „einzig mögliche Basis, um dieser Krise Herr zu werden". Es sei zurückgestoßen worden: „Man hat geglaubt, an einer Bewegung vorbeigehen zu können, die fest im deutschen Volke wurzelt, die über ein Drittel des deutschen Volkes umfasst, einer Bewegung, die selbst wie ihr Führer ununterbrochen nichts anderes kennt, als zu arbeiten für des deutschen Volks Recht, für des deutschen Volkes Freiheit und für des deutschen Volkes Existenz." In diesem Sinne trete er sein Amt „als Dienst am deutschen Volke" an.[10] Das Konzept war unmissverständlich und wurde in den folgenden Wochen mit der Ausschaltung der Volksvertretung und der Lähmung der Reichsregierung von allen im Präsidium vertretenen Politiker und Parteien realisiert.

Bei der Wahl der Vizepräsidenten unterstützte die SPD nunmehr auch den wiederum von der NSDAP als Vizepräsidenten vorgeschlagenen Esser (Zentrum).

---

9 Verhandlungen des Reichstags. VII. Wahlperiode 1932, Bd. 455, Berlin 1933, S. 1f.
10 Ebd., S. 9.

Nach einer Kampfabstimmung wurde statt Otto Hugo von der Deutschen Volkspartei (DVP) Löbe (SPD) knapp ins Präsidium gewählt. Die weitere Debatte an diesem Tag zur Tagesordnung der nächsten Reichstagssitzung wurde ausschließlich von Rednern der SPD und KPD – Löbe, Breitscheid und Torgler – bestritten. Ihre auf die Zuwendung zu den riesigen sozialen Problemen im Lande und die Verantwortung der Regierung Schleicher gerichteten Anträge wurden abgelehnt und die vom Präsidium vorgeschlagene Tagesordnung angenommen.

Es kam nach der Konstituierung zu lediglich zwei weiteren Sitzungen am 7. und 9. Dezember 1932. Reichskanzler Kurt von Schleicher trat kein einziges Mal vor diesem Reichstag auf. Gegen Ende der Plenartagung am 9. Dezember wandten sich Löbe und Torgler namens ihrer Fraktionen gegen den Vorschlag, den Präsidenten zu ermächtigen, die nächste Tagung einzuberufen. Torgler wies auf die Erfahrung, dass eine solche Ermächtigung „bisher immer noch eine Vertagung auf sehr lange Zeit bedeutet" habe. Die für die Erwerbslosen und weitere werktätige Schichten anstehenden Probleme würden solche Vertagungen nicht zulassen.

Die politisch-parlamentarische Wirklichkeit überbot noch solche Befürchtungen: Es fand keine weitere Sitzung des Reichstages der VII. Wahlperiode statt. Der Ältestenrat stimmte am 21. Januar dem Antrag der NSDAP auf erneute Vertagung zu. Er berief am 27. Januar die nächste Parlamentssitzung für den 31. Januar ein. Das erwies sich als eine Farce, mit der die Öffentlichkeit über die vor dem Abschluss stehenden außer- und antiparlamentarischen Verhandlungen zur Bildung einer von Hitler geführten Regierung auf entschieden nationalistischer und antisozialistischer Grundlage getäuscht wurde. Zwei Tage nach der Einsetzung der Hitler-Regierung wurde der Reichstag entsprechend der Forderung des Reichskanzlers vom Reichspräsidenten aufgelöst.

Von Sommer 1932 bis zum 30. Januar 1933 hatten alle bürgerlichen Parteien im Reichstag das Ziel der Einbeziehung der NSDAP in die parlamentarische Arbeit und in die Reichsregierung verfolgt. Dabei traten die Vorbehalte gegen Hitler als Reichskanzler immer mehr zurück. Mit und nach der Wahl Görings zum Reichstagspräsidenten bedeutete dies, spezifische eigene, teilweise bisher essentielle Positionen und Forderungen zurückzunehmen, sich dem autoritären Regime Görings unterzuordnen sowie die Herabsetzung und den Abbau parlamentarisch-demokratischer Rechte, Normen und Gepflogenheiten zu unterstützen. Die gemeinsame Frontstellung mit den Nazis gegen SPD und KPD verstärkten diese Grundtendenzen.

Den demokratiefeindlichen Kristallisationspunkt bildeten die „nationale Sammlung" in Reichstagspräsidium und Ältestenrat. Von da aus wirkte die Regie ins Parlament und in die Öffentlichkeit. Hauptsächliche destruktive Ergebnisse bis zum 30. Januar 1933 waren die faktische Ausschaltung des Parlaments, die absolute und relative Schwächung der Positionen aller nicht- und antinazistischen

Kräfte sowie die Stärkung der Schlüsselstellung der Nazipartei und ihres terroristischen Droh- und Unterdrückungspotentials.

Nur die Fraktionen von SPD und KPD forderten in fast wortgleichen Anträgen vom 30. Januar, der Reichstag möge beschließen, der Reichsregierung Hitler das Vertrauen zu entziehen. Gegenteilig agierten die Vorsitzenden von Zentrum und BVP, die noch im unmittelbaren Vorfeld der deutschnational-nazistischen Regierungsbildung sowie unmittelbar danach um die Einbeziehung in dieses Kabinett buhlten. Für den Naziführer hatte sich das lästige Koalitionsprinzip jedoch längst erledigt. Er benutzte DNVP, Zentrum, BVP und die übrigen parlamentarischen Grüppchen nur noch befristet, um die Diktatur relativ widerstandslos und zunächst noch mit einem verfassungsmäßigen Schein zu etablieren. Sein Kalkül ging auf. Politiker dieser Parteien – darunter der früher bereits mit Sympathiebekundungen für Mussolini hervorgetretene Adenauer – gingen Anfang Februar 1933 davon aus, dass nunmehr eine Stabilisierung der innenpolitischen Verhältnisse in Preußen und im Reich möglich würde.

Willkür und Terror ab 30. Januar 1933

Bereits am 30. Januar 1933 beauftragte Göring zwei leitende Beamte, die Adressen möglicher Regimegegner zu ermitteln. In einem Geheimerlass vom 22. Februar wurde der Kreis der für eine Verhaftung vorgesehenen Kommunisten festgelegt. „Die Immunität der Parlamentarier gemäß Art. 37 RV war schon vor dem ‚Ende der Parteien' – *nach* der Auflösung des Reichstags am 1. Februar und *vor* Zusammentritt des neugewählten Reichstags am 21. März 1933 – kein Schutzinstrument für den einzelnen Abgeordneten mehr."[11]

Dem betont antibolschewistischen Konzept der NS-Führung in dieser Frühphase entsprach es auch, den Reichstagsbrand als Anlass und Vorwand zu benutzen, um Grundrechte außer Kraft zu setzen sowie Willkür und rohe Gewalt bei der Verfolgung und Inhaftierung von Gegnern und Entrechteten zu legitimieren. Die Verordnung des Reichspräsidenten „Zum Schutz von Volk und Staat" vom 28. Februar wurde mit der Phrase „zur Abwehr kommunistischer staatsgefährdender Gewaltakte" eingeleitet. Wie sollten sich mehrheitlich selbst entschieden antikommunistisch eingestellte Staatsbürger oder gar Politiker davon bedroht

---

11 M.d.R. Die Reichstagsabgeordneten der Weimarer Republik in der Zeit des Nationalsozialismus. Politische Verfolgung, Emigration und Ausbürgerung 1933–1945. Eine biographische Dokumentation. Mit einem Forschungsbericht zur Verfolgung deutscher und ausländischer Parlamentarier im nationalsozialistischen Herrschaftsbereich. Hrsg. von Martin Schumacher. Dritte, erheblich erweiterte und überarbeitete Auflage, Düsseldorf 1994, S. 21.

sehen? Das setzte sich fort, als nach der Reichstagswahl vom 5. März 1933 der Annullierung der 81 Mandate der KPD mehrheitlich verunsichert und desorientiert – wenn nicht gar wohlwollend – auf jeden Fall aber tatenlos, zugesehen wurde. Die Führungen der bürgerlichen Parteien wurden in diesen Tagen und Wochen von den Nazis wiederholt als Gefangene ihres antikommunistischen Weltbildes übertölpelt. Als sie die Tragweite dieser Strategie hinsichtlich ihrer eigenen Entmachtung und fortschreitenden Entrechtung begriffen, war es für ernsthafte und wirksame Gegenwehr zu spät.

Bei der Konstituierung des am 5. März gewählten Reichstags am Spätnachmittag des 21. März 1933 nahmen alle Fraktionen die Abschaffung bisher selbstverständlicher parlamentarischer Gepflogenheiten hin: Die Eröffnung durch den Alterspräsidenten und der Namensaufruf aller gewählten Abgeordneten wurden gestrichen; darüber hinaus wurde die Wahl des Präsidiums ohne Stimmenauszählung vollzogen. Ihm gehörten neben Präsident Göring Vizepräsidenten des Zentrums, der DNVP und der NSDAP an. Die bisher geübte Praxis, bei der Konstituierung die sofortige Freilassung inhaftierter Abgeordneter durch Plenarbeschluss zu fordern, wurde aufgegeben. Der Antrag der SPD-Fraktion zugunsten von neun ihrer Parlamentarier wurde von keiner der anderen Fraktionen unterstützt und – wie von Frick (NSDAP) beantragt – in den Geschäftsordnungsausschuss überwiesen.

In seiner Eröffnungsrede hob Göring unter wiederholtem Beifall der deutschnationalen und nazistischen Abgeordneten hervor, dass Weimar überwunden sei und der neue Reichstag zurückgefunden habe zu der Stätte, von der einst Preußen und Deutschland ausgegangen seien, und „dass der Geist von Potsdam in Zukunft auch uns erfüllen soll". Pathetisch beschwor er die wenige Stunden zuvor erfolgte Begegnung „an jener ruhmreichen Stätte". Das Erschütterndste und Bewegendste sei der Augenblick gewesen, „als der greise Feldmarschall in die Gruft jener Könige trat, die einst ein ebenfalls am Boden liegendes Preußen zur Weltmacht gestaltet haben" und die „Grundlagen zu unserem heutigen Deutschland legten".[12] Göring versicherte dem Kanzler, dass der „Reichstag der nationalen Erhebung" in seiner Mehrheit, „in seinen besten Teilen", hinter ihn treten und seine Bürde zu tragen helfen werde.

Ja zum Ermächtigungsgesetz

Auf der Reichstagssitzung am 23. März 1933 stand mit einer Erklärung der Reichsregierung und dem von den Fraktionen der NSDAP und der DNVP vorgelegten Ent-

---
12 Verhandlungen des Reichstags. VIII. Wahlperiode, Bd. 457, S. 18.

wurf des „Gesetzes zur Behebung der Not von Volk und Reich" (Ermächtigungsgesetz) die entscheidende historisch-politische und moralische Prüfung der noch verbliebenen Parteien – eine Bewährungssituation von größter Tragweite – an.[13] Es ging darum, ob und in welcher Weise die bereits erheblich angegriffene Substanz der Verfassung und parlamentarisch-demokratischen Republik, des Rechtsstaates sowie zumindest formell noch bestehender Bürger- und Menschenrechte verteidigt und der in Gesetzesform gekleidete Fundamentalangriff abgewehrt wird.

Nach dem Ausschluss der Kommunisten bestand nur die SPD und keine einzige der bürgerlichen Parteien diese Herausforderung. Die anwesenden sozialdemokratischen Abgeordneten lehnten das Gesetz geschlossen ab. Josef Felder (SPD) berichtete später, dass Josef Joos (Zentrum) an diesem Tag die sozialdemokratische Fraktion wiederholt über Stimmung und Meinungsbildung in der Zentrumsfraktion auf dem Laufenden gehalten habe.[14] Alle bürgerlichen Parteien stimmten der faktischen Todesurkunde für die Weimarer Republik, der parlamentarischen Pseudolegitimation für die uneingeschränkte faschistische Diktatur, zu.

Nach der Rede des Reichskanzlers und einer dreistündigen Unterbrechung der Sitzung begründete der Parteivorsitzende, Otto Wels, die ablehnende sozialdemokratische Position. Ihm erwiderte Hitler mit hasserfüllten Ausfällen. Um Widerspruch von Sozialdemokraten zu unterbinden, gebot Präsident Göring: „Jetzt rechnet der Kanzler ab!" Namens der Zentrumsfraktion reichte der Parteivorsitzende, Ludwig Kaas, in seiner Erklärung „allen, auch früheren Gegnern, die Hand, um die Fortführung des nationalen Rettungswerkes zu sichern". Die Regierungserklärung „enthielt manches Wort, das wir unterschreiben können", und manches andere, „auf das einzugehen wir uns im Interesse der Sammlung, die das Gesetz dieser Stunde sein muss, bewusst versagen." Einige Aussagen des Kanzlers ließen vorherige Bedenken anders beurteilen: „In der Voraussetzung, dass diese von Ihnen abgegebenen Erklärungen die grundsätzliche und die praktische Richtlinie für die Durchführung der zu erwartenden Gesetzgebungsarbeit sein werden, gibt die deutsche Zentrumspartei dem Ermächtigungsgesetz ihre Zustimmung."[15]

---

13 Für die Fraktion der DNVP war der eingebrachte Gesetzentwurf gezeichnet vom Fraktionsvorsitzenden (seit 1929), Studienrat a. D. Dr. Ernst Oberfohren. Er war bereits Ende März Durchsuchungen seines Berliner Büros und der Kieler Wohnung ausgesetzt und kam Anfang Mai 1933 ums Leben. Es blieb ungeklärt, ob Oberfohren durch Mord oder Selbstmord starb.
14 Vgl. Josef Felder: Warum ich NEIN sagte. Erinnerungen an ein langes Leben in der Politik, Reinbek b. Hamburg 2002, S.122ff. J. Felder war zwischen 1934 und 1936 Häftling in Polizei- und Gerichtsgefängnissen sowie im KZ Dachau. J. Joos wurde nach Gefängnishaft von 1941 bis April 1945 in Dachau inhaftiert.
15 Verhandlungen des Reichstags. VIII. Wahlperiode, Bd. 457, S. 37.

Als Sprecher der BVP rühmte Hans Ritter von Lex die Verdienste seiner Partei, nach „der schmachvollen Revolution von 1918" in allen Ständen und Schichten nationale Gesinnung bewahrt und wiedergewonnen zu haben. Dazu gehörte, „die Lüge von der deutschen Kriegsschuld" zurückzuweisen und die wehrhafte Betätigung zu fördern. „Es ist selbstverständlich, dass eine Partei, die von solcher Einstellung beseelt war und beseelt ist, auch in der geschichtlichen Wende dieser Tage zur tatkräftigen Mitarbeit am nationalen Aufbauwerk entschieden bereit ist." Die Ausführungen des Reichskanzlers hätten Bedenken gemildert: „Wir sind daher in der Lage, dem Ermächtigungsgesetz unsere Zustimmung zu geben."[16]

Die Kapitulation der zahlenmäßig und substanziell kläglichen Reste des parteipolitischen Liberalismus trug Reinhold Maier (DStP) vor: „Wir fühlen uns in den großen nationalen Zielen durchaus mit der Auffassung verbunden, wie sie heute von Herrn Reichskanzler hier vorgetragen wurde. Wir leugnen auch keineswegs, dass Notzeiten besondere Maßnahmen erfordern, und haben deswegen wiederholt Ermächtigungsgesetzen und Notverordnungen zugestimmt. Wir verstehen, dass die gegenwärtige Reichsregierung weitgehende Vollmachten verlangt, um ungestört arbeiten zu können."[17] Diesem weitgehenden Verständnis wurden einige Besorgnisse und Vorbehalte hinzugefügt. Abschließend bekräftigte Maier, dass „im Interesse von Volk und Vaterland" die Bedenken zurückgestellt würden und dem Ermächtigungsgesetz zugestimmt werde.

Der Partei- und Fraktionsvorsitzende des Christlich-Sozialen Volksdienstes (CSVD), Wilhelm Simpfendörfer, verkündete ebenso knapp wie stramm: „Deutsche Männer und Frauen! Der Volksdienst bejaht die innen- und vor allem die außenpolitischen Ziele der Reichsregierung, die der Herr Reichskanzler heute vorgetragen hat. Er ist zu seinem Teil zu der Mitarbeit, die der Herr Reichskanzler in so eindrucksvoller Weise gefordert hat, bereit und gibt deshalb dem Ermächtigungsgesetz seine Zustimmung."[18] Der CSVD war 1929 als Abspaltung der DNVP entstanden und hatte 1930–1932 immerhin über 14 Reichstagsmandate verfügt.

Hitler hatte in einzelnen Formulierungen seiner Rede Forderungen des Zentrums in föderalistischer und kirchenpolitischer Hinsicht Rechnung getragen und war damit taktisch erfolgreich. Das Ermächtigungsgesetz wurde nach der förmlichen zweiten und dritten Lesung noch am gleichen Tag in namentlicher Abstimmung gegen die Stimmen der SPD und mit denen der Koalitionsparteien

---

16 Ebd., S. 37f. H. Ritter von Lex war ab Herbst 1933 bis 1945 als Oberregierungsrat im Reichsinnenministerium tätig. Er wirkte bereits wieder 1947–1949 im bayerischen Innenministerium und 1949–1960 als Staatssekretär im Bundesinnenministerium.
17 Ebd., S. 38.
18 Ebd., S. 38.

NSDAP und DNVP sowie aller weiteren bürgerlichen Parteien angenommen. Damit wurde die für ein verfassungsänderndes Gesetz notwendige Zweidrittelmehrheit deutlich übertroffen. Die deutsche bürgerliche Gesellschaft hatte am 23. März 1933 gegen Abend durch ihre sämtlichen parteipolitischen Gliederungen und Vertreter im Parlament der Verfassung von Weimar und der darauf gründenden Republik den Todesstoß versetzt.

Auf der nächsten Sitzung des Reichstags am 17. Mai 1933 hielt Hitler eine demagogische außen- und sicherheitspolitische Rede, die in dieser Phase der Befestigung der Diktatur und des Beginns massiver Aufrüstung das Ausland täuschen und beschwichtigen sollte. Göring verlas die von den Fraktionen von NSDAP, DNVP, Zentrum und BVP eingebrachte Entschließung: „Der Deutsche Reichstag als die Vertretung des deutschen Volkes billigt die Erklärung der Reichsregierung und stellt sich in dieser für das Leben der Nation entscheidenden Schicksalsfrage der Gleichberechtigung des deutschen Volkes geschlossen hinter die Reichsregierung. (Anhaltender stürmischer Beifall bei den Nationalsozialisten, der Deutschnationalen Front und im Zentrum.)"[19] Alle anwesenden – auch die sozialdemokratischen – Mitglieder des Reichstags stimmten durch Erheben der Entschließung zu und der Reichstagspräsident konnte feststellen, „dass die Annahme einstimmig durch sämtliche Parteien erfolgt ist": „Die Welt hat gesehen: das deutsche Volk ist einig, wenn es sein Schicksal gilt!"

Das Ende der Parteien

Nunmehr wurde mit Terror, Verfolgung, Pogromen und Unterdrückung die uneingeschränkte faschistische Diktatur formiert. Nach dem Verbot der SPD am 22. Juni und weiterer Organisationen, Gruppen und Periodika kam es zur Selbstauflösung von DNVP und DVP am 27. Juni, CSVD am 30. Juni, BVP am 4. Juli und Zentrum am 5. Juli. Der Antrag der Abgeordneten des CSVD vom 3. Juli 1933, in die Fraktion der NSDAP als Gäste aufgenommen zu werden, wurde in der Agonie des Parlamentarismus nicht mehr realisiert. Mit Gesetz vom 14. Juli 1933 wurde die Nazipartei als alleinige Partei im Dritten Reich bestätigt und jede Neugründung verboten. Der im März gewählte Reichstag wurde nach dem längst erfolgten faktischem Ableben am 14. Oktober förmlich aufgelöst. Ihm folgte der zwischen November 1933 und April 1945 bestehende NSDAP-Reichstag als gelegentliches Akklamationsforum für die Propaganda Hitlers.

---

[19] Ebd., S. 54.

Aus der Abtei Maria Laach schrieb Konrad Adenauer am 29. Juni 1933 an Dora Pferdmenges: „Dem Zentrum weine ich keine Träne nach; es hat versagt, in den vergangenen Jahren nicht rechtzeitig sich mit neuem Geiste erfüllt." Jede Revolution müsse zerstören. Die Frage sei, was und wie viel, und wann sie in „die Periode der neuen Ruhe und des neuen Aufbaus" übergehe: „M. E. ist unsere einzige Rettung ein Monarch, ein Hohenzoller oder meinetwegen auch Hitler, erst Reichspräsident auf Lebenszeit, dann kommt die folgende Stufe. Dadurch würde die Bewegung in ein ruhigeres Fahrwasser kommen."[20] Das Zentrum werde wohl, schrieb er am Tag von dessen Auflösung an die gleiche Adressatin, „aufgehört haben zu existieren. Ich begrüße es mit geteilten Gefühlen." Einerseits sei er „seit Jahren mit der Zentrumsführung nicht zufrieden"; andererseits scheide man „doch nur schweren Herzens von einer Partei, der man sein ganzes Leben angehört" habe.[21] Nach eigenen späteren Aussagen brach Adenauer in der Folgezeit jede Verbindung zu seinen früheren Parteifreunden ab.

Epilog

Das bedeutendste politisch-parlamentarische Nachspiel zum 23. März 1933 ereignete sich Anfang 1947 im Württemberg-Badischen Landtag. In Württemberg-Baden waren zwei Ja-Sager von damals bereits 1946 ziemlich umstandslos in neue Spitzenpositionen gekommen: Wilhelm Simpfendörfer (CDU) als Präsident der Verfassunggebenden Landesversammlung und Kultusminister sowie Reinhold Maier (Demokratische Volkspartei/DVP, die spätere FDP) als Ministerpräsident. Ein kritischer Beitrag in der Stuttgarter Zeitung vom 27. November 1946 – drei Tage nach der Landtagswahl – löste eine öffentliche Kontroverse, verschiedene politische Aktivitäten und schließlich am 15. Januar 1947 die Einsetzung eine Untersuchungsausschusses durch den Landtag aus. Ihm gehörten Abgeordnete der CDU (4), der SPD (3), der DVP (2) und der KPD (1) an. Im Verlauf von acht Sitzungen wurden insgesamt acht Ja-Sager (darunter Theodor Heuss) und zwei Nein-Sager vom 23. März 1933 als Zeugen gehört.

In der abschließenden Bewertung schienen die unterschiedlichen Lager und Positionen vom März 1933 wieder auf und ließen bereits die kontroversen Konzepte des Umgangs mit der jüngsten Geschichte in den kommenden Jahren zumindest tendenziell erkennen. Die bürgerliche Mehrheit des Ausschusses meinte,

---
20 29. Juni 1933 (Abtei Maria Laach): An Dora Pferdmenges, Köln (Auszug), in: Adenauer im Dritten Reich. Bearbeitet von Hans Peter Mensing, Berlin 1991, S. 151 (Adenauer. Rhöndorfer Ausgabe).
21 5. Juli 1933 (Abtei Maria Laach): An Dora Pferdmenges, Köln (Auszug). Ebd., S. 153.

„dass diese Ermittlungen die historische Rechtfertigung für die Zustimmung zum ‚Ermächtigungsgesetz' bedeuten, zum mindesten das Verhalten der Ja-Sager verständlich erscheinen lassen." Dagegen stand für die Minderheit von SPD und KPD fest, „dass das Ja von damals Hitler die Maske der Legalität für seine Gewaltherrschaft, die er brauchte, gegeben hat und dass jeder, der damals gegen Hitler geradestand, dieses Ja bedauern musste."[22] Gehen wir heute zuversichtlich davon aus, dass die damalige Minderheitenposition inzwischen zur vorherrschenden und wohlbegründeten Überzeugung im Urteil über die Verhaltensweisen und Entscheidungen bezüglich des Ermächtigungsgesetzes vom März 1933 geworden ist.

---

[22] Politischer Irrtum im Zeugenstand. Die Protokolle des Untersuchungsausschusses des Württemberg-Badischen Landtags aus dem Jahr 1947 zur Zustimmung zum „Ermächtigungsgesetz" vom 23. März 1933. Hg. und bearbeitet im Auftrag der Stiftung Bundespräsident-Theodor-Heuss-Haus und des Landtags von Baden-Württemberg von Ernst Wolfgang Becker und Thomas Rösslein, Stuttgart 2003, S. 359f.

Ekkehard Klausa
Die Rolle der nationalkonservativen Eliten aus Adel und Bürgertum im Dritten Reich

Der letzte Präsident des Preußischen Herrenhauses, Dietlof Graf von Arnim-Boitzenburg, feierte am 21. März 1933 den Tag von Potsdam nicht mit.[1] Wenn man dem Bericht seines Sohnes Wolf-Werner folgt, dann trafen Vater und Sohn an diesem Tage im Boitzenburger Schloss zusammen. „Wolfi, du bist nicht in Potsdam?" fragte der Vater. Der antwortete: „Vater, du kennst mich doch, du weißt doch genau, daß ich da nicht hinfahre, ich habe mich noch nicht mal um 'ne Karte bemüht." Und dann sei es aus dem Vater herausgebrochen: „Hör zu, die Sache ist nur dazu da, den Leuten Sand in die Augen zu streuen. Hitler will damit zeigen, was für ein konservativer und staatsaufbauender Mann er ist. In Wirklichkeit liegt Folgendes vor: Es gibt nur zwei Weltanschauungen, die eine ist die konservative und die andere ist die liberale. Die konservative ist immer bestrebt, das zu erhalten, was sich durch Generationen hindurch als nützlich und brauchbar erwiesen hat. Im Zusammenleben der Menschen, was niemals ausschließt, dass Neues aufgenommen werden soll, solange es brauchbar ist. Das liberale Prinzip macht immer Kompromisse und landet schließlich deswegen beim Weltkommunismus, weil sie von einem Kompromiss zum anderen etwas verschenken von dem, was sie an Grundprinzipien haben. [...] Weil dieses [gemeint ist der Nationalsozialismus, Anm. d. Verf.] keine konservative ist, sondern eine liberale, wird dieses schief gehen."[2]

Wenn man von dieser etwa krausen Subsumtion des Nationalsozialismus und des Kommunismus unter das „liberale Prinzip" einmal absieht, so zeigt sich, dass der Adel, den es als Einheit ja längst nicht mehr gab, gegenüber dem Nationalsozialismus zwiespältig war. Arnims märkischer Nachbar und Brieffreund, Fürst zu Eulenburg-Hertefeld auf Liebenberg, hatte schon Jahre vorher bei seinen Standesgenossen für die NSDAP geworben, der er beigetreten war.

Der Adel hatte sich durch einen Federstrich des Gesetzgebers 1919 nicht aus der Welt schaffen lassen, aber die Niederlage im Ersten Weltkrieg und das

---

1 Der Beitrag basiert auf dem Vortrag bei der Tagung „Preußens Abglanz und Untergang – 75 Jahre nach dem Tag von Potsdam" des Moses Mendelssohn Zentrums und auf dem Impulsvortrag des Autors bei dem Symposion „Potsdam – Tradition und Politikum" der „Fördergesellschaft für den Wiederaufbau der Garnisonkirche Potsdam e. V." 75 Jahre nach dem „Tag von Potsdam" im März 2008. Die Vortragsform wurde beibehalten.
2 Sieghart Graf von Arnim: Dietlof Graf von Arnim-Boitzenburg 1867–1933, Ein preußischer Landedelmann und seine Welt im Umbruch von Staat und Kirche, Limburg 1998, S. 285f.

Ende der Monarchie hatten seinen schleichenden ökonomischen und politischen Niedergang beschleunigt und verschärft. Der Adel, selbst der verarmte „Etagenadel", lebt weiter in der Vorstellung eigener Höherwertigkeit und im bewundernden Blick des Bürgertums. Das mythische Bewusstsein bestimmt hier einmal weitgehend das soziale Sein. Freilich entging insbesondere der wirtschaftlich kränkelnde Kleinadel nicht dem Sozialschicksal anderer absteigender Gesellschaftsschichten: Ähnlich den poujadistischen Kleinhändlern in Frankreich der IV. Republik und dem von Proletarisierung bedrohten Kleinbürgertum in Weimar-Deutschland wurde er zur Beute des Ressentiments gegen den liberalen Staat und die Reichen, vor allem „reiche Juden" und „Judengenossen". Selbst der Kaiser verfiel dieser adligen Kritik, weil er mit jüdischen Großbürgern wie Albert Ballin und Walther Rathenau speiste und segelte.

Während adlige „Grandseigneurs" aus Teilen des Hochadels und dem reichen Adel eine „Elitensynthese" mit dem Großbürgertum wenigstens anbahnten, kapselte sich insbesondere der ostelbische Kleinadel in einem bildungsfernen Archipel ab, der vom Mythos Wild und Hund, einem anti-bürgerlich-preußischen „Kargheitskult" und zunehmendem Rechtsradikalismus geprägt war. Die von Ideologen wie Ernst Jünger besungene „konservative Revolution" und später der Nationalsozialismus lockten mit ihrem Versprechen des „Führertums", zu dem der Adel sich kraft Geburt berufen fühlte.

Die Radikalisierung war, soziologisch gesehen, eine Folge der „Statusinkonsistenz" von Menschen mit edlem Titel, aber ohne wirtschaftliche Grundlage. Sozialverträglicher ist das englische Adelsmodell: Der englische Graf oder Baron zeugt nur einen einzigen Grafen oder Baron, die anderen Kinder werden „gentry" ohne Titelballast, und neue Funktionseliten steigen in den Adel auf. Der „Commoner" Mr. Winston Churchill hätte in Deutschland „Prinz von Marlborough" geheißen. Seinen bescheidenen „Sir" erhielt er erst aufgrund eigener Verdienste. Der deutsche Graf und Baron dagegen, reich oft nur an Kindern, zeugte in der späten Kaiserzeit zahlreiche Adelsproletarier mit großem Namen, gutsherrlichem Selbstbild und der Realität eines verabschiedeten Rittmeisters fast ohne Pension – vom Handlungsreisenden in Damenunterwäsche ganz zu schweigen.

Die Nazinähe eines Großteils des Adels, soweit er überhaupt politisch dachte, weist Stephan Malinowski in seiner monumentalen Studie *Vom König zum Führer*[3] in nüchterner und keineswegs feindseliger Weise nach. Der Kaisersohn als hoher SA-Führer, Erb- und sonstige Prinzen in der SS, das waren nicht nur Ausnahmen. Fast jeder fünfte SS-Obergruppenführer war 1938 adelig. Der ostelbische Adel fuhr lange Zeit mit seiner Führerbegeisterung wirtschaftlich sehr gut; Hitlers

---

3 Stephan Malinowski: Vom König zum Führer. Sozialer Niedergang und politische Radikalisierung im deutschen Adel zwischen Kaiserreich und NS-Staat, Berlin 2004.

hohe landwirtschaftliche Schutzzölle sanierten ihn wirtschaftlich, seine Söhne konnten in der Wehrmacht Karriere machen.

Viele Adlige fühlten sich allerdings vom auftrumpfenden Plebejertum brauner Emporkömmlinge stilistisch abgestoßen. Das beeinträchtigte aber nicht den Mythos des hoch über Partei und Volk schwebenden „Führers und Obersten Befehlshabers der Wehrmacht". Dass dieser „kein Herr, sondern ein Kerl" war, wie es in adligen Memoiren heißt, ging den meisten erst nach Stalingrad auf. Insofern gehörte der Adel durchaus zur Volksgemeinschaft der Verblendeten.

Der unpolitische Adels-Durchschnitt dürfte kultivierter gedacht haben als die Wortführer der „Deutschen Adelsgenossenschaft" mit ihrem – bereits 1920 eingeführten – Arierparagraphen und ihrer Landsknechtssprache. Marion Gräfin Dönhoff spricht vom adligen Verhaltenskodex als „Sicherheitsgeländer"[4]. Ob dieses wirklich flächendeckend „unter der Last von Kriegsniederlage und Revolution zusammenbrach",[5] wie Malinowski schreibt, müsste alltagsgeschichtlich näher untersucht werden. Die bloße Parteimitgliedschaft etwa von 27 Hardenbergs und 52 Schwerins beweist es noch nicht. Zum einen war jede dieser Familien überaus fruchtbar und füllte zig Seiten im *Gotha*[6]. Außerdem wurde „Pg" neben dem Eiferer auch der milde Opportunist, der eine ganz normale Verwaltungs- oder Diplomatenkarriere anstrebte oder fortsetzen wollte, und sogar der später ermordete Widerstandskämpfer Adam von Trott zu Solz trat zur Tarnung der NSDAP bei. Sonst hätte er nicht ins Auswärtige Amt eintreten können.

Ob Adlige im Durchschnitt früher aus der NS-Verblendung herausfanden als andere Deutsche, müssten Detailuntersuchungen klären. Wahr aber ist: Adlige waren eher als der Durchschnitt bereit, aus der Erkenntnis ihres Irrtums lebensbedrohliche Konsequenzen zu ziehen. Martin Broszat hat mit Recht festgestellt, dass Arbeiter und Aristokraten im Widerstand gegen Hitler eher bereit waren, ihren Hals zu riskieren, als das bürgerliche „juste milieu".[7] Hier führte das Selbstbild und der elitäre Anspruch adligen Führertums in vielen Einzelfällen zu letzter Bewährung – getreu dem gern zitierten Fichte'schen Motto „und handele so, als hinge von dir und deinem Tun allein das Schicksal ab der deutschen Dinge und die Verantwortung wär' dein." Insofern zeigt die Totenliste des 20. Juli 1944 durchaus einen

---

4 Marion Gräfin von Dönhoff: Namen, die keiner mehr kennt. Ostpreußen – Menschen und Geschichte, Berlin 1989, S. 42.
5 Malinowski, Vom König zum Führer, S. 224f.
6 Genealogisches Handbuch des Adels, hierarchisch gestaffelt nach fürstlichen, gräflichen, freiherrlichen, ursprünglich auch uradligen und briefadligen Familien
7 Vgl. Martin Brozsat: Widerstand: Der Bedeutungswandel eines Begriffs in der Zeitgeschichte, in: Süddeutsche Zeitung vom 22./23. November 1986, S. 10. Diese Meinung vertritt auch Hans Mommsen. Zum „juste milieu" gehören auch die Historiker, die oft gern von oben herab auf den Widerstand schauen.

ehrenwerten Abgang des Adels aus der deutschen Geschichte, in der er in seinem letzten halben Jahrhundert eine mehr als zwiespältige Rolle gespielt hatte.

Und wie stand es mit den Konservativen allgemein? Anders als Graf Arnim-Boitzenburg meinte, gab es nicht nur „eine" konservative Weltanschauung, sondern viele. Zwischen 1918 und 1933 hatte sich der altpreußische Tory-Konservatismus eines Theodor Fontane zunehmend verflüchtigt und in zahlreiche rechtsradikale Gruppierungen zersplittert – Jungkonservative wie Edgar Julius Jung, Anhänger der „Konservativen Revolution" oder ewige Frontkämpfer wie Ernst Jünger. Es gibt keinen Zweifel, dass die Rechts- Konservativen mit ihrem gnadenlosen Kampf gegen die „seelenlose Zahlendemokratie" maßgeblich zum Zusammenbruch der Republik beigetragen haben. Darin waren sie übrigens unfreiwillige Waffenbrüder der Kommunisten.

Nach 1918 waren es vorwiegend die Älteren, die sich eine wilhelminische Restauration wünschten. Viele jüngere Konservative waren durch das „Fronterlebnis" verändert. Den Glauben an die traditionelle Ordnung hatten sie weithin verloren. Zu ihrem Patron war ein nihilistisch verstandener Friedrich Nietzsche geworden, der mit seinem sarkastischen Radikalismus die altkonservativen ebenso wie die liberalen Werte beschädigt hatte. Die an dem Kulturpessimisten Oswald Spengler geschulten „Jungkonservativen" hingegen wollten gern an Werte glauben und konnten nicht recht. Der Gott der Altkonservativen samt Thron und Altar sagte ihnen nichts mehr. Sie gaben sich antibürgerlich, wollten „Helden" sein und nicht „Händler", „Krieger" statt „Krämer". In ihrer Suche nach irgendeinem Glauben flohen sie aus dem Kulturpessimismus in ein neues Mittelalter. Dieses hatte schon der Romantiker Novalis zum Goldenen Zeitalter erwählt. Andere gingen zurück bis zur idealisierten germanischen Frühzeit. Dieser paradoxe Rückgriff auf immer weiter entfernt liegende Zeiten findet sich bei keinem anderen europäischen Konservatismus. Die Herolde der „konservativen Revolution" (Paul de Lagarde, Arthur Moeller van den Bruck, Ernst Jünger) ersetzten Tradition und Religion durch willkürlich gesetzte, oft barbarische Mythen wie „Blut und Boden" oder den Kampf um seiner selbst willen (Ernst Jünger 1922: „Nicht wofür wir kämpfen, ist das Wesentliche, sondern wie wir kämpfen"[8]). Der Dezisionismus (Martin Heidegger, Carl Schmitt) pries die Kraft zur Entscheidung, egal wofür, und die Macht als solche.

Dieses romantische Aufbegehren verstand sich vielfach als „konservative Revolution"; im Gegensatz zur linken Revolution ging es ihr nicht um das Niederreißen von Fortschrittshemmnissen, sondern um das Wegschneiden des lebens-

---

[8] Zit. nach Martin Greiffenhagen, Artikel „Konservatismus". In: Meyers Enzyklopädisches Lexikon, Band 14, Mannheim 1975, S. 159.

behindernden Faulenden.⁹ Anders als die Fortschrittsgläubigen wollten sie nicht eine bessere Zukunft nach Plan erzwingen, anders als die „Reaktionäre" nicht an dem hängen, was gestern war, sondern „ein Leben aus dem, was immer gilt" (Moeller van den Bruck) und in einem ewigen Kreislauf unverändert bleibt (Nietzsche). Im Grunde ist eine „konservative Revolution" ein Widerspruch in sich. Der Urtyp des Konservativen verteidigt das Gewachsene gegen Macher und Ideologen; der „konservative Revolutionär" wird selbst zum ideologischen Macher. Und da „jede Revolution [...] einengende Formen zersprengen" will,¹⁰ berührt sich die konservative in ihrem antibürgerlichen Affekt mit der linken Revolution: Davon zeugten die „Nationalbolschewisten" (Ernst Niekisch) als Fraktion innerhalb der „Nationalrevolutionäre".

Die „konservative Revolution" war vielgestaltig und zerstritten. Die Völkischen schworen auf den germanisch-rassischen Mythos, die „Jungkonservativen" auf einen romantischen Reichsmythos als Rechtfertigung deutscher Hegemonie in Mitteleuropa, die „Nationalrevolutionäre" auf den Mythos einer verselbständigten vitalistischen Dynamik unter Wegschmelzen des Inhalts.¹¹ Einig waren sich diese Neukonservativen aber untereinander und mit den meisten Altkonservativen in einem: in der unversöhnlichen Ablehnung des „toten Zahlenmechanismus" Demokratie, des „westlich-mechanischen" Parlamentarismus mit seinen Parteien, die als „Schwärme von Parasiten am Körper des Reichs" galten (Arthur Moeller van den Bruck). Sie alle glaubten an die konfliktfreie politische „Gemeinschaftsordnung" eines autoritären Staates, in dem sich zwischen Volk und Führung keine eigensüchtigen Gewerkschafts- und Parteiinteressen schieben dürfen. Das machte die Schwäche und die Gefährlichkeit des Weimarer Konservatismus aus – vom altpreußischen (Ewald von Kleist-Schmenzin) über den wilhelminischen (Alfred Hugenberg, Ulrich von Hassell) bis zum revolutionären (Edgar Jung, Harro Schulze-Boysen): Einig war er lediglich als Antibewegung, stark genug war er nur zur tatkräftigen Mitzerstörung von Demokratie und liberaler Tradition.

In diesem konservativen Denken gab es nicht sehr viele Antikörper gegen das Gift nationalsozialistischer Parolen. Hitler schöpfte aus den gleichen ideologischen Quellen und hielt überdies für jede Klientel das Passende bereit – für die Deklassierten eine Art von Antikapitalismus, für die Preußengläubigen den Ritus des „Tages von Potsdam", für „konservative Revolutionäre" germanische Mythen und den autoritären Staat. Auf Distanz gingen viele Konservative zu Beginn des

---
9 Armin Mohler: Die Konservative Revolution in Deutschland 1918–1932, Darmstadt 1989, S. 116.
10 Hermann Rauschning: Die Konservative Revolution. Versuch und Bruch mit Hitler, New York 1941, S. 63.
11 Mohler, Konservative Revolution, S. 150f.

Hitlerreiches am ehesten aus einer alt- oder neu-aristokratischen Arroganz gegen den braunen Pöbel in der SA und die braunen Spießer in der Kreisleitung.

So nimmt es nicht wunder, dass der Konservatismus von Weimar in seinen Organisationsformen nach Hitlers Machtantritt rasch zerfiel. Es ist kaum möglich zu sagen, was aus der ehemaligen Deutschnationalen Volkspartei, was aus dem Tatkreis, dem Juniclub oder dem Stahlhelm wurde. Sie verschwanden spurloser als die vom Nationalsozialismus weit härter bekämpften „geborenen" Gegner wie die sozialistischen Parteien. Deren Exilvertreter behielten wenigstens noch eine – schwindende – illegale Basis im Reich; dagegen konnten konservative Gruppierungen anscheinend nur noch, wie der Stahlhelm, in der SA aufgehen oder sich im Privaten verlieren. Lange schien es, als habe der Nationalsozialismus die konservativen Ideen und Personen teils aufgesogen, teils zum Schweigen gebracht.

Hier soll der konservative Widerstand als Nagelprobe für als Verhältnis zwischen Konservatismus und Nationalsozialismus dienen. Nach allem was wir wissen, brauchte die Mehrzahl der Konservativen sehr lange für den Schritt zum potentiellen Widerstand. Mit dem Nationalsozialismus verbanden sie ja zahlreiche Gegnerschaften – gegen Marxisten, Liberale, Demokraten – und Zielvorstellungen in der Innenpolitik – starker autoritärer Staat – und der Außenpolitik – Revision des „Schanddiktats von Versailles" und Wiederherstellung der deutschen Hegemonie vor allem in Osteuropa.

So ist es wohl zu erklären, dass die Massenverbrechen in den Konzentrationslagern ab 1933, die Nürnberger Gesetze 1935, der Pogrom 1938 und die Entfesselung des Krieges 1939 keinen konservativen Widerstand, kaum eine wahrnehmbare konservative Opposition auslösten; erst der Holocaust ab 1941 – und die verzweifelte Kriegslage spätestens ab 1943! – erlaubten es vielen, die Obrigkeit als Verbecherbande zu denken und sich innerlich zum Widerstand bereit zu machen. Eine Ausnahme ist die konservative Verschwörung gegen den Krieg in der Sudetenkrise 1938.

„Da seht Ihr's", könnte jetzt ein Sozialist sagen, „unsere Leute haben es gleich gewusst. ‚Hitler, das ist der Krieg', das haben Sozialdemokraten und Kommunisten schon 1933 und davor skandiert. Aber die meisten Männer des 20. Juli 1944 marschierten jahrelang stramm hinter ihrem Führer her. Generaloberst Beck, der an einem erfolgreichen 20. Juli Staatsoberhaupt werden sollte, begrüßte die Machtübernahme Hitlers als ‚ersten Lichtblick seit 1918'. Er betrieb Hitlers Aufrüstung mit aller Kraft, ehe er nach einem halben Jahrzehnt zurücktrat und in die Opposition ging. Und der mutige Täter des 20. Juli, Stauffenberg, brauchte dazu sogar fast ein Jahrzehnt. Die Linken waren dagegen von vornherein auf der richtigen Seite."

So weit die Meinung eines Sozialisten. Vom Tisch wischen kann man das nicht. Aber es relativiert sich, wenn man bedenkt, dass die Kommunisten, die als Erstverfolgte und damit auch Erstgeborene des Widerstandes zu Tausenden in die KZs einfuhren, den Nazis tatkräftig geholfen hatten, die Weimarer Demokratie auf Null zu bringen. Viel leidenschaftlicher als gegen die Nazis kämpften sie gegen ihre sozialdemokratische Konkurrenz, die sie als „Sozialfaschisten" diffamierten. Und die parlamentarische Demokratie wollten sie ebenso abschaffen wie die Nationalsozialisten.

Deutschland war eine Demokratie mit zu wenig Demokraten. Sozialdemokraten und Anhänger der katholischen Zentrumspartei können freilich darauf verweisen, dass sie als schrumpfendes, zunehmend resigniertes Häufchen die Demokratie bis 1933 verteidigt hatten, während der Großteil der Konservativen der parlamentarischen „Quasselbude" keine Träne nachweinte.

Aber führende Linke und Zentrumsleute hatten es auch leicht, den Nationalsozialismus abzulehnen, weil sie von vornherein von diesem als Gegner behandelt und verfolgt wurden. Viele hatten keine Wahl als Emigration oder KZ, oder sie mussten froh sein, – wie Konrad Adenauer – nur aus dem Amt geworfen zu werden und zwölf Jahre lang Rosen züchten zu dürfen. Diesen Personenkreisen fiel naturgemäß die Ablehnung des Nationalsozialismus leicht.

Für die Konservativen war die Situation ganz anders als für Sozialdemokraten. Viele von ihnen hatten die demokratische Republik abgelehnt und einen autoritären nationalen Staat gefordert, jenen Staat also, den Hitler in seiner Koalition mit den Deutschnationalen mit dem Segen des Reichspräsidenten und kaiserlichen Feldmarschalls anscheinend so tatkräftig aufbaute. Die Maskerade des „Tages von Potsdam" vom 21. März 1933 täuschte die meisten: Da reichten sich das alte Preußen und das kaiserliche Deutschland in der Person Hindenburgs und das neue völkische Deutschland in der Person des jungen Reichskanzlers die Hand, die alten Eliten, allen voran der Deutsche Kronprinz, applaudierten, die Reichwehr paradierte, gefolgt von tadellos marschierenden Kolonnen der SA und SS.

Die große Mehrzahl der Konservativen in Deutschland begrüßte aus verständlichen Gründen die Politik der „nationalen Regierung". Nach den bürgerkriegsartigen politischen Straßenkämpfen schien wieder Ordnung einzukehren. Da übersah man gern, dass die als Hilfspolizei eingesetzte SA politische Gegner – Demokraten und Kommunisten – in Folterstätten und frühe KZs verschleppte, misshandelte oder gar ermordete. So sei das halt in Revolutionen, meinten viele, wo gehobelt wird, fallen Späne, und bald wird es sich normalisieren. Und wirtschaftlich ging's endlich wieder bergauf. Zum Teil wegen einer allgemeinen Besserung der Weltkonjunktur, aber auch wegen geschickter Arbeitsbeschaffungsprogramme der Regierung, die Millionen von Arbeitslosen von der Straße holte, und bald darauf durch die Aufrüstung, die sogar zum Arbeitskräftemangel führte. Und besonders attraktiv: Hitler zerriss Stück für Stück den Vertrag von Versailles, den nicht nur Konservative als „Schanddiktat" empfanden.

Es ist auch zu bedenken, dass 1933 alle politischen und administrativen Amtsträger, die sich als entschiedene Gegner des Nationalsozialismus profiliert hatten, aus ihren Ämtern gefegt wurden – ob als Polizeipräsidenten, als Landräte oder sogar als Studienräte, wie Inge Deutschkrons Vater, der nicht wegen seiner jüdischen Abstammung, sondern wegen seiner SPD-Mitgliedschaft gefeuert wurde. In solchen Ämtern konnten Regimegegner erst allmählich nachwachsen. Oder solche hohen Amtsträger, die 1933 keineswegs gegen den „neuen Staat" gewesen waren, wie Generalstabschef Ludwig Beck, Oberbürgermeister Carl-Friedrich Goerdeler oder Botschafter Ulrich von Hassell, mussten erst allmählich zu besserer Einsicht kommen.

Ein erfolgversprechender Widerstand, ein Staatsstreich, konnte nur der Armee gelingen. Für Offiziere war aber die „Wiederherstellung der Wehrhoheit" glückhaft, ja berauschend. Die explosionsartige Vermehrung der kleinen Reichswehr zur mächtigen Wehrmacht erfüllte viele Wünsche und Träume, nicht zuletzt Karriereträume. Der von Weimarer Linken viel geschmähte Soldat war wieder „der schönste Mann im Staat", die Gesellschaft wurde nach militärischem Vorbild formiert. „Zersetzende Elemente" wie Kurt Tucholsky mit seinem Spruch „Soldaten sind Mörder" waren außer Landes gejagt oder im KZ.

Wie also konnten die hohen Offiziere, die allein einen Staatsstreich hätten „stemmen" können, zu potentiellen Widerständlern werden, und unter welchen Umständen hatten sie eine Handlungschance?

Der Schritt vom traditionellen soldatischen Gehorsam zum Hochverrat ist psychologisch ungeheuer schwer, und es wäre ebenso naiv wie ungerecht, von Soldaten einen solchen Entschluss, eine solche Verkehrung aller ihrer Traditionen, etwa als Reaktion auf die Konzentrationslager oder die Nürnberger Gesetze zu erwarten oder gar mit moralischem Zeigefinger zu verlangen. Für uns ist aus der Rückschau das Nazireich ein gerader Weg nach Auschwitz; aber wir müssen die Menschen aus ihrem damaligen Wissen beurteilen.

Außerdem: Preußen war nie ein Militärstaat in dem Sinne gewesen, dass die Armee bestimmt hätte, wer regieren solle und wer abzusetzen sei. Das finden wir in Staaten wie Pakistan und Argentinien, aber die betrachten wir gemeinhin nicht als vorbildlich. Hier ein „schlagartiges" Umdenken im Jahre 1933 zu verlangen, wäre unfair. Zuständig für die Verteidigung der Demokratie war die politische Zivilgesellschaft, und die hatte 1933 sang- und klanglos abgedankt, ja sie hatte sich, mit einem Ausdruck von George Orwell, „evaporisieren" lassen.

Dennoch: ein Freispruch für die Reichswehr- und Wehrmachtführung Mitte der dreißiger Jahre ist das nicht. Denn die meisten führenden Offiziere waren nicht nur hocherfreut über die karrierefördernde Aufrüstung, sondern teilten lange Zeit viele innen- und außenpolitischen Ziele und Gegnerschaften ihres Obersten Befehlshabers: die Antistellung gegen Sozialismus, Liberalismus, Pluralismus, Demokratie, ja, auch gegen „das Judentum".

Und in gewissem Sinne verkaufte die Armee ihre Seele dem Nazismus in der Nacht der Langen Messer, beim fälschlich so genannten „Röhm-Putsch" vom 30. Juni 1934. Das war eine gesetzlose „Säuberung", wo man wirkliche oder angebliche Gegner einfach erschoss, ohne Anklage und Urteil. In Wahrheit waren es loyale Gefolgsleute Hitlers, die er aber als Bürgerkriegstruppe nicht mehr benötigte und die ihm lästig geworden waren, weil ihr proletarischer Lärm und die Forderung nach einer „Zweiten Revolution" seine neuen Verbündeten in Armee und Bürgertum verschreckte.

Dabei wurden aber zur Flurbereinigung und zur Abschreckung jedes Widerstandes auch eine Reihe konservativer Oppositioneller gleich mit beseitigt, darunter zwei ehemalige Reichwehrgenerale, Bredow und Schleicher, und Frau von Schleicher noch dazu. Über diese unglaubliche Gesetzlosigkeit, die dem Rechtsstaat endgültig den Todesstoß versetzte, erregten sich nur einige Subalternoffiziere auf, wie Henning von Tresckow und Hans Oster, die damals ihren Glauben an Hitler verloren. Dagegen war der Reichswehrführung diese formlose Beseitigung der Konkurrenz sehr angenehm, denn Ernst Röhm hatte gern Oberbefehlshaber einer mit der SA fusionierten Wehrmacht werden wollen.

Einflussreiche Historiker wie Hans Mommsen und Klaus-Jürgen Müller haben die langjährige Kollaboration der konservativen Eliten und den späteren konservativen Widerstand interessenpolitisch erklärt: Solange Hitler den konservativen Zielen, insbesondere den außenpolitischen, diente, unterstützte man ihn, als er in die Katastrophe führte, wandte man sich gegen ihn. Es gab aber auch Konservative – wenige –, die aus ihrer kompromisslosen Werthaltung heraus Hitler vom ersten Tag an ablehnten. Einer war sogar der höchste Soldat, der Chef der Heeresleitung, Kurt von Hammerstein-Equord. Aber er resignierte, weil, wie er sagte, 98 Prozent seiner Landsleute von Hitler „besoffen" seien.[12]

Ein anderer war ein kompromissloser Altkonservativer, Ewald von Kleist-Schmenzin, durchaus ein Antidemokrat, der nach Kräften zum Untergang der Weimarer Republik beigetragen hatte. Aber für ihn war und blieb Hitler mit seiner neuheidnischen brutalen Ideologie der Antichrist und Gegner.[13] Hammerstein und Kleist waren jedoch Ausnahmen und blieben isoliert. Sie zeigen immerhin, dass man nicht Sozialdemokrat sein musste, um zu wissen, was von Hitler zu halten war.

Viele Konservative wurden zu potentiellen Widerständlern erst, als sie sahen, wie Hitlers Verbrechen ins Riesenhafte wuchsen. Nehmen wir den durch äußere

---

12 Hans Magnus Enzensberger: Hammerstein oder der Eigensinn, Frankfurt 2008, S. 110.
13 Vgl. Ekkehard Klausa: Ewald von Kleist-Schmenzin (1890–1945). Ein altpreußischer Konservativer im Widerstand gegen den Nationalsozialismus, in: Forschungen zur Brandenburgischen und Preußischen Geschichte, 2/2009, S. 243–255.

Umstände verhinderten Selbstmordattentäter Axel von dem Bussche-Streithorst, der Stauffenberg zugesagt hatte, sich bei einer Uniformvorführung mit Hitler in die Luft zu sprengen. Ihm hatte die SS den Holocaust ad oculos demonstriert, als er 1941 im ukrainischen Dubno zufällig Zeuge einer Massenerschießung jüdischer Männer, Frauen und Kinder wurde. In dieser Situation bedurfte es keiner ungewöhnlichen Einsicht mehr, um die Verworfenheit des Regimes zu erkennen, und keiner ausgeprägten konservativen Werte, um sich zu empören. Um zum Einsatz seines Lebens gegen das Regime bereit zu sein, bedurfte es jedoch noch eines starken Charakters, und der ist selten genug. Aber die konservativen Widerständler, die erst durch den Holocaust zu bedingungslosen Feinden des Regimes wurden, hatten es offenbar viel schwerer als Linke und Liberale, ihre eigenen Werte in Waffen gegen den Nationalsozialismus umzuschmieden.

Ohne hohe Offiziere war, wie gesagt, der Umsturz nicht möglich. Unter welchen Umständen wurden nun einige – wenige – von ihnen zur potentiellen Widerständlern? Kurz gesagt: wenn sie den unabweisbaren Eindruck hatten, dass das Vaterland und seine Armee nicht anders zu retten waren als durch Hochverrat. Das war der Fall in der Sudetenkrise 1938, als Hitler entschlossen war, den europäischen Krieg anzuzetteln, der nach Einschätzung der Generale zum Weltkrieg werden musste. Das Volk wollte keinen Krieg, also war das vielleicht eine Chance, gegen Hitler loszuschlagen und Verständnis dafür im Volk zu finden. Der zivile und der militärische Widerstand verbündeten sich damals zu einem Aktionsplan, der vielleicht Europa hätte retten können. Einige der Verschwörer wollten nur den Frieden retten, andere das Regime zähmen und von radikalen Elementen wie Himmler säubern, andere wollten es stürzen und Hitler verhaften, aber einige wenige waren entschlossen, Hitler zu erschießen – die einzige reale Erfolgschance.[14]

Hohe Armeeführer waren im Komplott, allen voran Generalstabschef Franz Halder, dessen Vorgänger, Generaloberst Ludwig Beck, aus Protest gegen Hitlers Kriegspolitik zurückgetreten war; daneben der spätere Generalfeldmarschall Erwin von Witzleben und der Potsdamer Divisionskommandeur Generalmajor Walter Graf von Brockdorff-Ahlefeldt. Wir wissen, dass dieser Plan durch das Nachgeben Chamberlains und Daladiers in München zunichte gemacht wurde, obwohl Sendboten des Widerstandes, darunter Ewald von Kleist-Schmenzin, London gebeten hatten, hart zu bleiben. Dieser altpreußische Konservative hatte sich sogar

---

[14] Vgl. Klaus-Jürgen Müller: Zu Struktur und Eigenart der nationalkonservativen Opposition bis 1938 – Innenpolitischer Machtkampf, Kriegsverhinderungspolitik und Eventual-Staatsstreichplanung, in: Jürgen Schmädeke/Peter Steinbach: Der Widerstand gegen den Nationalsozialismus, München 1985, S. 329–344.

zum „Landesverrat" durchgerungen, um den als Antichrist empfundenen Hitler zu bekämpfen. Aber London war damals zum Krieg politisch und militärisch viel schlechter gerüstet als 1939 und mochte sich auf die Fähigkeit des deutschen Widerstandes, den Krieg zu verhindern, aus nachvollziehbaren Gründen nicht verlassen.

Die Angst vor dem Untergang der Armee und des Reichs wurde wieder sehr stark vor dem Westfeldzug im Winter 1939/40. Den hohen Offizieren steckte die Erfahrung des Ersten Weltkriegs noch in den Knochen, wo die deutsche Armee in Flandern und vor Verdun verblutet war. Wieder stand Generalstabschef Franz Halder an der Spitze der Verschwörung, selbst der knieweiche Oberbefehlshaber des Heeres, Walther von Brauchitsch, ließ sich mitziehen, und der kurzfristig reaktivierte Generaloberst Kurt von Hammerstein lud Hitler in sein Hauptquartier ein, um ihn zu verhaften. Aber Brauchitsch knickte ein, als es den Anschein hatte, dass Hitler Wind bekommen hatte und als er drohte, „den Geist von Zossen" auszurotten – Zossen war das Quartier des Generalstabs. Der Frankreichfeldzug wurde zum größten Triumph Hitlers. An Widerstand gegen den siegreichen, von seinem Volk gefeierten Feldherrn war nicht zu denken, und nur ganz wenige Offiziere waren in dieser Stunde überhaupt noch potentielle Widerständler.

Ihre Stunde schlug erst wieder nach Stalingrad, als alle halbwegs Denkenden wussten: Es war nur noch eine Frage der Zeit, wann bei Hitlers sturer Durchhalte-Taktik das ganze Deutsche Reich zu einem einzigen Super-Stalingrad werden musste. In dieser Situation versuchte die Widerstandsgruppe in der Heeresgruppe Mitte im März 1943 mehrere Attentate, aber Hitler war wie vom Teufel beschützt.

Eine handlungsfähige Minderheit von Wehrmachtsoffizieren war zum Widerstand erst in der Lage, als das Widerstandsherz im gleichen Takt schlug mit dem patriotischen Herzen: In der katastrophalen Kriegslage konnte nur noch ein Umsturz das Reich und die Armee vielleicht retten. Der deutsche Widerstand hatte es viel schwerer als der französische oder griechische. Dort standen die traditionellen patriotischen Werte hinter dem Widerstand gegen den Landesfeind und Okkupanten. In Deutschland war den meisten Patrioten ein Umsturz undenkbar, solange Hitler Deutschland zur größten Macht seiner Geschichte geführt zu haben schien.

Sehr wenige rangen sich zur Einsicht durch wie Graf Moltke, der sich als Europäer und Christ verstand und ausdrücklich nicht als deutscher Patriot, und der am 18. April 1942 an seinen englischen Freund Lionel Curtis schrieb, er wünsche den Sieg der westlichen Demokratien und arbeite dafür;[15] oder wie Dietrich Bon-

---

15 Vgl. Günter Brakelmann: Helmuth James von Moltke 1907–1945. Eine Biographie, München 2007, S. 219.

hoeffer, der 1941 ausländischen Freunden gesagt haben soll, er bete für die deutsche Niederlage.[16]

Zwischen dem konservativen Teil des „Anderen Deutschlands" und dem Regime gab es keinen Abgrund, sondern allmähliche Übergänge. Manche trieben in einem Teilbereich Opposition, während sie im anderen an Hitlers Politik mitwirkten, mitunter sogar aus Überzeugung. Einige Widerstands-Generale verstrickten sich im Russlandfeldzug zeitweilig in die rassistische Ideologie des Vernichtungskrieges.

Neben politischen Motiven entsprang der Entschluss zum Widerstand auch der Rückbesinnung auf konservative ethische Traditionen, die oft vom Nationalismus überlagert gewesen waren. Nehmen wir Ulrich von Hassell. Er war schon 1920 im Putschkabinett des Generallandschaftsdirektors Wolfgang Kapp und des Generals Walther von Lüttwitz als Außenminister vorgesehen und stand deren Ideenwelt damals sicher nicht fern. Derselbe Mann schrieb ab 1938 eines der besten humanistischen Zeugnisse aus dem konservativen Widerstand. In seinen scharf beobachtenden und souverän urteilenden Aufzeichnungen verdammt er den Nationalsozialismus aus Anstand und Prinzip. Für ihn galt früher, für andere Konservative erst später: Angesichts der Staatsverbrechen fanden sie aus Verblendung und Opportunismus zurück zu wertkonservativen Grundsätzen.

Eine handlungsfähige konservative Widerstandsgruppe, zu der es vor allem des Militärs bedurfte, fand sich allerdings erst zusammen, als die Kriegsniederlage absehbar war. Nun endlich schlug das deutschnationale Herz, das den hegemonialen Machtstaat erhalten wollte, in gemeinsamen Rhythmus mit dem ethischen, das Hitlers Verbrechen verabscheute. Damit soll nicht gesagt sein, dass der von Konservativen geführte Aufstand von 1944 allein ein nüchtern-rationaler Versuch gewesen wäre, die Sozialinteressen der Beteiligten zu retten. Drastisch sagte es mir einmal Axel von dem Bussche: „Als ich den Holocaust erlebt hatte und mich zum Selbstmordattentat auf Hitler entschloss, da dachte ich nicht an Standesinteressen, nicht einmal an die Rettung Deutschlands – sondern ich sagte mir: dies hier muss aufhören!"[17] In der Beinahe-Hoffnungslosigkeit des Juli 1944 wurde das Selbstopfer von Konservativen wie Stauffenberg und Tresckow durchaus zum Aufstand des gequälten Gewissens. Vielleicht auch, wie Malinowski meint, ein

---

16 Vgl. Ferdinand Schlingensiepen: Dietrich Bonhoeffer 1906–1945. Eine Biographie. München 2007, S. 283.
17 Axel von dem Bussche im Gespräch mit dem Verfasser, ca. 1990; vgl. auch: Bericht von Axel von dem Bussche, in: Christoph Kleßmann/Falk Pingel (Hrsg.): Gegner des Nationalsozialismus. Wissenschaftler und Widerstandskämpfer auf der Suche nach historischer Wirklichkeit, Frankfurt/New York 1980, S. 272–275, hier: S. 274.

„Aufstand des schlechten Gewissens".[18] Eine Handlungschance erhielt dieses allzu lange gelähmte konservative Gewissen aber erst, als es das Ideal des deutschen Machtstaates nicht mehr gegen, sondern hinter sich hatte.

Gewiss dürfen wir nicht wohlfeil aus dem nachträglichen Wissen urteilen, dem das gesamte „Dritte Reich" als konsequenter Weg nach Auschwitz erscheint. Selbst die Skepsis der meisten konservativen Widerstandskämpfer gegen Demokratie und Parlamentarismus sollten wir nicht mit den Augen heutiger Verfassungsschützer betrachten: Es gibt kaum einen Zweifel, dass Hitler auch 1944 noch jede freie Wahl gewonnen hätte und dass nur eine zunächst autoritäre Widerstandsregierung den Weg zurück in den Rechtsstaat hätte bahnen können. Doch auch ohne moralische Beckmesserei bleibt als Bilanz: die Konservativen haben vor 1933 Hitler um vieles mehr genützt, als sie ihm nach 1933 geschadet haben – zunächst schaden wollten, dann schaden konnten.

Als ein Beispiel für die Ambivalenz der nationalkonservativen Eliten gegenüber Verführung und Verbrechen des Nationalsozialismus mag das Potsdamer Infanterieregiment 9 dienen.

Unter den Männern des 20. Juli waren neunzehn Offiziere, die in diesem Regiment dienten oder gedient hatten. In einer Truppe also, die stolz die Tradition des preußischen Ersten Garderegiments zu Fuß fortführte und wegen ihrer vielen Adligen scherzhaft als „Regiment Graf Neun" bezeichnet wurde. War dieses Regiment somit im Dritten Reich ein Widerstandsnest? Hat die preußische Soldatentradition, die hier in der Nachbarschaft von Sanssouci und der Garnisonkirche lebendiger war als irgendwo sonst, diese Offiziere resistenter gemacht als andere gegen den braunen Ungeist, hat diese Tradition zum Widerstand beigetragen?

Nein und ja. Anfängliche Resistenz nein, endlicher Widerstand ja. Gerade die Berufssoldaten konnten 1933 kaum umhin, die Politik der neuen Regierung zu begrüßen. Die Gesellschaft wurde nach militärischem Vorbild formiert, es wimmelte von Uniformen, Parteiuniformen, Landratsuniformen, Arbeitsdienstuniformen, Diplomatenuniformen.

Ein warmer Regen von goldenen und silbernen Sternen ging nach der 1935 proklamierten „Wehrfreiheit" auf die Schulterstücke der Militärs nieder. Die rapide Heeresvergrößerung eröffnete märchenhafte Karrierechancen. Man blieb nicht mehr, wie zur Weimarer Zeit, zehn Jahre Oberleutnant. Im I. R. 9 brachten es von 29 Hauptleuten und Stabsoffizieren 27 zum General. Mein Onkel, der damals Rekrut im Regiment war, sagte mir einmal: „Wer 1933 bei uns Hauptmann oder Major war, der konnte sich der endlichen Beförderung zum General nur durch Selbstmord entziehen."

---

18 Malinowski, Vom König zum Führer, S. 588.

Kein Wunder, dass die meisten Offiziere die Lage sehr anders einschätzten als Kommunisten und Sozialdemokraten. Aber die hatten vielfach auch nur die Wahl zwischen Exil und KZ, und das schärfte den kritischen Blick. Die meisten Konservativen, und allen voran die Offiziere, verfielen der großen Versuchung oder, wie Dietrich Bonhoeffer es ausdrückte, der „großen Maskerade des Bösen"[19], die hier in Potsdam am 21. März 1933 ihre erste geniale Galavorstellung gab. Das I. R. 9 paradierte am „Tag von Potsdam" stramm und freudig an Hindenburg und Hitler und dem Deutschen Kronprinzen vorbei.

Ärger noch: Generaloberst Freiherr von Fritsch, der Oberbefehlshaber des Heeres, trug 1936 Hitler an, Chef des I. R. 9 zu werden – so wie der Kaiser Chef des Ersten Garderegiments gewesen war. Hitler lehnte ab. Damals versagten sich also nicht Preußens Gardisten ihrem Obersten Befehlshaber, sondern dieser sich ihnen.[20]

Waren Preußens Gardisten also zu Nazis geworden? Nein. Sie hielten vornehme, man kann auch sagen herablassende, Distanz zu den braunen Emporkömmlingen in der Partei. Und die Reichswehr hielt sich ja auf ihre über der Politik und den Parteien stehende Verpflichtung allein auf das Staatsganze viel zugute. Aber die Offiziere hatten hohen Respekt für ihren Obersten Befehlshaber, dessen Innen- und Außenpolitik bis 1938 so viele konservative Wunschträume wahrmachte.

Die Atmosphäre im Offizierskasino des I. R. 9 Am Kanal beschreibt treffend ein hoher Nazi, der Feldwebel der Reserve im Regiment war: Hans Frank, der spätere Generalgouverneur in Polen. Er notierte kurz vor seiner Hinrichtung:

> Hitler war in diesem Kreise hoch geachtet, schon wegen der Wiederherstellung der Wehrmacht, aber nicht geliebt. Man hatte die aus altem Blut aufsteigende besorgte Ahnung seiner Katastrophenabfälligkeit und war überhaupt mit der Aufdringlichkeit des überlauten Goebbelstons, den Hanswurstiaden Görings, der Brutalität Himmlers und Heydrichs nicht einverstanden. Das war alles andere als „preußisch". [...] Die Offenheit des Kasinotons war übrigens eine altpreußische Einrichtung und Gewohnheit. [...] Ich fand jedenfalls, dass diese Potsdamer Männer prächtige Kerle waren, die zwar am Dritten Reich kaum ein gutes Haar ließen, aber doch ihre Pflicht für den Staat und auch für Hitler genauso eifrig und erfolgreich erfüllten wie jemals sonst in ihrer Geschichte.[21]

Für Hitler und auf spöttische Distanz zur Partei – das dürfte die vorherrschende Einstellung bis zum Kriege gewesen sein. Die Ablehnung, vielleicht die Verach-

---

19 Dietrich Bonhoeffer: Nach zehn Jahren. Rechenschaft an der Wende zum Jahr 1943, in: Ders.: Werke, Band 8, München 1998, S. 20.
20 Wolfgang Paul: Das Potsdamer Infanterieregiment 9 1918–1945. Preußische Tradition in Krieg und Frieden, Osnabrück 1983, S. 103.
21 Hans Frank: Im Angesicht des Galgens, München 1953, S. 253f.

tung der feldgrauen Gardisten für die braunen Parteibonzen und die schwarze SS darf nicht ohne weiteres als Opposition oder gar Widerstand interpretiert werden: Diese Rivalitäten lagen durchaus in der Logik der Hitler'schen Machttechnik des Teilens und Herrschens. Dem Alleinherrscher konnte es ganz recht sein, wenn seine feldgrauen Untertanen den braunen und schwarzen nicht grün waren.

Und sozialpsychologisch gesehen bedarf eine auf Autorität und Gehorsam gegründete Gruppe wie das Militär alter Prägung der Verankerung in einer höchsten Autorität. Diese schien nach dem Kaisersturz endlich wiederhergestellt zu sein, nachdem der als „Sattlergeselle" geschmähte Friedrich Ebert durch den mythisch überhöhten Feldmarschall Paul von Hindenburg ersetzt war und nachdem dieser – am „Tag von Potsdam" – Hitler zum Erben Preußens gesalbt zu haben schien.

Aktiv gegen Hitler konspiriert hat eine winzige Minderheit von Offizieren zum erstenmal in der Sudetenkrise vom Herbst 1938. Damals sah es nämlich so aus, dass Hitlers Kriegsentschluss unmittelbar zum Weltkrieg und zum Untergang Deutschlands führen werde. Diese Konspiration brach naturgemäß nach dem unblutigen Triumph für Hitler im Münchener Abkommen zusammen. An der Konspiration gegen Hitlers Krieg waren aber schon auch einzelne Angehörige des I. R. 9 beteiligt, die von ihrem Divisionskommandeur, Graf Brockdorff-Ahlefeldt, eingeweiht waren und sich für die Aktion bereit hielten. Das berichtete mir der damalige Regimentsadjutant und spätere Bundeswehr-Reformgeneral, Wolf Graf von Baudissin. Er hatte schon im Jahr zuvor einem Beamten im Regiment Asyl geboten, der wegen seiner religiösen Bindung für sich in der Verwaltung keine Zukunft sah und deshalb Berufsoffizier werden wollte. Schon hier haben wir die so genannte „Graue Emigration", die zum Teil eine soziale Realität, zum anderen Teil eine gefährliche Illusion war, denn natürlich dienten die Feldgrauen nicht einfach dem Vaterland, sondern, ob sie wollten oder nicht, Hitlers Vernichtungsplänen.

Bezeichnend ist der Augenblick, in dem Baudissin und sein Kamerad Tresckow sich erstmals eine Widerstandsaktion vorstellen konnten: nach Hitlers Schlag gegen die Armeespitze im Frühjahr 1938 und vor allem nach der Gestapointrige gegen den Oberbefehlshaber des Heeres, Generaloberst von Fritsch. Tresckow und Baudissin gingen zum Wehrkreiskommandeur, General von Witzleben, und fragten ihn, ob man nicht den Abschied nehmen müsse oder ob Schritte gegen das Regime möglich seien. Witzleben habe ihnen angedeutet, mit den Verleumdern des Heeres und seines Oberbefehlshabers werde noch abgerechnet, und riet ihnen, in der Armee zu bleiben. Die Entfremdung zwischen Hitler und dem Heer begann also in dem Moment, in dem Hitler die relative Autonomie des Heeres liquidiert hatte.

Ein Ort des autonomen Denkens aber blieb das Kasino des I. R. 9 und damit eine Pflanzstätte potentiellen Widerstands. Hier konnte man offen reden, ohne verpfiffen zu werden. Wenn man bedenkt, wie oft Fritz-Dietlof von der Schulenburg sich dort nach dem sechsten Glas Wein um Kopf und Kragen geredet hat, ist es erstaunlich, wie lange er überlebt hat und wie lange die Gestapo ahnungslos blieb.

Aber aktueller Widerstand konnte daraus erst aus der Erkenntnis der nahen militärischen Katastrophe wachsen. Die größte Widerstandsgruppe im Feldheer in der Heeresgruppe Mitte, die mehrere Attentate versuchte, wurde angeführt von dem alten „Neuner" Henning von Tresckow.

Erst nach Stalingrad wurde das I. R. 9 zu einem „relativen" Widerstandsnest – das heißt: Die kleine Minderheit, die Widerstand leistete, war hier deutlich größer als in anderen Truppenteilen und Gruppierungen des deutschen Volkes. Groß war sie dennoch nicht.

Diese Relativierung möchte ich ihrerseits wieder relativieren. Denn die Anzahl der Widerstandsbeteiligten im Potsdamer Ersatzbataillon war beachtlich – und man darf daraus schließen, dass auch im Feldregiment in Russland mancher dazu bereit gewesen wäre; dort aber fehlte, Hunderte von Kilometern von der politischen Zentrale entfernt, einfach die Handlungschance. Wir dürfen also sagen: die Bereitschaft zum Widerstand erreichte kurz vor der Katastrophe ein beachtliches Ausmaß.

Als gegen Kriegsende Deutschland moralisch und charakterlich vielleicht noch ausgebrannter war als militärisch, da wurden die Reste des preußischen Bewusstseins, das ja viel mit Rechtsstaatlichkeit zu tun hatte, zu einem der letzten Bollwerke gegen die nationale Selbsterniedrigung. Wäre einer der von den „Neunern" Tresckow und Schulenburg inspirierten Attentatsversuche ab 1943 erfolgreich gewesen – hätte etwa der „Neuner" Axel von dem Bussche Gelegenheit bekommen, sich, wie geplant, mit Hitler in die Luft zu sprengen – so hätte sich die preußische Garde mit einem Ruhmesblatt aus der Geschichte verabschiedet. „Wäre" und „hätte" zählen zwar nicht, was den geschichtlichen Erfolg betrifft – aber die tatbereite Gesinnung war da, und sie wurde am 20. Juli ins Werk gesetzt in einem ehrenhaften Versuch, das eigene Vaterland zu befreien.

Die Bereitschaft zur Verantwortung, die diese Neuner im Widerstand gezeigt haben, hatte viel mit der Selbstwahrnehmung als Verantwortungs-Elite zu tun. Insofern hat die preußische Soldatentradition, spät aber schließlich doch, zum Widerstand gegen den Nationalsozialismus einen Beitrag geleistet, der unserer Achtung wert ist.

Hermann Kaienburg
Die Rolle von SA und SS in der Phase der nationalsozialistischen Machtkonsolidierung im Frühjahr 1933

Am Donnerstag, dem 9. März 1933, marschierten Formationen der Sturmabteilung (SA) und der Schutzstaffel (SS) unterstützt von anderen NSDAP-Anhängern durch die Münchner Innenstadt.[1] Eine Delegation unter Leitung des SA-Stabschefs Ernst Röhm forderte den bayrischen Ministerpräsidenten Heinrich Held zur Übergabe der Regierungsgeschäfte an die Nationalsozialisten auf. Doch Held lehnte ab. Daraufhin wurden die Demonstrationen fortgesetzt. SA- und SS-Trupps besetzten Zeitungsredaktionen und Gewerkschaftshäuser. Der nationalsozialistische Reichsinnenminister Wilhelm Frick nutzte die Unruhen als Anlass, den General Franz Ritter von Epp als Reichsstatthalter einzusetzen. Einen Tag später erfolgte die Übergabe der Regierungsgeschäfte.[2]

So und ähnlich lief in vielen Orten die Übergabe der Regierungsgewalt in deutschen Ländern, Städten und Gemeinden ab. Nur selten gab es energischen Widerstand. Betrachtet man das Geschehen aus der Distanz, so wirkt es oft eigenartig, wie einfach es für die Nationalsozialisten war, fast überall die Macht zu übernehmen, ohne dass es zu gewaltsamen Auseinandersetzungen auf den Straßen und in den Rathäusern kam. Noch wenige Monate früher wäre dies nicht möglich gewesen. Einige Demonstrationen genügten – kaum, dass Schüsse fie-

---

[1] Vortrag, gehalten am 15. 3. 2008 in Potsdam, für den Druck überarbeitete Fassung, 15. 1. 2009.
[2] Der folgende Beitrag stützt sich unter anderem auf folgende Veröffentlichungen: Peter Longerich: Die braunen Bataillone. Geschichte der SA, München 1989; Karl-Dietrich Bracher/Wolfgang Sauer/Gerhard Schulz: Die nationalsozialistische Machtergreifung, Studien zur Errichtung des totalitären Herrschaftssystems in Deutschland 1933/34, 2. Aufl. Köln/Opladen 1962; Wolfgang Petter: SA und SS als Instrumente nationalsozialistischer Herrschaft, in: Karl Dietrich Bracher [u. a.] (Hrsg.): Deutschland 1933–1945. Neue Studien zur nationalsozialistischen Herrschaft, 2., ergänzte Aufl. Bonn 1993, S. 76–94; Sven Reichardt: Faschistische Kampfbünde. Gewalt und Gemeinschaft im italienischen Squadrismus und in der deutschen SA, Köln 2002; Robert Lewis Koehl: The Black Corps. The Structure and Power Struggles of the Nazi SS, Madison/Wisconsin 1983; Heinz Höhne: Der Orden unter dem Totenkopf. Die Geschichte der SS, Augsburg 1996. Zur Geschichte der Konzentrationslager: Klaus Drobisch/Günther Wieland: System der Konzentrationslager 1933–1939, Berlin 1993; Wolfgang Benz/Barbara Distel (Hrsg.): Der Ort des Terrors. Geschichte der nationalsozialistischen Konzentrationslager, Band 2: Frühe Lager. Dachau, Emslandlager, München 2005; sowie die in der Reihe „Geschichte der Konzentrationslager 1933–1945" des Metropol-Verlags erschienen Bände zu den frühen Konzentrationslagern (Bd. 1–3, 6 u. 9); außerdem die im Folgenden zitierte Literatur.

len. Man fühlt sich ein wenig an die biblische Geschichte vom Fall der Mauern von Jericho erinnert, die nach sieben Umrundungen beim Kriegsgeschrei der Israeliten auf wundersame Weise umfielen.[3]

Ich möchte im Folgenden die Rolle von SA und SS im Frühjahr 1933 näher betrachten und dabei zunächst einige Vorgänge aus den verschiedenen Bereichen darstellen, in denen die beiden paramilitärischen NS-Formationen agierten. Anschließend werde ich mich mit einigen zentralen Fragen beschäftigen, die sich dabei aufdrängen – wie es zu diesen Aktionen kam, ob sie spontan oder gelenkt erfolgten, warum sie meist so rasch Erfolg hatten und auf so wenig Widerstand stießen.

Sieben Betätigungsfelder von SA und SS

Wahlkampf

Als Hitler am 30. Januar 1933 zum Reichskanzler ernannt wurde, saßen die Nationalsozialisten zunächst keineswegs fest im Sattel. Im Kabinett gehörten außer dem Kanzler nur zwei Mitglieder der NSDAP an; die übrigen zählten zum national-konservativen Lager. SA und SS warteten auf das lange ersehnte Signal zum Losschlagen gegen ihre Gegner. Doch noch fehlten wichtige Voraussetzungen, um diese Absicht zu verwirklichen. Sie hatten keine formale Legitimation, und sie konnten nicht offen Waffengewalt anwenden; denn für Hitlers politische Stellung hätte eine offene Abkehr vom Legalitätskurs leicht einen Rückschlag bedeuten können. Daher wurden SA und SS zunächst einmal auf Betätigungen im Wahlkampf für die neu angesetzte Reichstagswahl orientiert. Ermutigt durch die neue Lage, leisteten sich SA- und SS-Formationen bis zur Wahl am 5. März eine Vielzahl von Übergriffen gegen politische Gegner, um deren Wahlkampf zu behindern, indem sie zum Beispiel Veranstaltungen „sprengten", Redner verprügelten und Umzüge des Rotfrontkämpferbundes und des Reichsbanners Schwarz-Rot-Gold verhinderten. Die Polizei, in Preußen befehligt von Hermann Göring als kommissarischem Innenminister, bot oft Unterstützung, indem sie den Terror deckte und einseitig Partei ergriff.

Auch behördliche Versammlungs- und Redeverbote waren oft bereits politisch einseitig ausgerichtet. Selbst Reichstagsabgeordnete konnten nicht mehr vor Übergriffen sicher sein. So etwa wurde der SPD-Abgeordnete Julius Leber nachts in seiner Heimatstadt Lübeck von Nationalsozialisten brutal zusammen-

---

[3] Die Bibel, Buch Josua, Kap. 6, insbes. Vers 20.

geschlagen und trotz parlamentarischer Immunität und schwerer Kopfverletzungen verhaftet.[4]

Aufmärsche und andere öffentliche Auftritte

Bei öffentlichen Veranstaltungen besaßen SA und SS ein weiteres Aufgabenfeld. Am Abend des 30. Januar 1933 marschierten ihre Verbände in vielen deutschen Städten in Fackelzügen durch die Straßen. Auch später traten sie paradeartig auf, so etwa am „Tag von Potsdam" am 21. März und am Abend nach der Verabschiedung des Ermächtigungsgesetzes zwei Tage später in Berlin. In anderen Fällen übernahmen sie Wachaufgaben; so umstellten sie bei der Verabschiedung des Ermächtigungsgesetzes in der Kroll-Oper das Gebäude und postierten sich innerhalb der Versammlung als Bewacher der sozialdemokratischen Abgeordneten, die darauf gern verzichtet hätten.

Verfolgung und Inhaftierung von Gegnern

Als Göring mit Erlass vom 22. Februar eine Hilfspolizei von 50.000 Mann aufstellen ließ, bewirkte dies, dass sich die Polizeikräfte in Preußen fast verdoppelten. Davon sollten 25.000 Mann aus der SA, 15.000 aus der SS und 10.000 vom Stahlhelm rekrutiert werden. Die Hilfspolizisten gehörten weiterhin ihren Verbänden an und unterstanden deren Führung, sodass zwischen Handlungen, die sie als Hilfspolizisten begingen, und Handlungen ohne diese Legitimation oft keine klare Grenzen gezogen wurden. Zugleich wurde damit begonnen, Polizei und Behörden von Gegnern zu „säubern" und Positionen mit SA-, SS- und NSDAP-Angehörigen zu besetzen. Dies machte das Vorgehen gegen die politischen Gegner besonders effektiv. Die Hilfspolizisten konnten nun völlig legal und sogar bewaffnet die Menschen, die ihnen meist aus den politischen Auseinandersetzungen der Jahre zuvor in den Stadtvierteln und Ortschaften persönlich bekannt waren, nach vorbereiteten Listen verhaften.

Der Reichstagsbrand lieferte den Vorwand für eine weitere Verschärfung des Vorgehens. Hatte die Notverordnung vom 4. Februar bereits Verhaftungen erleichtert, so erlaubte die Notverordnung vom 28. Februar unbefristete Inhaftierungen und die Aufhebung von Grundrechten wie der Unverletzlichkeit der Wohnung, des Briefgeheimnisses, des Versammlungsrechts und der Pressefreiheit. Für Ver-

---

4 Vgl Dorothea Beck: Julius Leber. Sozialdemokrat zwischen Reform und Widerstand, Berlin 1983, S. 130–135.

haftungen auf der Grundlage dieser Verordnungen wurde auf das Instrument der „Schutzhaft" zurückgegriffen. Die neue Notverordnung diente sofort zur Zerschlagung der KPD und ihr nahestehender Organisationen. Kommunistische Funktionäre, darunter die Abgeordneten des Reichstages, wurden in großer Zahl verhaftet, soweit sie noch nicht in die Illegalität abgetaucht waren. Die kommunistische Presse wurde verboten, Parteibüros zerstört oder geschlossen.

In vielen Fällen nutzten SA und SS ihre „Sturmlokale" oder andere provisorisch hergerichtete Räume vorübergehend als Haftstätten. Allein in Berlin, so haben neue Forschungen ergeben, wurden 1933 an über 170 Orten Menschen von SA und SS festgehalten.[5] Die Verhafteten wurden in leerstehende Baracken, Fabrikhallen und andere schnell dazu eingerichtete Räume gebracht, um Informationen über andere Regimegegner und über Widerstandstätigkeit aus ihnen herauszupressen. Die überlieferten Quellen zeigen, dass die beteiligten SA- und SS-Angehörigen oft extreme Misshandlungen und Quälereien anwandten. Sie prügelten mit Gewehrkolben und Knüppeln, Stuhlbeinen, Stahlruten und anderen Werkzeugen auf Verhaftete ein, um Geständnisse von ihnen zu erpressen. Wurden ihre Opfer bewusstlos, dann übergossen sie sie mit Wasser. Sie schlugen ihnen Zähne aus, rissen ihnen große Haarbüschel vom Kopf und verweigerten selbst Opfern mit starken Blutungen und Rippenbrüchen ärztliche Hilfe. Sie benutzten Schlafentzug, Scheinhinrichtungen und andere Methoden psychischen Terrors, um Gefangene zu zermürben und Aussagen von ihnen zu erpressen.

Für längere Inhaftierungen kamen zunächst Polizeigefängnisse in Frage; denn Schutzhaft war Polizeihaft. Da diese schnell überfüllt waren, wurden oft in Justizstrafanstalten Schutzhaftabteilungen eingerichtet. Weil auch dies häufig nicht ausreichte, gründeten SA und SS, manchmal auch Dienststellen der Polizei und andere staatliche Stellen, ab Ende Februar 1933 eigene Haftstätten. Die Bezeichnungen waren zunächst uneinheitlich; teils wurden sie „Konzentrationslager", teils „Schutzhaftlager" oder noch anders genannt. Diese Einrichtungen wiesen keineswegs – wie bislang oft behauptet[6] – völlig unterschiedliche institutionelle Verankerungen und Trägerschaften auf. Vielmehr wurden die Konzentrationslager 1933 nach vorübergehenden Phasen provisorischer Gründung fast ausnahmslos entweder bis Mai 1933 wieder aufgelöst oder organisatorisch in den Polizeiapparat eingebunden, in einigen Ländern auch unmittelbar den Innenministerien unterstellt. Mit der staatlichen Anerkennung war auch die Finanzierung aus Mitteln der öffentlichen Hand gewährleistet.

---

5 Vgl. Irene Mayer-von Götz: Terror im Zentrum der Macht. Die frühen Konzentrationslager in Berlin 1933/34–1936, Berlin 2008, S. 241.
6 So etwa Karin Orth: Das System der nationalsozialistischen Konzentrationslager, Hamburg 1999, S. 25.

Allein in Preußen befanden sich im März 1933 etwa 15.000 Personen in Schutzhaft. Begründete Schätzungen belaufen sich auf über 50.000 für das gesamte Reichsgebiet bis Ende April. Danach sank die Zahl wieder. Ende Juli 1933 gab es in Deutschland noch knapp 27.000 Schutzhäftlinge. Für das gesamte Jahr 1933 lässt sich insgesamt eine Zahl von über 80.000 Menschen in Schutzhaft nachweisen. Nach älteren Schätzungen wurden in dieser Zeit 500–600 Menschen umgebracht; diese Angabe wird heute eher als zu niedrig angesehen.[7] Die meisten Inhaftierten kamen nach einigen Monaten wieder frei, wobei sie unmissverständlich auf ihre Schweigepflicht hingewiesen wurden.

„Gleichschaltung" von Ländern und Gemeinden

Obwohl die NSDAP in der Reichstagswahl vom 5. März 1933 nur zusammen mit der DNVP eine Mehrheit im Reichstag erzielte, begann nun eine Phase massiver Intervention in verschiedenen politischen Bereichen mit dem Ziel, die Macht ganz in die Hände der Nationalsozialisten zu bringen. Zunächst wurden die Landesregierungen umgebildet. Dabei ging es oft zu, wie oben für Bayern dargestellt. In vielen Fällen genügte auch noch geringerer Druck. Partei-, SA- und SS-Angehörige zogen vor die Regierungsgebäude, hissten dort provokativ Hakenkreuzfahnen und forderten lautstark den Rücktritt der gewählten Regierungen. Die Polizei griff nicht ein, auch die Reichswehr nicht. Zum Teil kam es zu blutigen Zwischenfällen. Die Unruhen dienten der Reichsregierung als Vorwand, Reichskommissare zur Leitung der Polizei oder für die gesamte Regierung einzusetzen, um Ruhe und Ordnung zu gewährleisten. Früher oder später traten die den Nationalsozialisten nicht genehmen Landesregierungen aus Furcht vor Blutvergießen und Bürgerkrieg zurück. Karl-Dietrich Bracher charakterisierte diese Methode schon 1960 in seiner noch immer fundamentalen Arbeit über die „Machtergreifung" als „Ineinander einer gelenkten ‚Revolution von oben' und einer manipulierten ‚Revolution von unten' [...], das für den Prozeß der Machtergreifung und Gleichschaltung so bedeutsam gewesen ist."[8] Die Reichskommissare kümmerten sich nicht um parlamentarische Mehrheiten. Aufgrund zweier Gesetze zur „Gleichschaltung der Länder mit dem Reich" vom 31. 3. und 7. 4. 1933 ernannte Hitler schließlich führende Nationalsozialisten, meist NSDAP-Gauleiter, zu Reichsstatthaltern, die sich binnen Kurzem als regionale Diktatoren etablierten. In vielen Städten und Gemeinden wurden Bürgermeister und Kommunalbeamte auf ähnliche Art durch Nationalsozialisten abgelöst.

---
7 Vgl. Longerich, Bataillone, S. 172.
8 Karl-Dietrich Bracher: Stufen der Machtergreifung, in: Bracher u. a., Machtergreifung, S. 140.

Massives Vorgehen gegen andere Parteien und Einrichtungen

An vielen Orten griffen SA- und SS-Formationen im März 1933 sozialdemokratische, zum Teil auch bereits gewerkschaftliche Einrichtungen an. Sie verwüsteten Geschäftsstellen und Zeitungsredaktionen, nahmen Karteien mit und verschleppten Mitarbeiter, um sie zu misshandeln und zu verhören. Beim Allgemeinen Deutschen Gewerkschaftsbund (ADGB) gingen bis Anfang April 160 Meldungen über nationalsozialistische Übergriffe auf Personal und Einrichtungen von Gewerkschaften ein; 46 Gewerkschaftshäuser waren zu dieser Zeit besetzt. Dennoch blieb der von der NSDAP-Führung befürchtete Aufruf zum Generalstreik aus.

Dies ermutigte die Machthaber, Anfang Mai zum endgültigen Schlag gegen die Gewerkschaften und im Juni gegen die Sozialdemokratische Partei auszuholen.

Einen Tag nach dem zum Feiertag erhobenen 1. Mai besetzten SA und SS die Häuser der Freien Gewerkschaften, ihre Büros und Zeitungsverlage. Die leitenden Mitarbeiter wurden verhaftet und oft in Konzentrationslager eingeliefert, das Vermögen beschlagnahmt, die Gewerkschaftsverbände aufgelöst. Ins Exil gegangene Mitglieder der SPD richteten zunächst in Saarbrücken, dann in Prag einen Exilvorstand ein, der am 18. Juni 1933 zum Sturz Hitlers aufrief. Daraufhin verbot die Reichsregierung am 22. Juni die SPD, zog ihr Vermögen ein und ließ fast 3.000 Parteifunktionäre verhaften.

Auch bei der Infiltration und Übernahme anderer Institutionen, zum Beispiel Behörden, Presseverlage, Bildungseinrichtungen, Theater, Berufs- und Wirtschaftsverbände, zum Teil auch Wirtschaftsunternehmen, erwies sich in den folgenden Monaten der kalkulierte Zangengriff von unten und oben meist als erfolgreich. Zeigten sich Einrichtungen nicht von sich aus bereit, Nationalsozialisten in ihre Leitung aufzunehmen, so wurden sie von außen durch öffentliche Kritik, Agitation und Demonstrationen unter Druck gesetzt. Der nächste Schritt bestand in der Einsetzung aufsichtführender Kommissare. Diese richteten häufig weitreichende Forderungen an die ihnen unterstellten Einrichtungen, sammelten mit Hilfe von nationalsozialistisch eingestellten Mitarbeitern interne Informationen und sorgten für die Anstellung weiterer politisch verlässlicher Führungspersonen. Das Wechselspiel aus äußerem und innerem Druck wurde solange fortgesetzt, bis endgültig eine nationalsozialistische, zumindest aber eine zur Kollaboration bereite Führung installiert war.

Die letzte Welle der „Gleichschaltungs"-Aktionen vom Frühjahr 1933 galt den eigenen Bündnispartnern. Auch die DNVP (im Mai 1933 umbenannt in „Deutschnationale Front"), der Stahlhelm und ihnen nahestehende Einrichtungen mussten dem nationalsozialistischen Alleinvertretungsanspruch weichen. Dabei kam es ebenfalls, allerdings in geringerem Umfang, zu Übergriffen von SA-Angehörigen. Zum Beispiel wurden mehrfach Veranstaltungen gestört und verhindert,

Redner misshandelt und Parteifunktionäre unter Schlägen verhört. Der Stahlhelm wurde gezwungen, sich der SA zu unterstellen. Die Deutschnationale Front löste sich selbst auf, und ihr Vorsitzender, Alfred Hugenberg, trat Ende Juni als Wirtschafts- und Ernährungsminister zurück.

Übergriffe gegen Juden

Ausschreitungen von SA und SS gegen die jüdische Bevölkerung erfolgten oft spontan. Häufig belästigten kleinere Trupps jüdische Geschäftsleute, misshandelten sie, zerstörten Waren und Einrichtungen und veranlassten sie zur Schließung ihrer Läden. In einigen Orten griffen sie jüdische Rechtsanwälte und Richter an und drangen unter dem Vorwand der Waffensuche in die Häuser jüdischer Familien ein. Im Berliner Scheunenviertel verhafteten sie zahlreiche aus Osteuropa eingewanderte Juden und brachten sie in Konzentrationslager. Um die Aktionen in kontrollierte Bahnen zu lenken, kündigte die NS-Führung den Boykott jüdischer Geschäfte, Rechtsanwalts- und Arztpraxen am 1. April an. Dennoch wurden die Übergriffe auch in den folgenden Monaten fortgesetzt.

Terrorisierung der oppositionell gesonnenen Bevölkerung

Besonders in Arbeitervierteln gingen SA und SS manchmal weiter mit offener Gewalt gegen Bewohner vor. Einen Höhepunkt in Berlin bildete die „Köpenicker Blutwoche" im Juni 1933, als im Bezirk Köpenick Hunderte Kommunisten, Gewerkschafter und Sozialdemokraten, darunter der ehemalige Ministerpräsident von Mecklenburg-Schwerin, Johannes Stelling, aus ihren Wohnungen geholt, in SA-Lokale verschleppt, misshandelt und gefoltert wurden. Über zwanzig von ihnen wurden ermordet, einige anschließend in Säcke eingenäht und in die Dahme geworfen. Weiter starben später an den Folgen der Gewalt.

Anmerkungen zur politischen Rolle von SA und SS bei der Festigung der nationalsozialistischen Macht

Der kurze Überblick hat deutlich gemacht, auf welche Weise SA und SS in verschiedenen Bereichen vorgingen, um die Machtstellung Hitlers zu festigen und zu erweitern, politische Gegner auszuschalten, anfängliche Bündnispartner auszubooten und antisemitischen Emotionen Geltung zu verschaffen. Zusammengefasst lässt sich feststellen, dass die beiden NS-Verbände als „Praktiker der Gewalt"[9] die Aufgabe übernahmen, Hitlers Strategie der legalen Machteroberung durch begrenzte Aktionen der Gewalt zu unterstützen und abzusichern. Mitte 1933 war klar, dass die Strategie der Nationalkonservativen, Hitler durch eine gemeinsame Regierung einzurahmen und zu „zähmen", gescheitert war.

Im Folgenden möchte ich mich mit drei Aspekten beschäftigen, die die Interpretation der Rolle von SA und SS betreffen.

Der erste Aspekt betrifft die Frage nach dem Verhältnis von äußerer Lenkung und innerer Dynamik in den beiden Verbänden. Unterschiedliche Sichtweisen bestehen unter Historikern nicht so sehr in der Deutung der Resultate ihrer Aktionen, als vielmehr in der Beschreibung der Art des Zusammenwirkens von Führung und Basis. Waren SA und SS mehr oder weniger fügsame Instrumente der Parteiführung oder spielten sie eine durchaus eigenständige Rolle? War es schwierig, die unter den Mitgliedern freigesetzte Dynamik von oben zu kontrollieren?

Zwischen SA und SS gab es hinsichtlich der Aufgabenstellung im Frühjahr 1933 kaum Unterschiede. Auffällig ist allerdings, dass die Verbände trotz der formalen Zugehörigkeit der SS zur SA fast immer separat eingesetzt wurden – ein Hinweis darauf, dass es Divergenzen im Selbstverständnis gab und Rivalitäten unter ihnen existierten. Es ist festzustellen, dass SS-Formationen weniger oft durch Eigenmächtigkeiten auffielen, sich also, insgesamt gesehen, disziplinierter verhielten.

Das Geschehen in der SA hatten die Parteiführung und auch die SA-Spitze nicht immer völlig im Griff. Einige Beispiele: Manchmal kam es zu Konflikten zwischen SA und Polizei, weil SA-Formationen sich nicht an polizeiliche Vorgaben hielten. In Chemnitz gingen SA-Angehörige sogar mehrfach tätlich gegen Polizisten vor. Oft fielen SA-Leute auch außerhalb der Arbeiterviertel durch arrogantes und provozierendes Verhalten auf. Wiederholt wurden Passanten beschimpft und belästigt, wenn betrunkene SA-ler grölend durch die Straßen zogen. SA-Männer provozierten in Schankwirtschaften Streitigkeiten, die manchmal mit Schlägereien und der Verwüstung des Mobiliars endeten. In Hamburg bestieg ein Trupp von ca. 50 SA-Leuten die S-Bahn mit der Bemerkung „Bezahlt wird nicht!". Als der Fahrer die Weiterfahrt verweigerte, wurde er mit der Pistole bedroht. Private Streitigkeiten wurden manchmal durch Hinweis auf die SA-Zugehörigkeit, manchmal auch durch Unterstützung von SA-Kameraden, zum persönlichen Vorteil gelöst. In Bayern gab es sogar mehrfach nachts überfallartige Hausdurchsuchungen von Männern in SA- und SS-Uniformen, während derer Geld und Wertgegenstände gestohlen wurden.

---

[9] Begriff von Franz Neumann (Franz Neumann: Behemoth. Struktur und Praxis des Nationalsozialismus 1933–1944, Frankfurt a. M. 1993, S. 544).

Röhm und Hitler mahnten mehrfach ihre Anhänger, Disziplin zu wahren und die nationalsozialistische Revolution in geordneten Bahnen verlaufen zu lassen. Peter Longerich charakterisiert das Verhalten der Parteiführung als „Taktik der langen Leine".[10] Die SA-Mitglieder hätten schon lange auf den Tag der Rache gewartet, um mit ihren Gegnern abzurechnen. Longerich geht so weit, dass er auch die schrittweise Eskalation der Gegnerverfolgung als eigenständiges Vorgehen der SA deutet. Die Gewalttätigkeiten der SA seien nicht nur als ein von der politischen Führung eingesetztes Instrument anzusehen, sondern als „ein von der SA-Basis ausgehender, elementarer, zunehmend unkontrollierter Ausbruch von Gewalt".[11] Auch bei der Reihenfolge der Gegnerverfolgung sei keine Feinsteuerung durch die Parteiführung erforderlich gewesen: „In der Definition ihrer Feindbilder waren sich Partei und SA trotz vorhandener Gegensätze ja einig." Die Reihenfolge habe sich aus der ideologischen Rangordnung ergeben, die die „stigmatisierten Zielgruppen seit Jahren im Feinddenken der Parteiarmee" besessen hätten.[12]

Bei allem Respekt gegenüber den anerkannten Forschungen Longerichs scheint mir diese Interpretation doch eine etwas zu starke Betonung der Eigenständigkeit der SA zu enthalten. Es ist unbestreitbar, dass die NS-Führung bei der schrittweisen Eskalation der Verfolgung sehr geschickt vorging. Sie ließ ihren Gegnern lange die Illusion, sie könnten, da die Gewalt ja gegen andere gerichtet sei, ihre eigene Haut noch retten. Niemand hat dies treffender ausgedrückt als der evangelische Pfarrer und spätere Kirchenpräsident Martin Niemöller, der 1946 auf die Frage, wie das alles habe geschehen können, antwortete: „Als die Nazis die Kommunisten holten, habe ich geschwiegen, ich war ja kein Kommunist. Als sie die Sozialdemokraten einsperrten, habe ich geschwiegen, ich war ja kein Sozialdemokrat. Als sie die Gewerkschafter holten, habe ich geschwiegen, ich war ja kein Gewerkschafter. Als sie mich holten, gab es keinen mehr, der protestieren konnte."[13]

Schritt für Schritt wurden neue Gruppen in die Verfolgung einbezogen. Dies Vorgehen verlangte von den beteiligten SA- und SS-Formationen viel Disziplin – sie konnten keineswegs immer spontan ihrem Hass auf Gegner und Minderheiten freien Lauf lassen. Große Handlungsspielräume ließen ihre Führer ihnen bei der Behandlung der Opfer, sobald sie verhaftet worden waren. Auch bei den Übergriffen gegen Juden gab es große Freiräume. Als die Aktionen jedoch der Parteiführung zu unkontrolliert erschienen, griff sie lenkend ein. Bei anderen Aktionen – etwa beim Vorgehen gegen Sozialdemokraten und Gewerkschaften ab März, bei der Gleichschaltung der Länder und bei den Aktionen gegen andere Verbände

---

10 Longerich, Bataillone, S. 171f.
11 Ebd., S. 176f.
12 Ebd., S. 171.
13 Quelle: Martin-Niemöller-Stiftung (www.martin-niemoeller-stiftung.de, 18. 12. 2008).

und Institutionen – war dagegen exakte Befolgung der Anweisung ohne nennenswerte Spielräume von elementarer Bedeutung. Nur unter dieser Voraussetzung erwies sich der Zangengriff von oben und unten, von innen und außen als äußerst effektives Mittel.

Der zweite Aspekt betrifft die Verwendung des Begriffs „Gleichschaltung". Die Bedeutung, die Aktionen von SA und SS zur Eroberung von Institutionen besaßen, war sehr unterschiedlich. Während zum Beispiel beim Schlag gegen die Gewerkschaften Anfang Mai 1933 Hunderte von Mitarbeitern verhaftet und zum Teil in KZs verschleppt wurden, ging es bei der Gleichschaltung etwa des Reichsverbandes der Deutschen Industrie (RVI) vergleichsweise einfach zu. Auf geringen Druck hin fügte sich der RVI, um mit der Regierung zusammenzuarbeiten. Auch die Folgen waren sehr unterschiedlich: Während die deutschen Wirtschaftsunternehmen bis 1945 über beträchtliche Einwirkungs- und Mitwirkungsmöglichkeiten über Kammern und andere Gremien verfügten, blieben die Gewerkschaften verboten, und NS-Ersatzeinrichtungen wie die Deutsche Arbeitsfront (DAF), besaßen fast ausschließlich Propaganda- und Repressionsfunktion.

Beim dritten Aspekt sei die in der Einleitung gestellte Frage aufgegriffen: Warum hatte die nationalsozialistische Strategie so schnell Erfolg?

Nur wegen einiger Massendemonstrationen und Rathausbesetzungen musste eigentlich keine Landesregierung resignieren und aufgeben. Etwa zehn Jahre zuvor, am 9. November 1923, waren Nationalsozialisten schon einmal in Putschabsichten, damals sogar bewaffnet, durch München gezogen, aber kläglich gescheitert. Dies verdeutlicht, dass die Demonstrationen von SA und SS 1933 nicht den entscheidenden machtpolitischen Faktor bildeten, sondern die Vorgänge nur beschleunigten. Entscheidend war vielmehr, dass die NSDAP-Führung diesmal politisch legitimiert war – dass Hitler die Reichsregierung führte und dass die Polizei der neuen Regierung gehorchte. Die NSDAP war, obwohl sie anfangs außer dem Reichskanzler nur zwei Regierungsmitglieder stellte, durch die Besetzung der Innenministerien des Reiches und Preußens machtpolitisch gut aufgestellt, da sie das gesamte Feld der inneren Sicherheit leitete. Aus diesen Positionen heraus konnten die Nationalsozialisten den Prozess der Entmachtung ihrer Gegner steuern.

Die Strategie, diese Positionen zu besetzen, entsprang übrigens nicht originär nationalsozialistischem Denken – schon seit Beginn der Weimarer Republik hatten deren national-konservative Gegner Umsturzstrategien entwickelt, in denen besonders das preußische Innenministerium als Machtbasis zur Unterwanderung und Beseitigung der Republik vorgesehen war.[14]

---

[14] Schon 1924 forderte z. B. der deutschnationale Reichstagsabgeordnete Hans Schlange-Schöningen in einer parteiinternen Denkschrift, vor allem den Posten des preußischen Innenministers zu besetzen, um die ersehnte Diktatur herbeizuführen, da dies Ministerium entscheidenden

Aus dem Rückblick ist festzustellen, dass den Strategien der NSDAP-Führung 1933 machtpolitisch ein ausgesprochen realistisches, geschicktes Kalkül zugrunde lag, während über das Verhalten ihrer Gegner und Opfer oft eher das Gegenteil zu sagen ist. Vor allem Lagebeurteilungen der Oppositionsparteien wirken aus heutiger Sicht unrealistisch und in Illusionen verfangen:

Die KPD rief zwar bereits für den 31. Januar 1933 zu einem Generalstreik auf, doch da sie sich durch ihre Politik der „revolutionären Gewerkschaftsopposition" in der Arbeiterschaft isoliert hatte, wurde er so gut wie nicht befolgt. SPD und Gewerkschaften forderten ihre Anhänger stattdessen zu Disziplin und zum Abwarten auf. Damit vergaben sie die letzte realistische Chance, die machtpolitische Etablierung der Nationalsozialisten zu verhindern. Bis zuletzt hielten sie an der Auffassung fest, nur bei einem Verfassungsbruch sollten Schritte außerparlamentarischer Gegenwehr erfolgen. Ihr wiederholtes Bekenntnis zur Verfassung, zum Beispiel nach Hitlers Ernennung zum Reichskanzler, wirkt angesichts der nationalsozialistischen Strategie, die Macht ganz legal zu erobern, aus der Rückschau machtpolitisch geradezu hilflos. Auch das Verhalten der Abgeordneten des Zentrums und der anderen Parteien, die einst die Stützen der Weimarer Demokratie gebildet hatten, ist aus heutiger Sicht schwer zu verstehen; es war vor allem von Versuchen geprägt, kurzfristige Vorteile zu erzielen. Mit der Zustimmung zum Ermächtigungsgesetz akzeptierten sie die Entmachtung des Parlaments und mussten sich schließlich selbst auflösen. Jedem aufmerksamen politischen Beobachter konnte damals der grundlegende Kurs Hitlers klar sein: die Beseitigung demokratischer Strukturen, die antisozialistische, antisemitische Stoßrichtung, die Zielsetzung der Aufrüstung und der Kriegsvorbereitung und die Durchsetzung dieser Ziele mit Gewalt und Terror. Warum stießen SA und SS bei ihren Aktionen trotzdem auf so wenig nachhaltigen Widerstand?

Bernd Jürgen Wendt hat auf „die narkotisierende Wirkung des Anscheins der Legalität" hingewiesen: „Der Anschein des Legalen, die Vermeidung des offenkundigen Bruches der bestehenden Verfassung und die jahrelange Gewöhnung an die gezielte Demontage der liberal-demokratischen Ordnung und an die [...] Präsidialdiktatur hatte eine verheerende Wirkung: Sie lähmten bei vielen [...] den Widerstandswillen und brachten das Ungeheuerliche der Vorgänge oft erst zum Bewusstsein, wenn es zu spät war."[15]

Einfluss auf die Reichswehr besitze. Vgl. Jens Flemming [u. a.] (Hrsg.): Die Republik von Weimar, Bd. 1, Königstein/Ts. 1979, S. 135f.; Günter J. Trittel: Hans Schlange-Schöningen. Ein vergessener Politiker der „Ersten Stunde", in: Vierteljahrshefte für Zeitgeschichte 1 (1987), S. 25–64, hier: S. 27f.

15 Bernd Jürgen Wendt: Deutschland 1933–1945. Das „Dritte Reich", Hannover 1995, S. 70.

Norbert Frei hat dazu angemerkt, die demokratischen Parteien hätten der Suggestivität der Hitler-Propaganda nichts entgegenzusetzen gehabt.[16]

Doch auch dies allein erklärt nicht hinreichend, warum die tragenden Parteien und Verbände der Weimarer Republik derart „sehenden Auges" auf ihren Untergang zusteuerten, ohne ernsthafte Versuche zu machen, die Demokratie und damit auch ihre eigene politische Existenz zu retten. Es sind noch einige andere Faktoren zu nennen, die zu dem resignativen Verhalten beitrugen.

Der Weg in einen autoritären Staat hatte seit 1930 immer deutlichere Konturen angenommen, vor allem nachdem Hindenburg nach der Reichspräsidentenwahl 1932 dazu übergegangen war, Politiker zu unterstützen, die unter dem Beifall eines großen Teils der gesellschaftlichen Eliten offen den Übergang zu einer Präsidialdiktatur betrieben. Als sich der Reichspräsident nach dem Scheitern anderer Ansätze Anfang 1933 auf die Ernennung Hitlers zum Reichskanzler eingelassen hatte, schien aus national-konservativer Sicht endlich eine realisierbare Möglichkeit gefunden, der verhassten Demokratie den Garaus zu machen.

Zahlreiche politisch aufmerksame Zeitgenossen glaubten damals, Hitler werde sich wegen seines primitiven, auf Emotionen gegründeten politischen Programms und seiner mangelhaften Fähigkeit, eine hochdifferenzierte Staats- und Gesellschaftsordnung wie in Deutschland mit stark gegliederten Regierungs- und Verwaltungsstrukturen, mit einflussreichen Eliten in Armee und Wirtschaft, mit gewichtigen zivilgesellschaftlichen Einrichtungen in Justiz und Verwaltung, in Medien und Kultur, in Kirchen und anderen Bereichen zu lenken, nicht lange halten können. Sie hatten nicht damit gerechnet, dass viele Vertreter der alten Eliten sich von der Aufbruchstimmung anstecken lassen, ihre ursprünglich meist ablehnende Haltung gegenüber der nationalsozialistischen Sammlungsbewegung aufgeben und sich, nicht zuletzt wegen der vertrauenerweckenden Regierungsgemeinschaft mit Nationalkonservativen, vielfach zu aktiver Unterstützung der neuen Entwicklung bereit finden würden. Ein Industrieller sagte später darüber:

„Die Wirtschaft braucht eine ruhige oder aufwärtssteigende Entwicklung. Infolge des Kampfes zwischen den vielen deutschen Parteien und der Unordnung gab es keine Möglichkeit für aufbauende Tätigkeit. [...] Wir hatten den Eindruck, dass Hitler uns solch eine gesunde Entwicklung bescheren würde. Tatsächlich hat er das getan."[17]

Hitler hatte in seinen Ansprachen vor Vertretern der Wirtschaft mehrfach deutlich angekündigt, dass die Nationalsozialisten mit ihren für den Bürgerkrieg

---

[16] Norbert Frei: Der Führerstaat. Nationalsozialistische Herrschaft 1933–1945, 5. Aufl. München 1987, S. 46.
[17] A. Krupp von Bohlen und Halbach, Ermittlungsakten des US-Militärgerichtsverfahrens gegen Krupp, Nürnberger Dokument NIK-10.746.

trainierten Kampfverbänden die Organisationen der Arbeiterbewegung zerschlagen würden, wenn sie an die Macht gelangten. Aus Sicht vieler der auf einen autoritären Staat orientierten Kreise war dies ein verlockendes Angebot. Die verhasste Sozialdemokratie, die schon im Kaiserreich Urheber inakzeptabler Unruhen gewesen war, dann führende Kraft der Weimarer Republik mit Bürger- und Partizipationsrechten, mit der Beseitigung ständischer Vorrechte und gewerkschaftlicher Mitwirkung wurde, wollte man einschließlich ihrer radikalen Abspaltungen und der ihr nahestehenden Gewerkschaften gern entmachtet sehen. Die Reichsvereinigung der deutschen Industrie, zuvor äußerst kritisch gegenüber den Nationalsozialisten eingestellt, schwenkte nach der Bildung der neuen Regierung um auf volle Unterstützung. Schon im Februar flossen Spenden in Millionenhöhe aus der Wirtschaft für den Wahlkampf der neuen Regierungsparteien. In der Reichswehrführung herrschte Zufriedenheit darüber, dass die seit langem heimlich geplante Aufrüstung nun forciert werden konnte. In den Kirchen gab es eine große Bereitschaft, dem neuen Regime wegen der Verbindung mit den Nationalkonservativen und wegen seiner erkennbaren Bereitschaft zu einem Abkommen mit dem Vatikan Vertrauen zu schenken. In der Justiz setzten sich bald diejenigen durch, die dem Regime durch harte Urteile gegen Oppositionelle zu dienen bereit waren. Auch an den Hochschulen mangelte es nicht an Unterstützung.

Als klar wurde, dass die Nationalsozialisten ihre Zusage, die Organisationen der Arbeiterbewegung zu zerschlagen, einhielten, war man schließlich auch bereit, den Preis dafür zu entrichten, den diese verlangten. Berufs- und Wirtschaftsverbände in Industrie und Handwerk, Handel und Landwirtschaft passten ihre Organisationsstrukturen den Wünschen der Nationalsozialisten an und setzten ihnen wohlgesonnene Führungspersonen ein. Auch die Integration des „Stahlhelm" in die SA und die Auflösung der bürgerlichen und national-konservativen Parteien und Verbände wurde ohne nennenswerten Widerstand aus den alten Eliten, die bisher dort ihre politische Heimat gesehen hatten, akzeptiert.

Detlef Peukert hat dazu angemerkt: „[...] bedurfte es [...] noch des entschieden republikfeindlichen Kurses der alten Eliten, die die angeschlagenen parlamentarisch-demokratischen Institutionen willentlich zerstörten. Diese Politik der *autoritären Wende*, die die Präsidialkabinette 1930 bis 1932 ausführten, beendete definitiv die politisch-soziale Ordnung von ,Weimar'. [...] die *totalitäre Sammlungsbewegung* Hitlers allein [hätte] die Republik nicht stürzen können, obwohl sie eine überwältigende politische Dynamik entfaltete und obwohl sie sich zum Sprecher der Krisenängste eines guten Drittels aller Deutschen zu machen wußte."[18]

---

[18] Detlev J. K. Peukert: Die Weimarer Republik, Frankfurt a. M. 1987, S. 260f.; Kursivtext wie im Original.

Resümee

SA und SS spielten in den ersten Monaten nach der Ernennung Hitlers zum Reichskanzler bei der Konsolidierung der politischen Macht eine wichtige Rolle. Sie bestand zum einen darin, die volle Machtübernahme durch gezielte Aktionen, die teils durch Erlasse von Nationalsozialisten, die in staatliche Ämter gelangt waren, rechtlich abgesichert waren, häufig aber Gesetzesgrenzen überschritten, zu sichern und zu beschleunigen. Sie griffen mit militanten Aktionen in den Wahlkampf ein, nahmen an Aufmärschen teil, verhafteten als Hilfspolizisten politische Gegner, um durch Folter Aussagen zu erpressen, und warfen sie als „Schutzhäftlinge" in alte und neue Haftstätten. Sie trugen durch geschickt inszenierte Proteste, unterstützt durch die Besetzung von Gebäuden und durch gezielte Verhaftungen, zur beschleunigten „Gleichschaltung" von Gebietskörperschaften und Verbänden bei. Sie drangsalierten Juden und terrorisierten die Bevölkerung in Arbeitervierteln. Besonders wichtig für das neue Regime war ihr Beitrag zur dauerhaften Zerschlagung der Opposition durch Massenverhaftungen, Folter und KZ. Ihre paramilitärische Organisationsweise, ihre Methoden grober Gewaltanwendung und die regionale und lokale Verankerung in Teilen der Bevölkerung ermöglichte es ihnen, 1933 innerhalb kurzer Zeit den weitaus größten Teil der politischen Gegner zu verhaften und die politische Opposition effektiv zu zerstören. Auch die „Gleichschaltung" der noch nicht unter nationalsozialistischer Kontrolle stehenden Länder hätte sich ohne ihre massive Mitwirkung nicht in wenigen Tagen bewerkstelligen lassen. Bei ihren Aktionen besaßen die SA- und SS-Angehörigen große Handlungsspielräume; doch der gezielte Einsatz von Gewalt in den jeweils von der NS-Führung aktuell gewünschten politischen Bereichen beweist, dass die Lenkung von oben im Wesentlichen funktionierte.

Die raschen Erfolge waren möglich, weil die NSDAP Regierungspartei war. Die Nationalsozialisten hatten wichtige Schaltstellen der Macht, insbesondere die Leitungspositionen für das Gebiet der inneren Sicherheit, besetzt. Ihre national-konservativen Bündnispartner, die seit langem entschlossen waren, die verhasste Weimarer Demokratie baldmöglichst durch einen autoritären Staat zu ersetzen, sahen durch die Wahlerfolge der NSDAP ihre Chance gekommen und wollten die NS-Bewegung für ihre Zwecke benutzen. Der „Tag von Potsdam" wurde zu einem Symbol des Zusammenwirkens der Nationalkonservativen und der Nationalsozialisten, das der neuen Regierung den entscheidenden Rückhalt verlieh. Obwohl die Nationalsozialisten bei der Ernennung Hitlers nur etwa über ein Drittel der Reichstagssitze verfügten, gelang es ihnen mit Unterstützung aller bürgerlichen Parteien und eines großen Teils der gesellschaftlichen Eliten, durch geschicktes Vorgehen, gestützt auf Notverordnungen und Ermächtigungsgesetz, sich schrittweise ihrer national-konservativen Partner zu entledigen und die Alleinherrschaft zu erringen. Schon Mitte 1933 war klar, dass das Bündnis nur eine Zwischenetappe auf dem Weg zur Diktatur gewesen war.

Die Rolle von SA und SS war demnach für die Nationalsozialisten von großer Bedeutung für die vollständige Eroberung der Macht; sie konnte jedoch nur unter diesen spezifischen politischen Umständen von solch durchgreifendem Erfolg sein.

Kurt Schilde
Opfer des NS-Terrors 1933 in Berlin
Biografische Skizzen

Die Eröffnung des am 5. März 1933 „gewählten" neuen Reichstages am 21. März 1933 in der Potsdamer Garnisonkirche ist als „Tag von Potsdam" in die Geschichte des nationalsozialistischen Deutschlands eingegangen. Demgegenüber hat der an diesem Tag gleichzeitig stattgefundene NS-Terror nur geringe Beachtung gefunden, wie der Tod des Kommunisten Leo Krell. Der 1906 in Berlin geborene Journalist wurde am 16. März von SA-Hilfspolizisten verschleppt und unter anderem im SA-Gefängnis General-Pape-Straße schwer misshandelt. Er ist am 21. März 1933 in der in Gefangenenabteilung des Staatskrankenhauses der Polizei verstorben. Am gleichen Tag ist der 1887 geborene praktische Arzt jüdischer Herkunft, Dr. med. Arno Philippsthal, aus seiner Praxis in Berlin-Biesdorf abgeholt worden. Er wurde ebenfalls in das SA-Gefängnis General-Pape-Straße verschleppt und dort schwer misshandelt. Der Verletzte wurde am 28. März in die Gefangenenabteilung des Staatskrankenhauses der Polizei in der Scharnhorststraße in Berlin-Mitte eingeliefert, wo er am Morgen des 3. April 1933 verstarb.[1] Ebenso wie diese beiden Beispiele sind viele Opfer des frühen NS-Terrors im Schatten des „Tages von Potsdam" und bis heute so gut wie unbekannt geblieben.

In dem 1934 in Paris veröffentlichten *Braunbuch II* wird eine „Geheimmeldung des Polizeipräsidiums an das preußische Innenministerium" erwähnt, wonach „im Polizeibezirk Berlin vom Reichstagsbrand bis zum 25. März 1933, 247 Personen bei ‚politischen Zusammenstößen' getötet worden sind".[2] Von dieser Nachricht ausgehend soll hier ein Blick auf die Todesopfer des NS-Terrors in Berlin 1933 geworfen werden. Ausgangspunkt ist zunächst die Auswertung des genannten *Braunbuchs II. Dimitroff contra Göring – Enthüllungen über die wahren Brandstifter* und dessen Vorläufer, das 1933 veröffentlichte *Braunbuch über Reichstagsbrand und Hitler-Terror* – im Folgenden *Braunbuch I*[3] genannt. Dieses

---

1 Kurt Schilde [u. a.]: SA-Gefängnis Papestraße. Spuren und Zeugnisse. Mit einem Geleitwort von Johannes Tuchel und einem Beitrag von Siegfried Wege. Eine Schrift der Bruno-und-Else-Voigt-Stiftung, Berlin 1996, S. 93–95 (Krell) und S. 103–105 (Philippsthal).
2 Braunbuch II. Dimitroff contra Göring. Enthüllungen über die wahren Brandstifter, Paris 1934 – Nachdruck: Köln/Frankfurt a. M. 1981, S. 408 (im Folgenden: Braunbuch II). Die Existenz der „Geheimmeldung" konnte noch nicht nachgewiesen werden.
3 Braunbuch über Reichstagsbrand und Hitler-Terror. Faksimile-Nachdruck der Originalausgabe von 1933, Frankfurt a. M. 1978 (im Folgenden: Braunbuch I). Vgl. Claus-Dieter Krohn: Propaganda

enthält im Anhang eine „Mordliste" des „Dritten Reiches".[4] Die ursprüngliche Liste von 250 Mordfällen ist für das Braunbuch II auf eine „Liste von siebenhundertsiebenundvierzig nachgewiesenen Morden an Wehrlosen in Hitler-Deutschland"[5] zwischen Januar 1933 und März 1934 erweitert worden – also verdreifacht. Diese auf das damalige Deutsche Reich bezogenen Opferzahlen sind sicherlich unvollständig. Zur Ausweitung der Datengrundlage sind die 1933 in Prag veröffentlichte Broschüre *Deutschland am Hakenkreuz,* die 1936 gleichfalls im Exil publizierte und von Maximilian Scheer edierte Schrift *Das deutsche Volk klagt an* sowie die Dokumentation *Der gelbe Fleck* herangezogen worden.[6]

Diese Publikationen dienten der Aufklärung über die NS-Verbrechen in der Frühphase der NS-Herrschaft und sollten über deren verbrecherischen Charakter aufklären. Bei den *Braunbüchern* kommt hinzu, dass sie „nachweisen" sollten, dass nationalsozialistische Täter hinter dem Reichstagsbrand steckten.[7] Ein wichtiges Element dieser politischen Literatur bildete die umfangreiche Berichterstattung über den frühen Terror mit teilweise erschütternden Berichten über Morde an und Misshandlungen von Gegnern des neuen Regimes. Von den Todesopfern sind häufig nur Name, Tatkontext und/oder -ort bekannt.

Die am 29. Juli 1933 abgeschlossene Mordliste des *Braunbuchs I* „wirkte durch ihre Sachlichkeit und lapidare Aufzählung besonders bedrückend."[8] Zum Zustandekommen dieser Liste schrieb der Historiker Klaus Sohl: „Die Autoren stützten sich dabei mit großer Akribie nur auf Meldungen, die nachgeprüft oder von der faschistischen Presse selbst zugegeben worden waren."[9] Als Grundlage dienten „536 Protokolle mißhandelter Naziopfer, 137 Atteste über schwere und chronische Schädigungen sowie 375 Protokolle über erpreßte Reverse [veraltet für: Erklärun-

---

als Widerstand? Die *Braunbuch*-Kampagne zum Reichstagsbrand, in: Exilforschung. Ein internationales Jahrbuch 15 (1997): Exil und Widerstand, S. 10–32.
4 Braunbuch I, S. 332–354.
5 Braunbuch II, S. 405–461.
6 Deutschland am Hakenkreuz. Dokumente des Hunnenfaschismus, Prag 1933; Das deutsche Volk klagt an. Hitlers Krieg gegen die Friedenskämpfer in Deutschland. Ein Tatsachenbuch, Paris 1936 – Nachdruck: (Maximilian Scheer): Das deutsche Volk klagt an. Hitlers Krieg gegen die Friedenskämpfer in Deutschland. Ein Tatsachenbericht, erw. Neuausgabe 2012, hrsg. von Katharina Schlieper, Hamburg 2012; Der gelbe Fleck. Die Ausrottung von 500 000 deutschen Juden. Mit einem Vorwort von Lion Feuchtwanger, Paris 1936.
7 Vgl. zu der bis heute anhaltenden Debatte den Überblick von Sven Felix Kellerhoff: Der Reichstagsbrand. Die Karriere eines Kriminalfalls, Berlin 2008.
8 Klaus Sohl: Zur Rolle der Braunbücher bei der Entlarvung der Reichstagsbrandprovokation und der Verbreiterung der antifaschistischen Kampffront. Unveröffentlichte Dissertation A, Karl-Marx-Universität Leipzig 1978, S. 72.
9 Sohl: Rolle, S. 38.

gen] nach der Entlassung aus den Folterhöhlen [...]."¹⁰ Zusätzlich wurden Meldungen des *Wolffschen Telegraphen-Büros,* der *Telegraphen-Union* und anderer Presseagenturen sowie Zeitungsartikel (z. B. aus der *Vossischen Zeitung,* dem *Berliner Tageblatt, Berliner Lokalanzeiger* u. a.) herangezogen. Einer der Informanten war Max Gohl (1886–1951), der u. a. für den kommunistischen Pressedienst *Inprekorr* (Internationale Presse-Korrespondenz) arbeitete. Nach seiner späteren Aussage „stammte ein Viertel bis zu einem Drittel" der Beiträge des *Braunbuches* aus seiner Feder.¹¹ Vielleicht hat er auch Hinweise auf Opfer des frühen NS-Terrors weitergegeben? Dies ist eine Vermutung, denn bei den Zeugenberichten unterblieb eine Namensnennung, um die in Deutschland lebenden Informantinnen und Informanten zu schützen.

Die im *Braunbuch II* enthaltene erweiterte Aufstellung „747 Namen klagen an" bezieht sich auf den Zeitraum zwischen 31. Januar 1933 und 31. März 1934.¹² Drei Jahre nach der Machtübernahme der NSDAP erschien in Paris das Buch *Das deutsche Volk klagt an. Hitlers Krieg gegen die Friedenskämpfer in Deutschland. Ein Tatsachenbericht.* Bei dem damals anonym gebliebenen Autor handelte sich um den im März 1933 mit Frau und Sohn nach Paris geflohenen Walter Maximilian Schlieper (1896–1978). Um seine in Deutschland zurückgebliebenen Familienangehörigen zu schützen, entfernte er drei Buchstaben aus seinem Namen und benutzte fortan seinen zweiten Vornamen. So wurde aus Walter Schlieper das Pseudonym Maximilian Scheer. Dieser sammelte, wahrscheinlich unter Mithilfe von Erich Birkenhauer und Bruno Meisel, umfassende Informationen über den NS-Terror in Deutschland. Die Dokumentation orientierte sich erkennbar an den *Braunbüchern* und informierte über den NS-Terror in Deutschland 1933–1936. Eine „Statistik des Grauens" enthält u. a. detaillierte Namenslisten von zum Tode verurteilten und in der Todeszelle ermordeten Menschen. Der Band enthält eine mehr als dreißig Seiten umfassende chronologische Aufstellung von Namen der bekannt gewordenen NS-Opfer zwischen dem 30. Januar 1933 und Juni 1936. Die Entstehung der Broschüre *Deutschland am Hakenkreuz* und der Publikation *Der gelbe Fleck* konnte bisher nicht aufgeklärt werden.

---

10 Klaus Sohl: Entstehung und Verbreitung des Braunbuchs über Reichstagsbrand und Hitlerterror 1933/1934 (mit drei bibliografischen Übersichten), in: Jahrbuch für Geschichte 21 (1979), S. 297.
11 Arnd Groß/Stefan Heinz: Max Gohl (1886–1951), in: Stefan Heinz/Siegfried Mielke (Hrsg.): Funktionäre des Einheitsverbandes der Metallarbeiter Berlins im NS-Staat. Widerstand und Verfolgung. (Gewerkschafter im Nationalsozialismus. Verfolgung – Widerstand – Emigration, Bd. 2). Berlin 2012, S. 143.
12 747 Namen klagen an. Eine Liste von siebenhundertsiebenundvierzig nachgewiesenen Morden an Wehrlosen in Hitler-Deutschland, in: Braunbuch II, S. 405–461.

Die folgende Darstellung über den „frühen Terror" 1933 in Berlin entstand im Kontext der Erarbeitung der Ausstellung *Berlin 1933 – der Weg in die Diktatur* der Stiftung Topographie des Terrors.[13] Neben den genannten Exilpublikationen sind zusätzlich weitere zeitgenössische Publikationen und Zeitschriften, unterschiedliche Archivalien, seit den 1980er-Jahren entstandene lokalhistorische Schriften von Geschichtswerkstätten und Stadtteilinitiativen sowie wissenschaftliche Studien berücksichtigt worden.[14] Im Focus stehen Beispiele von bisher weitgehend unbekannt gebliebenen Opfern des frühen NS-Terrors 1933 in Berlin. Daher wird auf relativ gut erforschte Komplexe nicht eingegangen: die Morde im SA-Gefängnis General-Pape-Straße sowie die so genannte „Köpenicker Blutwoche" im Juni 1933.[15] Auf die mit dem Columbia-Haus zusammenhängenden Morde wird nur in zwei Fällen hingewiesen.[16]

Kommunistische Todesopfer der Frühphase

Das erste im *Braunbuch II* nachgewiesene Todesopfer ist der am 1. Februar 1933 ermordete „Paul Schulz, 20 jähr[iger] Jungarbeiter, in Berlin-Charlottenburg von

---

13 Die Ausstellung wird 2013 aus Anlass des 80. Jahrestages der nationalsozialistischen Machtübernahme am historischen Ort in der Prinz-Albrecht-Straße 8 (1933 Sitz des Geheimen Staatspolizeiamtes und ab 1939 auch des Reichssicherheitshauptamtes, heute: Niederkirchnerstraße 8) gezeigt. Kuratiert wurde sie von Klaus Hesse, Andreas Sander und mir. Ich danke beiden Kollegen für die vielfältige Unterstützung.
14 Bei dem hier präsentierten Überblick zu den tödlichen Opfern des frühen NS-Terrors 1933 in Berlin handelt es sich um eine erheblich überarbeitete und ausgeweitete Fassung von Kurt Schilde: Todesopfer des NS-Terrors 1933 in Berlin im Spiegel der Braun-Bücher. In: Yves Müller/Reiner Zilkenat (Hrsg.): Bürgerkriegsarmee oder Rabauken? Forschungen zur nationalsozialistischen Sturmabteilung (SA) und der politischen Gewalt der Weimarer Republik (Arbeitstitel), Frankfurt a. M. 2013, in Vorbereitung.
15 Vgl. Schilde [u. a.]: SA-Gefängnis. Irene Mayer-von Götz: Terror im Zentrum der Macht. Die frühen Konzentrationslager in Berlin 1933/34–1936. (= Geschichte der Konzentrationslager 1933–1945, Bd. 9), Berlin 2008, S. 86–91; André König: Köpenick unter dem Hakenkreuz. Die Geschichte des Nationalsozialismus in Berlin-Köpenick, Mahlow 2004, S. 62–78; André König: Die juristische Aufarbeitung der „Köpenicker Blutwoche" in den Jahren 1947–1951 und der Verbleib der NS-Täter im DDR-Strafvollzug. Unveröffentlichtes Manuskript, Heimatmuseum Köpenick, Berlin 2004.
16 Vgl. Kurt Schilde/Johannes Tuchel: Columbia-Haus. Berliner Konzentrationslager 1933–1936, hrsg. v. Bezirksamt Tempelhof von Berlin anlässlich der geplanten Errichtung eines Mahnmals zur Erinnerung an die Geschichte des Gefängnisses und Konzentrationslagers Columbia-Haus. (= Reihe deutsche Vergangenheit – Stätten der Geschichte Berlins, Bd. 43), Berlin 1990. Da die Mordfälle Michael Kazmierczak und Emil Winkler relativ unbekannt geblieben sind, wurden sie in der hier vorgelegten Übersicht berücksichtigt.

Nationalsozialisten erstochen. (Arbeiter-Zeitung, Saarbrücken)."[17] Zu diesen spärlichen Angaben lassen sich in anderen Publikationen minimale Ergänzungen aufspüren: Der 1912 Geborene wohnte in der Charlottenburger Sybelstraße 65 und soll dem Kommunistischen Jugendverband Deutschlands und der KPD angehört haben. Paul Schulz erlag im Krankenhaus Westend seinen Stichverletzungen,[18] die ihm von Angehörigen des berüchtigten SA-Sturms 33[19] beigebracht worden waren. Es existiert ein Foto des jungen Mannes auf dem Sterbebett.[20] Paul Schulz gehört zu den vielen ermordeten jungen Kommunisten, von denen über die Nennung des Namens hinaus nur sehr wenig bekannt geworden ist.

Etwas mehr bekannt ist über Erwin Berner: „3. Februar 1933. Erwin Berner, 21 jährig, kommunistischer Arbeiter in Berlin, von Nationalsozialisten erschossen (TU)".[21] Als zeitgenössische Quelle werden in diesem Fall eine Meldung der *Telegraphen-Union* und ein Artikel in der *Vossischen Zeitung* genannt.[22]

Der am 7. Dezember 1911 in Berlin Geborene lebte in Neukölln, Kaiser-Friedrich-Straße 216 (heute: Sonnenallee) und war in einer Arbeiterfamilie aufgewachsen. Der junge Aktivist engagierte sich im Kommunistischen Jugendverband sowie dem Kampfbund gegen den Faschismus und war Mitglied einer Häuserschutzstaffel, welche die Bewohner der Gegend vor SA-Angriffen schützen sollte.

Wenige Tage nach der Machübernahme überfielen am Abend des 2. Februars 1933 SA-Leute das Reichsbanner-Verkehrslokal „Düben" in der Fuldastraße/Ecke Weserstraße. Diese Vorgänge hat Fritz Rudolf Schuch, der damalige 2. Vorsitzende der Ortsgruppe Britz-Buckow-Rudow des Reichsbanners Schwarz-Rot-Gold nach 1945 genau beschrieben: „Als uns von den anderen in der Nähe befindlichen Lokalen

---

17 Braunbuch II, S. 405.
18 Vgl. Widerstand in Berlin gegen das NS-Regime 1933 bis 1945. Ein biographisches Lexikon, hrsg. v. d. Geschichtswerkstatt der Berliner Vereinigung ehemaliger Teilnehmer am antifaschistischen Widerstand, Verfolgter des Naziregimes und Hinterbliebener (BV VdN) e.V., Bd. 7 (Buchstabe S) Saalinger–Szymczak, Autor: Hans-Joachim Fieber, Berlin 2004, S. 169.
19 Vgl. zu diesem SA-Sturm Sven Reichardt: „Vor allem sehne ich mich nach Euch, Kameraden". Mikrohistorische Analyse eines Berliner SA-Sturms, in: Stefan Vogt [u. a.] (Hrsg.): Ideengeschichte als politische Aufklärung. Festschrift für Wolfgang Wippermann zum 65. Geburtstag, Berlin 2010, S. 154–181.
20 Braunbuch II, S. 456f.
21 Braunbuch II, S. 406.
22 Vgl. ebd. sowie Volk, S. 253. Daneben z. B. wird er in regionalgeschichtlichen Publikationen zum Widerstand erwähnt. Vgl. Hans-Rainer Sandvoß: Widerstand in Neukölln. (= Schriftenreihe über den Widerstand in Berlin von 1933 bis 1945, H. 4), hrsg. von der Gedenkstätte Deutscher Widerstand, Berlin 1990, S. 14, 44, 87; Widerstand in Berlin gegen das NS-Regime 1933 bis 1945, Bd. 1 (Buchstaben A und B) Abegg–Byl, Autoren: Michele Barricelli, René Mounajed, Berlin 2004, S. 144.

Genossen zu Hilfe kommen wollten, wurden sie plötzlich von der SA mit Pistolenschüssen empfangen. Wir hatten genau beobachten können, wie ein Zivilkleidung tragender Mann (SA) etwa sechs Schüsse in Richtung Fuldastr. abgab. Als gleich darauf die Fanfaren des Überfallkommandos ertönten, gingen wir in das Lokal zurück und von dort auf die Straße. Vor dem Haus Fuldastr. 19–20 fand ich den Genossen Berner zusammengebrochen vor."[23] Erwin Berner war tot. Zu seiner Beisetzung auf dem Friedhof der Sozialisten in Berlin-Friedrichsfelde erschienen zahlreiche Menschen, die sich an einer der letzten legalen Demonstrationen beteiligten.

Nach dem Reichstagsbrand am 27. Februar 1933 häuften sich die NS-Terroraktionen. Dazu gehört der auf den 3. März 1933 datierte Fall des Rentners „Gustav Segebrecht, Berlin, Liebenwalderstrasse 44, im Lokal Stephan, Liebenwalderstrasse 41, durch Schlagaderschuss getötet. (Zeugenbericht)".[24] Bei der rechtsmedizinischen Untersuchung ist als Todesursache „Verblutung nach Kniekehlenschuss" festgestellt worden.[25]

Wenige Tage darauf wurde festgehalten: „8. März 1933. [...] Balschukat, Nitschmann und Preuss, Jungarbeiter in Berlin-Schöneberg, wurden im Machnower Forst als Leichen aufgefunden. (T[elegraphen-]U[nion])"[26] Es handelte sich um den Tod des Arbeiters Hans Balschukat, des Maurers Ernst Preuss sowie des Tapezierers Franz Nitschmann. Balschukat gehörte der Roten Hilfe Deutschlands, Ernst Preuss dem Kommunistischen Jugendverband und der Kommunistischen Partei und Fritz Nitschmann gleichfalls der KPD an. Balschukat war am 28. August 1913 in Schöneberg geboren worden. Der in der gleichfalls in Schöneberg gelegenen Gotenstraße 69 wohnhafte Ernst Preuss wurde am 17. Januar 1909 in Charlottenburg geboren. Der am 1. März gleichen Jahres in Oldenburg geborene Nitschmann lebte bis zu seinem Tod in der Neuköllner Siegfriedstraße.[27]

---

23 Fritz Rudolf Schoch: Bericht über die Ermordung des Antifaschisten Erwin Berner am 2. 2. 1933 durch die SA, in: Irene Lusk (Redaktion): Widerstand in Neukölln, hrsg. vom Neuköllner Kulturverein, in: Arbeitsgruppe Kiezgeschichte – Berlin 1933: Wer sich nicht erinnern will ... ist gezwungen, die Geschichte noch einmal zu erleben." Kiezgeschichte Berlin 1933, Berlin 1983, S. 5. Wiederabdruck in: Axel Hauff (Redaktion): Widerstand in Neukölln, hrsg. von der Vereinigung der Verfolgten des Naziregimes – Verband der Antifaschisten und dem Neuköllner Kulturverein, Berlin 1987, S. 12f. unter dem Titel „Bericht über die Ermordung von Erwin Berner".
24 Braunbuch I, S. 332; Braunbuch II, S. 409; vgl. Volk, S. 252.
25 Universitätsarchiv der Humboldt-Universität zu Berlin (im Folgenden: HUB UA), Gerichtsmedizin vor 1945 (GerMed vor 45), Hauptbuch 1933, lfd. Nr. 380.
26 Braunbuch II, S. 411.
27 Vgl. Widerstand in Berlin gegen das NS-Regime 1933 bis 1945, Bd. 1, S. 69; ebd., Bd. 6 (Buchstaben P bis R) Paape–Rzepka, Autor: Hans-Joachim Fieber, Berlin 2003, S. 81; ebd., Bd. 5 (Buchstaben L bis O) Laabs–Overlach, Autoren: Hans-Joachim Fieber, Klaus Keim, Oliver Reschke, Berlin 2004, S. 294.

Neben diesen spärlichen Angaben[28] enthält ein im *Braunbuch I* abgedruckter Zeugenbericht über „Die Leichen im Machnower Forst"[29] einige Informationen zur Verschleppung der drei Männer. Nitschmann wurde danach am Abend des 8. März an der Stubenrauch-/Ecke Erdmannstraße in Schöneberg von drei ihn mit Pistolen bedrohenden SA-Männern für eine angebliche Personenfeststellung gefangen genommen. Hans Balschukat wurde auf ähnliche Weise von drei Männern in der Gotenstraße in Schöneberg verhaftet: „Der Ermordete hat nach oberflächlicher Besichtigung durch den Vater (eine gründliche Untersuchung wurde dem Vater verwehrt) zirka sieben bis acht Schüsse erhalten, davon zwei Schüsse in den Hinterkopf, einen Schläfenschuss, zwei bis drei Schüsse in den rechten Arm, sowie einen Brustschuss auf der rechten Seite. Ueber den dritten Ermordeten Preuss ist noch nichts zu erfahren gewesen, [...]."[30]

Im Unterschied zu den bisher genannten Morden ist über das am 16. März 1933 an dem jungen Kommunisten Erich Meier begangene Verbrechen und dessen Biografie einiges bekannt geworden: „Erich Meyer [sic], Jungarbeiter, Spandau, totgeschlagen. (Frankfurter Zeitung). ,20 Nazi kletterten auf das Dach der Wohnlaube, breiteten Strohbündel darauf aus und drohten die ganze Kolonie in Brand zu setzen.' (Arbeiter-Zeitung, Wien)."[31]

An dieser Meldung im *Braunbuch II* stimmt nicht jede Kleinigkeit: dem richtigen Vornamen Erich wurde im Nachnamen ein „i" durch ein „y" ersetzt. Auch die Drohung der Brandstiftung ist nicht überliefert. Bei dem Toten handelt es sich um den ursprünglich der Sozialistischen Arbeiterjugend angehörenden Werkzeugmacher Erich Meier, der seit 1930 Mitglied des Kommunistischen Jugendverbandes Deutschlands war. Er lebte seit der Machtübernahme 1933 im Untergrund, bis er im März 1933 von der SA verhaftet, misshandelt und erschossen wurde.

Erich Meier wurde am 16. Dezember 1910 als Jüngster von vier Geschwistern in Spandau geboren. Sein Vater war Baggermonteur bei Orenstein & Koppel und ist 1932 gestorben. Die Mutter arbeitete als Wäscherin und verstarb, als ihr Sohn Erich acht Jahre alt war. Zur Familie gehörten noch die Schwester Charlotte und die beiden 1906 und 1908 geborenen Brüder Karl und Walter, mit denen er Zeitungen austrug, um das Familieneinkommen aufzubessern.

---

28 Vgl. Gisela Wenzel: Die „Rote Insel". Zur Geschichte eines Schöneberger Arbeiterquartiers, in: Eva Brücker (Redaktion): Spurensicherung in Schöneberg 1933. „Rote Insel", Lindenhof, „Jüdische Schweiz". Ausstellung im Rahmen der Projektreihe des Berliner Kulturrats: 1933 – Zerstörung der Demokratie – Machtübergabe und Widerstand, hrsg. von der Berliner Geschichtswerkstatt, Berlin 1983, S. 19–22.
29 Braunbuch I, S. 316–319.
30 Braunbuch I, S. 318f.
31 Braunbuch II, S. 412.

Nach dem Schulabschluss erlernte er in den Deutschen Industriewerken den Beruf des Werkzeugmachers und trat in den Deutschen Metallarbeiter-Verband ein. Als Facharbeiter war Meier oft arbeitslos.

Mit 17 Jahren trat er einer Anregung seines ehemaligen Klassenlehrers – eines Sozialdemokraten – folgend 1927 der Sozialistischen Arbeiterjugend bei. Er entwickelte sich zum Vorsitzenden der Spandauer SAJ und zu einem führenden SAJ-Funktionär. Meier engagierte sich in der sozialistischen Jugendarbeit und wurde Leiter der Spielgruppe „Rote Rebellen". Die Unzufriedenheit mit der sozialdemokratischen Politik führte 1930 dazu, dass viele Angehörige der Spandauer SAJ – darunter fast die gesamte Leitung mit Erich Meier – 1931 aus der SAJ aus- und dem Kommunistischen Jugendverband beitraten. Meier wurde Vorsitzender der KJVD-Gruppe des Unterbezirks Berlin-Spandau und Mitglied der Bezirksleitung Berlin-Brandenburg des Jugendverbandes. Er organisierte Demonstrationen gegen die NSDAP und SA und trat häufig bei politischen Veranstaltungen als Redner auf. Seine Ermittlungsakte enthielt für die Zeit bis 1933 zahlreiche Hinweise auf „Hetzreden", demonstrativen Singens von Liedern, Besitz von Propagandamaterial usw.

Der Führer der Spandauer Jungkommunisten gehörte zu den meistgesuchten Antifaschisten in Spandau und lebte daher seit Ende Januar 1933 im Untergrund. Meier ist eine vorbereitete Flucht in die Tschechoslowakei wegen seiner zögerlichen Haltung nicht mehr gelungen.

Bei einer Verhaftungsaktion in der Nacht vom 10. auf den 11. März 1933 fanden SA-Männer den von ihnen gesuchten Meier in einem Versteck in der Spandauer Laubenkolonie „Gute Hoffnung". Er wurde bereits an Ort und Stelle zusammengeschlagen und anschließend in das SA-Lokal „Drechsel" in Berlin-Spandau, Wilhelmstraße 20, verschleppt. In diesem SA-Heim trafen sich seit 1931 die Angehörigen des SA-Sturms 107, der zum SA-Sturmbann 14 gehörte. Meier wurde bis in die Morgenstunden schwer misshandelt. Am 16. März 1933 ist er auf einem Rieselfeld in der Nähe des Gutes Karolinenhöhe am Stadtrand von Berlin mit mehreren Schüssen in den Kopf und das Herz tot aufgefunden worden. Seine Zähne waren eingeschlagen, Haarbüschel ausgerissen, seine Haut mit Blutergüssen übersät und seine Hoden zertrümmert.

Das Begräbnis von Erich Meier geriet zu einer der letzten öffentlichen Demonstrationen in Spandau. Das Grab befindet sich – heute als Ehrengrab – auf dem Friedhof in den Kisseln in Berlin-Spandau. Die von einer Mordkommission angestellten Ermittlungen wurden eingestellt.

1951 hat vor dem Landgericht Moabit ein Prozess gegen Spandauer SA-Angehörige wegen Verbrechen gegen die Menschlichkeit stattgefunden, in dem auch auf die Ermordung von Erich Meier eingegangen wurde. Aber eine Sühne für das Verbrechen hat es nicht gegeben.

Informationen über sein Leben und seinen Tod haben sich nicht nur in der zeitgenössischen politischen Publizistik niedergeschlagen, sondern fanden auch später Eingang in die Geschichtsschreibung.[32] In der DDR ist 1979 der *Versuch einer Würdigung des Jungkommunisten und antifaschistischen Widerstandskämpfers* erschienen. Vom gleichen Autor folgte 2004 ein weiteres Buch.[33] Da es eine ausführliche justizielle Überlieferung gibt, wäre eine geschichtswissenschaftliche eingehende Darstellung des Falles sicher lohnenswert.[34]

Seit 2010 befindet sich vor dem ehemaligen Wohnhaus von Erich Meier in der Kurzen Straße 1 – heute ein unbebautes Eckgrundstück – ein Stolperstein mit dem Text: „Hier wohnte Erich Meier Jg. 1910 Im Widerstand von SA verschleppt/gefoltert".

Ermordung kommunistischer Spitzenfunktionäre

In der Reichshauptstadt Berlin lebten zahlreiche führende Politiker – und vereinzelt Politikerinnen – von Parteien, Gewerkschaften und anderen politischen wie gesellschaftlichen Organisationen. In den *Braunbüchern* werden daher gerade für Berlin auch viele höhere Funktionäre der KPD genannt, die Opfer des NS-Terrors geworden sind. Von den Lebensgeschichten der kommunistischen Prominenz ist erwartungsgemäß einiges bekannt: „26. April [1933] Baron, Erich, Berlin, angeblich ‚Selbstmord' im Gefängnis Spandau."[35] Der Journalist, Schriftsteller und Funktionär gehörte seit 1920 der KPD an. Bekannt wurde er durch seine Tätigkeit als

---

32 Braunbuch I, S. 335; Braunbuch II, S. 412; Volk, S. 254.

33 Vgl. Willi Döbbelin: „Junge – einer unserer besten Genossen!" Versuch einer Würdigung des Jungkommunisten und antifaschistischen Widerstandskämpfers Erich Meier, hrsg. von der Kreisleitung Nauen der SED, Kommission zur Erforschung der Geschichte der örtlichen Arbeiterbewegung in Verbindung mit dem Kreiskomitee Nauen der Antifaschistischen Widerstandskämpfer der DDR und dem FDGB-Kreisvorstand Nauen, [Nauen 1979]; Willi Döbbelin: Erich Meier und seine Zeit (1927 bis 1933). Versuch der Würdigung eines Spandauer Antifaschisten, [Berlin] 2004. Die Ermordung Meiers ist mehrfach in der einschlägigen regionalgeschichtlichen Literatur berücksichtigt worden. Vgl. Oliver Gliech: Die Spandauer SA 1926 bis 1933. Eine Studie zur nationalsozialistischen Gewalt in einem Berliner Bezirk, in: Wolfgang Ribbe (Hrsg.): Berlin-Forschungen III, Berlin 1988, S. 107–205 (S. 179–193: Der Mord an Erich Meier); Hans-Rainer Sandvoß: Widerstand in Spandau. (= Schriftenreihe über den Widerstand in Berlin von 1933 bis 1945, H. 3), hrsg. von der Gedenkstätte Deutscher Widerstand, Berlin 1988, S. 47–52; Mayer-von Götz: Terror, S. 119, 150, 223; Widerstand in Berlin gegen das NS-Regime 1933 bis 1945, Bd. 5, S. 180.

34 Landesarchiv Berlin: Ermittlungsakte – A Pr Br Rep 030, Nr. 2411; Prozess der 10. Großen Strafkammer des Landgerichts in Berlin, Urteil vom 14. 9. 1951, 1 P KLs 21/51); BLHA: Staatliches Zentralarchiv Potsdam, I. Pol. Nr. 1090, I. Pol. 1165.

35 Volk, S. 258; S. 78.

Generalsekretär der Gesellschaft der Freunde des neuen Russlands. In der Nacht des Reichstagsbrandes ist er verhaftet und misshandelt worden. Am 28. April 1933 wurde seine Leiche aufgefunden.[36]

Der in einer jüdischen Familie am 20. Juli 1881 in Berlin geborene Erich Baron besuchte eine höhere Schule, ab 1889 das Friedrichswerdersche Gymnasium, wo er 1900 das Abitur ablegte. Bis 1904 studierte er an der juristischen und philosophischen Fakultät der Berliner Universität und beendete das Studium als Jurist. Aber er hat als solcher nicht gearbeitet, wenngleich sein Interesse für juristische Fragen blieb. Er schloss sich zunächst der Sozialdemokratischen Partei an und gab 1904 sein journalistisches Debüt als Theaterkritiker.

1907 zog er mit seiner Frau Jenny und Tochter Marianne nach Brandenburg an der Havel um, wo er als verantwortlicher Redakteur der sozialdemokratischen *Brandenburger Zeitung* arbeitete. Er engagierte sich beim Aufbau der regionalen Arbeiterjugendbewegung und wurde 1910 als Abgeordneter in das Brandenburger Stadtparlament gewählt.

Während des Ersten Weltkriegs war er von 1916 bis 1918 Soldat und in dieser Zeit mehrmals in einem Lazarett. Im November 1918 wurde er in Brandenburg zu einem der Vorsitzenden des Arbeiter- und Soldatenrates gewählt. Ende 1919 zog er zurück nach Berlin und nahm – inzwischen Mitglied der Unabhängigen Sozialdemokratischen Partei – eine Tätigkeit bei deren Zeitung *Die Freiheit* auf. 1920 gehörte er der Vereinigten Kommunistischen Partei an, die sich bald in Kommunistische Partei umbenannte. Er gehörte dem Pressebüro der KPD an und arbeitete bis 1924 als Inlandsredakteur.

Seit 1924 arbeitete er bis zum Machtwechsel 1933 als Generalsekretär der 1923 auf Initiative der Internationalen Arbeiterhilfe gegründeten Gesellschaft der Freunde des neuen Russlands und redigierte deren Zeitschrift *Das neue Russland*. Zwischen 1925 und 1932 reiste er mehrmals in die Sowjetunion.

Mit seiner Ehefrau Jenny Baron, geb. Rosenfeld, lebte er in Berlin-Pankow, Kavalierstraße 10. In dieser Wohnung ist er in der Nacht des Reichstagsbrandes am 27./28. Februar 1933 von der Gestapo verhaftet, in das Polizeipräsidium am Alexanderplatz und in weitere Gefängnisse geschleppt und schwer misshandelt worden. In seiner Gefängniszelle im Untersuchungsgefängnis Lehrter Straße setzte er seinem Leben ein Ende. Laut der standesamtlichen Bescheinigung über Eintragung eines Sterbefalls ist Baron am 29. April 1933 im Gefängnis Lehrter Straße „tot aufgefunden" worden. Im Beerdigungsschein ist vermerkt „Erhängen – Selbstmord". Er wurde am 3. Mai 1933 auf dem jüdischen Friedhof in Berlin-Weißensee beigesetzt.

---

36 Vgl. zur Biografie Gerlinde Grahn: Erich Baron – eine biographische Studie (1881–1933), in: Jahrbuch für Forschungen zur Geschichte der Arbeiterbewegung 2002/II, S. 127–140.

Zu einem weiteren kommunistischen Funktionär heißt es im *Braunbuch II*: „12. September 1933. [...] Putz, kommunistischer Reichstagsabgeordneter, im Gefängnis Berlin-Moabit tot aufgefunden. Die Gefängnisleitung behauptet Selbstmord. (Amtlicher Bericht)."[37]

Der Eigentümer eines großen Hofes war Kommunist und Vorsitzender des Bundes schaffender Landwirte. Er genoss über die Kreise der KPD hinaus großes Ansehen, weil er sich vor allem für die Kleinbauern einsetzte.

Der am 20. Januar 1896 in Sinnthalshof in der Bayerischen Rhön Geborene verlebte seine Kindheit auf dem bäuerlichen Anwesen seiner Eltern. Sein christlich-konservativer Vater war nach 1918 Landtagsabgeordneter der Bayerischen Volkspartei. Sein Sohn Ernst besuchte von 1902–1906 die Volksschule in Brückenau, von 1906–1913 Gymnasien in Aschaffenburg und Würzburg und legte im März 1915 das Abitur in Berlin-Lichterfelde ab.

Im Ersten Weltkrieg meldete er sich als Freiwilliger. Von Ende 1917 bis Sommer 1918 studierte er ein Semester Agrarwissenschaften an der Universität Jena. Dann kehrte er an die Front zurück. Nach dem Krieg übernahm er den elterlichen Hof. Im April 1919 gründete er dort eine Freie Schul- und Werkgemeinschaft als höhere Schule mit Produktionsunterricht. Ab 1920/21 studierte er erneut an der Universität Jena Agrarwissenschaften.

Ernst Putz trat Ende 1923 in die Kommunistische Partei ein und gehörte 1924 zu den Mitbegründern des Bundes schaffender Landwirte. Er blieb bis 1933 Vorsitzender dieser kommunistischen Organisation. 1924 wurde der Sekretär der Abteilung Land des Zentralkomitees der KPD zum ersten Mal über die Reichswahlvorschlagsliste der KPD als Abgeordneter in den Deutschen Reichstag gewählt und gehörte diesem bis 1933 an. Seine Wohnung befand sich in Berlin-Schöneberg in der Passauer Straße.

Nach dem Machtwechsel 1933 lebte Putz zunächst im Untergrund. Nach einigen Monaten illegaler Tätigkeit ist er am 19. Juli 1933 verhaftet worden. Am 15. September 1933 wurde er im Untersuchungsgefängnis in Berlin-Moabit ermordet. Ihm zu Ehren trägt die nach Sinnthalshof führende Straße in Brückenau (Unterfranken) seinen Namen.[38]

---

37 Braunbuch II, S. 446.
38 Vgl. Volk, S. 265; London-Vertretung der SPD (Hrsg.): Material zu einem Weißbuch der deutschen Opposition gegen die Hitler-Diktatur (Manuskript), London 1946, S. 95; Martin Schumacher (Hrsg.): M. d. R. Die Reichstagsabgeordneten der Weimarer Republik in der Zeit des Nationalsozialismus. Politische Verfolgung, Emigration und Ausbürgerung 1933–1945. Eine biographische Dokumentation. Mit einem Forschungsbericht zur Verfolgung deutscher und ausländischer Parlamentarier im nationalsozialistischen Herrschaftsbereich, Düsseldorf 1991; 3., erheblich erweiterte und überarbeitete Auflage 1994, S. 373; Heinz Schumann/Gerda Werner (Redaktion): Erkämpft das Menschenrecht. Lebensbilder und letzte Briefe antifaschistischer Wi-

Nur wenige Tage darauf ist am 20. September 1933 in der Gefangenenabteilung des Staatskrankenhauses der Polizei in der Scharnhorststraße 13 in Berlin-Mitte verstorben: „Hermann Scheffler, Berliner KPD- und Gewerkschaftsfunktionär, in der SA-Kaserne Chausseestraße zu Tode gefoltert. (Nachricht des Leichenschauhauses Berlin)."[39]

Der am 12. Februar 1893 in Königsberg/Neumark geborene Scheffler lebte in Berlin-Wedding, Demminer Straße 13. Ursprünglich Mitglied der USPD, ging er 1920 zur KPD und schloss sich dem Roten Frontkämpferbund an. Der gelernte Tischler arbeitete als Former in den Deutschen Werken in Spandau und ist in den dortigen Betriebsrat gewählt worden. Als politischer Leiter der KPD-Betriebszelle im Werner-Werk in Siemensstadt gehörte er der Bezirksleitung Berlin-Brandenburg-Lausitz der KPD an und arbeitete in der Abteilung Militärpolitik (AM-Apparat), wie die KPD ihren Nachrichtendienst nannte. 1925 erfolgte seine Wahl zum Weddinger Bezirksverordneten und 1929 (bis 1931) zum Stadtverordneten.

1930 bis 1932 hielt er sich in der Sowjetunion auf. Nach seiner Rückkehr arbeitete er für die Berliner Verkehrsbetriebe, bis er 1933 entlassen wurde. Am 18. September 1933 wurde er gefangen genommen und in der Maikäfer-Kaserne in der Chausseestraße schwer misshandelt. Laut dem Krankenblatt des Staatskrankenhauses der Polizei ist er am 19. September in die dortige Gefangenenabteilung eingeliefert worden und dort am 20. September 1933 verstorben. Eine Gedenktafel an der Ringmauer der Gedenkstätte der Sozialisten in Berlin-Friedrichsfelde erinnert an Hermann Scheffler.[40]

---

derstandskämpfer, hrsg. vom Institut für Marxismus-Leninismus bei Zentralkomitee der Sozialistischen Einheitspartei Deutschlands, Berlin 1958, S. 408f; Luise Kraushaar [u. a.]: Deutsche Widerstandskämpfer 1933–1945. Biographien und Briefe. Bd. 2, hrsg. vom Institut für Marxismus-Leninismus beim Zentralkomitee der SED, Berlin 1970, S. 65–67; Walter A. Schmidt: Damit Deutschland lebe. Ein Quellenwerk über den deutschen antifaschistischen Widerstandskampf 1933–1945, Berlin (Ost) 1958, S. 216; Hermann Weber/Andreas Herbst: Deutsche Kommunisten. Biographisches Handbuch 1918 bis 1945, Berlin 2004, S. 581; Widerstand in Berlin gegen das NS-Regime 1933 bis 1945, Bd. 12: Zweiter Ergänzungsband. (Buchstaben K bis Z) Kaasch–Zipperling, Autoren: Hans-Joachim Fieber, Oliver Reschke, Berlin 2005, S. 164f.
39 Braunbuch II, S. 448.
40 Bundesarchiv Berlin, R 19/2921, Nr. 1648: Krankenblatt. Vgl. weiterhin Volk, S. 266; London-Vertretung der SPD (Hrsg.): Material, S. 98; Gedenktafel „Hingerichtete und ermordete Weddinger Antifaschisten", in: Heinz-Dieter Schilling [u. a.] (Redaktion): Wedding 1933–1945. Chronologie und Konkretionen und ein Kapitel lokaler Kirchengeschichte. Zwischen Anspruch und Widerspruch, in: Arbeitsgruppe „Kiezgeschichte – Berlin 1933" (Hrsg.): „Wer sich nicht erinnern will ... ist gezwungen, die Geschichte noch einmal zu erleben." Kiezgeschichte Berlin 1933, Berlin 1983, o. S.; Theo Pirker/Klaus Sühl (Projektleiter)/Ulrich Schulze-Marmeling: Abschlußbericht des Projekts: „Ermordete und verfolgte Berliner Stadtverordnete und Magistratsmitglieder der Weimarer Republik". Teil I: Ergebnisse. (Zentralinstitut für sozialwissenschaftliche Forschung

Ermordet worden ist auch Karl Schulz, über den festgehalten wurde: „11. Juli 1933. Karl Schulz, früherer preußischer Landtagsabgeordneter, (bekannt als Rundfunkschulz, weil er an Stelle eines soz[ial]-dem[okratischen] Redakteurs, der im Jahre 1930 für den Bau von Panzerkreuzern sprechen sollte, überraschender Weise gegen die Regierungspolitik im Berliner Rundfunk auftrat) infolge der Misshandlungen im Spandauer Gefängnis gestorben. (Zeugenbericht)."[41]

Als Sekretär des Reichsausschusses für den Volksentscheid gegen den Panzerkreuzerbau hatte er sich am 6. Oktober 1928 – nach Entführung des vorgesehenen sozialdemokratischen Redners durch den KPD-Apparat – Zugang zum Mikrofon verschafft und im Berliner Rundfunk gesprochen. Nach dieser Aktion hat er den Namen „Rundfunkschulz" erhalten.

Der am 7. Juni 1884 in Braunschweig Geborene erlernte das Schmiedehandwerk. Seit 1902 war er gewerkschaftlich organisiert und ab 1905 Mitglied der SPD. Von Oktober 1912 bis März 1913 besuchte er die Zentrale Parteischule der SPD in Berlin. Während des Ersten Weltkrieges schloss er sich der Spartakusgruppe an und gehörte zu den Mitbegründern der KPD. Seit 1918 gehörte er der zentralen Leitung des Roten Soldatenbundes an, leitete diesen und war deren Delegierter beim Gründungsparteitag der KPD in Berlin. Zunächst als deren Sekretär im Parteibezirk Pommern, arbeitete er seit 1920 in Berlin-Neukölln. Schulz war Mitarbeiter der Abteilung Land der Zentrale der KPD und Redakteur der Zeitung *Der Kommunistische Landarbeiter*.

1920 heiratete er die 1888 geborene Verkäuferin Maria Stein, die aus ihrer ersten Ehe zwei Kinder in die neue Beziehung mitgebracht hatte. Karl und Maria Schulz hatten sich beim Gründungsparteitag der KPD kennengelernt. Der gemeinsame Sohn wurde 1922 geboren und erhielt den Namen des Vaters, Karl Schulz jun.

Von 1921 bis 1924 und erneut 1928 bis 1932 gehörte Schulz als Abgeordneter dem Preußischen Landtag an. Weil er wegen seiner Mitwirkung an den Aufstandsvorbereitungen 1923 polizeilich gesucht wurde, flüchtete er im Februar 1925 in die Sowjetunion. Ab 1928 war er wieder in Deutschland und arbeitete als Sekretär des Reichsausschusses für den Volksentscheid gegen den Panzerkreuzerbau. Von November 1932 bis Februar 1933 war er erneut in der Sowjetunion (Moskau). Im Februar 1933 wieder nach Berlin zurückgekehrt, wurde er am 28. Februar 1933 verhaftet. Er kam in das Untersuchungsgefängnis Berlin-Moabit und

---

der Freien Universität Berlin). Berlin, 31. Juli 1988, in: Abgeordnetenhaus von Berlin, 10. Wahlperiode, Drucksache 10/2782, Berlin 1989, S. 20; Christine Fischer-Defoy [u. a.] (Redaktion): Vor die Tür gesetzt. Im Nationalsozialismus verfolgte Berliner Stadtverordnete und Magistratsmitglieder 1933–1945, hrsg. vom Verein Aktives Museum e.V., Berlin 2006, S. 333f.

41 Braunbuch II, S. 436.

dann in das Strafgefängnis Berlin-Spandau. Wegen der schweren Verletzungen durch grobe Misshandlungen wurde er Anfang Juni 1933 in die Gefangenenabteilung des Staatskrankenhauses in Berlin-Mitte, Scharnhorststraße, überführt. Auf dem Krankenblatt ist eingetragen: „Polizeigefangener, eingeliefert vom Untersuchungsgefängnis Moabit am 16. 6. 1933, 15.45 Uhr, gestorben 30. 6. 1933, 10.58 Uhr."[42]

Karl Schulz ist auf dem Zentralfriedhof in Berlin-Friedrichsfelde beigesetzt worden. Seine Witwe Maria Schulz beteiligte sich nach 1933 an Widerstandsaktivitäten in Berlin-Neukölln. Ab 1945 arbeitete sie als KPD- bzw. SED-Funktionärin weiter in dem West-Berliner Stadtbezirk, bis sie 1950 in den im Ostteil Berlins gelegenen Bezirk Treptow übersiedelte. Dort ist sie 1964 verstorben.

Der Tod von Michael Kazmierczak wird im *Braunbuch II* wie folgt dokumentiert: „28. November 1933. [...] Kirzniewzik, Michael, kommunistischer Arbeiter aus Leipzig, vom Gestapa (Geheimen Staatspolizeiamt) in Berlin, Prinz-Albrechtstrasse zu Tode gefoltert und dann zum Schein erhängt. (Zeugenbericht)."[43] Im *Braunbuch II* ist auch eine Fotografie des Mannes abgedruckt worden, dessen Name auch an dieser Stelle falsch wiedergegeben wird.

Michael Kazmierczak war zu Beginn der 1930er-Jahre Leiter des antimilitärischen Apparates der sächsischen KPD und zuletzt als Reichskurierleiter der KPD einer der wichtigen Funktionäre der 1933 illegalisierten KPD.

Der am 19. November 1898 in Sokolovo in der Provinz Posen geborene Kazmierczak gehörte seit 1919 der KPD an und war Mitglied im Roten Frontkämpferbund. Er hat in Eisengießereien, einer Baumwollspinnerei und zuletzt als Bauarbeiter in Leipzig gearbeitet. Der Kommunist war gewerkschaftlich organisiert. Die KPD hat ihn mit militärpolitischen Aufgaben in Berlin betraut. Er sollte die in Berlin und Umgebung nach der Novemberrevolution noch in kommunistischen Händen befindlichen Waffen dem staatlichen Zugriff entziehen.

Nach einer 1925 erfolgten Verurteilung zu einer mehrjährigen Zuchthausstrafe – der weitere folgten – wurde er 1928 Mitglied der Bezirksleitung Westsachsen der KPD und dort auch Gauleiter des Roten Frontkämpferbundes. Kazmierczak gehörte der Stadtverordnetenversammlung in Leipzig an, war seit 1930 politischer Leiter des Unterbezirks Riesa der KPD, ab 1931 Organisationsleiter der Bezirksleitung Sachsen des Kampfbundes gegen den Faschismus und ab Novem-

---

42 Bundesarchiv Berlin, R 19/3010, Nr. 1575: Krankenblatt. Vgl. weiterhin: Volk, S. 262; Martin Schumacher (Hrsg.): M. d. L. Das Ende der Parlamente 1933 und die Abgeordneten der Landtage und Bürgerschaften der Weimarer Republik in der Zeit des Nationalsozialismus. Politische Verfolgung, Emigration und Ausbürgerung 1933–1945. Ein biographischer Index, Düsseldorf 1995, S. 1176; Widerstand in Berlin gegen das NS-Regime 1933 bis 1945, Bd. 7, S. 165.
43 Braunbuch II, S. 454, Vgl. Volk, S. 268; Kraushaar: Widerstandskämpfer, S. 504f.

ber 1931 Leiter des antimilitärischen Apparates (AM-Apparates) der KPD in Sachsen.

Im Herbst 1932 delegierte ihn das Zentralkomitee der KPD bis Mitte 1933 zum Studium an die Internationale Leninschule in Moskau. Nach seiner im Juli 1933 erfolgten Rückkehr nach Berlin baute er den Kurierapparat der illegalisierten KPD auf und leitete ihn als Reichskurierleiter. Am 18. November 1933 wurde er verhaftet und kurz darauf am 20. November im Columbia-Haus in Berlin-Tempelhof ermordet. Die SS versuchte, seinen Tod als Suizid zu tarnen.

Die Ermordung von Kazmierczak ist bereits kurz danach bekannt geworden. Seine Witwe, Anne Kazmierczak, informierte Anfang 1934 die *Arbeiter Illustrierte Zeitung*: „Unerwartet erhielt ich die Nachricht, daß mein Mann, Michael Kirzmierczik [sic] aus Leipzig, am 20. November in Berlin plötzlich gestorben sei. Am 18. November wurde er verhaftet, am 20. November war er tot. Am 25. November abends um sechs Uhr erhielt ich vom Polizeipräsidium den Bescheid, mein Mann habe sich durch Erhängen das Leben genommen. Am 26. November fuhr ich nach Berlin. Im Leichenschauhaus, Hannoversche Straße 6, wurde mir mein Mann gezeigt. Er lag nackt auf einer Bahre. Er war überall geschwollen. Um den Hals war ein Strick gelegt, damit man einen klaffenden Spalt nicht sehen solle, der ungefähr zwei Zentimeter breit war. Ein Auge war ausgeschlagen, die halbe Nase fehlte, über der Nase ein großer Schnitt. Das linke Ohr war zur Hälfte abgerissen, der linke Arm dreimal gebrochen, die Fingernägel blutunterlaufen. Die Fingerspitzen zerstochen. Am Kopf mehrere Stiche. Als ich die Sachen des Toten haben wollte, wurde mir gesagt, ich müsse zum Geheimen Staatspolizeiamt, SS-Kommando Gestapa, Berlin-Tempelhof, Columbiastraße 2, gehen. Dort ist mein Mann ermordet worden. Anne Kirzmierczik. [sic]"[44] Die Witwe flüchtete bald aus Deutschland und ging in die Sowjetunion. Sie ist in den 1950er-Jahren in die DDR gezogen.

Kazmierczak wurde auf dem Friedhof in Berlin-Marzahn bestattet, das Grab existiert jedoch nicht mehr. Aber es erinnert eine Gedenktafel an der Ringmauer der Gedenkstätte der Sozialisten in Berlin-Friedrichsfelde an ihn.[45]

Ein weiteres Beispiel ist festgehalten für den „24. November 1933. Hans Otto, revolutionärer Schauspieler vom Berliner Staatstheater, in einer Berliner SA-Kaserne zu Tode gemartert, an doppeltem Schädelbruch gestorben. (Zeugenbericht)."[46]

Hans Otto wurde am 10. August 1900 in Dresden als Sohn eines Beamten geboren. Nach dem Besuch der Volksschule und des Realgymnasiums in seiner Geburtsstadt war er im Ersten Weltkrieg Soldat. Ein Studium der Volkswirtschaft

---

[44] Galgen, Beil und Stacheldraht, in: Arbeiter Illustrierte Zeitung 13 (1934), (= Sondernummer Bilanz des Dritten Reiches 1933), Nr. 2 vom 11. 1. 1934, S. 25.
[45] Für Informationen zu Kazmierczak danke ich Wolfgang Welkerling, Dresden.
[46] Braunbuch II, S. 454.

in Dresden brach er ab und nahm Schauspielunterricht. Sein Debüt hatte er 1920 am Künstlertheater in Frankfurt am Main mit einer Rolle in *Kabale und Liebe* von Friedrich Schiller. Dem Aufsehen erregenden ersten Auftritt folgten in den Jahren zwischen 1921 und 1928 zahlreiche Rollen in Frankfurt am Main, bei den Hamburger Kammerspielen, dem Reußischen Theater Gera und dem Hamburger Schauspielhaus. Ab 1929 war er in Berlin engagiert. Er gehörte dem Ensemble des Staatlichen Schauspielhauses Berlin an, aus dem er nach dem Machtwechsel im Februar 1933 entlassen wurde. Seit 1929 wohnte er in Berlin, zuletzt in Wilmersdorf, Landhausstraße 40. Er war verheiratet mit Marie Otto.

Ottos schauspielerisches Interesse galt zunehmend dem proletarisch-revolutionären Theater. Neben seinen zahlreichen Rollen engagierte er sich politisch seit 1923 in der KPD und gehörte dem Arbeiter-Theater-Bund Deutschlands (ATBD) und der revolutionären Gewerkschaftsopposition (RGO) an. Er war Instrukteur für Agitprop-Gruppen und Vorsitzender des Bezirks Berlin des ATBD sowie Vizepräsident und seit 1930 Obmann des Lokalverbandes Deutscher Staatstheater der Genossenschaft Deutscher Bühnenangehöriger. Seit 1931 leitete er die Gruppe Film/Bühne/Musik der RGO. Ab 1933 gehörte er als Mitglied der Unterbezirksleitung Berlin-Zentrum der KPD an und war an der Umstellung der Partei auf die Illegalität beteiligt.

Hans Otto gehörte einer Widerstandsgruppe an, bis er am 13. November 1933 bei einem geheimen Treffen durch SA-Leute verhaftet wurde. Er befand sich mehrere Tage im Geheimen Staatspolizeiamt in der Prinz-Albrecht-Straße sowie in verschiedenen Folterstätten, bis er in das SA-Quartier in Berlin-Mitte, Voßstraße, verbracht wurde, wo sich der Sitz der SA-Führung von Berlin-Brandenburg befand. Dort wurde er erneut schwer misshandelt und aus dem Fenster gestürzt, um einen Suizid vorzutäuschen.[47] Hans Otto überlebte den Sturz und wurde am 24. November 1933 schwer verletzt in das Staatskrankenhaus der Polizei in der Scharnhorststraße 13 in Berlin-Mitte verbracht. In der dort befindlichen Gefangenenstation ist er noch am gleichen Tag an den Folgen seiner Verletzungen gestorben.[48]

Nach 1945 wurde eine Straße in Berlin-Prenzlauer Berg nach ihm benannt und eine Gedenktafel an der Ringmauer der Gedenkstätte der Sozialisten in Berlin-Friedrichsfelde angebracht.

---

[47] Vgl. den Bericht seines Mithäftlings Gerhard Hinze: Die letzten Tage, in: Armin-G. Kuckhoff (Hrsg.): Hans Otto. Gedenkbuch für einen Schauspieler und Kämpfer, Berlin 1948, S. 83–86.
[48] Vgl. Volk, S. 268; London-Vertretung der SPD (Hrsg.): Material, S. 94; Schumann/Werner: Menschenrecht, S. 396–398; Kraushaar: Widerstandskämpfer, S. 41–45; Hans-Rainer Sandvoß: Widerstand in Mitte und Tiergarten. (= Schriftenreihe über den Widerstand in Berlin von 1933 bis 1945, H. 8), hrsg. von der Gedenkstätte Deutscher Widerstand, Berlin 1994, S. 98–100; Widerstand in Berlin gegen das NS-Regime 1933 bis 1945, Bd. 5, S. 322.

Sozialistische, sozialdemokratische und gewerkschaftliche Gegner

Neben den Morden an führenden KPD-Funktionären hat es 1933 zahlreiche weitere Mordfälle mit eindeutig politischem Hintergrund gegeben: „20. März 1933. Günther Joachim, Rechtsanwalt, Berlin, im Ulap [Universum-Landesausstellungspark] gefoltert, im Staatskrankenhaus Moabit gestorben. (Voss[ische] Z[ei]t[un]g)."[49]

Bei dem am 8. März 1900 in Berlin geborenen promovierten Juristen handelt es sich um einen Rechtsanwalt mit jüdischen Wurzeln. Er hatte sich u. a. erfolgreich bei der Verteidigung von Mitgliedern des Reichsbanners Schwarz-Rot-Gold gegen Anschuldigungen von SA-Angehörigen eingesetzt und sich damit deren Hass zugezogen. Nach seiner Gefangennahme wurde er in dem früheren Universum-Landesausstellungspark gefoltert[50] und starb tatsächlich im Staatskrankenhaus der Polizei in der Scharnhorststraße.[51]

Nicht in allen Fällen ist es in den *Braunbüchern* möglich gewesen, die Namen der Ermordeten zu nennen, wie das folgende Beispiel zeigt: „25. März 1933. SPD-Bezirksvorsteher, Berlin-Wedding, misshandelt, im Krankenhaus gestorben. ‚… gezwungen, eine Rede in faschistischem Sinne zu halten. Als er dies ablehnte, an den Füssen gepackt; sie schleifen ihn aus dem 3. Stockwerk über die Steintreppen auf die Strasse …' (Zeugenbericht)."[52]

Bei diesem Toten handelt sich um den in Berlin-Wedding in der Afrikanischen Straße 21 lebenden Fürsorger Hans Kaasch, der von 1921 bis 1927 Vorsteher der Bezirksversammlung Wedding war.[53] Er gehörte damals der USPD an. Eine

---

49 Braunbuch II, S. 414, vgl. Fleck, S. 254.
50 Vgl. Mayer-von Götz: Terror, S. 66–69.
51 Vgl. Volk, S. 255; London-Vertretung der SPD (Hrsg.): Material, S. 31; Hans-Norbert Burkert [u. a.]: „Machtergreifung" Berlin 1933. (= Stätten der Geschichte Berlins, Bd. 2), Berlin 1982, S. 113; Sandvoß: Widerstand in Mitte und Tiergarten, S. 34; Irene Mayer: Berlin-Tiergarten, in: Wolfgang Benz/Barbara Distel (Hrsg.): Der Ort des Terrors. Geschichte der nationalsozialistischen Konzentrationslager. Bd. 2: Frühe Lager, Dachau, Emslandlager. München 2005, S. 63f.; Widerstand in Berlin gegen das NS-Regime 1933 bis 1945, Bd. 3 (Buchstaben H bis J) Haagen-Jüttner, Autor: Günter Wehner, Berlin 2004, S. 195. Informationen zu ihm lassen sich weiterhin in Publikationen zur juristischen Zeitgeschichte finden, z. B.: Simone Ladwig-Winters: Anwalt ohne Recht. Das Schicksal jüdischer Rechtsanwälte in Berlin nach 1933, Berlin 1998, S. 151; Heinz-Jürgen Schneider [u. a.]: Die Rechtsanwälte der Roten Hilfe Deutschlands. Politische Strafverteidiger in der Weimarer Republik – Geschichte und Biografien, Bonn 2002, S. 171; Tillmann Krach: Jüdische Rechtsanwälte in Preußen. Über die Bedeutung der freien Advokatur und ihre Zerstörung durch den Nationalsozialismus, München 1991, S. 138–143.
52 Braunbuch II, S. 416.
53 Auskunft von Sigrid Schulze, Mitte Museum Berlin, vom 31. 10. 2011 an den Verfasser.

abweichende Version seines Todes hat die Hinterbliebene Meta Kaasch überliefert: „Unter ungeklärten Umständen verstarb im Jahr der ‚Machtergreifung' der frühere Vorsteher der Bezirksversammlung, Hans Kaasch. Nach Aussagen seiner Witwe war er im SA-Lokal Seestraße gequält worden und kam wegen einer vermeintlichen Alkohol-Krankheit nach Wittenau, wo man 1933 überraschend seinen Tod (Herzversagen) meldete."[54]

Der Tod eines Gewerkschaftsfunktionärs ist datiert auf den 3. Dezember 1936 und wie folgt gemeldet worden: „Schweitzer, Otto, Berlin, sozialdemokratischer Gewerkschaftsführer, 47 Jahre, angeblich ‚Selbstmord'."[55]

Otto Schweitzer war ein bedeutender hauptamtlicher Funktionär der Angestelltengewerkschaften, gehörte dem Bund der Technischen Angestellten und Beamten an und vertrat ihn in der Arbeitsgemeinschaft freier Angestelltenverbände. Er wurde am 2. Mai 1933 in Berlin verhaftet und ist am 3. Dezember 1933 in einer Gefängniszelle tot aufgefunden worden.[56]

Der am 13. Juni 1886 in Memmingen in Bayern geborene Otto Schweitzer absolvierte nach der Volks- und Realschule eine Industrieschule. Bis 1908 arbeitete er in Augsburg in einem Industriebetrieb als Maschinenbauingenieur. Er gehörte dem Bund der technisch-industriellen Beamten an, dessen Augsburger Ortsgruppe ihn in den Ortsgruppenvorstand gewählt hatte. Schweitzer engagierte sich in Arbeitskämpfen. 1908 stellte ihn seine Gewerkschaft als Hilfssekretär ein. Nach der Beendigung einer Ausbildung in der Hauptgeschäftsstelle des Bundes der technisch-industriellen Beamten betraute ihn dieser vom Herbst 1910 bis Frühjahr 1911 vertretungsweise mit der Leitung des Gaues Rheinland-Westfalen. In die Hauptgeschäftsstelle zurückgekehrt, leitete er die Abteilungen Schriftwesen und Sozialpolitik und wurde zum geschäftsführenden Vorstandsmitglied berufen.

Von August 1914 bis Dezember 1918 leistete Schweitzer Heeresdienst. Nach dem Ersten Weltkrieg erfolgte im Mai 1919 eine Verschmelzung des Bundes der technisch-industriellen Beamten mit dem 1884 gegründeten Deutschen Techni-

---

54 Hans-Rainer Sandvoß: Widerstand in Wedding und Gesundbrunnen. (= Schriftenreihe über den Widerstand in Berlin von 1933 bis 1945, H. 14), hrsg. von der Gedenkstätte Deutscher Widerstand, Berlin 2003 S. 25. Mit Wittenau sind die dort gelegenen Heilstätten gemeint, seit 1957 Karl-Bonhoeffer-Nervenklinik. Vgl. Arbeitsgruppe zur Erforschung der Geschichte der Karl-Bonhoeffer-Nervenklinik (Hrsg.): „Totgeschwiegen" 1933–1945. Zur Geschichte der Wittenauer Heilstätten. Seit 1957 Karl-Bonhoeffer-Nervenklinik, 2. erw. Aufl., Berlin 1989.
55 Volk, S. 268; vgl. London-Vertretung der SPD (Hrsg.): Material, S. 51.
56 Vgl. Klaus Hübner: Vergessen, verdrängen – verloren. Wer war Emil Winkler (1882–1933)? in: Der Bär von Berlin. Jahrbuch des Vereins für die Geschichte Berlins 53 (2004), S. 119–128; Kurt Schilde: Emil Winkler (1882–1933), in: Siegfried Mielke/Stefan Heinz (Hrsg.): Gewerkschafter in den Konzentrationslagern Oranienburg und Sachsenhausen. Biografisches Handbuch, Bd. 4, Berlin 2013, in Vorbereitung.

kerverband. In der neuen Einheitsorganisation Bund der Technischen Angestellten und Beamten (Butab) übernahm er als Vorstandsmitglied die Führung der allgemeinen Gewerkschaftspolitik und die engeren Vorstandsgeschäfte. Schweitzer vertrat den Butab im Vorstand der 1917 entstandenen Arbeitsgemeinschaft freier Angestelltenverbände, aus dem 1921 der Allgemeine freie Angestelltenbund (AfA-Bund) entstand. Dieser bildete mit dem Allgemeinen Deutschen Gewerkschaftsbund und dem Allgemeinen Deutschen Beamtenbund den durch Organisationsverträge abgesprochenen Zusammenschluss der freien Gewerkschaften in Deutschland. Schweitzer vertrat Butab und AfA-Bund in zahlreichen Organisationen: im Internationalen Bund der Privatangestellten, im Vorstand der Gesellschaft für Soziale Reform, als Vorstandsmitglied des Reichskuratoriums für Wirtschaftlichkeit und weiteren Vereinigungen. Er betätigte sich publizistisch und veröffentlichte zahlreiche Aufsätze in gewerkschaftlichen und sozialen Fachzeitschriften.

Das Büro von Otto Schweitzer befand sich im Industriebeamten-Haus in Berlin-Moabit, Werftstraße 7, welches sich im Eigentum des Butab befand. Am 28. März 1933 tagte in diesem Haus der erweiterte AfA-Vorstand. Nachdem Siegfried Aufhäuser (Butab) gebeten hatte, ihn von seiner Funktion als Bundesvorsitzender der Arbeitsgemeinschaft freier Angestelltenverbände zu entbinden, wurde die gewerkschaftliche Angestelltenbewegung neu organisiert. Aus dem Bundesvorstand heraus wurde ein Organisationsausschuss gebildet, dem neben Otto Urban (Zentralverband der Angestellten), Hermann Buschmann (Deutscher Werkmeister-Verband) Otto Schweitzer als Butab-Vertreter angehörte. Im Einvernehmen mit diesem Ausschuss leitete der stellvertretende Bundesvorsitzende Wilhelm Stähr bis zu der am 28. April 1933 beschlossenen Auflösung den AfA-Bund.

Da der Zentralverband der Angestellten und der Bund der Technischen Angestellten und Beamten für die Nationalsozialisten als „marxistisch und verjudet" galten, gehörte Schweitzer am 2. Mai 1933 zu den ersten im Gewerkschaftshaus am Engelufer verhafteten Gewerkschaftsfunktionären. Über seinen weiteren Verbleib ist nichts bekannt. Er wurde am 3. Dezember 1933 in der Gefängniszelle tot aufgefunden. Ungeklärt ist bis heute, ob Schweitzer ermordet wurde oder – wie in der Presse geschrieben – seinem Leben selbst ein Ende bereitet hat.

Der Tod eines weiteren Gewerkschafters ist in Schweden bekannt gegeben geworden. Am 15. Oktober 1933 erschien in der Zeitung des Bundes Schwedischer Polizeibeamter *Svensk Polistidning* ein Nachruf auf Emil Winkler.[57] Dieser Polizist war bis zu seiner Ermordung einer der bedeutendsten polizeigewerkschaftlichen

---

57 Vgl. Lennart Westberg: Emil Winkler – Die Ermordung eines Polizei-Gewerkschafters 1933, in: Archiv für Polizeigeschichte 9 (1998), Nr. 26, Heft 3, S. 79–81.

Funktionäre in Deutschland und Pionier der gewerkschaftlichen Organisierung von Polizeibeamten auf regionaler, nationaler und internationaler Ebene.

Winkler stammt aus Peilau im niederschlesischen Reichenbach, wo er am 7. Mai 1882 geboren wurde. Er war Soldat im Ersten Weltkrieg, wurde verwundet und nach zahlreichen Lazarettaufenthalten im August 1915 wieder zum Heeresdienst entlassen. Wie viele ehemalige Armeeangehörige gehörte er nach dem Ende des Ersten Weltkrieges der Sicherheitspolizei an. Deren Angehörige hatten sich in dem Wirtschaftsverband der Sicherheitspolizei Preußens zusammenschlossen. Zum Vorsitzenden war Emil Winkler gewählt worden, der auch Mitunterzeichner einer Erklärung war, mit der sich der Verband 1920 hinter die legitime Regierung und gegen die Kapp-Putschisten stellte.

Aus der Sicherheitspolizei ging 1920 durch Verschmelzung mit anderen Teilen der Polizei eine neue Schutzpolizei hervor. Nach dem Beitritt des Wirtschaftsverbandes zum Reichsverband der Polizeibeamten Deutschlands wurde Winkler zum 2. Vorsitzenden gewählt. Nach der Fusion des Wirtschaftsverbandes mit dem Verband Preußischer Polizeibeamter gehörte er auch dem Vorstand dieses Verbandes an. Damals war er Polizeihauptmeister.

In dem 1919 entstandenen Verband Preußischer Polizeibeamten e. V., der wegen der herausragenden Bedeutung nach seinem langjährigen Vorsitzenden Ernst Schrader (1877–1936) als „Schrader-Verband" bezeichnet wurde, stellte Winkler neben dem Vorsitzenden die herausragende Gestalt dar. Er begleitete Schrader auf dem Weg zur Gewerkschaft auf nationaler Ebene in die Reichsgewerkschaft Deutscher Polizeibeamten und die Integration der Polizeibeamten in den Deutschen Beamtenbund. Nach der 1927 erfolgten Gründung der Reichsarbeitsgemeinschaft Deutscher Polizeiverbände (RAG) wurde Schrader Vorsitzender und Winkler 1928 zunächst ständiger Sekretär und 1930 Geschäftsführer der RAG. Diese organisierte im Mai 1931 schon 17 125 Mitglieder. Im Jahr darauf wurde die Reichsarbeitsgemeinschaft in Reichsgewerkschaft Deutscher Polizeibeamten umbenannt und zur Einheitsgewerkschaft. Vorsitzender der Reichsgewerkschaft war Schrader und Winkler dessen Geschäftsführer.

Diese nationale Polizeigewerkschaft ist der 1927 in Luxemburg gegründeten Fédération Internationale des Fonctionnaires de Police beigetreten, deren Präsident wurde wieder Ernst Schrader und Emil Winkler kurz darauf zunächst kommissarisch Sekretär der Internationale. Das Sekretariat zog von Amsterdam nach Berlin um, wo sich im Bezirk Schöneberg in der Lützowstraße 73 schon das Sekretariat der nationalen Polizeigewerkschaft befand.

Bis zu seinem Tod war Winkler zugleich Sekretär des Verbandes Preußischer Polizeibeamter, Geschäftsführer der Reichsgewerkschaft und Sekretär der Fédération Internationale des Fonctionnaires de Police. Er soll auch Mitglied und Funktionär der SPD gewesen sein.

Seit der Trennung von seiner Ehefrau Olga Winkler lebte er mit seiner neuen Lebensgefährtin, Frieda Reimann, bis zu seinem Tod in Berlin-Schöneberg in der Kurfürstenstraße 163. Am 1. April 1933 war Winkler in die NSDAP eingetreten. Er erhielt die Mitgliedsnummer 1773648. Nach seinem Tod wurde seine Mitgliedschaft bei der NSDAP-Reichsleitung gestrichen.

Der Schrader-Verband – der 1933 noch 84 000 Mitglieder hatte – wurde am 1. Dezember 1933 aufgelöst. Schon am 1. September 1933 waren Ernst Schrader und seine Vorstandskollegen Georg Swarat und Friedrich Woidelko sowie Emil Winkler aus ihren Wohnungen verschleppt worden. Winkler kam in das Gefängnis der Geheimen Staatspolizei in der Prinz-Albrecht-Straße und dann in das Columbia-Haus und von dort in schwer verletztem Zustand in das Konzentrationslager Oranienburg. Von dort wurde er am Morgen des 17. September in den Gefangenentrakt des Staatskrankenhauses der Polizei in der Scharnhorststraße 13 in Berlin-Mitte verlegt, wo er um 8 Uhr morgens an den Folgen der erlittenen Verletzungen gestorben ist. Die Leiche wurde in das Leichenschauhaus in der Hannoverschen Straße 6 überführt. Sie wurde am 2. Oktober 1933 eingeäschert und die Urne am nächsten Tag auf dem Friedhof in der Gottlieb-Dunkel-Straße im Bezirk Tempelhof beigesetzt.

Jüdische Opfer

Viele Tote des Terrors in der Frühphase der NS-Herrschaft waren jüdischer Herkunft. Es ist im Nachhinein nicht in jedem dieser Fälle zu klären, ob hinter diesen Morden politische und/oder antisemitische Motive gestanden haben. Möglicherweise macht eine solche Unterscheidung angesichts der nationalsozialistischen Synonymisierung von Judentum und Bolschewismus auch wenig Sinn.

Einer der ersten bekannt gewordenen Fälle ist im *Braunbuch II* auf den 30. März 1933 datiert: „Leibl Vollschläger, Berlin SO, Skalitzerstrasse, verschleppt, ermordet, ins Wasser geworfen. ‚Der ausländische Jude L. V. wurde beim Betreten eines Restaurants von SA-Leuten verschleppt und war dann drei Tage unauffindbar. Am 4. Tage wurde sein Leichnam aus der Spree geborgen. Das Begräbnis fand am 30. März in Weissensee statt.' (Zeugenbericht)."[58] Bei diesen wenigen Informationen ist es bis heute geblieben.[59]

Auf derselben Seite des *Braunbuch II* stößt man mit dem Datum „Anfang April 1933" auf: „Kindermann, 16 jähriger kommunistischer Arbeiter in Berlin-Weis-

---

[58] Braunbuch II, S. 417.
[59] Vgl. Volk, S. 256; Fleck, S. 254; Burkert [u. a.]: Machtergreifung, S. 113.

sensee, Franseckystr.[,] in Gegenwart seiner Mutter vor einem Buttergeschäft auf offener Strasse erschlagen. (Zeugenbericht)."[60]

Bei diesem Toten handelt es sich um den am 4. Februar 1915 in Berlin geborenen Siegbert Kindermann, der von SA-Leuten gefangen genommen und in die SA-Kaserne Hedemannstraße verschleppt worden ist. Er wurde dort ermordet und seine Leiche vermutlich aus dem Fenster geworfen.[61] Es gibt einen nachträglichen Bericht von Walter Sarow – damals Funktionär des Kommunistischen Jugendverbandes – über die Folterung und den Tod Kindermanns: „Der jüdische Bürger Kindermann vom Bezirk Prenzlauer Berg wurde unmenschlich zusammengeschlagen. Dann sagten zwei anwesende SA-Männer [...]: Der Kindermann muß baden. Ich hörte nach einiger Zeit, circa 30 bis 40 Minuten, einen Todesaufschrei. Kindermann wurde in die Badewanne gesteckt und dann aus dem Fenster geworfen."[62]

Nach seinem Tod veröffentlichte die Familie eine Traueranzeige im *Berliner Tageblatt*: „Am 12. März 1933 verstarb infolge eines tragischen Geschickes unser heissgeliebter hoffnungsvoller Sohn und Bruder, der Bäckerlehrling *Siegbert Kindermann*[,] im eben vollendeten 18. Lebensjahr. [...] Kondolenzbesuche dankend verbeten."[63] Die Beisetzung erfolgte am Sonntag, dem 26. März 1933, auf dem Friedhof der Jüdischen Gemeinde zu Berlin in Weißensee.[64]

Im Unterschied zu den bisher genannten Todesfällen sind die Informationen zu den folgenden jüdischen Todesopfern – wie man heute sagen würde: mit

---

60 Braunbuch II, S. 417.
61 Fleck, S. 254; Volk, S. 255; London-Vertretung der SPD (Hrsg.): Material, S. 143; Walter Sarow: Bericht vom 20. 8. 1980 (unveröffentlicht, Privatarchiv Kurt Schilde); Hans-Rainer Sandvoß: Widerstand in Prenzlauer Berg und Weißensee. (= Schriftenreihe über den Widerstand in Berlin von 1933 bis 1945, H. 12), hrsg. von der Gedenkstätte Deutscher Widerstand, Berlin 2000, S. 112; Widerstand in Berlin gegen das NS-Regime 1933 bis 1945, Bd. 4 (Buchstabe K) Kaack–Kynast, Autor: Hans-Joachim Fieber, Berlin 2002, S. 61; Mayer-von Götz: Terror, S. 149; Gedenkbuch. Opfer der Verfolgung der Juden unter der nationalsozialistischen Gewaltherrschaft in Deutschland 1933–1945, hrsg. v. Bundesarchiv, Bd. II: G–K, 2., erw. Aufl., Koblenz 2006, S. 1719; ebenso Anna Fischer: Erzwungener Freitod. Spuren und Zeugnisse in den Freitod gezwungener Juden der Jahre 1938–1945 in Berlin, Berlin 2007, S. 102; Gedenkbuch Berlins der jüdischen Opfer des Nationalsozialismus, hrsg. v. d. Freien Universität Berlin, Zentralinstitut für sozialwissenschaftliche Forschung, Berlin 1995, S. 642; HUB UA, Gerichtsmedizin vor 1945 (GerMed vor 45), Hauptbuch 1933, lfd. Nr. 480.
62 Sarow: Bericht, S. 3.
63 Vgl. die faksimilierte Wiedergabe in: Gerhard Fieberg: Im Namen des Deutschen Volkes. Justiz und Nationalsozialismus. Katalog zur Ausstellung des Bundesministers der Justiz, Köln 1989, S. 69. (Hervorhebung im Original).
64 Friedhofs-Kommission der Jüdischen Gemeinde zu Berlin, Grab-Nr. 87138, Archiv Centrum Judaicum. Als Todesursache wird in der Beerdigungs-Anmeldung genannt: "Sprung aus dem Fenster." Ich danke der Archivarin Barbara Welker für die Unterstützung.

Migrationshintergrund – viel spärlicher: „5. Mai 1933. Simon Katz, polnischer Staatsbürger, in Berlin zu Tode geprügelt. (Zeugenbericht)."[65] Ein weiteres Beispiel: „14. August 1933. Chaim Gross, jüdisch-polnischer Eierhändler, vom Sondergericht wegen Greuelpropaganda zu 19 Monaten Gefängnis verurteilt, in der Gegend der Lothringerstrasse von SA aufgegriffen und verschleppt, seither verschwunden und trotz amtlicher und polnischer Nachforschungen unauffindbar. (Zeugenbericht)."[66] Im Monat darauf: „3. September 1933. Moritz Anfang, jüdischer Eierhändler, in Berlin-Charlottenburg erdrosselt. (Vossische Zeitung)."[67] Der am 21. November 1869 in Dubiecko geborene Mann hatte in der Schillerstraße 88 in Berlin-Charlottenburg ein auf den Namen Mayer Anfang lautendes Geschäft.[68] Er hat sich nach den polizeilichen Ermittlungen selbst erdrosselt. Mit dem Namen Schyze Anfang[69] ist er auf dem jüdischen Friedhof in Weißensee beigesetzt worden.[70] Für den 30. November 1933 ist noch ein weiteres jüdisches Todesopfer überliefert: „Faber, 19 jähriger jüdischer Kaufmannssohn, ‚auf der Flucht' erschossen. ([Der] Angriff)."[71] Weitere Informationen gibt es zu diesem Fall nicht.[72] Es ist aufgrund dieser wenigen Informationen sehr schwierig nachzuvollziehen, aus welchen Gründen diese Todesfälle von den *Braunbuch*-Mitarbeitern 1933/34 als politisch motivierte Todesfälle angesehen worden sind.

Aus Verzweiflung in den Tod gegangen

In *Der gelbe Fleck* wird über den Tod eines der damals bekanntesten Conférenciers berichtet: „24. März 1933. Nikolaus Paul, bekannter Berliner Kabarett-Künstler, begeht in Zürich Selbstmord. Voss[ische] Zeitung."[73] Es handelt sich um den Tod von Paul Nikolaus Steiner, der unter dem Künstlernamen Paul Nikolaus aufgetreten ist. Er galt in der Zeit der Weimarer Republik als politisch kompromissloser Conférencier. Abend für Abend hat er auf der Bühne seine schnelle Reaktion auf tagespolitische Ereignisse bewiesen.

---

65 Braunbuch II, S. 426. Vgl. Volk, S. 259; Fleck, S. 256; Burkert [u. a.]: Machtergreifung, S. 113.
66 Braunbuch II, S. 442. Vgl. Volk, S. 264; Fleck, S. 257; Burkert [u. a.]: Machtergreifung, S. 113.
67 Braunbuch II, S. 445.
68 Diese Information verdanke ich Christoph Kreutzmüller.
69 HUB UA, Gerichtsmedizin vor 1945 (GerMed vor 45), Hauptbuch 1933, Lfd. Nr. 1620.
70 Friedhofs-Kommission der Jüdischen Gemeinde zu Berlin, Grab-Nr. 88066, Archiv Centrum Judaicum: „Selbstmord durch Erdrosselung". Vgl. weiterhin: Volk, S. 264; Fleck, S. 257; Burkert [u. a.]: Machtergreifung, S. 113; Widerstand in Berlin gegen das NS-Regime 1933 bis 1945, Bd. 1, S. 37.
71 Braunbuch II, S. 454.
72 Vgl. Volk, S. 268; Fleck, S. 258.
73 Fleck, S. 262.

Paul Nikolaus Steiner wurde am 30. April 1894 in Mannheim geboren. Er stammte aus einer angesehenen jüdischen Kaufmannsfamilie. Der Vater Moritz Steiner (1866–1911) war Direktor der Rheinmühlenwerke in Mannheim und seit 1893 mit Emilie Rothschild (1869–1942) verheiratet. Die Mutter von Paul N. Steiner ist 1942 in Oradour ermordet worden, der 1898 geborene Bruder Kurt Hans starb 1942 in Auschwitz.

Paul N. Steiner war im Mannheimer Karl-Friedrich-Gymnasium zur Schule gegangen. Nach dem Abitur im Jahr 1912 studierte er Betriebswirtschaft an den Universitäten Heidelberg, München und Frankfurt. Im Ersten Weltkrieg war er ab 1916 Soldat. Nach dem Krieg kehrte er nach Mannheim zurück, betätigte sich schriftstellerisch und moderierte Dilettanten-Vorstellungen.

Unter seinem Künstlernamen Paul Nikolaus ist er durch Bühnenauftritte als Conférencier bekannt geworden. Er arbeitete in bzw. auf zahlreichen Berliner Varietés und Bühnen, darunter *Wilde Bühne, Scala, Kabarett der Komiker* (Kadeko), *Tingel-Tangel* und *Wintergarten*. 1927 konferierte er das Deutschland-Gastspiel der Agitprop-Gruppe „Blaue Blusen" aus Moskau in der Piscator-Bühne am Nollendorfplatz.

Nach dem Machtwechsel floh der den Nationalsozialismus ablehnende Steiner im März 1933 in die Schweiz nach Zürich und nahm sich (in Luzern) das Leben. In seinem Abschiedsbrief schrieb er: „Einmal kein Scherz: Ich nehme mir das Leben. Ich könnte nicht nach Deutschland zurück, ohne es mir dort zu nehmen. Ich kann dort nicht arbeiten – jetzt, will dort nicht arbeiten und ich habe mich leider in mein Vaterland verliebt. [...] Die letzten Grüße Nikolaus".[74]

Einen weiteren Suizid meldete *Das deutsche Volk klagt an* für den 2. April 1933: „Hollevorden, Alexius, Berlin, Landgerichtsrat, zum Selbstmord getrieben." Frankfurter Z[ei]t[ung].[75] Es handelt sich tatsächlich um Alexis Hallervorden, geboren am 16. Oktober 1891 in Berlin. Der als Landgerichtsrat am Landgericht I Berlin tätige Jurist beging nach seiner Zwangsbeurlaubung Suizid. Hallervorden hatte von 1914–1917 Kriegsdienst geleistet. Nach dem ersten und zweiten Staatsexamen war er ab 1921 als Gerichtsassessor tätig. Er hat den Namen seines Vaters, Hermann Hirschwald, nach der Adoption durch eine Tante seiner ersten Ehefrau gewechselt. Nach einer ersten Ehe, die im Oktober 1925 geschieden wurde, vermählte er sich zwei Jahre später mit der Lehrerin Charlotte Marie, geb. Winkelmann. Hallervorden hatte einen Sohn aus der ersten und ein weiteres Kind aus der zweiten Ehe.

---

74 Zitiert nach Wolfgang U. Schütte: Paul Nikolaus – Ein schreibender Conférencier, in: Kassette. Rock, Pop, Schlager, Revue, Zirkus, Kabarett, Magie. Ein Almanach. 11 (1988), S. 119–124, hier: 123. Ich danke Hans-Joachim Hirsch, Mannheim, für Informationen.
75 Volk, S. 256.

Ab April 1927 arbeitete der Jurist als ständiger Hilfsarbeiter und ab März 1929 als Landgerichtsrat beim Landgericht I Berlin. Zugleich war er Amtsgerichtsrat am Amtsgericht Berlin-Mitte. Bis März 1933 arbeitete er zunächst beim Kammergericht und wurde dann wieder an das Landgericht zurückversetzt. Hallervorden lebte in Berlin-Moabit in der Brückenallee 7. Nachdem er zwangsweise beurlaubt worden war, hat er sich aus Verzweiflung am 3. April 1933 erschossen.[76]

Hinter einer knappen Meldung zum 8. Mai 1933 in *Das deutsche Volk klagt an*: „Neppach, Nelly, Berlin, Tennisspielerin, in den Selbstmord getrieben", steht das Ende einer damals berühmten Sportlerin. Die 1898 oder 1899 in Berlin in eine jüdische Familie hineingeborene Nelly Bamberger war in der Zeit der Weimarer Republik eine bekannte Tennisspielerin. Sie war mit dem Filmarchitekten Robert Neppach verheiratet und lebte mit ihm in Berlin-Wilmersdorf, Prager Straße 24.

Ihre sportliche Blütezeit lag in der Mitte der 1920er-Jahre und ihr größter sportlicher Erfolg war 1925 der Sieg im Endspiel der Internationalen Deutschen Meisterschaften in Hamburg. Sie hatte in dieser Saison acht von neun möglichen Meisterschaftstiteln gewonnen und nahm mit der Dauerrivalin – und gleichfalls Jüdin –, Iris Friedleben, die 1933 in die Schweiz flüchtete, den ersten Platz der nationalen Rangliste ein.

Über ihr Leben ist wenig bekannt, ausgenommen eine Auseinandersetzung mit dem Deutschen Tennisbund (DTB): Als sie 1926 der Einladung der französischen Meisterin Suzanne Lenglen zu einem Turnier nach Frankreich – dem „Erzfeind" und Kriegsgegner im Ersten Weltkrieg – folgte, fuhr sie gegen die Vorgaben des DTB an die Riviera. Der Verband drohte ihr mit dem Ausschluss aus dem regulären Sportbetrieb, wenn sie nicht sofort abreisen würde. Aber sie nahm die Drohung nicht ernst und begeisterte das Publikum und die Presse mit ihrem Spiel. Der DTB stellte ihr ein zweites Ultimatum, nicht erneut zu einem Spiel anzutreten. Diesmal entschloss sie sich zur Rückreise, jedoch war es schon zu spät, denn in einem dritten – der Presse mitgeteilten – Schreiben wurde sie bis auf Weiteres vom Sportbetrieb ausgeschlossen. Dieses Schreiben war von nationalistischen und antisemitischen Untertönen durchzogen. Sie konnte später wieder in den Spielbetrieb zurückkehren, ohne an ihre frühere Form anzuknüpfen. Im

---

76 Vgl. Konrad Heiden: Les Vêpres Hitlériennes. Traduit de l'Allemand. Nuits sanglantes en Allemagne, Paris 1939, S. 26; Comité des Délégations Juives: Die Lage der Juden in Deutschland 1933. Das Schwarzbuch – Tatsachen und Dokumente, Paris 1934. Neuauflage (Berlin) 1983, S. 521 (Text aus Frankfurter Zeitung vom 5. 4. 1933); Hans Bergemann/Simone Ladwig-Winters: Richter und Staatsanwälte jüdischer Herkunft in Preußen im Nationalsozialismus. Eine rechtstatsächliche Untersuchung. Eine Dokumentation. Im Auftrag des Bundesministeriums der Justiz (= Bundesanzeiger 56 [2004], Nr. 82a), Köln 2004, S. 194; Horst Göppinger: Juristen jüdischer Abstammung im „Dritten Reich". Entrechtung und Verfolgung. 2., völlig neubearb. Aufl., München 1990, S. 232f., HUB UA, Gerichtsmedizin vor 1945 (GerMed vor 45), Hauptbuch 1933, lfd. Nr. 554.

Finale der Deutschen Hallenmeisterschaften 1927 kam es zu der traditionellen Begegnung zwischen Friedleben und Neppach, die nach hartem Kampf Iris Friedleben für sich entscheiden konnte.

Nelly Neppach gehörte dem Berliner Tennis-Club Borussia e. V. an, einem Verein, der in der Weimarer Republik einen hohen Anteil jüdischer Mitglieder hatte. Die Mitgliederliste dieses Sportvereins ist schon Mitte April 1933 von jüdischen Sportlern und Sportlerinnen gesäubert worden. Nach außen hin sind die Ausschlüsse als freiwillige Selbstaustritte dargestellt worden. Der Deutsche Tennisbund traf gleichfalls im April den Vorstandsbeschluss, jüdischen Mitgliedern die Teilnahme an Sportveranstaltungen zu verbieten.

Die Tennisspielerin Nelly Neppach, die 1933 auf dem 9. Platz der DTB-internen Rangliste eingestuft war, besaß nun keine Möglichkeit mehr, ihren Sport auszuüben. In der Nacht vom 7. auf den 8. Mai 1933 hat sie sich mit Hilfe des Medikaments Veronal das Leben genommen. Da sie keine Abschiedsbriefe hinterlassen hat, muss offen bleiben, ob der Ausschluss aus dem Sportverein oder aus dem Spielbetrieb das entscheidende Motiv für den Suizid darstellen.[77]

Bald bekannt wurde – zunächst durch das *Braunbuch II* – auch der Suizid eines damals bekannten Juristen: „Rechtsanwalt Dr. Max Alsberg, dem bekannten Kriminalisten wurde als Jude die Professur abgenommen. Er beging am 12. 9. 1933 in Lamaden (Schweiz) Selbstmord."[78] Die Publikation *Der gelbe Fleck* ging ausführlicher darauf ein: „Professor Dr. Alsberg, beging in Samaden, Schweiz, Selbstmord. 56 Jahre alt, hervorragender Verfasser juristischer Werke über Strafprozessordnung, Untersuchungshaft etc. und zweier Theaterstücke, deren eines ‚Voruntersuchung' in der ganzen Welt gespielt wurde. Berater der Hohenzollern und Stinnes, Vertreter Helferichs gegen Erzberger, Berater des Stahlhelms, für dessen Jahrbuch er einen Leitfaden für politische Angeklagte der deutschen Rechten schrieb. Le Temps, 13. 9. 1933".[79]

---

77 Die Informationen zu Neppach beruhen auf Christian Eichler: [Nelly Neppach]. Ein Schicksal, in: Ulrich Kaiser: Tennis in Deutschland. Von den Anfängen bis 2002. Zum 100-jährigen Bestehen des Deutschen Tennis Bundes, hrsg. vom Deutschen Tennis-Bund, Berlin 2002, S. 122f.; Henry Wahlig: Selbstmorde jüdischer Sportler im Nationalsozialismus: Die Beispiele Fritz Rosenfelder und Nelly Neppach, in: Diethelm Blecking/Lorenz Peiffer (Hrsg.): Sportler im „Jahrhundert der Lager". Profiteure, Widerständler und Opfer, Göttingen 2012 (mir wurde freundlicherweise vorab das Manuskript zur Verfügung gestellt); Berno Bahro [u. a.] (Hrsg.): Vergessene Rekorde. Jüdische Leichtathletinnen vor und nach 1933. (= Schriftenreihe der Bundeszentrale für politische Bildung, Bd. 1084), Bonn 2010, S. 19 u. 44.
78 Braunbuch II, nach S. 456; vgl. Fleck, S. 265. Es dürfte sich bei dem Todesort um die Gemeinde Samedan im schweizerischen Kanton Graubünden handeln. Ich danke Sabine Schröder, Berlin, für den Hinweis.
79 Fleck, S. 265. Karl Helferich (1872–1924), deutschnationaler Politiker, trug mit seinen Polemiken gegen den Reichsfinanzminister Matthias Erzberger (1875–1921) und daraus folgendem

Der Jurist Max Alsberg wuchs in Bonn in bürgerlichen Verhältnissen auf, sein Vater hatte ein Konfektionsgeschäft, die Familie lebte in einer Villa. Alsberg hatte noch einen Bruder und eine Schwester. Nach dem Abitur studierte er Rechtswissenschaften in München, Berlin, Leipzig und Bonn. Dort legte er 1899 das erste Staatsexamen ab. Er promovierte mit einer Studie über Probleme des Meineids des Zeugen und Sachverständigen 1906 zum Dr. jur.

Seit 1906 betrieb Alsberg in Berlin-Schöneberg am Nollendorfplatz 1 eine Rechtsanwaltskanzlei mit Notariat und bildete mit Kurt Poschke, Dr. Kurt Gollnick und Dr. Lothar Welt eine Sozietät. Er war am Landgericht I–III und am Reichsgericht zugelassen. Alsberg hatte jüdische Wurzeln, ist aber aus der jüdischen Gemeinde ausgetreten, ohne sich christlich taufen zu lassen. Die Frage nach seiner Konfession beantwortete er mit „Dissident". Er galt in der NS-Terminologie als „Volljude".

Sein Wohnhaus befand sich in Berlin-Grunewald in der Jagowstraße 22. Bei seinen Abendgesellschaften traf sich die Prominenz des politischen und kulturellen Lebens der Reichshauptstadt.

Alsberg gehörte seit 1919 der Deutschen Volkspartei an. Ab 1931 arbeitete er als Honorarprofessor für Strafrecht an der Universität Berlin. Er gilt als einer prominentesten Strafverteidiger in der Weimarer Republik. Von politischen Strafprozessen gegen „Linke" hat er sich weitgehend ferngehalten. Eine Ausnahme bildete die 1931 vor dem Reichsgericht gemeinsam mit Rudolf Olden, Alfred Apfel und Kurt Rosenfeld durchgeführte erfolglose Verteidigung von Carl von Ossietzky. Der Herausgeber der Zeitschrift *Weltbühne* war wegen einem 1929 veröffentlichten Artikel über die als zivile Forschung getarnte verbotene militärische Wiederaufrüstung angeklagt worden.

1924 hat Alsberg mit der Familiengründung begonnen, als er Ellinor Sternberg (1888–1965) heiratete. Sie hatten einen Sohn und eine Tochter.

Nach der Machtübernahme der Nationalsozialisten setzte ihn die Rechtsanwaltskammer Berlin am 11. Mai 1933 auf eine Liste von Anwälten, denen aus politischen Gründen keine Zulassung mehr erteilt werden sollte. Als Begründung wurde die „Verteidigung im Landesverratsprozess Ossietzky" angegeben. Anfang Juli 1933 wurde ihm zusätzlich das Notariat entzogen. Ende März 1933 hatte Alsberg bereits Berlin verlassen, weil er sich hier nicht mehr sicher fühlte. Er ging zunächst nach Baden-Baden und fuhr Mitte April weiter in die Schweiz. Er hielt sich kurze Zeit in Zürich auf. Er soll einen Ruf an die Universität Sorbonne in Paris erhalten haben, den er aber ablehnte, weil er seine Französischkenntnisse als nicht gut genug erachtete. Zuletzt begab er sich in ein Sanatorium in Samedan (Schweiz), wo er sich

---

Strafprozess wegen Beleidigung 1920 zu Erzbergers Diskreditierung und Rücktritt sowie 1921 zu einem tödlich endenden Anschlag bei.

am 11. September 1933 erschoss. Er hatte offenbar in seinem Leben keinen Sinn mehr gesehen, wie er an einen befreundeten Anwalt schrieb: „Alles, woran ich hing, ist zusammengebrochen. [...] Ich lebe nun einmal in der deutschen Jurisprudenz. Nichts hat mich so ausgefüllt, wie die Beschäftigung in ihr."[80]

Zu den weiteren Suiziden von NS-Opfern jüdischer Herkunft gehört der Fall des damals populären Schriftstellers Artur Landsberger. Im *Braunbuch II* steht über ihn: „5. Oktober 1933. Dr. Arthur Landsberger, berühmter Verfasser von Sensationsromanen, nach Verweigerung der Ausreise in Berlin verhaftet. Im Gefängnis der ‚Gestapo' Berlin, Prinz Albrechtstrasse gefoltert und erhängt. (Zeugenbericht)."[81]

Der am 26. März 1876 in Berlin geborene Artur Hermann Landsberger ist in einer jüdischen Familie aufgewachsen. Da sein Vater Herrmann ein wohlhabender Kaufmann war, verbrachte er eine unbeschwerte Kindheit in Berlin. Nach dem Abitur 1896 studierte er in Berlin Rechtswissenschaften und sorgte – wie in seinem späteren Leben häufiger – für einen Skandal, als er sich 1903 vom Militärdienst entfernte. Sein Studium schloss er 1906 mit einer an der Universität Greifswald eingereichten völkerrechtlichen Studie ab. Damit verabschiedete er sich aber von der Juristerei und widmete sich fortan schriftstellerischen und journalistischen, zunächst auch verlegerischen Aktivitäten.

Er war Verfasser von Gesellschaftsromanen, gründete 1907 die Kulturzeitschrift *Morgen*, sowie 1910 mit Siegfried Jacobsohn die *Deutsche Montagszeitung*. 1925 veröffentlichte er den utopischen Roman *Berlin ohne Juden*. Sein „jüdisches Selbstverständnis [war] geprägt von Assimilation und Säkularisierung."[82] Anfang der 1920er-Jahre gründete er die Artur-Landsberger-Film GmbH. Insgesamt publizierte er an die dreißig Romane sowie Lustspiele, Operetten und Drehbücher.

Privat lebte er auf großem Fuß, frönte der Dackelzucht, liebte Kunst und Reisen. Ende 1908 heiratete er Dolly Pinkus, die Tochter der Gesellschaftsautorin Gertrud Wertheim, geschiedene Pinkus, die mit dem Warenhausbesitzer Wolf Wertheim verheiratet war. Nach der Heirat überzogen ihn die Schwiegermutter und der (Stief-)Schwiegervater mit öffentlichen Schmähungen. Landsbergers Ehe zerbrach, nachdem sich seine junge Frau kaum bekleidet zu Silvester 1908 aus dem Hotel Esplanade am Potsdamer Platz gestürzt hatte. Sie überlebte schwer

---

80 Curt Riess: Der Mann in der schwarzen Robe. Das Leben des Strafverteidigers Max Alsberg, Hamburg 1965, S. 329:
81 Braunbuch II, S. 450. In den Unterlagen der Stiftung der Topographie des Terrors lässt sich keine Bestätigung für den Tod im Gefängnis des Gestapa auffinden. Ich danke Andreas Sander für die Information.
82 Till Barth: Artur Landsberger (1876–1933): Vom Dandy zum Haderer, Vergessene Autoren, Kritische Ausgabe 1/2005, S. 78–81. Online-Version: http://www.kritische-ausgabe.de/hefte/rausch/barth.pdf (27. 3. 2012).

verletzt. Die Ehe wurde geschieden. Artur Landsberger floh vor den Vorwürfen der Schwiegermutter und der Berliner Gesellschaft auf die Insel Poquerolles vor der französischen Mittelmeerküste.

In seinem neuen Domizil schrieb er seinen ersten Roman: *Wie Hilde Simon mit Gott und dem Teufel kämpfte*. Insgesamt publizierte er in rascher Folge 27 Romane mit Sittenbildern der Zeit und bissiger Gesellschaftskritik, aber auch Schwänke, Operetten und Drehbücher. Trotz mehrfachen Ärgers mit der Zensur und Verrissen wurde Landsberger ein viel gelesener Schriftsteller und erfolgreicher Bühnenautor. Er fungierte als Herausgeber und Kritiker, bis er durch die Inflation fast sein ganzes Vermögen verlor. Da auch der Absatz seiner Bücher zurückgegangen war, verdiente er dann seinen Unterhalt wesentlich durch das Schreiben von Kolumnen für die *BZ am Mittag*, die *Vossische Zeitung* und andere Blätter des Ullstein-Verlags, bis Berichte aus Berliner Gerichten zu seiner Hauptbeschäftigung wurden.

Nach dem Machtwechsel 1933 sah sich der scharfzüngige Gesellschaftskritiker Landsberger, der in seinen Büchern auch völkisches Heldentum lächerlich dargestellt hatte, seiner Existenz beraubt. Er war den neuen nationalsozialistischen Herrschern als Literat wie als Jude verhasst.

Er hatte sich taufen lassen, war mit der Christin Claire Landsberger verheiratet und wieder zum Judentum zurückgekehrt. Er fühlte sich von den Nationalsozialisten verfolgt, die am 10. Mai 1933 auch seine Bücher verbrannt hatten. Im Herbst 1933 sah er keinen Ausweg mehr: „Am 4. Oktober 1933 schluckte er an seinem Schreibtisch sechzehn Veronaltabletten."[83]

Sein Verleger sagte später zu seinem Tod: „In klarer Erkenntnis der Dinge kam er zuletzt zu dem Entschluss, sich selbst das Leben zu nehmen, um nicht im Konzentrationslager zu enden."[84] Artur Landsberger ist auf dem Städtischen Friedhof in Berlin-Wilmersdorf beigesetzt worden. Sein Urnengrab ist in den 1970er-Jahren abgeräumt worden.

Die Bücher von Landsberger wurden nicht weiter gedruckt. Sein in Anlehnung an Hugo Bettauers *Stadt ohne Juden* (1924) 1925 veröffentlichter utopischer Roman *Berlin ohne Juden* ist erst 1998 als Neuausgabe erschienen.[85]

---

83 Barth: Landsberger, S. 80. Der vom Biografen aufgrund der Auswertung des Nachlasses von Landsberger überlieferte Suizid mit Veronal dürfte der Wahrheit entsprechen.
84 Das Zitat stammt aus dem Nachlass Landsbergers und entstand in Zusammenhang mit den Bemühungen seiner Witwe um eine Hinterbliebenen-Rente. Vgl. Barth: Landsberger, S. 80.
85 Vgl. Volk, S. 267; Fleck, S. 258; London-Vertretung der SPD (Hrsg.): Material, S. 147; Burkert [u. a.]: Machtergreifung, S. 113; Ladwig-Winters: Anwalt, S. 162; Widerstand in Berlin gegen das NS-Regime 1933 bis 1945, Bd. 5, S. 18. Ich danke Simone Ladwig-Winters für weitergehende Informationen und der Stiftung Topographie des Terrors für die Erlaubnis zur Verwendung dieser Informationen.

Sowohl in *Das deutsche Volk klagt an* als auch in *Der gelbe Fleck* wird auf einen doppelten Todesfall eingegangen: „4. Dezember 1933. Professor Meyer und dessen Ehefrau, vom Krankenhaus Berlin Westend, durch das Ariergesetz in den freiwilligen Tod getrieben. (Zeugenbericht.)"[86]

Es sind nur wenige biografische Informationen über den international renommierten Chirurgen bekannt. Von der Ehefrau sind nur der Geburtsname Schiedmayer, das Alter zum Zeitpunkt des Todes (31 Jahre) und ein Hinweis auf ihre jüdische Herkunft überliefert.

Arthur Woldemar Meyer war am 16. März 1885 in Wiesbaden als Sohn von Hans Horst Meyer (1853–1939), einem bekannten Arzt und Pharmakologen, geboren worden. Seine Mutter Doris, eine geborene Böhm-Glaubitten (1860–1902) soll die Tochter eines Rittergutsbesitzers gewesen sein. Die Eltern und seine Brüder Kurt Heinrich (1853–1952) und Friedrich Horst (1889–1894) waren Mitglieder der evangelischen Kirche.

Meyer studierte Medizin an den Universitäten in Heidelberg, Marburg und Wien. 1909 machte er sein Staats- und Doktorexamen in Heidelberg. Von 1909 bis 1911 arbeitete er als Assistent an der Heidelberger Medizinischen Klinik und anschließend an der Chirurgischen Klinik. Im Balkankrieg 1912–1913 war er auf bulgarischer Seite als Militärarzt tätig. Danach kehrte er wieder nach Heidelberg zurück. Im Ersten Weltkrieg befand er sich als Militärarzt zunächst an der elsässischen Front. Von 1915 bis zum Ende des Krieges war er nach Sofia abkommandiert, wo er Leibarzt des bulgarischen Zaren wurde. Wieder nach Heidelberg zurückgekehrt, erhielt er 1922 in Berlin die Stelle als Dirigierender Arzt der II. Chirurgischen Abteilung des Städtischen Krankenhauses Westend in Charlottenburg. Wahrscheinlich erhielt er hier den Professoren-Titel verliehen. Durch seine Forschungsanstrengungen und seine besonderen Operationstechniken entwickelte er sich zu einem der renommierten Chirurgen der Reichshauptstadt. Er betrieb zusätzlich eine Privatklinik.

Meyer hatte den Ruf eines international anerkannten Chirurgen mit besonderen Fähigkeiten auf dem Gebiet der Notfallgefäßchirurgie. Er arbeitete im Westend in einem Versorgungskrankenhaus und hat dazu beigetragen, vielen Menschen das Leben zu retten. Er ist mit zahlreichen Vorträgen auf Kongressen der Deutschen Gesellschaft für Chirurgie und einer Fülle von Publikationen bekannt geworden.

Von Freunden und Kollegen wurde er als ein fröhlicher Mensch beschrieben, der gerne auf Berge stieg und auf die Jagd gegangen ist. Mit seiner Familie, zu der seit 1926 der Sohn Johannes Horst gehörte, lebte er in Berlin-Charlottenburg, Eschenallee 36.

---

86 Fleck, S. 265; vgl. Volk, S. 268.

Dort tötete Arthur Woldemar Meyer am Vormittag des 14. November 1933 mit seinem Jagdgewehr zuerst seine Ehefrau Charlotte und anschließend sich selbst durch Kopfschuss. Die genauen Umstände des Todes des Ehepaares, die den siebenjährigen Sohn hinterließen, sind unklar geblieben. Vermutlich haben die jüdischen Wurzeln der Ehefrau und Gerüchte über eine angeblich unterschlagene „nichtarische" Herkunft Meyers zu einer Furcht vor Denunziation geführt. Es gibt bisher keinen Hinweis darauf, dass A. W. Meyer von dem Gesetz zur Wiederherstellung des Berufsbeamtentums betroffen gewesen ist.

Die Toten kamen zunächst in das Leichenschauhaus Charlottenburg. Das Grab von Arthur Woldemar und Charlotte Meyer befindet sich in dem Familienbegräbnis seines Vaters, Hans Horst Meyer, auf dem Hauptfriedhof in Marburg. Die Beisetzung fand am 23. November 1933 statt.

Der überlebende Sohn, Johannes Horst Meyer, ist von dem älteren Bruder von Arthur Woldemar Meyer, Kurt Heinrich Meyer, und dessen Ehefrau Gertrude adoptiert worden. Er wuchs in Genf auf und lehrte später als Professor für Physik an der Duke University in Durham (North Carolina) in den USA.[87] Er lebt dort als Emeritus.

Ermordete Frauen

Die Mehrzahl der für die Frühphase der NS-Herrschaft in Berlin dokumentierten Todesfälle betreffen Männer. Aber es hat vereinzelt auch weibliche Todesopfer gegeben. So am „5. Februar 1933. Anna Röder, 61jährige Kleingewerbetreibende, in Berlin von Nationalsozialisten ermordet. (W[olffsches] T[elegraphen-]B[üro])."[88]

Über den Mord an der 1877 geborenen Inhaberin des Arbeiterverkehrslokals „Pappschachtel" in der Rubensstraße in Berlin-Friedenau haben neben der Nachrichtenagentur Wolffsches Telegraphen-Büro auch kommunistische Tageszeitungen informiert. Einen Tag nach der Tat berichtete die kommunistische *Welt am Abend* auf der Titelseite „Die nächtliche Bluttat in Friedenau – Wie die Wirtin Röder von SA. ermordet wurde". Am 8. Februar erschien in der *Roten Fahne* der mit einer Fotografie versehene Artikel „Die SA. hat eine Frau gemeuchelt! – So lebte und starb Anna Röder"[89] mit Informationen über den Ablauf des Überfalls.

---

87 Vgl. Karl Ludwig Schober: Tragik im Terror 1933: Arthur Woldemar Meyer, in: Jahrbuch 1994 der Deutschen Akademie der Naturforscher Leopoldina (R. 3) 40 (1995), S. 489–508.
88 Braunbuch II, S. 406.
89 Welt am Abend vom 6. 2. 1933, S. 1; Die Rote Fahne vom 8. 2. 1933. Vgl. die Beschreibung des Überfalls und der Ermordung in Gerhard Neuber: Faschismus in Berlin. Entwicklung und Wirken der NSDAP und ihrer Organisationen in der Reichshauptstadt 1920–1934. Unveröffentlichte Dis-

Angeblich spielten die letzten Gäste Karten und die Wirtin habe ihnen zugesehen, als es zum Überfall der SA kam: „,Hände hoch!' brüllten die Nazis und richteten ihre Pistolen auf die unbewaffneten Frauen und Männer. Scheiben klirrten. In ohnmächtiger Wut, jeden Augenblick gewärtig, über den Haufen geknallt zu werden, mussten die Arbeiter mit ansehen, wie sämtliche Gläser und Flaschen zerschlagen wurden, wie Scheiben aus den Fenstern herausflogen, wie die Karten von den Tischen heruntergefetzt und zerfetzt wurden, wie allmählich aus dem Zimmer ein Trümmerhaufen wurde." Anna Röder verstarb kurze Zeit nach der Einlieferung in das nahe gelegene Krankenhaus Kaiserin-Auguste-Viktoria-Haus.

Einige Tage nach dem Reichstagsbrand wurde eine weitere Frau erschossen: „10. März 1933. Frau Bicks, 70jährig, Berlin-Weissensee, Streustraße 74 erschossen. Angehörige des SA-Sturmes Langhansstrasse schossen durch die Wohnungstür, wodurch Frau B., die ein Kind auf dem Arm trug, tödlich verletzt wurde. (W[olffsches] T[elegraphen-]B[üro])"[90]

Es handelt sich um die am 2. Oktober 1863 geborene Aufwarterin Hermine Bix, geb. Mielow. Die falsche Schreibweise ihres Namens „Bicks" ist nicht nur in den *Braunbüchern*, sondern auch in anderen Exil-Publikationen zu finden.[91] Über die Umstände ihres Todes informierte die im Verlag der sozialdemokratischen Arbeiterpartei der Tschechoslowakei 1933 in Prag veröffentlichte Schrift *Deutschland am Hakenkreuz* relativ ausführlich: „Die siebzigjährige Frau Bix, [...], wurde am Freitag, dem 10. März, in ihrer Wohnung vom SA-Sturm Langhansstraße überfallen. Die SA-Leute versuchten die Wohnung zu stürmen und die Türfüllung einzuschlagen. Als Frau Bix im Korridor ihrer Wohnung um Hilfe rief, schossen die SA-Leute durch die Wohnungstür in den Korridor. Frau Bix erhielt einen *tödlichen Bauchschuß*. Die SA-Leute vermuteten in der Wohnung der völlig unpolitischen Frau ihren Schwiegersohn, der als kommunistischer Arbeiter bekannt ist. Frau Bix wurde am 14. März auf dem städtischen Gemeindefriedhof in der Rölckestraße in Weißensee unter Polizeiassistenz beerdigt. Ihren Angehörigen und Bekannten war das Betreten des Friedhofs verboten worden. Die Strafverfolgung der Täter ist nicht eingeleitet. Der erwähnte SA-Sturm beunruhigt noch weiter die Einwohnerschaft."[92] Soweit bekannt haben tatsächlich keine polizeilichen Ermittlungen bzw. juristische Untersuchungen oder ein Strafprozess stattgefunden.

---

sertation, Humboldt-Universität Berlin 1976, S. 152f., die auf einem Artikel in *Der Jungdeutsche* vom 8. 2. 1933 beruht; sowie Widerstand in Berlin gegen das NS-Regime 1933 bis 1945, Bd. 6, S. 167.
90 Braunbuch II, S. 412.
91 Vgl. Braunbuch I, S. 412; Volk, S. 254. Vgl. weiterhin Widerstand in Berlin gegen das NS-Regime 1933 bis 1945, Bd. 1, S. 172.
92 Deutschland am Hakenkreuz. Dokumente des Hunnenfaschismus, Prag 1933, S. 30. Hervorhebung im Original.

Zumindest hat es 1933 eine rechtsmedizinische Untersuchung der Leiche gegeben.[93]

Auch der Fall der Klara Wagner gibt weiterhin Rätsel auf: „28. Juli 1933. Klara Wagner, 27jährige Sekretärin, in Berlin-Treptow erschossen. (Vossische Zeitung)."[94] Bisher konnten keine weiteren Informationen gefunden werden, die einen politischen Hintergrund dieser Tat belegen würden.

Vorläufige Bilanz und Thesen

Es liegen bisher keine systematischen Untersuchungen zu den Todesopfern des frühen Terrors und den lokalen Gewaltpraktiken der Nationalsozialisten in Berlin vor. Dieses Desiderat verwundert. „In kaum einer anderen Großstadt waren die politischen Polarisierungen vor 1933 stärker ausgebildet, in kaum einer anderen Großstadt verlief die Machtdurchsetzung derart brutal."[95] Zur Beantwortung dieser „offenen Forschungsfragen"[96] kann mit der 2013 von der Stiftung Topographie des Terrors gezeigten Ausstellung *Berlin 1933 – der Weg in die Diktatur* nur ein bescheidener Beitrag geleistet werden. Bei aller angesichts fehlender Forschungen gebotenen Zurückhaltung sollen trotzdem einige vorläufige Thesen formuliert werden:

1. Es erscheint bemerkenswert, dass relativ schnell das Ausmaß des nationalsozialistischen frühen Terrors in Berlin und Zahlen der Todesopfer im In- und Ausland bekannt geworden sind. Es ist ebenso erstaunlich, dass in fast allen jenen Fällen, bei denen die damaligen Angaben überprüft werden konnten, sich diese als relativ zuverlässig erwiesen haben.
2. Eine vorläufige Kategorisierung der Todesopfer führt zu dem erwartbaren Ergebnis, dass es sich in der Mehrzahl der Fälle um politische Gegner und um Männer gehandelt hat: Kommunisten, Sozialisten, Sozialdemokraten und Gewerkschafter – sie stellten die Majorität – sowie bürgerliche Kontrahenten der NSDAP. Der frühe Terror hatte gleichfalls bereits eine deutliche antijüdische Dimension: Es hat Ermordete gegeben, die sich teilweise schon lange vorher vom Judentum gelöst hatten und in tradierter politischer Gegnerschaft zum Nationalsozialismus standen und es sind in mehreren Fällen

---

93 HUB UA, Gerichtsmedizin vor 1945 (GerMed vor 45), Hauptbuch 1933, Lfd. Nr. 411.
94 Braunbuch II, S. 439. Vgl. Volk, S. 263; London-Vertretung der SPD (Hrsg.): Material, S. 169; Widerstand in Berlin gegen das NS-Regime 1933 bis 1945, Bd. 8, S. 127.
95 Rüdiger Hachtmann [u. a.] (Hrsg.): Berlin im Nationalsozialismus. Politik und Gesellschaft 1933–1945. (= Beiträge zur Geschichte des Nationalsozialismus, Bd. 27), Göttingen 2011, S. 15
96 Hachtmann [u. a.] (Hrsg.), Berlin im Nationalsozialismus, S. 15.

jüdische Migranten zu Tode gekommen. Vereinzelt sind Frauen Opfer des frühen NS-Terrors geworden. In diesen Fällen zeigten sich meist offensichtliche politische Hintergründe.

3. Der Blick auf die vorliegenden Schilderungen und Berichte lässt vermuten, dass bei den Morden und anderen Gewaltaktionen mit Todesfolge ein hohes Maß an Eigeninitiative lokaler NS-Aktivisten, insbesondere von SA-Männern, vorlag. Nach dem Machtwechsel Ende Januar 1933 konnte mit den politischen Gegnern und Gegnerinnen in der Nachbarschaft „aufgeräumt" werden. Der bis 1933 auf Seiten der militanten NS-Aktivisten aufgestaute Hass entlud sich in brutalen Gewaltorgien.

4. Es hat den Anschein, dass die in den zeitgenössischen Publikationen enthaltenen Informationen und Hinweise auf die Opfer des frühen Terrors bisher zu wenig Beachtung gefunden haben. Bei der Rezeption der *Braunbücher* standen die offensichtlichen propagandistischen Absichten – die angeblichen nationalsozialistischen Drahtzieher des Reichstagsbrandes zu entlarven – im Vordergrund. Aber die *Braunbücher* enthalten ebenso wie die übrigen entsprechenden Exilpublikationen auch viele Ansatzpunkte für weitere Forschungen, wie diese Betrachtungen zeigen sollten.

Literatur

Adamy, Kurt: Bilder dokumentieren revolutionäre Traditionen der Potsdamer Arbeiter- und Jugendbewegung, in: Kommission zur Erforschung der Geschichte der örtlichen Arbeiterbewegung bei der Kreisleitung Potsdam der SED in Verbindung mit der Kreisleitung Potsdam der FDJ (Hrsg.): Im Auftrag der Partei. Aus den Anfängen der FDJ-Arbeit in Potsdam 1946–1949. Potsdam 1977.

Ahbe, Thomas/Gibas, Monika: Der symbolische Handschlag – Gründungsikone der DDR, in: Bilder im Kopf – Ikonen der Zeitgeschichte hrsg. v. d. Stiftung Haus der Geschichte der Bundesrepublik Deutschland. Bonn/Köln 2009.

Albert, Marcel: Die Benediktinerabtei Maria Laach und der Nationalsozialismus. Paderborn 2004.

Arnim, Sieghart Graf von: Dietlof Graf von Arnim-Boitzenburg 1867–1933, Ein preußischer Landedelmann und seine Welt im Umbruch von Staat und Kirche. Limburg 1998.

Barth, Erwin: Joseph Goebbels und die Formierung des Führer-Mythos 1917 bis 1934. Erlangen/Jena 1999 (Erlanger Studien, Bd. 119).

Barth, Till: Artur Landsberger (1876–1933): Vom Dandy zum Haderer, Vergessene Autoren, Kritische Ausgabe 1 (2005).

Beck, Arndt/Euskirchen, Markus: Die beerdigte Nation, „Gefallenen"-Gedenken von 1813 bis heute. Berlin 2009.

Beck, Dorothea: Julius Leber. Sozialdemokrat zwischen Reform und Widerstand. Berlin 1983,.

Becker, Ernst Wolfgang/Rösslein, Thomas (Hrsg.): Politischer Irrtum im Zeugenstand. Die Protokolle des Untersuchungsausschusses des Württemberg-Badischen Landtags aus dem Jahr 1947 zur Zustimmung zum „Ermächtigungsgesetz" vom 23. März 1933. Stuttgart 2003.

Benz, Wolfgang/Distel, Barbara (Hrsg.): Der Ort des Terrors. Geschichte der nationalsozialistischen Konzentrationslager, Bd. 2: Frühe Lager, Dachau, Emslandlager. München 2005.

Berthold, Lutz: Carl Schmitt und der Staatsnotstandsplan am Ende der Weimarer Republik. Berlin 1999.

Bestehorn, Friedrich: Der „Tag von Potsdam" und seine Vorgeschichte. Das Werden des 21. März 1933, in: Mitteilungen des Vereins für die Geschichte Potsdams (Neue Folge) 7 (1939).

Bonhoeffer, Dietrich: Nach zehn Jahren. Rechenschaft an der Wende zum Jahr 1943, in: Ders.: Werke, Bd. 8. München 1998.

Blasius, Dirk: Carl Schmitt. Preußischer Staatsrat in Hitlers Reich. Göttingen 2001.

Bracher, Karl Dietrich: Stufen der Machtergreifung. Köln 1960.

Bracher, Karl-Dietrich/Sauer, Wolfgang/Schulz, Gerhard: Die nationalsozialistische Machtergreifung, Studien zur Errichtung des totalitären Herrschaftssystems in Deutschland 1933/34. 2. Aufl. Köln/Opladen 1962.

Bracher, Karl Dietrich [u. a.] (Hrsg.): Deutschland 1933–1945. Neue Studien zur nationalsozialistischen Herrschaft. 2., erw. Aufl. Bonn 1993.

Brakelmann, Günter: Helmuth James von Moltke 1907–1945. Eine Biographie. München 2007.

Braunbuch II. Dimitroff contra Göring. Enthüllungen über die wahren Brandstifter. Paris 1934 – Nachdruck: Köln/Frankfurt a. M. 1981.

Braunbuch über Reichstagsbrand und Hitler-Terror. Faksimile-Nachdruck der Originalausgabe von 1933. Frankfurt a. M. 1978.

Brauweiler, Heinz: Um den Faschismus. Kritische Betrachtungen, in: Der Ring 1 (1928).
Brechenmacher, Thomas (Bearb.): Berichte des Apostolischen Nuntius Cesare Orsenigo aus Deutschland 1930 bis 1939. Editionsprojekt des Deutschen Historischen Instituts in Rom in Kooperation mit der Kommission für Zeitgeschichte Bonn und dem Archivio Segreto Vaticano (http://www.dhi-roma.it/orsenigo.html); Dok. Nr. 82.
Breuer, Stefan: Anatomie der konservativen Revolution. 2. Aufl. Darmstadt 1995.
Conrad, Walter: Der Kampf um die Kanzeln. Erinnerungen und Dokumente aus der Hitlerzeit. Berlin 1957.
Das deutsche Volk klagt an. Hitlers Krieg gegen die Friedenskämpfer in Deutschland. Ein Tatsachenbuch, Paris 1936 – Nachdruck: (Maximilian Scheer): Das deutsche Volk klagt an. Hitlers Krieg gegen die Friedenskämpfer in Deutschland. Ein Tatsachenbericht, erw. Neuausgabe, hrsg. von Katharina Schlieper. Hamburg 2012.
Delmer, Sefton: Die Deutschen und ich. Hamburg 1965.
Der gelbe Fleck. Die Ausrottung von 500 000 deutschen Juden. Paris 1936.
Deutschland am Hakenkreuz. Dokumente des Hunnenfaschismus. Prag 1933.
Dibelius, Otto: Ein Christ ist immer im Dienst. Erlebnisse und Erfahrungen in einer Zeitenwende. Stuttgart 1961.
Dodd jr., William E./Dodd, Martha (Hrsg.): Diplomat auf heißem Boden. Tagebuch des Botschafters William E. Dodd in Berlin 1933–1938. 7. Aufl. Berlin (Ost) 1972.
Dönhoff, Marion Gräfin von: Namen, die keiner mehr kennt. Ostpreußen – Menschen und Geschichte. Berlin 1989.
Drobisch, Klaus/Wieland, Günther: System der Konzentrationslager 1933–1939. Berlin 1993.
Duesterberg, Theodor: Der Stahlhelm und Hitler. Wolfenbüttel/Hannover 1949.
Elsner, Ines: Vom Markstein zur Marke. Die Rezeption Friedrichs des Großen in Potsdam, in: Götzmann, Jutta (Hrsg.): Friedrich und Potsdam. Die Erfindung seiner Stadt. Potsdam 2012.
Enzensberger, Hans Magnus: Hammerstein oder der Eigensinn. Frankfurt a. M. 2008.
Everling, Friedrich: Wiederentdeckte Monarchie. Berlin 1932.
Faber du Faur, Moritz von: Macht und Ohnmacht. Erinnerungen eines alten Offiziers. Stuttgart 1953.
Felder, Josef: Warum ich NEIN sagte. Erinnerungen an ein langes Leben in der Politik. Reinbek 2002.
Fest, Joachim: Hitler. Eine Biografie. München 2000.
Fischer, Anna: Erzwungener Freitod. Spuren und Zeugnisse in den Freitod gezwungener Juden der Jahre 1938–1945 in Berlin. Berlin 2007.
Fischler, Hersch: Zum Zeitablauf der Reichstagsbrandstiftung. Korrekturen der Untersuchung Alfred Berndts, in: Vierteljahrshefte für Zeitgeschichte 4 (2005).
Flemming, Jens [u. a.] (Hrsg.): Die Republik von Weimar, Bd. 1. Königstein/Ts. 1979.
Flemming, Jens: Integration und Abstoßung. Anmerkungen zum Verhältnis von Konservatismus und Arbeiterschaft in der Weimarer Republik, in: Hering, Rainer/Nicolaysen, Rainer (Hrsg.): Lebendige Sozialgeschichte. Gedenkschrift für Peter Borowsky. Wiesbaden 2003.
Flemming, Jens: „Führersammlung", „politische Schulung" und „neue Aristokratie". Die „Herrengesellschaft Mecklenburg" in der Weimarer Republik, in: Führer, Karl Christian [u. a.] (Hrsg.): Eliten im Wandel. Gesellschaftliche Führungsschichten im 19. Und 20. Jahrhundert. Münster 2004.

Flemming, Jens: „Durchbruch der Revolution". Die Linke, die Rechte und der italienische Faschismus in der Weimarer Republik, in: Jünemann, Annette [u. a.] (Hrsg.): Italien und Europa. Festschrift für Hartmut Ullrich zum 65. Geburtstag. Frankfurt a. M. 2008.

Forsthoff, Ernst: Deutsche Geschichte seit 1918 in Dokumenten. 2. erw. Aufl. Stuttgart 1938.

François-Poncet, André: Als Botschafter in Berlin 1931–1938. Mainz 1947.

Frank, Hans: Im Angesicht des Galgens. München 1953.

Frei, Norbert/Schmitz, Johannes: Journalismus im Dritten Reich. München 1999.

Frei, Norbert: Der Führerstaat. Nationalsozialistische Herrschaft 1933–1945. 5. Aufl. München 1987.

Freitag, Werner: Nationale Mythen und kirchliches Heil: Der „Tag von Potsdam", in: Westfälische Forschungen 41 (1991).

Fritz, Hartmut: Otto Dibelius. Ein Kirchenmann in der Zeit zwischen Monarchie und Diktatur. Göttingen 1998.

Fröhlich, Elke (Hrsg.): Die Tagebücher von Joseph Goebbels. Hrsg. im Auftrag des Instituts für Zeitgeschichte und mit Unterstützung des Staatlichen Archivdienstes Rußlands. München [u. a.] 1998ff.

Fröhlich, Elke (Hrsg.): Die Tagebücher von Joseph Goebbels. Sämtliche Fragmente. München [u. a.] 1987.

Gliech, Oliver: Die Spandauer SA 1926 bis 1933. Eine Studie zur nationalsozialistischen Gewalt in einem Berliner Bezirk, in: Ribbe, Wolfgang (Hrsg.): Berlin-Forschungen III. Berlin 1988.

Göppinger, Horst: Juristen jüdischer Abstammung im „Dritten Reich". Entrechtung und Verfolgung. 2., völlig neubearb. Aufl. München 1990.

Görtemaker, Manfred: Das Ende Preußens. 1933–1947, in: Schoeps, Julius H. (Hrsg.): Preußen. Geschichte eines Mythos. Berlin 2000.

Grahn, Gerlinde: Erich Baron – eine biographische Studie (1881–1933). In: Jahrbuch für Forschungen zur Geschichte der Arbeiterbewegung 2002/II.

Gruhlich, Rainer: Geschichtspolitik im Zeichen des Zusammenbruchs. Die Deutsche Nationalversammlung 1919/20. Revolution – Reich – Nation. Düsseldorf 2012.

Hachtmann, Rüdiger [u. a.] (Hrsg.): Berlin im Nationalsozialismus. Politik und Gesellschaft 1933–1945. (= Beiträge zur Geschichte des Nationalsozialismus, Bd. 27). Göttingen 2011

Haffner, Sebastian: Geschichte eines Deutschen. Die Erinnerungen 1914–1933. Stuttgart 2000.

Hamann, Christoph: Das Foto und sein Betrachter, in: Bilderwelten und Weltbilder. Fotos, die Geschichte(n) mach(t)en, hrsg. vom Berliner Landesinstitut für Schule und Medien. Berlin/Teetz 2001.

Heinz, Stefan/Mielke, Siegfried (Hrsg.): Funktionäre des Einheitsverbandes der Metallarbeiter Berlins im NS-Staat. Widerstand und Verfolgung. (Gewerkschafter im Nationalsozialismus. Verfolgung – Widerstand – Emigration, Bd. 2). Berlin 2012.

Hobsbawm, Eric: Das Zeitalter der Extreme. Weltgeschichte des 20. Jahrhunderts. Darmstadt o. J.

Hoegen, Jesko von: Der Held von Tannenberg. Genese und Funktion des Tannenberg-Mythos. Köln [u. a.] 2007.

Hoegen, Jesko von: Der „Marschall" und der „Gefreite". Visualisierung und Funktionalisierung des Hindenburg-Mythos im „Dritten Reich", in: www.kunsttexte.de 1 (2009).

Höhne, Heinz: Zeit der Illusionen. Hitler und die Anfänge des Dritten Reiches 1933–1936. Düsseldorf [u. a.] 1991.

Höhne, Heinz: Der Orden unter dem Totenkopf. Die Geschichte der SS. Augsburg 1996.
Horkenbach, Cuno: Das Deutsche Reich von 1918 bis heute, Berichtsheft Dezember 1932. Berlin 1932.
Huber, Ernst Rudolf: Verfassung. Hamburg 1937.
Huber, Ernst Rudolf: Deutsche Verfassungsgeschichte seit 1789. Band VII: Ausbau, Schutz und Untergang der Weimarer Republik. Stuttgart 1984.
Huber, Ernst Rudolf: Carl Schmitt in der Reichskrise der Weimarer Endzeit, in: Quaritsch, Helmut (Hrsg.): Complexio Oppositorum. Über Carl Schmitt, Berlin 1988.
Hübner, Klaus: Vergessen, verdrängen – verloren. Wer war Emil Winkler (1882–1933)? In: Der Bär von Berlin. Jahrbuch des Vereins für die Geschichte Berlins 53 (2004).
Hupfeld, Hans (Hrsg.): Reichstags-Eröffnungsfeier in Potsdam. Das Erlebnis des 21. März in Wort und Bild. Potsdam 1933.
Hürten, Heinz (Hrsg.): Weimarer Republik und Drittes Reich 1918–1945. Stuttgart 1995 (= Deutsche Geschichte in Quellen und Darstellung, Bd. 9).
Jung, Edgar J.: Die Bedeutung des Faschismus für Europa, in: Deutsche Rundschau 227 (1931).
Jünger, Ernst: Großstadt und Land, in: Deutsches Volkstum II (1926).
Jünger, Ernst: Die totale Mobilmachung, in: Ders. (Hrsg.): Krieg und Krieger. Berlin 1930.
Jünger, Ernst: Der Arbeiter. Herrschaft und Gestalt. Hamburg 1932.
Jünger, Ernst: Politische Publizistik 1919 bis 1933. Hrsg., kommentiert und mit einem Nachwort versehen von Sven Oliver Berggötz. Stuttgart 2001.
Kaufmann, Günter: Der Händedruck von Potsdam – die Karriere eines Bildes, in: Geschichte in Wissenschaft und Unterricht 5/6 (1997).
Kindler, Michael/Gläser, Manfred: St. Peter und Paul Potsdam unter dem Hakenkreuz. Die katholische Gemeinde St. Peter und Paul Potsdam in den Jahren 1933 bis 1945, Privatdruck. Potsdam 2008.
Klausa, Ekkehard: Ewald von Kleist-Schmenzin (1890–1945). Ein altpreußischer Konservativer im Widerstand gegen den Nationalsozialismus, in: Forschungen zur Brandenburgischen und Preußischen Geschichte 2 (2009).
Kleßmann, Christoph/Pingel, Falk (Hrsg.): Gegner des Nationalsozialismus. Wissenschaftler und Widerstandskämpfer auf der Suche nach historischer Wirklichkeit. Frankfurt a. M./New York 1980.
Koehl, Robert Lewis: The Black Corps. The Structure and Power Struggles of the Nazi SS. Madison/Wisconsin 1983.
Koenen, Andreas: Der Fall Carl Schmitt. Sein Aufstieg zum „Kronjuristen des Dritten Reiches". Darmstadt 1995.
König, André: Köpenick unter dem Hakenkreuz. Die Geschichte des Nationalsozialismus in Berlin-Köpenick. Mahlow 2004.
Kraushaar, Luise [u. a.]: Deutsche Widerstandskämpfer 1933–1945. Biographien und Briefe. Bd. 2, hrsg. vom Institut für Marxismus-Leninismus beim Zentralkomitee der SED. Berlin 1970.
Krohn, Claus-Dieter: Propaganda als Widerstand? Die Braunbuch-Kampagne zum Reichstagsbrand, in: Exilforschung. Ein internationales Jahrbuch 15 (1997).
Layton jr., Roland V.: Kurt Ludecke and I knew Hitler: An Evaluation, in: Central European History 4 (1979).

Lilla, Joachim: Der Preußische Staatsrat 1921–1933. Ein biographisches Handbuch. Mit einer Dokumentation der im „Dritten Reich" berufenen Staatsräte. Düsseldorf 2005.

Longerich, Peter: Die braunen Bataillone. Geschichte der SA. München 1989.

Longerich, Peter: Goebbels. Biographie. München 2010.

Luedecke, Kurt G. W.: I knew Hitler. The Story of a Nazi Who Escaped the Blood Purge. New York 1937.

Malinowski, Stephan: Vom König zum Führer. Sozialer Niedergang und politische Radikalisierung im deutschen Adel zwischen Kaiserreich und NS-Staat. Berlin 2004.

Matthias, Erich: Hindenburg zwischen den Fronten, in: Vierteljahrshefte für Zeitgeschichte 1 (1960).

Mayer-von Götz, Irene: Terror im Zentrum der Macht. Die frühen Konzentrationslager in Berlin 1933/34–1936. (= Geschichte der Konzentrationslager 1933–1945, Bd. 9). Berlin 2008.

Meier, Kurt: Kreuz und Hakenkreuz. Die evangelische Kirche im Dritten Reich. München 2001.

Meinecke, Friedrich: Die deutsche Katastrophe. Wiesbaden 1946.

Messerschmidt, Manfred: Wiedergeburt und Grabgesang. Manfred Messerschmidt über den „Tag von Potsdam" 1933, in: Preußenstadt Potsdam. 1000 Jahre, Spiegel Spezial 2/1993.

Meyer, Stephan: Das justizförmige Wahlprüfungsgericht beim Reichstag der Weimarer Republik, Institution, Verfahren, Leistung. Berlin 2010.

Michels, Robert: Italien von heute. Politische und wirtschaftliche Kulturgeschichte von 1860 bis 1930. Zürich/Leipzig 1930.

Mohler, Armin: Die Konservative Revolution in Deutschland 1918–1932. Darmstadt 1989.

Morsey, Rudolf: Der Untergang des politischen Katholizismus. Die Zentrumspartei zwischen christlichem Selbstverständnis und „nationaler Erhebung" 1932/33. Stuttgart/Zürich 1977.

Morsey, Rudolf: Die deutsche Zentrumspartei, in: Erich Matthias/Rudolf Morsey (Hrsg.): Das Ende der Parteien 1933. Darstellungen und Dokumente. Düsseldorf 1984.

Morsey, Rudolf/Schwarz, Hans-Peter (Hrsg.): Adenauer im Dritten Reich. Berlin 1991.

Morsey, Rudolf (Hrsg.): Das „Ermächtigungsgesetz" vom 24. März 1933. Quellen zur Geschichte und Interpretation des „Gesetzes zur Behebung der Not von Volk und Reich". Düsseldorf 1992.

Mühlenfeld, Daniel: Joseph Goebbels und die Grundlage der NS-Rundfunkpolitik, in: Zeitschrift für Geschichtswissenschaft 5 (2006).

Mühlenfeld, Daniel: Vom Kommissariat zum Ministerium. Zur Gründungsgeschichte des Reichsministeriums für Volksaufklärung und Propaganda, in: Hachtmann, Rüdiger/Süß, Winfried (Hrsg.): Hitlers Kommissare, Sondergewalten in der nationalsozialistischen Diktatur, (= Beiträge zur Geschichte des Nationalsozialismus 22). Göttingen 2006.

Müller, Klaus-Jürgen: Zu Struktur und Eigenart der nationalkonservativen Opposition bis 1938 – Innenpolitischer Machtkampf, Kriegsverhinderungspolitik und Eventual-Staatsstreichplanung, in: Schmädeke, Jürgen/Steinbach, Peter: Der Widerstand gegen den Nationalsozialismus. München 1985.

Müller, Klaus-Jürgen: Der „Tag von Potsdam" und das Verhältnis der preußisch-deutschen Militär-Elite zum Nationalsozialismus, in: Kroener, Bernhard R. unter Mitarbeit von Heiger Ostertag (Hrsg.): Potsdam. Staat, Armee, Residenz in der preußisch-deutschen Militärgeschichte. Berlin/Frankfurt a. M. 1993.

Münkel, Daniela/Struck, Peter (Hrsg.): Das Ermächtigungsgesetz 1933. Eine Dokumentation zum 75. Jahrestag. Berlin 2008.

Naumann, Friedrich: Demokratie und Kaisertum. Ein Handbuch für innere Politik. 4. Aufl. Berlin 1905.

Neumann, Franz: Behemoth. Struktur und Praxis des Nationalsozialismus 1933–1944. Frankfurt a. M. 1993.

Neumann, Sigmund: Die Parteien der Weimarer Republik. Mit einer Einleitung von Karl Dietrich Bracher, Stuttgart 1965 (Nachdruck der Ausgabe von 1932: Die politischen Parteien in Deutschland).

Norden, Günther van: Der deutsche Protestantismus im Jahr der nationalsozialistischen Machtergreifung. Gütersloh 1979.

Olden, Rudolf: Hitler. Frankfurt a. M. 1984.

Orth, Karin: Das System der nationalsozialistischen Konzentrationslager. Hamburg 1999.

Papen, Franz von: Der Wahrheit eine Gasse. München 1952.

Papen, Franz von: Die Aufgabe des Staatsmannes, in: Ders.: Appell an das deutsche Gewissen. Reden zur nationalen Revolution. Oldenburg 1933.

Paul, Wolfgang: Das Potsdamer Infanterieregiment 9 1918–1945. Preußische Tradition in Krieg und Frieden. Osnabrück 1983.

Petter, Wolfgang: SA und SS als Instrumente nationalsozialistischer Herrschaft, in: Bracher, Karl Dietrich [u. a.] (Hrsg.): Deutschland 1933–1945. Neue Studien zur nationalsozialistischen Herrschaft. 2., erw. Aufl. Bonn 1993.

Peukert, Detlev J. K.: Die Weimarer Republik. Frankfurt a. M. 1987.

Puttkamer, Franz von: Victor Basch in Potsdam. Flugschriften der Deutschen Liga für Menschenrechte, Nr. 33. Berlin 1924.

Pyta, Wolfram/Seiberth, Gabriel: Die Staatskrise der Weimarer Republik im Spiegel des Tagebuchs von Carl Schmitt, in: Der Staat 3 (1999).

Pyta, Wolfram: Hindenburg. Herrschaft zwischen Hohenzollern und Hitler. Berlin/München 2007.

Quaritsch, Helmut: Positionen und Begriffe Carl Schmitts. Hamburg 1989.

Raichle, Christoph: Der „Tag von Potsdam" (21. März 1933) – symbolpolitische Etappe der nationalsozialistischen „Machtergreifung" 1933–34, unveröff. Magisterarbeit. Stuttgart 2003.

Rauschning, Hermann: Die Konservative Revolution. Versuch und Bruch mit Hitler. New York 1941.

Reichardt, Sven: Faschistische Kampfbünde. Gewalt und Gemeinschaft im italienischen Squadrismus und in der deutschen SA. Köln 2002.

Reichardt, Sven: „Vor allem sehne ich mich nach Euch, Kameraden". Mikrohistorische Analyse eines Berliner SA-Sturms, in: Vogt, Stefan [u. a.] (Hrsg.): Ideengeschichte als politische Aufklärung. Festschrift für Wolfgang Wippermann zum 65. Geburtstag. Berlin 2010.

Reimann, Viktor: Dr. Joseph Goebbels. Wien [u. a.] 1971.

Repgen, Konrad/Booms, Hans (Hrsg.): Akten der Reichskanzlei, Regierung Hitler 1933–1938. Boppard 1983.

Reuth, Ralf Georg (Hrsg.): Joseph Goebbels: Tagebücher 1924–1945, Bd. 2: 1930–1934. München/Zürich 1992.

Riess, Curt: Der Mann in der schwarzen Robe. Das Leben des Strafverteidigers Max Alsberg. Hamburg 1965.

Ritter, Gerhard: Carl Goerdeler und die deutsche Widerstandsbewegung. Stuttgart 1954.

Rohan, Karl Anton Prinz: Einige Bemerkungen zum italienischen Faschismus, in: Europäische Revue 8/II (1932).

Rühle, Gerd: Das Dritte Reich, Dokumentarische Darstellung des Aufbaues der Nation. Mit Unterstützung des Deutschen Reichsarchivs. Das erste Jahr 1933, Berlin 1934.

Sabrow, Martin: Der „Tag von Potsdam". Karriere eines politischen Symbols, in: Tag von Potsdam, Bildungsforum und Schülerprojekt, hrsg. vom Landtag Brandenburg in der Reihe „Die Garnisonkirche – Beiträge zu ihrem Wiederaufbau", Heft 2. Potsdam 2003.

Sabrow, Martin: Politischer Mythos – anstößiger Überrest – auratischer Erinnerungsort. Die Garnisonkirche in der deutschen Geschichtskultur, in: Epkenhans, Michael/Winkel, Carmen (Hrsg.): Zwischen Mythos und Erinnerung. Die Garnisonkirche in Potsdam. Stuttgart 2013.

Sandvoß, Hans-Rainer: Widerstand in Spandau. (= Schriftenreihe über den Widerstand in Berlin von 1933 bis 1945, H. 3), hrsg. von der Gedenkstätte Deutscher Widerstand. Berlin 1988.

Sandvoß, Hans-Rainer: Widerstand in Neukölln. (= Schriftenreihe über den Widerstand in Berlin von 1933 bis 1945, H. 4), hrsg. von der Gedenkstätte Deutscher Widerstand. Berlin 1990.

Sandvoß, Hans-Rainer: Widerstand in Mitte und Tiergarten. (= Schriftenreihe über den Widerstand in Berlin von 1933 bis 1945, H. 8, hrsg. von der Gedenkstätte Deutscher Widerstand. Berlin 1994.

Sandvoß, Hans-Rainer: Widerstand in Prenzlauer Berg und Weißensee. (= Schriftenreihe über den Widerstand in Berlin von 1933 bis 1945, H. 12), hrsg. von der Gedenkstätte Deutscher Widerstand. Berlin 2000.

Sandvoß, Hans-Rainer: Widerstand in Wedding und Gesundbrunnen. (= Schriftenreihe über den Widerstand in Berlin von 1933 bis 1945, H. 14), hrsg. von der Gedenkstätte Deutscher Widerstand. Berlin 2003.

Schauwecker, Franz: Aufbruch der Nation. Berlin 1930.

Schauwecker, Franz: So ist der Friede. Die Revolution der Zeit in 300 Bildern. Berlin 1928.

Scheel, Klaus: Das Tagebuch Europas 1933. Der Tag von Potsdam. Berlin 1996.

Scheer, Regina: Der Umgang mit den Denkmälern. Eine Recherche in Brandenburg, Brandenburgische Landeszentrale für politische Bildung. Potsdam 2003.

Schilde, Kurt [u. a.]: SA-Gefängnis Papestraße. Spuren und Zeugnisse. Berlin 1996.

Schlenke, Manfred: Nationalsozialismus und Preußen. Eine historische Bilanz aus Anlaß der 60. Wiederkehr des „Tages von Potsdam" (21. März 1933), in: Hahn, Peter-Michael [u. a.] (Hrsg.): Potsdam. Märkische Kleinstadt – europäische Residenz. Reminiszenzen einer eintausendjährigen Geschichte. Berlin 1995.

Schlingensiepen, Ferdinand: Dietrich Bonhoeffer 1906–1945. Eine Biographie. München 2007.

Schmitt, Carl: Wesen und Werden des fascistischen Staates, in: Schmollers Jahrbuch 53/I (1929).

Schmitt, Carl: Die Verfassungsgemäßheit der Bestellung eines Reichskommissars für das Land Preußen, in: Deutsche Juristen-Zeitung 37 (1932).

Schmitt, Carl: Plädoyer, in: Preußen contra Reich vor dem Staatsgerichtshof. Stenogrammbericht der Verhandlungen vor dem Staatsgerichtshof in Leipzig vom 10. bis 14. und vom 17. Oktober 1932, Berlin 1932.

Schmitt, Carl: Das Gesetz zur Behebung der Not von Volk und Reich, in: Deutsche Juristen-Zeitung 38 (1933).

Schmitt, Carl: Das Reichsstatthaltergesetz. Berlin 1933.

Schmitt, Carl: Das Staatsnotrecht im modernen Verfassungsleben, in: Deutsche Richterzeitung 25 (1933).

Schmitt, Carl: Staat, Bewegung, Volk. Die Dreigliederung der politischen Einheit. Hamburg 1933.

Schmitt, Carl: Staatsgefüge und Zusammenbruch des zweiten Reiches. Der Sieg des Bürgers über den Soldaten. Hamburg 1934.

Schmitt, Carl: Faschistische und nationalsozialistische Rechtswissenschaft, in: Deutsche Juristen-Zeitung 41 (1936).

Schmitt, Carl: Reich – Staat – Bund, in: Ders.: Positionen und Begriffe im Kampf mit Weimar-Genf-Versailles 1923–1939. Hamburg 1940.

Schmitt, Carl: Konstruktive Verfassungsprobleme, in: Maschke, Günter (Hrsg.): Staat, Großraum, Nomos. Arbeiten aus den Jahren 1916 bis 1969. Berlin 1995.

Schmitt, Carl: Antworten in Nürnberg, hrsg. von Helmut Quaritsch. Berlin 2000.

Schmölders, Claudia: Hitlers Gesicht. Eine physiognomische Biographie. München 2000.

Schoeps, Hans-Joachim: Die Ehre Preußens. Stuttgart 1951.

Schoeps, Hans-Joachim: Preußen. Geschichte eines Staates. Bilder und Zeugnisse. Berlin 1981.

Scholder, Klaus: Die Kirchen und das Dritte Reich, Bd. 1: Vorgeschichte und Zeit der Illusionen 1918–1934. Frankfurt a. M. [u. a.] 1977.

Schumacher, Martin (Hrsg.): M. d. R. Die Reichstagsabgeordneten der Weimarer Republik in der Zeit des Nationalsozialismus. Politische Verfolgung, Emigration und Ausbürgerung 1933–1945. Eine biographische Dokumentation. Mit einem Forschungsbericht zur Verfolgung deutscher und ausländischer Parlamentarier im nationalsozialistischen Herrschaftsbereich. 3. erw. Aufl. Düsseldorf 1994.

Schumacher, Martin (Hrsg.): M. d. L. Das Ende der Parlamente 1933 und die Abgeordneten der Landtage und Bürgerschaften der Weimarer Republik in der Zeit des Nationalsozialismus. Politische Verfolgung, Emigration und Ausbürgerung 1933–1945. Ein biographischer Index. Düsseldorf 1995.

Schuster, Martin: Die SA in der nationalsozialistischen „Machtergreifung" in Berlin und Brandenburg, Dissertation. Berlin 2005.

Schütte, Wolfgang U.: Paul Nikolaus – Ein schreibender Conférencier. In: Kassette. Rock, Pop, Schlager, Revue, Zirkus, Kabarett, Magie. Ein Almanach 11 (1988).

Seiberth, Gabriel: Anwalt des Reiches. Carl Schmitt und der Prozess „Preußen contra Reich" vor dem Staatsgerichtshof. Berlin 2001.

Smend, Rudolf: Bürger und Bourgeois im deutschen Staatsrecht, Berlin 1933, in: Ders.: Staatsrechtliche Abhandlungen. Berlin 1955.

Smith, Arthur L.: Kurt Lüdecke: The Man Who Knew Hitler. German Studies Association: German Studies Review 3 (2003).

Sohl, Klaus: Zur Rolle der Braunbücher bei der Entlarvung der Reichstagsbrandprovokation und der Verbreiterung der antifaschistischen Kampffront. Unveröffentlichte Dissertation A, Karl-Marx-Universität Leipzig 1978.

Sohl, Klaus: Entstehung und Verbreitung des Braunbuchs über Reichstagsbrand und Hitlerterror 1933/1934, in: Jahrbuch für Geschichte 21 (1979).

Sontheimer, Kurt: Antidemokratisches Denken in der Weimarer Republik. Die politischen Ideen des deutschen Nationalismus zwischen 1918 und 1933. München 1978.

Stahlberg, Alexander: Die verdammte Pflicht. Erinnerungen 1932–1945. Berlin/Frankfurt a. M. 1994.

Stolleis, Michael: Geschichte des öffentlichen Rechts in Deutschland, Bd. III.: München 1999.

Stupperich, Robert: Otto Dibelius. Ein evangelischer Bischof im Umbruch der Zeiten. Göttingen 1989.

Thamer, Hans-Ulrich: Legitimation durch Inszenierung – Stufen der nationalsozialistischen Machtdurchsetzung und Selbstdarstellung, in: Althoff, Gerd/Basu, Helene (Hrsg.): Rituale der Amtseinsetzung (im Druck).

Tommissen, Piet (Hrsg.): Werner Becker. Briefe an Carl Schmitt. Berlin 1998.

Trittel, Günter J.: Hans Schlange-Schöningen. Ein vergessener Politiker der „Ersten Stunde", in: Vierteljahrshefte für Zeitgeschichte 1 (1987).

Vogel, Hugo: Erlebnisse und Gespräche mit Hindenburg, Erinnerungen. Berlin 1935.

Volk, Ludwig: Der Bayerische Episkopat und der Nationalsozialismus 1930–1934. 2. Aufl. Mainz 1966.

Wallach, Jehuda L.: Der 21. März 1933. Historisch-politische Assoziation zum 1000jährigen Jubiläum von Potsdam, in: Kroener, Bernhard R. unter Mitarbeit von Heiger Ostertag (Hrsg.): Potsdam. Staat, Armee, Residenz in der preußisch-deutschen Militärgeschichte. Berlin/Frankfurt a. M 1993.

Weber, Alfred: Das Ende der Demokratie? Berlin 1931.

Wendt, Bernd Jürgen: Deutschland 1933–1945. Das „Dritte Reich". Hannover 1995.

Wendt, Hans: Die Nationalversammlung von Potsdam. Deutschlands große Tage 21. bis 23. März 1933. Berlin 1933.

Widerstand in Berlin gegen das NS-Regime 1933 bis 1945. Ein biographisches Lexikon, hrsg. v. d. Geschichtswerkstatt der Berliner Vereinigung ehemaliger Teilnehmer am antifaschistischen Widerstand, Verfolgter des Naziregimes und Hinterbliebener (BV VdN) e. V.

Wirth, Günter: Der andere Geist von Potsdam. Zur Kulturgeschichte einer Stadt 1918–1989. Frankfurt a. M. 2000.

Über die Autoren

Thomas Brechenmacher, Prof. Dr. phil., Studium der Geschichte und Germanistik in München, Promotion 1995 an der FU Berlin, Habilitation im Fach Neuere Geschichte 2003, seit 2007 Professor für Neuere Geschichte mit dem Schwerpunkt deutsch-jüdische Geschichte an der Universität Potsdam. Zahlreiche Beiträge zur kirchlichen Zeitgeschichte, u. a.: Paul VI. Rom und Jerusalem, Trier 2000 (zusammen mit Hardy Ostry); Das Reichskonkordat 1933 (Hrsg.) Paderborn 2007; Die Kirchen und die Verbrechen im nationalsozialistischen Staat (hrsg. zusammen mit Harry Oelke), Göttingen 2011.

Ludwig Elm, Prof. Dr. phil., Studium der Landwirtschaft an der Humboldt-Universität Berlin, Studium Philosophie, Geschichte und Politische Ökonomie am Franz-Mehring-Institut der Karl-Marx-Universität Leipzig, 1956–1991 an der Friedrich-Schiller-Universität (FSU) Jena tätig, 1970 o. Prof.; Leiter des 1986 an der FSU konstituierten Interdisziplinären Zentrums für Konservatismusforschung (Internationale Kolloquien in Jena 1981, 1986 und 1990). Veröffentlichungen zur Geschichte der bürgerlichen Parteien und politischen Ideen in Deutschland seit dem Kaiserreich sowie zur Zeitgeschichte seit 1945. Hauptsächliche und neuere Publikationen: Zwischen Fortschritt und Reaktion. Geschichte der Parteien der liberalen Bourgeoisie in Deutschland 1893–1918, Berlin 1968; Der „neue" Konservatismus, Berlin/Frankfurt a. M. 1974; Der deutsche Konservatismus nach Auschwitz. Von Adenauer und Strauß zu Stoiber und Merkel, Köln 2007.

Jens Flemming, Dr. phil., Prof. i. R., lehrte bis September 2009 Neuere und Neueste Geschichte an der Universität Kassel; Studium der Geschichte und Germanistik an der Universität Hamburg, Promotion dortselbst, Habilitation an der Universität Oldenburg. Forschungs- und Publikationsschwerpunkte: Alltagsgeschichte zwischen 1871 und 1945, ländliche Gesellschaft und konservative Bewegungen im 19. und 20. Jahrhundert, Regional- und Stadtgeschichte, Kulturgeschichte der Moderne seit dem späten 19. Jahrhundert, Presse- und Mediengeschichte. Publikationen u. a.: Lebenswelten im Ausnahmezustand. Die Deutschen, der Alltag und der Krieg, 1914–1918 (hrsg zusammen mit Klaus Saul und Peter-Christian Witt), Frankfurt 2011.

Hermann Kaienburg, Dr. phil., Studium in Wuppertal und Hamburg, ab 1976 Lehrer, 1990 Promotion, 2001 Habilitation, Privatdozent an der Universität Hamburg; seit 1988 verschiedene Publikationen zur Geschichte des KZ Neuengamme und der Konzentrationslager allgemein, Mitarbeit in Ausstellungs- und Forschungsprojekten, u. a. zur Wirtschaft der SS, zum KZ Sachsenhausen und zum dortigen SS-Militär- und Wirtschaftskomplex.

Ekkehard Klausa, Dr. jur. und Privatdozent für Soziologie (FU Berlin), studierte Geschichte und Literatur in den USA, Jura in Berlin, Soziologie in Berlin und Frankfurt a. M., 1973–1980 Assistenzprofessor für Rechtssoziologie (FU), Gedenkstättenreferent des Senats von Berlin bis zum Ruhestand, seitdem ehrenamtlicher Mitarbeiter der Forschungsstelle Widerstandsgeschichte an der Gedenkstätte Deutscher Widerstand. Publikationen u. a.: Deutsche und amerikanische Rechtslehrer, Baden-Baden 1981; Die Gedenkreligion des Holocaust, in: Merkur 9/10 1999; Konservative im Widerstand, in: Peter Steinbach/Johannes Tuchel (Hrsg.), Widerstand gegen die nationalsozialistische Diktatur, Berlin 2004; Ganz normale Deutsche. Das Judenbild des konservativen Widerstandes, in: Johannes Tuchel (Hrsg.), Der vergessene Widerstand, Göttingen 2005.

Christoph Kopke, Dr. phil., studierte Politikwissenschaft an der FU Berlin, Promotion 2008. Zur Zeit wissenschaftlicher Mitarbeiter am Moses Mendelssohn Zentrum für europäisch-jüdische Studien, Universität Potsdam. Lehrbeauftragter am Historischen Institut der Universität Potsdam und Lehrbeauftragter für Politikwissenschaft an der Hochschule für Wirtschaft und Recht (HWR) Berlin. Forschungsschwerpunkte und Forschungsinteressen: Rechtsextremismus und Antisemitismus; Parteienforschung; Polizeiwissenschaft; Medizin im Nationalsozialismus; SS und Polizei im Nationalsozialismus. Publikationen zuletzt u. a.: Die Grenzen der Toleranz. Rechtsextremes Milieu und demokratische Gesellschaft in Brandenburg. Bilanz und Perspektiven (Hrsg), Potsdam 2011; Islamophobie und Antisemitismus – ein umstrittener Vergleich (hrsg. zusammen mit Gideon Botsch, Olaf Glöckner, Michael Spieker), Berlin/Boston 2012.

Reinhard Mehring, Prof. Dr., studierte Philosophie, Germanistik und Politikwissenschaft, Promotion 1988 (Politikwissenschaft, Freiburg), Habilitation 2000 (Philosophie, Humboldt-Universität zu Berlin), seit 2007 Prof. für Politikwissenschaft und deren Didaktik an der Pädagogischen Hochschule Heidelberg, Forschungsgebiete u. a. Carl Schmitt, Martin Heidegger, Thomas Mann, neuere Universitäts- und Wissenschaftsgeschichte, politische Philosophie, Publikationen u. a.: Carl Schmitt. Aufstieg und Fall, München 2009; zuletzt Ludwig Feuchtwanger, Auf der Suche nach dem Wesen des Judentums. Aufsätze zur Grundlegung der jüdischen Geschichte (hrsg. zusammen mit Rolf Rieß), Berlin 2011.

Martin Sabrow, Prof. Dr., studierte Geschichte, Germanistik, Philosophie und Politikwissenschaften von 1972–1979 an den Universitäten Kiel, Marburg/Lahn und Bremen; seit 2009 Inhaber des Lehrstuhls für Neueste und Zeitgeschichte an der Humboldt-Universität zu Berlin und Direktor des Zentrums für Zeithistorische Forschung Potsdam. Wichtigste Forschungsgebiete: Zeitgeschichte nach 1945, Historiografiegeschichte und Erinnerungskultur. Jüngste Publikationen: Die Zeit der Zeitgeschichte, Göttingen 2012; 1989 und die Rolle der Gewalt (Hrsg.), Göttingen 2012; Die Geburt des Zeitzeugen nach 1945 (hrsg. zus. mit Norbert Frei), Göttingen 2012; Autobiographische Aufarbeitung. Diktatur und Lebensgeschichte im 20. Jahrhundert (Hrsg.), Leipzig 2012.

Kurt Schilde, Dr. phil., studierte Betriebswirtschaft an der Fachhochschule für Wirtschaft Berlin und Soziologie an der Freien Universität Berlin, promovierte in Neuerer Geschichte an der Technischen Universität Berlin zur Jugendopposition gegen den Nationalsozialismus, freier Mitarbeiter der Gedenkstätte Deutscher Widerstand. Forschungsschwerpunkte: Geschichte des Nationalsozialismus (Täter- und Opferbiografien und Regionalgeschichte). Aktuelle Publikation: Vom ehemaligen SA-Gefängnis General-Pape-Straße zum Gedenkort – Eine Erinnerungsgeschichte zwischen 1933 und 2013, in: SA-Gefängnis Papestraße. Ein frühes Konzentrationslager in Berlin (Arbeitstitel), Berlin 2013 (in Vorbereitung).

Werner Treß, Dr. phil., studierte Geschichte und Philosophie an der Freien Universität Berlin und der Humboldt Universität zu Berlin, seit 2006 wissenschaftlicher Mitarbeiter am Moses Mendelssohn Zentrum für europäisch-jüdische Studien, Potsdam, seit 2012 zugleich Post-Doc am Zentrum Jüdische Studien Berlin-Brandenburg, Lehrbeauftragter an der Humboldt-Universität zu Berlin und der Universität der Bundeswehr München, Forschungsgebiete u. a. Universitäts- und Wissenschaftsgeschichte des 19. Jahrhunderts, Kulturpolitik im Nationalsozialismus, Antisemitismusforschung und jüdische Emanzipationsgeschichte, Publikationen u. a. Verbrannte Bücher 1933. Mit Feuer gegen die Freiheit des Geistes, Bonn 2009; Professoren. Der Lehrkörper und seine Praxis zwischen Wissenschaft, Politik und Gesellschaft, in: Heinz-Elmar Tenorth und Charles McClelland (Hrsg.), Die Geschichte der Universität Unter den Linden 1810–2010, Bd. 1, Berlin 2012, S. 131–208.

Thomas Wernicke, Studium der Museumskunde und der europäischen Ethnologie in Leipzig und Berlin, bis 1998 wissenschaftlicher Mitarbeiter im Bereich Geschichte des Potsdam-Museums, ab 1999 Bereichsleiter Geschichte. 2000–2003 Sonderbeauftragter der Landeshauptstadt Potsdam zur Gründung des Hauses der Brandenburgisch-Preußischen Geschichte (HBPG), wiss. Mitarbeiter in den Ausstellungsprojekten „Marksteine – Eine Entdeckungsreise durch Brandenburg-Preußen" (2001) und „Land und Leute – Geschichten aus Brandenburg-Preußen" (2003). Seit 2004 Leiter der Abteilung Ausstellungen/wissenschaftliche Vorhaben des HBPG. Autor zahlreicher regional- und landesgeschichtlicher Beiträge, Publikationen sowie Mitherausgeber der Veröffentlichung „Potsdam 1945–1989", Potsdam 1999 und des „Potsdam-Lexikons", Berlin 2010.

Personenregister

Adenauer, Konrad 125, 136, 140, 145, 153
Ahlmann [Ministerialrat] 125
Alsberg, Ellinor (geb. Sternberg) 204
Alsberg, Max 203–205
Anfang, Moritz (auch: Anfang, Schyze) 200
Anschütz, Gerhard 114
Apfel, Alfred 204
Arnim-Boitzenburg, Dietlof von 147, 150
Arnim-Boitzenburg, Wolf-Werner von 147
Aufhäuser, Siegfried 196

Ballin, Albert 148
Balschukat, Hans 183–184
Banasch, Georg 92
Baron, Erich 186–187
Baron, Jenny (geb. Rosenfeld) 187
Baron, Marianne 187
Barth, Karl 97–98
Basch, Victor 11
Baudissin, Wolf von 161
Beck, Ludwig 152, 154, 156
Becker, Otto 36
Becker, Werner 123, 126, 132
Beckmann, Wilhelm 27
Berg, Friedrich von 10
Berger-Schaefer [Regierungsbaurat] 61
Berner, Erwin 182–183
Bernstein, Eduard 10
Bestehorn, Friedrich 55–58, 60–61, 63
Bettauer, Hugo 206
Bilfinger, Carl 122, 132
Birkenhauser, Erich 180
Bismarck, Otto von 22, 72, 134
Bix, Hermine 209
Blei, Franz 130–131
Blomberg, Werner von 28
Bloy, Léon 130
Bonaparte, Napoleon 56
Bonhoeffer, Dietrich 157–158, 160
Bonn, Julius Moritz 131
Borchardt [Ministerialamtmann] 17
Borckdorff-Ahlefeldt, Walter von 156
Brahms, Johannes 38
Brauchitsch, Walther von 157

Braun, Otto 80, 116, 118, 124
Brauweiler, Heinz 111
Bredow, Ferdinand von 155
Breitscheid, Rudolf 139
Brinkmann, Carl 132
Brockdorff-Ahlefeldt, Walter von 156, 161
Brodführer, Theodor 121
Brüning, Heinrich 10, 78, 102, 131
Bugla [Kaplan] 36
Burghart, Georg 65
Buschmann, Hermann 196
Bussche-Streithorst, Axel von dem 156, 158, 162

Calker, Fritz van 122
Chamberlain, Arthur Neville 156
Churchill, Winston 148
Conrad, Walter 87–88, 99
Curtis, Lionel 157

Daladier, Édouard 156
d'Annunzio, Gabriele 106
Delmer, Sefton 54
Deutschkron, Inge 154
Dibelius, Otto 2–3, 35–36, 61–68, 82, 87–99
Dodd, William E. 134
Dönhoff, Marion 5, 149
Dreyfuss, Alfred 11
Dryander, Ernst von 93
Duesterberg, Theodor 65
Dürr, Johann 80

Ebermeyer, Erich 96
Ebert, Friedrich 66, 161
Eisenhart, Theo 27–28
Eltz-Rübenach, Paul von 92
Epp, Franz von 163
Erzberger, Matthias 203–204
Esser, Thomas 137
Eulenburg-Hertefold auf Liebenberg zu 147
Everling, Friedrich 102
Evler [Ministerialamtmann] 17

Faber [Kaufmannssohn] 200
Felder, Josef 141
Figge, Klaus 122
Fontane, Theodor 150
Forsthoff, Ernst 113, 132
François-Poncet, André 52, 75
Frank, Hans 115, 122, 125–126, 128, 130, 160
Frick, Wilhelm 45, 56, 58, 61–62, 65, 68, 70, 81, 122, 137, 141, 163
Friedleben, Iris 202–203
Friedrich II 26, 38, 51–52, 56, 69, 75, 83, 134
Friedrich Wilhelm I. 26, 38, 55–56, 69.
Friesenhahn, Ernst 132
Fritsch, Werner von 160–161
Funk, Walther 9, 21–22

Galle, Reinhold 61
Gereke, Günther 81
Gerlach, Philipp 55
Goebbels, Joseph 1–2, 13, 16–23, 26, 31, 49–52, 60, 73–75, 84, 92, 95, 160
Goerdeler, Carl-Friedrich 154
Gohl, Max 180
Gollnick, Kurt 204
Göring, Hermann 12–13, 25, 33, 45, 68, 70–72, 77, 81, 122–123, 125–126, 128, 130, 137–142, 144, 160, 164–165, 178
Görlitzer, Artur 22
Görnandt, Werner 35–36, 67, 92
Groh, Dieter 122
Gross, Chaim 200
Grotewohl, Otto 82–83
Grumbach [Stadtrat] 80
Grunwald [Pfarrer] 23, 35, 38
Gurian, Waldemar 130–131

Haffner, Sebastian 104
Halder, Franz 156–157
Hallervorden, Alexis 201–202
Hallervorden, Charlotte Marie (geb. Winkelmann) 201
Hammerstein-Equord, Kurt von 155, 157
Hanfstaengl, Ernst Franz 21
Hanfstaengl, Franz 21
Hassell, Ulrich von 151, 154, 158
Heartfield, John 30–31
Hegel, Georg Wilhelm Friedrich 124, 127

Heidegger, Martin 150
Held, Heinrich 80, 163
Helferich, Karl 203
Heller, Hermann 118, 130
Hepp [Reichslandbundführer] 80
Herzfelde, Helmut siehe: Heartfield, John
Herzfelde, Wieland 30
Heuss, Theodor 97–98, 145
Heydrich, Reinhard 160
Himmler, Heinrich 125, 156, 160
Hindenburg, Paul von 1–2, 4, 8–10, 12, 23, 25–30, 37–38, 41, 46, 50–52, 65–70, 72, 75, 77–79, 82, 84, 85, 90–92, 96, 118–119, 128, 138, 153, 160–161, 174
Hirschwald, Hermann 201
Hölzl [Bürgermeister] 80
Huber, Ernst Rudolf 115–117, 127, 132
Hugenberg, Alfred 81, 102–103, 111, 136, 151, 169
Hugo, Otto 139

Jacobsohn, Siegfried 205
Jäger, August 99
Jessen, Jens 127
Jestaedt [Student] 126
Joachim, Günther 194
Joos, Josef 89, 142
Jung, Edgar Julius 110, 150–151
Jünger, Ernst 103, 105, 107, 130–131, 148, 150

Kaas, Ludwig 120, 128, 130, 136, 142
Kaasch, Hans 194
Kaasch, Meta 195
Kaisenberg, Georg 2, 17, 27–28, 55–57, 61–67
Kapler, Hermann 65, 91
Kapp, Wolfgang 158
Katz, Simon 200
Kaufmann, Erich 130
Kautsky, Karl 10
Kazmierczak, Anne 192
Kazmierczak, Michael 181, 191–192
Ketteler, Wilhelm Emanuel von 89
Kindermann, Siegbert 198–199
Kleist-Schmenzin, Ewald von 151, 155–156
Klemperer, Otto 113
Kliesch, R. [Kriegsblinder] 26

Koblank [Pfarrer] 23, 35, 38, 61
Koellreuter, Otto 121
Kolbenheyer, Erwin Guido 120
Krell, Leo 178
Krogmann, Carl Vincent 78
Krosigk, Johann Ludwig (Lutz) Schwerin von 81
Krüger [Ministerialamtmann] 17
Krukenberg, Gustav 19
Krupp, Alfred von Bohlen und Halbach 174

Lagarde, Paul de 150
Lahr [Pfarrer] 36, 92
Landsberger, Artur Hermann 205–206
Landsberger, Claire 206
Landsberger, Dolly (geb. Pinkus) 205
Landsberger, Hermann 205
Langhorst, Carl 28, 85
Leber, Julius 164
Lenglen, Suzanne 202
Lex, Hans von 143
Liebknecht, Karl 111
Litzmann, Karl 81, 138
Löbe, Paul 137, 139
Lüdecke, Kurt 50, 53, 72–74
Luther, Martin 95
Lüttwitz, Walther von 158
Luxemburg, Rosa 111

Maier, Reinhold 143, 145
Marschall, Georg 28
Martzloff, Philipp 80
Medem, Walter von 11
Mehlis, Georg 112
Meier, Charlotte 184
Meier, Erich 184–186
Meier, Karl 184
Meier, Stefan 80
Meier, Walter 184
Meinecke, Friedrich 52
Meisel, Bruno 180
Meißner, Otto 25, 37–38, 65–66, 68–69
Menzel, Adolf 90–91
Meyer, Arthur Woldemar 207–208
Meyer, Charlotte (geb. Schiedmayer) 207–208

Meyer, Doris (geb. Böhm-Glaubitten) 207
Meyer, Friedrich Horst 207
Meyer, Gertrude 208
Meyer, Hans Horst 207–208
Meyer, Johannes Horst 207–208
Meyer, Kurt Heinrich 207–208
Michael, Heinrich von 131
Michels, Robert 106
Minuth, Karl-Heinz 53
Moeller van den Bruck, Arthur 107, 150–151
Moltke, Helmuth James von 157
Mussolini, Benito 73, 106–107, 109–110, 127, 140

Naumann, Friedrich 101, 135
Neppach, Nelly (geb. Bamberger) 202–203
Neppach, Robert 202
Neumann, Sigmund 100
Neurath, Konstantin Hermann Karl von 81
Neuss, Wilhlem 131
Niebuhr, Otto 29–30
Niekisch, Ernst 131, 151
Niemöller, Martin 99, 171
Nietzsche, Friedrich 150–151
Nitschmann, Franz 183–184
Novalis (d. i.: Hardenberg, Georg Philipp Friedrich von) 150

Oberfohren, Ernst 142
Oberheid, Heinrich 129, 131–132
Olden, Rudolf 30, 204
Orsenigo, Cesare 92
Orwell, George 154
Ossietzky, Carl von 30, 204
Oster, Hans 155
Ott, Eugen 119, 131
Otto, Hans 192–193
Otto, Marie 193

Pabst, Waldemar 111
Pahl, Georg 27–28, 45
Papen, Franz von 3–4, 43, 45, 47, 49, 51, 54, 63, 79, 82, 90, 92, 102, 110, 115–116, 118–119, 121–122, 125, 128, 131, 138
Pferdmenges, Dora 145
Philippstahl, Arno 178

Pieck, Wilhelm 82–83
Podolski [Kaplan] 36
Popitz, Johannes 118, 121–122, 125, 127, 129, 131–132
Poschke, Kurt 204
Preuss, Ernst 183–184
Preußen, August Wilhelm von 5, 41, 136
Preußen, Hermine Schönaich-Carolath von 54
Preußen, Louis Ferdinand von 15
Preußen, Wilhelm von (auch: Kronprinz Wilhelm) 75, 78
Putz, Ernst 188

Quaritsch, Helmut 130

Rädel, Siegfried 137
Raeder, Erich 81
Rathenau, Walther 148
Rauscher, Arno 20, 31, 61
Rauschning, Hermann 73
Rehberg, Hans 26
Reimann, Frieda 198
Röder, Anna 208–209
Roeder, Otto von 63
Rohan, Karl Anton 108
Röhm, Ernst 125, 155, 163, 171
Roosevelt, Franklin D. 134
Rosenberg, Alfred 94
Rosenfeld, Kurt 204
Rüdel, Hugo 36
Rust, Bernhard 99

Sachsen-Coburg-Gotha, Carl Eduard von 111–112
Salin, Edgar 131
Sanden, Heinrich 27
Sarow, Walter 199
Schachleiter, Alban 76, 92
Schacht, Hjalmar 136
Schäffer, Fritz 136
Schauwecker, Franz 104–106
Scheer, Maximilian 179–180
Scheffler, Hermann 189
Scheuner, Ulrich 116
Schinkel, Karl Friedrich 64, 67
Schlange Schöningen, Hans 172

Schleicher, Kurt von 4, 115, 118–120, 128, 131, 138–139, 155
Schleicher, Elisabeth von 155
Schlieper, Walter Maximilian siehe: Scheer, Maximilian
Schmitt, Carl 3, 4, 108, 113–132, 150
Schneider, Hans 121
Schoeps, Hans-Joachim 118, 128
Schrader, Ernst 197–198
Schreiber, Christian 76, 92
Schröder, Kurt von 136
Schuch, Rudolf 182
Schulenburg, Fritz-Dietlof von der 162
Schulenburg, von der [Rittmeister] 25, 37–38
Schulz, Karl jun. 190
Schulz, Karl 190–191
Schulz, Maria (geb. Stein) 190–191
Schulz, Paul 181
Schulze-Boysen, Harro 151
Schweitzer, Otto 195–196
Segebrecht, Gustav 183
Seldte, Franz 45, 60, 81
Severing, Carl Wilhelm 116, 118, 124
Simpfendörfer, Wilhelm 145
Smend, Rudolf 119, 131
Sontag [Polizeipräsident] 37
Spengler, Oswald 150
Stähr, Wilhelm 196
Stapel, Wilhelm 120
Stauffenberg, Claus Schenk von 152, 156, 158
Stein [Ministerialamtmann] 17
Stein, Lorenz von 115
Steiner, Emilie (geb. Rothschild) 201
Steiner, Kurt Hans 201
Steiner, Moritz 201
Steiner, Paul Nikolaus (auch: Paul Nikolaus) 200–201
Stelling, Johannes 169
Strasser, Gregor 73
Strasser, Otto 73
Stuckart, Wilhelm 125
Swarat, Georg 198

Thielsch, Hermann 21
Tommissen, Piet 123, 126
Torgeler, Ernst 137, 139
Tresckow, Henning von 155, 158, 162

Triepel, Heinrich 114
Trott zu Solz, Adam von 149
Tucholsky, Kurt 154

Urban, Otto 196

Vogel, Hugo 84
Vollschläger, Leibl 198

Wagner, Klara 210
Warnecke [Geistlicher Rat] 36
Weber, Alfred 110
Weber, Werner 132
Weichs, Maximilian von 61, 70
Wels, Otto 4, 142

Welt, Lothar 204
Wendt, Hans 29, 85
Werner, Anton von 28
Wertheim, Gertrud (gesch. Pinkus) 205
Wertheim, Wolf 205
Wilhelm I 22, 72
Wilhelm II 54, 56, 97
Winkler, Emil 181, 196–198
Winkler, Olga 198
Witzleben, Erwin von 156, 161
Woidelko, Friedrich 198

Zehrer, Hans 104
Zumkobel [Stadtrat] 80
Zweigert, Erich 131

www.ingramcontent.com/pod-product-compliance
Lightning Source LLC
Chambersburg PA
CBHW020229170426
43201CB00007B/366